W0247664

HARZ

BARBARA REITER
MICHAEL WISTUBA

INHALT

Text und Recherche	Barbara Reiter, Michael Wistuba
Lektorat	Horst Christoph
Redaktion und Layout	Dirk Thomsen
Karten	Hans-Joachim Bode, Gábor Sztrecska, Judit Ladik
Fotos	Barbara Reiter, Michael Wistuba
Covergestaltung	Karl Serwotka
Covermotive	Das Heideviertel in Wernigerode (oben),
	Die Teufelsmauer bei Neinstedt (unten)

Über die Autoren: Barbara Reiter, studierte Juristin, und Michael Wistuba, promovierter Bauingenieur, beide Jahrgang 1971, recherchierten für dieses Buch sozusagen vor ihrer Haustüre. Sie sind in Niederösterreich geboren und aufgewachsen, zur Zeit leben und arbeiten sie in Wien und in Braunschweig.

Die in diesem Reisebuch enthaltenen Informationen wurden von den Autoren nach bestem Wissen erstellt und von ihnen und dem Verlag mit größtmöglicher Sorgfalt überprüft. Dennoch sind, wie wir im Sinne des Produkthaftungsrechts betonen müssen, inhaltliche Fehler nicht mit letzter Gewissheit auszuschließen. Daher erfolgen die Angaben ohne jegliche Verpflichtung oder Garantie der Autoren bzw. des Verlags. Beide Parteien übernehmen keinerlei Verantwortung bzw. Haftung für mögliche Unstimmigkeiten. Wir bitten um Verständnis und sind jederzeit für Anregungen und Verbesserungsvorschläge dankbar.

ISBN 978-3-89953-557-0

© Copyright Michael Müller Verlag GmbH, Erlangen 2011. Alle Rechte vorbehalten. Alle Angaben ohne Gewähr. Druck: Wilhelm & Adam, Heusenstamm.

Wichtige Änderungen, die sich nach dem Druck dieser Auflage ergeben haben, finden Sie in den Rubriken Reise-News und Reise-Updates auf unserer Homepage **www.michael-mueller-verlag.de**.

Aktuelle Infos zu unseren Titeln, Hintergrundgeschichten zu unseren Reisezielen sowie brandneue Tipps erhalten Sie in unserem regelmäßig erscheinenden Newsletter, den Sie unter **www.michael-mueller-verlag.de** kostenlos abonnieren können.

1. Auflage 2011

KARTENVERZEICHNIS

Zeichenerklärung für die Karten und Pläne

Autobahn	Höhle	Information
Bundesstraße	Besondere Felsformation	Apotheke
Hauptverkehrsstraße	Aussicht	Krankenhaus
Nebenstraße/Forststraße	Aussichtsturm	Bushaltestelle
Piste/Fußweg	Rastplatz	Tankstelle
Wanderung (mit GPS-Punkt)	Kirche	Parkplatz
Quelle	Burg/Schloss	Funkturm
Wasserfall	Kloster	Museum
Brunnen	Burgruine	Seilbahn
Berg	Gasthaus	Campingplatz
Allgem. Sehenswürdigkeit		

WANDERN IM HARZ

Mittels **GPS kartierte Wanderungen** – Waypoint-Dateien zum Downloaden unter: www.michael-mueller-verlag.de/gps
Auf unserer Hompepage finden Sie **weitere Wanderungen** durch den Harz unter www.michael-mueller-verlag.de/harz.

WAS HABEN SIE ENTDECKT?

Was war Ihr Lieblingsrestaurant, in welchem Hotel haben Sie sich wohl gefühlt, welchen Campingplatz würden Sie wieder besuchen?
Bitte schreiben Sie uns, wenn Sie Kritik, Verbesserungsvorschläge, Anregungen oder Empfehlungen zu diesem Buch haben.

Barbara Reiter, Michael Wistuba
Stichwort „Harz"
c/o Michael Müller Verlag
Gerberei 19
91054 Erlangen
E-Mail: reiter.wistuba@michael-mueller-verlag.de

▲ Fachwerk am Quedlinburger Schlossberg

Hintergründe und Infos

Der Harz: Viel mehr als nur Hexen …

Entdecken Sie den Harz!

Die einzige Gebirgswelt im Norden Deutschlands bietet Urlaubern ein reiches Entdeckungsprogramm: großartige Naturlandschaften rund um den Nationalpark mit weiten Wäldern und zahllosen Seen und Teichen, 8000 Kilometer Wanderwege, Mountainbikerouten, dazu Schaubergwerke, Schmalspurbahnen, romanische Kirchen, berühmte Fachwerkstädte und im Winter ein großes Loipennetz in jeder Menge Schnee …

Eine aktuelle deutsche Studie bescheinigt dem Harz hohe Bekanntheit und Sympathiewerte. Das können wir Autoren dieses Reisehandbuchs bestätigen: Vielen ist der Harz ein Begriff und von früheren Besuchen in schöner Erinnerung – und viele kommen wieder. Rund 10 Millionen Übernachtungen werden alljährlich gezählt, doch verglichen mit ähnlichen Urlaubszielen könnten es weit mehr sein, bis zu 14 Millionen haben Experten errechnet. Denn der Harz bietet eine unglaubliche Vielfalt an Naturschönheiten, an einzigartigen Sehenswürdigkeiten, an Sport- und Freizeitangeboten. Doch in der Vergangenheit lief einiges schief. Den Tourismuswerbern gelang es nicht, die Vorzüge der Region überzeugend zu vermitteln. Vor allem im niedersächsischen Harz wurde es lange versäumt, sich auf neue Trends und geänderte Ansprüche der Gäste einzustellen. Nur langsam reagierte man auf den Rückgang der Kurgäste mit Wellness-Angeboten, wurden Unterkünfte komfortabel gestaltet und Genussadressen geschaffen. Besser ist die Lage im sachsen-anhaltischen Harz, wo dank guter Ideen und großer Investitionen schon seit längerem familienfreundliche Angebote bestehen, die die Gäste locken.

Seit 2010 weht nun ein frischer Wind durch das Gebirge. Die neue Werbestrategie, begleitet von neuem Logo, neuen Prospekten und Broschüren, besinnt sich darauf, den Harz authentisch darzustellen und seine Stärken hervorzuheben. Und davon gibt es genug, wie Sie in diesem Reisebuch sehen können: nicht nur die bekannten Highlights und viel begangenen Pfade, auch die versteckten Juwele und Schönheiten. Sie verteilen sich über den ganzen Harz zwischen der Reichsstadt *Goslar* im Nordwesten bis *Lutherstadt Eisleben* im Südosten, von der alten Residenzstadt *Ballenstedt* im Nordosten bis zum Kurort *Bad Lauterberg* im Südwesten, von der Kuppe des sagenumwobenen *Brocken* bis in die unterirdischen Welten der Tropfsteinhöhlen in *Rübeland* ... Die künstlichen Seen der *Oberharzer Wasserwirtschaft* und der *Bodetalsperren* gehören ebenso dazu wie die naturbelassenen Flusstäler von *Oker* und *Selke*, die Domschatzkammern von *Quedlinburg* und *Halberstadt*, die Seilbahn zum *Hexentanzplatz* und der Aufzug im alten Bergwerksschacht in *Wettelrode*. Nicht zu vergessen das Meer von Rosen in *Sangershausen*, die Bergwiesen in *Wildemann*, die Fachwerkfassaden an der Alten Münze in *Stolberg* und am Krummel'schen Haus in *Wernigerode*. Und schließlich sind da noch die gepflegten Parks und Gärten in *Blankenburg* und *Drübeck* oder die großartigen steiner-

Die Brockenbahn ist der Renner im Harz

nen Denkmäler – von der Natur geformt wie die *Teufelsmauer*, oder von Menschenhand, wie die Kirchen von *Gernrode* und *Halberstadt*.

Kurz und gut: Ihrer Reise in den Harz steht nichts mehr im Wege. Wir wünschen Ihnen erholsame Tage und schöne Entdeckungen!

Der Harz auf einen Blick

Größe: Mit rund 5500 km² Fläche dehnt sich der Harz in Nord-Süd-Richtung maximal 50 km aus, in West-Ost-Richtung 120 km.

Höhe: Höchste Erhebung ist der Brocken (1142 m), Norddeutschlands höchster Berg, gefolgt von Wurmberg (971 m), Bruchberg (927 m) und Achtermann (925 m).

Bevölkerung: Etwa 800.000 Menschen leben im Harz und in seinem Vorland.

Verwaltung: Die Region teilen sich die Bundesländer Sachsen-Anhalt (60 %), Niedersachsen (30 %) und Thüringen (10 %). In Sachsen-Anhalt haben die Landkreise *Harz* (Kfz-Kennzeichen HZ) und *Mansfeld-Südharz* (MSH), in Niedersachsen die Landkreise *Goslar* (GS) und *Osterode am Harz* (OHA) und in Thüringen der Landkreis *Nordhausen* (NDH) Anteil am Harz.

Harz-Highlights

Mittelalterliche Fachwerkstädte

Romanische Juwele

Klösterliche Idyllen

Burgen, Schlösser, Ruinen

Schönste Aussichtsgipfel

Klippen mit Kletterfeeling

Gourmetküche

Schaubergwerke

Romantische Flusstäler

Höhlen

Holzkirchen

Die spannendsten Museen

Wintersport

Baden

Kurioses

Geografie und Landschaft

Geologie des Harzes – die „klassische Quadratmeile"

400 Millionen Jahre Erdgeschichte sind im Harz auf engstem Raum sichtbar, oft bezeichnet als „Klassische Quadratmeile der Geologie".

Diese Geschichte begann im *Devon*, als der mitteldeutsche Raum Teil eines Meeres nahe des Äquators war – Fossilien, Sedimentgesteine und Metamorphite wie **Tonschiefer** oder **Quarzit** zeugen bis heute davon. In flachen Meeresbuchten bildeten Korallenriffe das Ausgangsmaterial für den späteren **Kalkstein**, der teilweise durch Verwitterungsprozesse verkarstete, zum Beispiel am Iberg und Winterberg in Bad Grund und in den Rübeländer Höhlen. Vulkanismus führte zu Lava-Ergüssen und zum Austritt eisenreicher Thermen auf dem Meeresboden, wodurch z. B. die beiden Erzlinsen im Rammelsberg, der „Elbingeröder Komplex" und die Vorkommen des als Baumaterial begehrten **Diabas** im Oberharz entstanden.

Im *Karbon* (vor 360 bis 290 Mio. Jahren) war der Harz Teil der **variszischen Gebirgsbildung**, die von gewaltigen Faltungen, Hebungen und Abtragungsprozessen geprägt war und sich von Südirland bis Südosteuropa erstreckte. Dabei wurde das Gebiet aus dem Meer herausgehoben und von Südosten nach Nordwesten über sein Vorland geschoben. Flüssiges Gesteinsmagma geriet in Bewegung, drang in Gänge und Klüfte unterhalb der Erdoberfläche ein und erkaltete wieder in Form von **Gabbro** (bei Bad Harzburg) oder **Granit** (Brocken-, Oker- und Ramberggranit). Das

Schnarcherklippen – typische Wollsackverwitterung

variszische Gebirge wurde allmählich bis auf seinen Rumpf wieder abgetragen, bis es vor ca. 250 Mio. Jahren im salzhaltigen tropischen **Zechsteinmeer** versank. In diesem lagerte sich tief unten fossilienreicher Schlamm, der heutige **Kupferschiefer**, ab, im flachen Meer **Dolomit** und durch Verdunstung **Salz**, **Gips** und **Anhydrit**.

Während der **saxonischen Gebirgsbildung** (vor 220 bis 70 Mio. Jahren) zerbrach der Harz in mehrere Schollen. In den Bruchspalten sammelten sich Erze und Minerale, und bildeten die Oberharzer Ganglagerstätten. Die starke Hebung und Verschiebung der Schollen führte am nördlichen Harzrand zur Steilstellung und teilweisen Überkippung des Gesteins. Markante Folge dieser Vorgänge am Harznordrand ist die **Teufelsmauer** aus steil aufragendem, verfestigtem Sandstein.

Die Erosion im *Tertiär* (vor 2 bis 5 Mio. Jahren) führte zur Einebnung des Gebirges. Weil der harte Granit widerstand, blieben die Gipfel des Brocken, des Wurmbergs und des Rambergs bestehen. An anderen Stellen verwitterten Granit und Sandstein zu abgerundeten Formen (Wollsackverwitterung). Der 100 km lange **Zechsteingürtel** am südlichen Harzrand wurde freigelegt und begann zu verkarsten.

In den letzten **Eiszeiten** schliffen skandinavische Gletscher die nordöstlichen Harzhochflächen glatt, fruchtbarer eiszeitlicher Lehmstaub (Löß) bedeckte das nördliche Vorland und sich tief einschneidende Flüsse bildeten das Bode- und das Selketal heraus.

Welt der Pflanzen, Welt der Tiere

Ursprünglich bedeckten **Laubmischwälder** mit Rotbuchen, Eichen, Ulmen, Eschen und Bergahorn den Harz, in Höhen über 800 m wuchsen Bergfichten und Birken. Das änderte sich im Oberharz und im Brockengebiet, als um 1700 wegen des Holzbedarfs für den Bergbau die Wälder so gut wie kahl geschlagen waren und eine Wiederaufforstung mit schnellwüchsigen Fichten begann. Diese großflächigen Monokulturen, die das Landschaftsbild heute prägen, sind für Schädlingsbefall und Sturmschäden besonders anfällig. Im Nationalpark sollen daher an ihrer Stelle wieder natürliche Buchenwälder entstehen.

Auf den **Waldböden** haben sich Buschwindröschen, Aronstab, Waldmeister, Orchideen- und Gräserarten, Bärlapp und Hahnenfuß niedergelassen. Im Sommer leuchten

auf sonnigen Lichtungen hochgiftiger Roter Fingerhut und Weidenröschen. Juni und Juli sind Reifezeit der Heidelbeeren, die in Lagen um 600 m wuchern. Sonnentau und Wollgräser findet man in den **Harzer Mooren**.

Die artenreichen **Harzer Bergwiesen** etwa um St. Andreasberg, Clausthal-Zellerfeld und Braunlage – von den Bergleuten einst als Weiden und zur Heugewinnung angelegt – erfreuen im Frühsommer ab 400 m Höhe mit der Blütenpracht von Bärwurz, Wald-Storchschnabel, Teufelskralle, Arnika, Feuerlilie, Knabenkraut und Schwertlilie.

Artenreich ist auch die Harzer **Tierwelt**: In den Wäldern leben Rothirsch, Reh, Wildschwein, Dachs, Fuchs, Marder, Waschbär und die andernorts gefährdete Wildkatze. Mufflons wurden 1906 eingebürgert, zwischen Selke- und Bodetal lebt heute Deutschlands größter Bestand. Der letzte Bär wurde um 1788 geschossen, der letzte wild lebende Luchs 1818; die „Pinselohren" werden seit 2000 im Nationalpark wieder ausgewildert und vermehren sich bereits in freier Natur, womit es nun für Rehe und Mufflons einen natürlichen Feind gibt. Der Versuch, den um 1930 ausgerotteten Auerhahn wieder anzusiedeln, scheint hingegen gescheitert zu sein.

An besonderen Vogelarten lassen sich Wasseramsel, Eisvogel, Schwarzspecht, Ringdrossel, Mäusebussard, Schwarzstorch, Sperlingskauz und Wanderfalke beobachten. Bergbaustollen und Höhlen im Harz dienen etwa zwei Dutzend Fledermausarten als Winterquartier.

Roter Fingerhut –
eine giftige Pracht

Wälder im Wandel – der Nationalpark Harz

Der 2006 aus dem niedersächsischen *Nationalpark Harz* und dem sachsen-anhaltischen *Nationalpark Hochharz* entstandene *Nationalpark Harz* (www.nationalpark-harz.de) ist der erste bundesländübergreifende und größte Waldnationalpark Deutschlands. Mit 247 km² erstreckt er sich von Herzberg am Südwestrand über den Hochharz bis Ilsenburg. 96 % der Fläche sind bewaldet. Die Höhendifferenz von 230 bis 1142 m bringt sechs Vegetationszonen hervor, die vom Hügelland mit Rotbuchenwäldern über Bergfichtenwälder bis zur subalpinen Bergheide auf der Brockenkuppe reichen.

41 % der Fläche sind Kernzone *(Naturdynamikzone)*, in der die Natur sich selbst überlassen ist (mit Ausnahme der Borkenkäferbekämpfung). Dazu gehören die Hochmoore und Bergfichtenwälder an der Baumgrenze. 58 % sind *Naturentwicklungszone*, in der die durch Bergbau und Fichten-Monokultur entstandenen Schäden der Vergangenheit beseitigt und Naturräume wiederhergestellt werden, etwa durch Wiedervernässung von Mooren und Pflanzung naturnaher Laubmischwälder. Ziel ist es, die Kernzone bis 2022 auf 75 % der Nationalpark-Fläche auszuweiten. Nur bei einem Prozent der Fläche wird ständig eingegriffen, etwa durch die Mahd von Bergwiesen.

Das 560 km lange Netz an markierten Wanderwegen, Mountainbikerouten und Loipen darf aufgrund des Wegegebots nicht verlassen werden, auch ist es untersagt, Pflanzen zu pflücken.

Informationen zum Nationalpark bieten das *Besucherzentrum TorfHaus*, das *Brockenhaus* am Brocken, das *Haus der Natur* in Bad Harzburg, die *Nationalparkhäuser* in Ilsenburg, St. Andreasberg, Drei-Annen-Hohne und in Schierke. Es gibt fünf Lehrpfade, den *Brockengarten* direkt am Brocken, ein *Luchs-Schaugehege* in Bad Harzburg und ein *Auerhuhn-Schaugehege* in Lonau. Detaillierte Infos dazu finden Sie in den Ortskapiteln im Buch. Mit den Rangern bzw. Nationalparkwarten kann man ganzjährig Themenwanderungen im Park unternehmen.

Klima und Reisezeit

Der Harz überragt seine Umgebung nicht nur um bis zu 1000 m, auch sein **Klima** ist rauer, sein Wetter launischer. Aufgrund der Höhe wirken Oberharz und Brockengebiet wie ein Wetterschild. Westwinde tragen feuchte Luftmassen heran, die sich hier stauen – mit 1000 bis 1800 mm pro Jahr sind die Niederschlagsmengen doppelt so hoch wie im Umland. Oft hängen Nebelschwaden an Bergen und Talflanken, bei winterlicher Inversionswetterlage versinkt das Harzvorland im zähen Nebel, während auf den Gipfeln der Schnee in der Sonne glitzert.

Im Hochsommer bleibt die Luft stets angenehm frisch und steigt kaum über 20 °C, auf Brocken und Wurmberg sind Pullover und Windjacke ratsam. Deutlich trockener und wärmer wird es im Regenschatten südöstlich des Brockengebiets: Föhneffekte bescheren den Orten am nordöstlichen Harzrand und im Unterharz ein mildes Festlandsklima. Die Jahresniederschläge liegen hier weit unter dem Landesdurchschnitt – mit Regen unter 450 mm zählt etwa das Mansfelder Land zu den niederschlagsärmsten Gebieten Deutschlands.

Die beste **Reisezeit** beginnt im späten Frühjahr, wenn die Oberharzer Bergwiesen erblühen und reicht bis Oktober, wenn sich die Laubwälder im Unterharz bunt verfärben. Es ist die ideale Zeit zum Wandern, Mountainbiken und für Stadtbesichtigungen. An sonnigen Wochenenden sollte man Hotspots wie Brocken, Brockenbahn oder Rosstrappe meiden. Wenige Meter abseits ist man wieder mit der Natur allein. Spitzentermine mit ebensolchen Preisen sind die Walpurgisnacht (30. 4.), die Adventszeit in den stimmungsvollen Fachwerkstädten, Weihnachten bis Silvester und die norddeutschen Winterferien, wenn der Wintersport lockt.

Wetterprognosen Zuverlässige Vorhersagen unter www.wetter.com.

Keine Harzreise ohne „Harzreise"

Heinrich Heines Bericht über seine Wanderung von Göttingen via Osterode nach Clausthal -Zellerfeld und über den Brocken hinunter ins Ilsetal ist jedem Harzreisenden als Urlaubslektüre empfohlen. Anschaulich und detailreich beschreibt er darin die Region, ihre Natur und Bewohner und nimmt sich dabei kein Blatt vor den Mund. Der Text ist voll Spott und feiner, bisweilen frecher Ironie – Heines 1824 geschriebenes Werk ist bis heute unterhaltsam und kurzweilig zu lesen. Ausführlich berichtet er über das Befahren der Clausthaler Gruben (*„Die Sache ist nichts weniger als gefährlich, aber man glaubt es nicht im Anfang, wenn man gar nichts vom Bergwerkswesen versteht"*), lästert er über die Stadt Goslar (*„Ich fand ein Nest mit meistens schmalen, labyrinthisch krummen Straßen, … verfallen und dumpfig und ein Pflaster so holprig wie Berliner Hexameter"*), schildert Sonnenuntergang und Trinkgelage am Brocken und gerät angesichts des Ilsetals in dichterisches Schwärmen (*„Das ist nun die Ilse, die liebliche, süße Ilse"*). Heinrich Heines „Harzreise" ist ein Klassiker der Harzliteratur, doch kein Wälzer: 95 Seiten zählt er in der schön bebilderten Taschenbuch-Version des Husum-Verlags (4. Aufl., 2009, ca. 8 €).

Geschichte

Von der Steinzeit bis zu den Germanen

Jäger und Sammler streiften schon in der **Altsteinzeit** (100.000–10.000 v. Chr.) durch das Vorland und über den Harz. Ihre Werkzeuge hinterließen sie in den Höhlen von Rübeland und Scharzfeld und entlang der Teufelsmauer. In der **Jungsteinzeit** (5500–2200 v. Chr.) wurden die Menschen sesshaft. Erste Siedlungen entstanden am Harznordrand, wo es Ackerland, Wasser und Ton zum Töpfern gab. In der **Bronzezeit** (2000–800 v. Chr.) wurden bei Mansfeld erstmals Kupfer und am Rammelsberg bei Goslar Erze abgebaut, in Questenburg und Quedlinburg entstanden Höhenburgen. Seit der **Eisenzeit** (800–500 v. Chr.) wurde Eisen verhüttet, wofür Holzkohle und Meiler notwendig waren. Der Harz wurde zu dieser Zeit erstmals intensiv für die Holzgewinnung genutzt.

Ab 500 v. Chr. wanderten **germanische Stämme** von Norden ein. Rheinwesergermanen *(Cherusker)* siedelten im westlichen, Elbgermanen *(Sueben, Hermunduren)* im östlichen Harzraum. Im Zuge der **Völkerwanderung** ab 375 n. Chr. bildeten sich neue Stämme wie die *Sachsen* und *Thüringer*. 531 unterwarfen die merowingischen Franken den Stamm der Thüringer, um 795 besiegte *Karl der Große* die Sachsen, wodurch der gesamte Harz dem **Frankenreich** eingegliedert wurde. Damit einher ging die **Christianisierung** der Region wie auch die Gründung des Bistums Halberstadt (804).

Zeit der Könige und Kaiser

Nach der karolingischen Reichsteilung (843) gehörte der Harz zum ostfränkischen (deutschen) Reich, in dem die Stammesherzöge rasch an Macht gewannen, unter ihnen *Heinrich I.*, Herzog von Sachsen, der 919 zum ersten deutschen König gewählt wurde. Sein Stammland war der Harz, an dessen Rändern Pfalzen und zu deren Schutz Burgen entstanden. Die Wälder wurden zum exklusiven herrschaftlichen Jagdrevier erklärt, königliche Jagdhöfe (z. B. Hasselfelde) wurden errichtet. Nachfolger Heinrichs wurde sein Sohn *Otto I.*, der 962 zum römisch-deutschen Kaiser gekrönt wurde. Seither nannten sich die Liudolfinger **Ottonen**. Es folgte *Heinrich II.* (1002–1024), der in Goslar eine Pfalz einrichtete, nachdem 968 reiche Silberadern am Rammelsberg entdeckt worden waren.

Straße der Romanik – Spuren einer glanzvollen Epoche

Im Frühmittelalter, zur Zeit der Ottonen, war der Harz für 200 Jahre politisches und kulturelles Zentrum des Heiligen Römischen Reiches. Diese Blütezeit bescherte der Region eine große Zahl an Baudenkmälern und Kunstwerken im Stil der Romanik, der sich um das Jahr 1000 etablierte. Er beendete die Nachahmung der Spätantike und brachte den neuen Kirchentyp der Querhausbasilika hervor mit Flachdecke, zwei im Vergleich zum Mittelschiff niedrigeren Seitenschiffen und dem hier verbreiteten „sächsischen Stützenwechsel im Langhaus, bei dem zwei Säulen auf einen Pfeiler folgen.

Zu den ersten frühromanischen Bauten zählen die Stiftskirche *St. Cyriakus* in **Gernrode** (um 960), die Krypta *St. Wiperti* in **Quedlinburg** und *St. Vitus* in **Drübeck** (beide um 1000). Etwas jünger ist *St. Servatii* in **Quedlinburg** (um 1020). Reicher plastischer Schmuck zeichnet die Hoch- und Spätromanik aus. Beispiele dafür sind *St. Ulrici* in **Sangerhausen** (um

Romanik in Klostermansfeld

1120), die Krypta der **Konradsburg** (um 1120) und die *Liebfrauenkirche* in **Halberstadt** (um 1200). Die Domschätze von **Quedlinburg** und **Halberstadt** bergen zudem einzigartige Beispiele romanischer Goldschmiedekunst.

Ein Dutzend dieser Bauwerke zählt zur *Straße der Romanik*, einer 1993 vom Land Sachsen-Anhalt beschilderten Themenstraße mit insgesamt 65 Stationen. Die Webseite www.strasse-der-romanik.net, Fachbücher und Schautafeln vor Ort informieren über die romanische Kunst der Region.

In der Folgezeit gelangten die fränkischen **Salier** an die Macht, unter denen der Harz seine Bedeutung erhalten konnte. *Heinrich III.* (1039–1056) ließ in Goslar die Kaiserpfalz ausbauen. Um die königlichen Besitzungen abzusichern, ließ sein in Goslar geborener Sohn *Heinrich IV.* (1056–1105) um den Harz zahlreiche Burgen (Harzburg, Reichsburg Kyffhausen, Sachsenstein u. a.) errichten, wogegen sich 1073 der sächsische Hochadel erhob und die Harzburg belagerte. Heinrich gelang knapp die Flucht, 1075 wurden sämtliche Burgen geschleift.

1138 wurde *Konrad III.* aus dem schwäbischen Geschlecht der **Staufer** zum König gewählt. Der Welfe *Heinrich der Stolze* (Herzog von Sachsen und Bayern) musste beide Herzogtümer abgeben, Sachsen ging an den aus Ballenstedt stammenden *Albrecht I. (Albrecht der Bär)*, Bayern an die Babenberger. Erst Heinrichs Sohn **Heinrich der Löwe** erlangte 1142 Sachsen und 1154 Bayern zurück. Er stieg damit zu einem der mächtigsten Fürsten im Reich auf. Als Symbol seiner Macht ließ er 1166 in seiner Residenzstadt Braunschweig die berühmte Bronzeplastik des *Braunschweiger Löwen* errichten. Sein Machtstreben verwickelte ihn zusehends in Streitigkeiten, etwa mit dem Bischof von Halberstadt. Als er dem Kaiser, dem Staufer *Friedrich I. Barbarossa* (1152–1190), die Unterstützung für dessen Italienfeldzug verweigerte, wurde er 1180 geächtet, seine Herrschaftsgebiete wurden bis auf Braunschweig und Lüneburg aufgeteilt. Danach war die Region territorial zersplittert.

Harzgrafen, früher Bergbau und Reformation

Die Macht über den Harz verteilte sich nun auf verschiedene weltliche und kirchliche Herrscher. Dazu zählten die Bistümer Halberstadt und Hildesheim, die Klöster Walkenried und Gernrode wie auch die **Harzgrafschaften**: am Südrand *Scharzfeld*, *Hohnstein* und *Stolberg*, am Nordrand *Wernigerode, Blankenburg, Regenstein, Anhalt* und *Falkenstein*, im Osten *Mansfeld*. Später kamen noch die Fürstentümer *Grubenhagen* und *Wolfenbüttel* wie auch die Reichsstädte *Nordhausen* und *Goslar* hinzu. Die Harzkarte war damit zum Flickenteppich geworden.

Durch großflächige Rodungen erweiterten die Herrscher bis ins 13. Jh. ihre Besitzungen – Ortsnamen mit der Endung „rode" erinnern daran. Sie bauten Burgen und bemächtigten sich der Bergbaureviere, deren Ausbeutung im Jahr 1000 nach der Entdeckung reicher **Erzvorkommen** (Silber, Kupfer, Blei und Eisen) begonnen hatte und ab 1200 eine erste Blüte erreichte. Allerdings war die Entwicklung von zahlreichen Problemen begleitet: Der enorme Holzverbrauch führte Mitte des 14. Jh. zum ersten Holzmangel, die zunehmende Grubentiefe (bis zu 60 m) brachte technische Schwierigkeiten. Zudem raffte die Pest 1348–1350 die halbe Harzbevölkerung hinweg. Für gut zwei Jahrhunderte kam der Bergbau zum Stillstand, mit Ausnahme des 1199 begonnenen **Kupferabbaus** im Mansfelder Land.

Ab dem 13. Jh. gewannen auch die **Städte** an Bedeutung, die sich um Pfalzen, Burgen, Klöster und an Fernstraßen entwickelt hatten und durch Handel zu einigem Reichtum gelangt waren. Osterode (1241), Goslar (1281), Halberstadt (1387), Quedlinburg (1426) und Nordhausen (1430) traten der Hanse bei, die Macht des Bürgertums wuchs.

1517 löste der aus Eisleben am östlichen Harzrand stammende *Martin Luther* die **Reformation** aus, die sich im Harz, wo die Bauern unter besonders hohen Abgaben litten, schnell ausbreitete. In *Albrecht VIII., Graf von Mansfeld*, fand Luther einen glühenden Anhänger. Auch der in Stolberg geborene Theologe *Thomas Müntzer* (1489–1525) war zunächst Luthers Mitstreiter, später aber wegen seiner radikalen

Ansichten ein Gegenspieler. Auf einer Predigtreise, die ihn 1525 auch nach Stolberg führte, versuchte Luther die Ausbreitung des **Deutschen Bauernkriegs** von Südwestdeutschland nach Norden zu verhindern – ohne Erfolg. Mansfeld, Stolberg und Sangerhausen wurden Zentren des Bauernaufstands, die Klöster in Ballenstedt, Ilsenburg, Drübeck, Thale, Walkenried und Quedlinburg zerstört. Am 15. Mai 1525 wurden die Aufständischen in der *Schlacht bei Frankenhausen* von einem Fürstenheer vernichtend geschlagen. Auf Seiten der Bauern gab es 6000 Tote zu beklagen, ihr Anführer Thomas Müntzer wurde hingerichtet.

Architektur aus Lehm und Holz – Fachwerkkunst im Harz

Die bunte Fachwerkarchitektur aus dem 15.–18. Jh. macht den Charme vieler Städte am Harzrand aus. Die Blütezeit des Fachwerks begann in der Spätgotik um 1400. Das Grundprinzip ist ein tragendes Holzgerüst, dessen Zwischenräume (Gefache) mit einem Stroh-Lehm-Gemisch, seltener mit Backsteinen gefüllt sind. Die erste Bauweise war der *Ständerbau*, bei dem die senkrechten Pfosten von der Grundschwelle bis zum Dach reichen. Einzelne Geschosse bildeten sich, indem in die Ständer Querbalken eingezogen *(eingeschossen)* wurden. Im 14. Jh. entstand der *Stockwerksbau*, bei dem jedes Stockwerk eine geschlossene Einheit ist und über untere Etagen hervorragen *(auskragen)* kann. Mit dem Stockwerksbau begann die dekorative Fassadengestaltung. Die Schmuckformen unterscheiden sich regional (sächsischer bzw. niederdeutscher Stil im Harzraum) und zeitlich. Älteste Ornamente (1400–1535) sind der spätgotische Treppenfries an der Balkenschwelle, die Schiffskehle und der Laubstab (von Blättern umrankter Stab).

Windschief und uralt – der Ständerbau in Quedlinburg

Üppiger ist die Dekoration der Renaissance (1535–1630) mit Blattranken, Inschriften, gedrechselten Stäben und den niederdeutschen Fächerrosetten. Im Barock (1635–1710) verschwanden Schnitzereien und Vorkragungen, Erker und große Fenster kamen jetzt in Mode. Ab dem 18. Jh. war Fachwerk „out“. Wer sich kein Steinhaus leisten konnte, ließ das Fachwerk in Steinoptik übermalen, verputzen, verkleiden oder verschiefern.

Tipp: Einen umfassenden Überblick bietet das Fachwerkmuseum in Quedlinburg, das im ältesten erhaltenen Ständerbau der Harzregion untergebracht ist (→ S. 148).

Oberharzer Bergbau und Dreißigjähriger Krieg

Während an den Harzrändern und im Südharz der Bauernkrieg tobte und im Mansfelder Land die Silberproduktion wegen des Preisverfalls zurückging, kam im Oberharz zu Beginn des 16. Jh. der Erzabbau wieder in Gang. Die Landesherren, allen voran die Herzöge von Braunschweig-Wolfenbüttel, lockten ab 1520 Bergleute aus dem Erzgebirge und dem Mansfelder Land mit Vergünstigungen, sog. „Bergfreiheiten" wie Steuerfreiheit, freie Nutzung der Gewässer, Markt- und Braurechte sowie Freiheit vom Kriegsdienst, in den Harz. Im Gegenzug brachten die Angeworbenen die neue Technik des Wasserrads mit, mit der Erze und Grubenwasser gehoben und größere Schachttiefen erreicht werden konnten. Die Bergfreiheiten wurden St. Andreasberg, Grund, Wildemann, Zellerfeld, Causthal, Lautenthal und Altenau gewährt, die sich fortan **freie Bergstädte** nannten.

Der **Dreißigjährige Krieg** (1618–48) verwüstete große Teile des Harzes, Söldnertruppen zogen plündernd durchs Land, der Bergbau kam zum Erliegen. Überfälle, Hunger, Not und die erneut ausgebrochene Pest trieben die Bevölkerung zur Flucht in die Berge und zur Selbsthilfe: Rund 600 kriegserfahrene Männer organisierten sich als **Harzschützen** und führten im waldreichen, gebirgigen Terrain einen Guerillakrieg. Der *Westfälische Friede* beendete 1648 den Dreißigjährigen Krieg. Das Bistum Halberstadt und die um 1600 ausgestorbenen Grafschaften Hohnstein und Regenstein wurden aufgelöst und der Mark Brandenburg (später Preußen) zugeschlagen, die von den Hohenzollern regiert wurde.

Technischer Fortschritt, Napoleon und die ersten Touristen

Im 17. Jh. begann der **Bergbau** aufs Neue und erlebte bis 1850 seine größte Blütezeit. 500 km Gräben, 30 km Stollen und 143 Stauteiche wurden im Oberharz angelegt, um die mittlerweile etwa 250 Wasserräder (7–12 m Durchmesser!) ausreichend mit Antriebswasser zu versorgen. Dieses System ist als **Oberharzer Wasserregal** bekannt. Seit der Einführung des Schwarzpulvers 1630 waren im Bergbau Sprengungen möglich. Dies verhalf dem Abbau im Mansfelder Land erneut zu einem Aufschwung.

Wegen des enormen Holzverbrauchs war um 1750 der Harz kahl geschlagen, die Wiederaufforstung mit schnell wachsenden Fichtenmonokulturen begann. Windwurf, Schneebruch und Borkenkäferplagen sind bis heute die Folge. In dem zu Preußen gehörenden Harz ließ *Friedrich der Große* in neu erschlossenen Gebieten (Friedrichsbrunn, Bad Suderode) „Kolonisten" aus Anhalt und Braunschweig ansiedeln. 1775 wurde in Clausthal eine Berg- und Hüttenschule, die Vorgängerin der heutigen *TU Clausthal*, gegründet, die zahlreiche technische Innovationen wie 1834 das Drahtseil hervorbrachte. Bergbau und Geologie lockten auch *Johann Wolfgang von Goethe* in den Harz. Als Minister war er in Weimar für die Bergwerke zuständig und bestieg bei jeder seiner Reisen auch den Brocken. Die Eindrücke von den Bergwerken im Harz sollen ihn zu seinem „Faust" inspiriert haben. In Hettstedt im Mansfelder Revier ging 1785 die erste Dampfmaschine in Deutschland in Betrieb.

Nach dem Sieg *Napoleons* wurden 1803 alle geistlichen Fürstentümer und Reichsstädte aufgelöst, im Harz das Bistum Hildesheim, das Stift Quedlinburg und die Städte Goslar und Nordhausen. 1807 wurde der Harz bis auf das Fürstentum Anhalt dem von Napoleon neu geschaffenen *Königreich Westphalen* einverleibt, das

Entdecken Sie den Harz!

Schmalspurbahn im Selketal

bis zur Völkerschlacht bei Leipzig 1813 bestand. Der **Wiener Kongress 1814/15** ordnete die Machtstrukturen in Europa neu, de facto wurden die vorrevolutionären Verhältnisse wiederhergestellt. Den Harz teilten sich nun das neue Königreich Hannover und die preußische Provinz Sachsen, das wieder errichtete Herzogtum Braunschweig und das Herzogtum Anhalt. 1866 wurde Hannover von Preußen annektiert.

Ab 1840 wurden die Harzränder mit **Eisenbahnen** erschlossen: Die Verlängerung der ersten deutschen Staatsbahn von Braunschweig nach Wolfenbüttel erreichte 1841 Bad Harzburg. 1860 gingen die Linien Halberstadt–Quedlinburg–Thale und Halle–Nordhausen–Kassel, 1866 die *Südharzbahn* von Herzberg nach Nordhausen und 1871 die *Westharzbahn* Herzberg–Seesen in Betrieb. Um die Erzgruben, Hütten- und Sägewerke im Harzinneren anzubinden, wurden schmalspurige Stichbahnen angelegt, u. a. die *Innerste-*, die *Rübeland-*, die *Odertal-* und die *Brockenbahn.* Die Bahnen dienten nicht nur dem Bergbau und der aufkommenden Industrie, sie beflügelten auch den **Tourismus**: Der 1886 in Seesen gegründete *Harzklub* ließ Wanderwege markieren, Unterstandshütten und Aussichtstürme errichten. Um 1880 begann der Skisport, in Braunlage wurde 1892 einer der ersten Skiklubs Deutschlands gegründet.

20. und 21. Jahrhundert

Mit dem Bergbau im Oberharz ging es Ende des 19. Jh. zusehends bergab. Schachttiefen von bis zu 1000 m machten die Förderung zu kostspielig, die Konkurrenz im Ausland war billiger. Im Zeitraum von 1880 bis 1930 schlossen nahezu alle Gruben – bis auf den Goslarer Rammelsberg, Bad Grund und Bad Lauterberg. Das Mansfelder Land war mit seinen Stahl- und Kupferwerken noch bis zur Weltwirtschaftskrise 1929 ein bedeutender Standort der Schwerindustrie.

Mit der Machtergreifung durch das **NS-Regime** 1933 wurde Goslar zur „Reichsbauernstadt". Der Rammelsberg mit seinen kriegswichtigen Erzen wurde aufwendig modernisiert, in Clausthal-Zellerfeld die Sprengstofffabrik „Werk Tanne" errichtet. Die Synagogen in Halberstadt, Nordhausen und Seesen wurden dem Erdboden gleichgemacht. Die Harzer Hütten- und Metallwerke beschäftigten im **Zweiten Weltkrieg** viele Zwangsarbeiter. Der Harz war auch Standort mehrerer Konzentrationslager, darunter das *KZ Langenstein-Zwieberge* bei Halberstadt und das *KZ Mittelbau Dora* bei Nordhausen. Von Kriegshandlungen blieb der Harz weitgehend verschont. Noch kurz vor Kriegsende rief Hitler im April 1945 die „Festung Harz" aus, doch der Vormarsch der Alliierten war nicht aufzuhalten. Ihre Bomben zerstörten Nordhausen und Halberstadt fast vollständig. Bei Kriegsende im Mai 1945 hatten amerikanische und britische Truppen den gesamten Harz besetzt. Den östlichen Teil mussten sie zwei Monate später entsprechend den Vereinbarungen der *Konferenz von Jalta* den Sowjets überlassen.

Die deutsch-deutsche Grenze, die die BRD von der DDR fortan trennte, verlief bis 1990 mitten durch den Harz. Nach dem Bau der Berliner Mauer 1961 wurde der auf DDR-Gebiet gelegene Brocken zum militärischen Sperrgebiet erklärt. Der Westharz profitierte aufgrund seiner Grenzlage als Zonenrandgebiet von staatlichen Fördergeldern. Die in den Wirtschaftswunderjahren der 1960/70er entstandenen Verwaltungs-, Kur- und Tourismusbauten verunzieren bis heute die Zentren zahlreicher Orte. Im zur DDR gehörenden Ostharz wurden Hotel- und Pensionsbesitzer enteignet, die Urlaubseinrichtungen verstaatlicht und zu Betriebsferienheimen oder Gewerkschaftshotels umgewidmet.

Freiland-Grenzmuseum Sorge

Mit dem **Fall der Berliner Mauer** 1989 öffnete sich auch die innerdeutsche Grenze im Harz. Am 3. Dezember 1989 erkämpften mutige Wanderer die Öffnung des Brockens. Noch 1990 wurden von der DDR-Regierung 89 km² im östlichen Harz zum *Nationalpark Hochharz* erklärt. 1994 entstand auf Initiative des Landes Niedersachsen der 158 km² große *Nationalpark Harz*. Beide Parks wurden 2006 zum **Nationalpark Harz** vereint.

Seit 1992 zählen Goslar und der 1988 stillgelegte Rammelsberg zum **Unesco-Weltkulturerbe**, 1994 folgten Quedlinburg, 1996 die Luthergedenkstätten in Eisleben und 2010 das Oberharzer Wasserregal. 2007 schloss mit der Grube in Bad Lauterberg das letzte Harzer Bergwerk. Fast zwei Dutzend der einstigen Anlagen sind heute für Besucher wieder geöffnet.

Glück Auf! – Kleiner Ausflug in die Bergmannssprache

Über rund fünf Jahrhunderte war der Harz eine der wichtigsten Bergbauregionen Europas. Mittlerweile sind alle Gruben stillgelegt, ein gutes Dutzend davon sind als Schaubergwerke zugänglich (www.harzerbergwerksmuseen.de). Oft sind es ehemalige Kumpel, die die Besucher durch die Stollen führen und einen Einblick in die schwere Arbeit der Erzgewinnung und die eigentümliche Sprache der Bergleute gewähren.

Es beginnt mit einem *Glück Auf*, dem Bergmannsgruß, der den Kumpeln ein leichtes Auftun der Erzgänge, also reiche Erträge bescheren sollte. Dann *fährt* der Besucher in das Bergwerk *ein* – auch wenn er geht, denn *(Be-)Fahrung* meint jede Ortsveränderung im Berg. Doch es wird auch tatsächlich gefahren – in die Schaustollen am Rammelsberg, in Lautenthal, Elbingerode und Netzkater gelangt man mit der Grubenbahn. Eine *Fahrt* hingegen ist eine Leiter, und derer bedurfte es viele, um einst in die bis zu 800 m tiefen Schächte zu steigen. Je nach Tiefe (*Teufe*) dauerte der Abstieg bis zu 1½ Stunden, nur begleitet vom winzigen Lichtschein des *Frosches*, einer kleinen eisernen Öllampe. Erleichterung brachte um 1830 die *Fahrkunst*, eine Art Aufzug aus zwei gegenläufigen Gestängen mit Trittbrettern, auf die man „stufenweise" wechselte und sich dabei nach unten oder oben bewegte. Eine originale Fahrkunst – *Kunst* steht im Bergbau für technische Anlage – ist heute in der Grube Samson in St. Andreasberg (→ S. 78) zu bestaunen.

War der Bergmann auf der *Sohle*, dem entsprechenden „Stockwerk" des Bergwerks angelangt, begann er den Felsen mit seinen Arbeitsgeräten, dem *Gezähe*, zu behauen. Am bekanntesten sind *Schlägel* und *Eisen*, Schlaghammer und Meißel, die über Kreuz gelegt seit dem 16. Jh. als Bergbausymbol gelten. Pro Schicht konnten damit zwei bis vier Zentimeter Gestein auf zwei Quadratmeter Fläche abgebaut werden. Im Mansfelder Kupferbergbau

Wasserkunst in der Grube Samson

musste gar im Liegen gearbeitet werden, denn die Stollen waren nur 40 cm hoch – im Röhrigschacht in Wettelrode (→ S. 208) ist das noch gut zu sehen. Über die Jahre hinweg verformte sich dadurch die Halswirbelsäule und bescherte den Kumpeln *Mansfelder Krummhälse*. Als zu Beginn des 20. Jh. Bohrmaschinen aufkamen, erleichterten sie die Arbeit ungemein, verursachten aber neue Gesundheitsschäden wie Staublunge und Schwerhörigkeit. Während die Besucher heute meist mit Helm und Schutzkleidung in das Bergwerk einfahren, trugen Bergleute bis Mitte des 20. Jh. neben der üblichen Arbeitskleidung lediglich *Mooskappen* aus dickem grünem Filz am Kopf und am Gesäß ein *Arschleder* zum Schutz vor Kälte und Nässe.

Das vom Bergmann gelöste Gestein wurde schließlich auf Wagen (*Hunte*) geladen und aus den Stollen zum *Füllort* am Schacht gefördert. Im Mansfelder Bergbau war das Kinderarbeit, *Treckjungen* schleppten auf allen Vieren die Wägen. Vom *Hunt* wurden die Gesteinsbrocken in eine *Fördertonne* geladen und diese im Schacht nach oben gezogen – zunächst mittels *Handhaspel* oder *Pferdegöpel*, ab Mitte des 17. Jh. mithilfe wasserbetriebener *Kehrräder*, wie sie etwa im Rammelsberg zu sehen sind (→ S. 45). Andernorts wurde das Erz im Berg in einen Kahn verladen, der durch einen Wasserstollen ans Tageslicht schipperte; auch das gibt es heute noch zu erleben im Schaubergwerk in Lautenthal (→ S. 63).

Nach rund 10 Stunden endete die Schicht der Bergleute, danach begann die gefährliche und Kraft raubende *Ausfahrt*. Bis zu 2½ Std. kletterten die Kumpel bis Mitte des 19. Jh. über *Fahrten* nach oben. *Glück Auf!* als Wunsch nach einem gesunden Ausfahren, auch dafür steht der Bergmannsgruß.

Fahrkunst im Modell
(St. Andreasberg)

Ingenieurkunst von 1876 –
Förderturm des Ottiliaeschachts

Immer viel los auf den Weihnachtsmärkten im Harz

Reisepraktisches von A bis Z

Anreise

Mit eigenem Fahrzeug: Der Harz ist ringsum von Autobahnen umgeben. Im Westen ist es die Nord-Süd-Achse **A 7**, im Süden die **Südharzautobahn A 38** Göttingen–Halle, im Osten die **A 14** und im Norden die **A 2**, die von Berlin ins Ruhrgebiet führt. Von dieser zweigt in Braunschweig der „Harz-Highway" **A 395** ab, der weiter südlich in die vierspurige **B 6n** mündet. Diese quert das Harzvorland von Goslar über Quedlinburg bis knapp vor die A 14, in die sie ab 2012 direkt einmünden soll. Am südwestlichen Harzrand entlang verläuft von Seesen bis Bad Lauterberg die vierspurige **B 243**.

Mit der Bahn: Der Harz ist über Kassel, Göttingen, Hannover, Hildesheim, Braunschweig, Magdeburg, Halle und Erfurt an den Fernverkehr angeschlossen; von dort geht es stündlich in Regionalzügen der DB bzw. in den modernen HarzElbeExpress-Zügen (HEX) von Veolia Verkehr zu den Städten am Harzrand.

● *Verbindungen nach Wernigerode* Ab München 6½ Std., Köln 5 Std., Hamburg 3½ Std., Berlin 3¼ Std., Hannover 2 Std.

● *Angebote* Bei Anreise aus Niedersachsen, Sachsen-Anhalt oder Thüringen lohnen sich die **Länder-Tickets**, mit denen bis zu 5 Pers. Sa/So ab 0 Uhr, sonst ab 9 Uhr einen Tag lang alle Nahverkehrszüge (2. Klasse) des jeweiligen Bundeslandes für 30 € (am Automaten 28 €) nutzen können (Single-Variante 22/20 €).

Schönes-Wochenende-Ticket: Gilt für bis zu 5 Pers. Sa oder So in Nahverkehrszügen der DB (2. Kl.) deutschlandweit. Preis 39 € (37 € am Automaten).

Hopper-Ticket Sachsen-Anhalt: Damit kann eine Pers. für 8 € (6 € am Automaten) Sa/So ab 0 Uhr, sonst ab 9 Uhr innerhalb von Sachsen-Anhalt und Thüringen von jedem Bahnhof aus mit Nahverkehrszügen 50 km weit (und zurück) fahren. www.bahn.de.

Harz-Berlin-Express: Preisgünstiger Direktzug von Berlin an den Nordharzrand (Wernigerode, Quedlinburg, Thale), Sa/So 2-mal tägl. Tickets nur im Zug. Hin-/Rückfahrt 19–25 €, Familie (2 Erw. und eigene Kinder bis 14 J.) 29–35 €. ✆ 03941-678333, www.harz-berlin-express.de.

• *Fahrradmitnahme* In IC- und EC-Zügen für 10–12 €/Fahrt möglich. Im Regionalverkehr 5 €/Tag, in HEX-Zügen ist sie meist kostenlos.

Mit dem Flugzeug: Nächstgelegene internationale Flughäfen sind Hannover, Leipzig/Halle und Erfurt.

Ermäßigungen

Die **HarzCard** (www.harzcard.info) bietet freien Eintritt in über 100 Museen, Bergwerke, Höhlen, Seilbahnen, Tierparks, Thermen, Bäder etc. Für 2 Tage zahlt man 23,50 € (Kind 5–14 J. 13,50 €), für vier frei wählbare Tage innerhalb eines Jahres 49 bzw. 29 €. Die Karte ist bei Touristinfos, Museen, Thermen unter ✆ 05321-34040 sowie online erhältlich.

Die **Harz-Gastkarte** oder eine **Kurkarte** erhält jeder Übernachtungsgast als Gegenleistung für die Kurtaxe; sie bietet an 60 Orten einen um etwa 10–30 % ermäßigten, selten kostenlosen Eintritt für Museen und Freizeitangebote. Siehe auch HATIX (Kasten, S. 31).

Essen und Trinken

So schlecht wie ihr Ruf ist die Harzer Gastronomie nicht (mehr). Selbst der kritische *Gault Millau* hat in Goslar, Ilsenburg, Braunlage, Wernigerode, Bad Harzburg und Halberstadt Gourmet-Oasen geortet. An touristischen Einfallschneisen finden sich zwar nach wie vor „Schnitzelküche" und „Frittenbude", daneben setzen immer mehr (junge) Köche auf frische, regionale Zutaten und leichte Zubereitung.

Die traditionelle **Harzer Küche** geht auf die Arme-Leute-Kost der Bergarbeiter, Köhler und Holzknechte zurück, die kalorienreich sein musste, um ihre Esser bei Kräften zu halten. Wichtigste Zutaten waren Zwiebeln, Rüben, Gurken, Grünkohl (Braunkohl) und die 1747 in der Region eingeführte Kartoffel, aus dem Wald kamen Pilze, Beeren und Wildkräuter wie Bärlauch *(Ramsen)*. Luftgetrocknete oder geräucherte Dauerwürste aus Schweinefleisch und wohl auch das eine oder andere erwilderte Tier gehörten ebenfalls dazu. Daraus entstanden die typischen **Harzer Spezialitäten**: ungeschälte, gebratene Kartoffelhälften *(Knieste)*, zu denen man Zwiebeln, Schweinemett *(Hackus)* und Gewürzgurken reicht; *Braunkohl mit Stolberger Lerchen* (geräucherte Schweinswürste → S. 216) oder *Schmorwurst* (mit Kümmel verfeinertes gehacktes und geräuchertes Schweinefleisch); *Klöße, Birnen und Speck* (Kartoffelknödel, Kompott, Speckstreifen und Zwiebeln). Das *(T)Schärperessen* ist eine Bergmannsmahlzeit aus Wurstspezialitäten, Schmalz, Gurken und Brot. Der *Harzer Käse* (wegen seiner runden Form auch „Harzer Roller" genannt), ein fettarmer, meist mit Kümmel gewürzter Sauermilchkäse, der mit zunehmender Reife kräftig riecht und intensiv schmeckt (andernorts als „Quargel" bekannt), wird mit Zwiebeln verzehrt. Zu den einfachen, im Harz verbreiteten Gerichten zählen auch *Würzfleisch*, eine Ragout-fin-Variante aus Schweine- oder Geflügelfleisch, *Reibekuchen* (Kartoffelpuffer) und *Soljanka*, ein deftiger Eintopf aus Kassler, Wurst, Zwiebeln, Gewürzgurken und Paprika.

Köstlich sind die *Harzer Bachforellen*, im Sud pochiert (unter dem Siedepunkt „gekocht"), gebraten, gebacken, geräuchert oder gebeizt, sowie *Wildbret*, v. a. von Reh, Wildschwein und Rothirsch, das vorzugsweise zu Bratwurst, Salami, Pasteten und Gulasch verarbeitet wird. Eine Delikatesse ist das hochwertige Fleisch des *Harzer Roten Höhenviehs*

(Rotviehs), einer alten Rinderart, die Ende des 20. Jh. vor dem Aussterben bewahrt wurde und nun wieder auf den Harzer Bergwiesen grast.

Die **Nachspeise** schlechthin ist der aus Brandteig produzierte *Windbeutel*. Im Harz serviert man ihn handballgroß, füllt ihn mit Sahne, Kirsch- oder Heidelbeersoße und/oder mit Eis. Da der Teig nicht gesüßt wird, gibt es Windbeutel auch pikant, etwa mit Harzer Käse.

Bekannter als die Küche sind die Harzer **Getränke**. Die *Hasseröder Brauerei* in Wernigerode braut Bier seit 1872. *Altenauer* ist das einzige noch im Oberharz hergestellte Bier. Als eigentliches Harzer Urbier gilt die *Gose* aus Goslar, ein obergäriges Weizenbier. Die Gasthausbrauerei *Lüdde* in Quedlinburg braut das Malzbier *Pubarschknall*, die Museumsbrauerei in Wippra Schwarzbier und Pilsner.

Die bekanntesten Mineralwässer stammen vom Harzrand: *Bad Harzburger, Harzer Bergbrunnen* und *Okertaler* werden in Bad Harzburg abgefüllt, *Harzer Grauhof* in Goslar und *Blankenburger Wiesenquell* und *Regensteiner* um Blankenburg. *Bad Suderoder* kommt aus einer der stärksten Calciumquellen Europas.

Zu den traditionsreichen Harzer Schnäpsen gehören der Halbbitter *Schierker Feuerstein* (→ S. 119), die Kräuterliköre *Harzer Grubenlicht* und *Brockengeist*, der Waldbeerenlikör *Köhler Liesel* und das hochprozentige *Harzer Schmiedefeuer* aus Zorge. Der beliebte *Echte Nordhäuser* wird in Nordhausen seit 1507 aus Roggen gebrannt. Und im Kloster Wöltingerode bei Vienenburg wird seit 1682 *Wölteringeröder Edelkorn* destilliert.

Feiertage

Neujahr, Karfreitag, Ostersonntag/-montag, Tag der Arbeit (1. Mai), Himmelfahrt, Pfingstsonntag/-montag, Tag der Deutschen Einheit (3. Okt.), Weihnachten (25./26. Dez.), in Sachsen-Anhalt zudem Heilige Drei Könige (6. Jan.) und der Reformationstag (31. Okt.), der auch in Thüringen gefeiert wird.

Feste & Veranstaltungen

Januar/Februar: *Skispringen* und *Setzbügel-Eisschießen* in Braunlage. *Schlittenhunderennen* in Benneckenstein und Clausthal-Zellerfeld.

Karsamstag: *Osterfeuer* und *Fackelschwinger* in vielen Harzorten.

Ostersonntag: *Kaiserfrühling* in Quedlinburg mit historischem Umzug.

30. April: *Walpurgisfeiern* in vielen Harzorten, den größten Rummel gibt es in Thale, Schierke, Goslar und Bad Grund.

Pfingsten: *Questenfest* in Questenberg; *Kaiserfrühling* in Quedlinburg mit Mittelalterfest; *Viehaustrieb* in Wildemann; *Finkenmanöver* (Singvogelwettbewerb) in Benneckenstein und Hohegeiß.

Juni: *Wiesenblütenfest* in St. Andreasberg; *Berg- und Rosenfest* in Sangerhausen.

Juli: *Harzfest* an jährlich wechselnden Harzorten; *Schützenfeste* in Goslar und Braunlage; *Galopprennwoche* in Bad Harzburg.

August: *Salz- und Lichterfest* in Bad Harzburg; *Wernigeröder Schlossfestspiele* mit Opernaufführungen im Schlosshof.

September: *Jodlerwettstreit* in Altenbrak; *Sehusa-Fest* in Seesen mit Mittelalterspektakel; *Altstadtfeste* in Halberstadt und Goslar; *Eisleber Wiesenmarkt*, größtes Volksfest Mitteldeutschlands in Eisleben.

Oktober: Hirschrufmeisterschaften in St. Andreasberg; Kaiserringverleihung in Goslar; mittelalterliches Burgfest auf Burg Falkenstein.

Dezember: *Weihnachtsmärkte* in Goslar, Quedlinburg und andernorts.

Information im Internet

Aktuell und nützlich: www.harzinfo.de, die offizielle Seite des Harzer Tourismusverbands, sowie die umfangreichen Online-Reiseführer www.info-harz.de, www.harz-urlaub.de, www.harzpoint.de, www.harztourist.de, www.harzlandhexe.de und www.harzparadies.de.

Infos zum Natur- und Geopark bietet www.harzregion.de, eine gute Zusammenstellung der **Sehenswürdigkeiten** www.harzlife.de.

Historisches und **Hintergrundinfos zum Unterharz** bietet www.harzgeschichte.de, **Fotos und Tipps** für den gesamten Harz www.harzluchs.de. Ein Genuss sind die 80.000 Harz-Fotos eines in Goslar lebenden Franzosen: www.raymond-faure.de.

Kinder

Der Harz ist auch für Kids nicht fad: Wanderungen lassen sich mit der Stempeljagd für die Harzer Wandernadel oder *Dampfzug-Fahrten* mit den Harzer Schmalspurbahnen ergänzen – oder auch mit einfachen *Klettereien*, wie sie Teufelsmauer, Ottofelsen, Käste- und Schnarcherklippen bieten. Spannend sind die *Mittelalterburgen* Falkenstein und Regenstein mit ihren Falknereien. *Tier- und Wildparks* gibt es in Wernigerode, in Thale und Halberstadt. Auf *Sommerrodelbahnen* rasant bergab geht es in Schierke, Thale, Wippra und St. Andreasberg. Zahlreiche *Erlebnisbäder* locken (→ Sport), im Sommer auch Badeteiche. *Möchtegern-Cowboys* und *-girls* besuchen die Westernstadt Pullman City in Hasselfelde, für die ganz Kleinen gibt es *Märchenparks* in Bad Harzburg und Bad Grund, für unter 10-Jährige das Bau-Spiel-Haus in Thale. Und auch der *Nationalpark* bietet Kindgerechtes wie den Löwenzahn-Entdeckerpfad in Drei-Annen-Hohne und Junior-Ranger-Programme.

Genaue Infos zu den Attraktionen finden Sie in den Ortskapiteln.

Sport und Aktivitäten

Angeln: Die Teiche des Oberharzer Wasserregals (→ Kasten S. 58), Oker-, Oder- und Sösestausee sowie die Bodetalsperren sind beliebte Reviere. Zum Fliegenfischen eignet sich die Bode. Angelkarten gibt es in den Touristinfos. Einen guten Überblick bietet www.harz-paradies.de/Aktiverleben/HarzAngeln.htm.

Baden & Wassersport: Fast jeder größere Ort hat einen Badeteich oder ein (Wald-) Freibad. Auch viele Teiche des Oberharzer Wasserregals und Bergteiche im Unterharz laden zum Baden ein. Nicht in allen Stauseen ist Baden, Segeln, Surfen und Paddeln erlaubt, sondern nur im Innerste-, Oder- und Okerstausee, in Teilen der Sösesperre und in der Talsperre Wendefurth. Moderne Erlebnis- bzw. Thermalbäder bieten Goslar, Altenau, Bad Harzburg, Hasserode, Halberstadt, Bad Suderode, Stolberg, Nordhausen, Bad Sachsa, Bad Lauterberg und Osterode. *Die* Adresse für Kanu-Wildwasserfahrten ist das Okertal (S. 47).

Golf: Direkt am Harz liegen die Golfclubs Bad Harzburg (S. 85) und Schloss Meisdorf (S. 190).

Klettern: Bekannte *Kletterfelsen* sind die Klippen im Okertal und um Schierke, die Rabenklippen bei Bad Harzburg, die Teufelsmauer und die Steinbachtalwände östlich des Hexentanzplatzes bei Thale. Sperrzeiten und Kletterverbote aus Naturschutzgründen sind zu beachten. Genaue Infos bietet www.dav-felsinfo.de.
Hochseilgärten gibt es in St. Andreasberg, Bad Harzburg und Thale.

Mountainbike: Die *Volksbank Arena* macht den Harz zur besten Bike-Region Norddeutschlands: 62 ausgeschilderte MTB-Routen der Schwierigkeitsgrade leicht (blau), mittelschwer (rot) bis

Mountainbiken – der Harz hat die besten Trails von Norddeutschland

schwer (schwarz) bieten auf 1800 km Gesamtlänge Herausforderungen für jeden Anspruch. Mehr Infos dazu in den jeweiligen Ortskapiteln und unter www. volksbank-arena-harz.de (mit GPS-Tracks zum Herunterladen). Für **Downhiller** gibt es in Hahnenklee, Schulenberg, Braunlage und Thale rasante Singletrails.

• *Karte* **Der Harz für Mountainbiker**, Karte + Tourbook. Verlag Map.Solutions (2007), 1:75.000. Handlich, aber etwas ungenau (13,80 €).

Radeln: Die Täler und Harzränder sind für Radtouren ideal. Empfehlenswert sind die beschilderten Teilstrecken zweier Radfernwege, der *Euro-Route R 1* zwischen Seesen und Ballenstedt (ca. 100 km) und des *Weser-Harz-Heide-Radfernwegs* von Herzberg via Clausthal-Zellerfeld und Innerstetal bis Goslar (ca. 60 km).

• *Karte* **ADFC-Regionalkarte Harz**. BVA Bielefelder Verlag (2010), 1:75.000. Gutes Kartenbild, topaktuell (6,80 €).

Wandern: *Das* Urlaubsvergnügen im Harz. Ein 8000 km langes Wegenetz ist ausgeschildert, eine Wanderkarte dennoch unerlässlich. Wanderstöcke sind nicht nötig, sondern eher lästig, sowohl auf den Forststraßen als auch auf steinigen Pfaden und beim Klippensteigen. Eine Schutzhütte ist im Harz übrigens ein Unterstand, manchmal in Form einer Köhlerhütte *(Köte)* gestaltet. Eine Baude hingegen ist eine bewirtschaftete Berghütte.

> Einige der schönsten Wanderungen haben wir im Reiseteil des Buchs beschrieben und mit GPS aufgezeichnet. Daten zum Download unter www.michael-mueller-verlag.de/gps.

Die **Fernwanderwege durch den Harz** erfreuen sich wachsender Beliebtheit:

Harzer-Hexen-Stieg: 94 km von Osterode bis Thale, mit Brockenumgehung 107 km; zählt zu den 13 schönsten deutschen Fernwanderwegen. Markiert mit grüner Hexe. www.harzer-hexenstieg.de.

Selketal-Stieg: 67 km von Stiege bis Quedlinburg. Gut mit der Selketalbahn zu kombinieren. Markiert mit roter Burg. www.harzinfo.de/selketal.

Harzer Grenzweg am Grünen Band: 75 km entlang der früheren innerdeutschen Grenze vom Grenzturm Rhoden im Norden bis Tettenborn. Markiert mit grünem G. www.harzer-grenzweg.de.

Kaiserweg: 110 km von Goslar bis zum Kyffhäuser, folgt einem historischen Höhenweg. Markiert mit Krone. www.harzinfo.de.

Karstwanderweg: 250 km durch die Karstlandschaft am Südharzrand von Osterode (Nordroute) bzw. Förste (Südroute) bis Pölsfeld. Markiert mit weißem K auf rotem Grund. www.karstwanderweg.de.

Harzer Klosterwanderweg: 32 km von Drübeck über Ilsenburg und Wöltingerode bis Goslar. Auch als Radtour geeignet. www.harzer-klosterwanderweg.de.

Harzer Baudensteig: 100 km von Bad Grund bis zum Kloster Walkenried, vorbei an bekannten Berggasthöfen (Bauden), wie der Hanskühnenburg und der Baude Großer Knollen. Markiert mit braunem Symbol. www.harzerbaudensteig.de.

Harzer Försterstieg: 60 km von Goslar über Wildemann, Clausthal-Zellerfeld bis Riefensbeek-Kamschlacken. Markiert mit grünem Eichenblatt. www.försterstieg.de.

• *Wanderkarten* Die besten Karten in punkto Übersichtlichkeit, Genauigkeit und Aktualität sind die aus dem **Schmidt-Buch-Verlag**, Wernigerode: *Der Harz und Kyffhäuser* (2009), 1:50.000, deckt die ganze Region ab (5,80 €); *Selketal-Stieg* (2009), 1:50.000; *Harzer-Hexen-Stieg* (2009), 1:30.000; *Harzer Grenzweg* (2009), 1:30.000 und *Bodetal* (2009), 1:30.000. Preis 2,50–5,50 €.
Das hellblaue Karten-Set *Harz* der **Landesvermessungsämter**, bestehend aus 2 Karten mit Begleitheft (2009), 1:50.000, ist etwas teurer (12,90 €).
• *Wandern ohne Gepäck* Guten Service bietet der Wandertouren-Veranstalter **Wan-**

dern im Harz. Unter den Linden 22, 38667 Bad Harzburg, ☎ 05322-559603, www.wandern-im-harz.de.

Harzer Wandernadel

Ein großer Erfolg ist das 2007 etablierte Wanderstempeln. An 222 attraktiven Plätzen im ganzen Harz (Aussichtspunkte, Burgen, Naturdenkmäler) findet man dunkelgrüne Stempelkästen. Mit 50 Stempeln im Wanderpass (2 €) wird man *Wanderkönig*, mit allen 222 Stempeln gar *Harzer Wanderkaiser*. Die Abzeichen kann man für 3,50–5 € erwerben. Über die Lage der Stempelstellen informiert das Internet. Am besten findet man sie mit Wanderkarte, ideal ist das offizielle 3-teilige Kartenset *Harzer Wandernadel* (7,50 €). Umfassende Infos bietet www.harzerwandernadel.de, Wanderpässe sind in allen Touristinfos erhältlich.

Wintersport: *Alpinski-* und *Snowboardgebiete* findet man im Ober- und Südwestharz mit rund 20 Skiliften und Pisten, verteilt auf St. Andreasberg, Braunlage, Torfhaus, Hahnenklee, Schulenberg und den Ravensberg bei Bad Sachsa. Für Anfänger und Kinder sind sie gut geeignet, für Könner uninteressant. Toll

Mit dem Dampfzug auf Tour – die Harzer Schmalspurbahnen (HSB)

Sie sind ein echtes Highlight der Region, dabei wären sie nach der Wende 1989 fast stillgelegt worden. 140,4 km weit schlängeln sich die Bahnen auf Meterspur durch den sachsen-anhaltischen und thüringischen Harz und bilden so das längste zusammenhängende Schmalspurnetz Deutschlands. Das Netz entstand durch die Verbindung dreier getrennter Strecken: der bereits 1887 eröffneten *Selketalbahn* (Gernrode–Eisfelder Talmühle), der um 1899 errichteten *Brockenbahn* (ab Drei-Annen-Hohne) und der *Harzquerbahn* (Wernigerode–Nordhausen). 2006 wurde die Selketalbahn um 8,5 km bis Quedlinburg verlängert. Alle Züge verkehren ganzjährig. Auf der Brockenbahn sind sie immer mit Dampfloks unterwegs, auf den anderen Strecken im Sommerfahrplan mindestens 1-mal täglich. Zu den Perlen unter den Triebfahrzeugen zählen die Mallet-Loks von 1897/98. Für die Fahrt auf den Brocken gilt übrigens von allen HSB-Bahnhöfen aus der gleiche Fahrpreis (z. Zt. 26 € für Hin- und Rückfahrt, 17 € einfach). Die HSB bieten zusätzlich viele Sonderfahrten, Führungen und Pauschalprogramme an (Infos unter ☎ 03943-5580, www.hsb-wr.de).

ist das *Skilanglauf-Angebot* mit einem 250 km langen Loipennetz auf den Harzer Hochebenen und am Fuß des Brockens. Hinsichtlich Beschilderung und Information darf man aber (noch) keine Standards wie etwa in den Alpen erwarten. Was als Loipe bezeichnet wird, ist nicht automatisch gespurt – eine Wintersportkarte ist daher nötig. Zuverlässig werden die Routen im Nationalpark Harz, v. a. rund um Torfhaus, Schierke und den Sonnenberg, präpariert. Wer gerne rodelt, findet in Torfhaus, Braunlage und Hahnenklee die besten Pisten.

● *Karte*   **Wintersportkarte – Der Harz**, Schmidt-Buch-Verlag (2010), 1:50.000; Standard-Karte 3,50 €, wetterfeste Version 6,80 €.

● *Schneeberichte*   Aktuelle Infos unter www.harzinfo.de (Rubrik Schneelage), www.schneenews.de, www.harzski.de und www.oberharz.de/wintersportbericht.

Unterwegs im Harz

Mit dem Auto: Das Harzer Straßennetz ist in allen drei Bundesländern gut ausgebaut. Die wichtigsten Nord-Süd-Achsen sind die **B 4** von Bad Harzburg über Braunlage bis Nordhausen (bis Torfhaus vierspurig), die **B 241** von Vienenburg nach Osterode und die **B 81** von Halberstadt nach Ilfeld. Die 120 km

lange *Harzhochstraße* (**B 242**) verläuft in West-Ost-Richtung von Seesen über Hasselfelde nach Mansfeld. Von Nordost nach Südwest quert die **B 27** von Blankenburg nach Bad Lauterberg den Harz. Die kurven- und panoramareichen Straßen sind bei Motorradfahrern sehr beliebt. Bei schönem Wetter donnern sie scharenweise durch die Region. www.motorrad.harzpoint.de listet und bewertet die Harzer Motorradstrecken.

Mit dem Bus: Linienbusse im Harz verkehren auf den Hauptrouten im 1- und 2-Stundentakt, auf Nebenstrecken 4-mal täglich, an Sonntagen oft gar nicht. Die Gebiete der diversen Tarifverbünde entsprechen den Landkreisen, es gibt z. T. Übergangstarife, aber leider kein für den gesamten Harz gültiges Tages- oder Freizeitticket.

HATIX: Freie Fahrt auf Buslinien in den Landkreisen Harz und Mansfeld-Südharz gewährt das Harzer Urlaubs-Ticket HATIX, das seit 2010 einige Orte an Übernachtungsgäste ausgeben.

● *Fahrplanauskunft* **Niedersachsen**: ☎ 01805-826826, www.efa.de, www.fahrplaner.de.

Sachsen-Anhalt: ✆ 01805-331010, www.insa.de.

• *Webfahrpläne* **Lk Goslar**: www.zgb.de, www.rbb-bus.de, www.kvg-braunschweig.de, **Lk Osterode**: www.vsninfo.de. **Lk Harz**: www.hvb-harz.de, www.qbus-ballenstedt.de, www.hbb-gmbh.info. **Mansfeld-Südharz**: www.vgs-suedharzlinie.de. **Lk Nordhausen**: www.bus-verkehr-nordhausen.de.

Hotel Grüne Tanne in Mandelholz

Übernachten

Das Angebot reicht von Campingplätzen an Teichufern über Ferienwohnungen in historischen Gemäuern bis zu schicken Wellnesshotels.

• *Information/Reservierung* Das Gastgeberverzeichnis des Harzer Tourismusverbands findet sich unter www.harzinfo.de/uebernachten. Online-Buchung ist möglich unter www.buch-den-harz.de sowie auf den Websites vieler Harzorte.

Hotels, Pensionen und **Gasthäuser** findet man in Städten und Kurorten am Harzrand, aber auch in einsamer Idylle im Wald – vom holzverschalten Fachwerk- bis zum modernisierten Plattenbau. Bei vier und fünf Sternen darf man Wellness-Einrichtungen erwarten, oft ist das aber nur eine Sauna, manchmal ein Hallenbad im Keller, immer öfter eine großzügige Badelandschaft. Ein Doppelzimmer (DZ) kostet je nach Kategorie und Lage zwischen 60 und 180 €, in Sachsen-Anhalt und Thüringen ist es etwas billiger.

> **Zimmerpreise**: Die im Buch genannten Preise gelten, falls nicht anders angegeben, für 2 Personen im Doppelzimmer (DZ) mit Bad oder Dusche, WC, TV und *inklusive* Frühstück. Fast überall kommt eine **Kurtaxe** von 1,10–2,20 €/Pers. und Tag hinzu.

Sehr beliebt sind **Ferienwohnungen**. Waren sie früher oft in hässlichen Hochhausklötzen untergebracht – im Oberharz existieren noch einige davon –, findet man sie heute auch in alten, ortstypischen Häusern, die privat aufgekauft und geschmackvoll renoviert wurden. Wie Hotels sind sie nach einem 5-Sterne-System klassifiziert. **Ferienhäuser** sind selten, und wenn, dann stehen sie in modernen **Ferienparks**, etwa in Clausthal-Zellerfeld, Wernigerode-Hasserode und Hasselfelde. Eine komplett ausgestattete Fewo für 2 Personen kostet ab 30 € aufwärts, für 4 Personen 60–80 €. www.harz-travel.de bietet über 1000 Ferienwohnungen und -häuser zur Direkt-Buchung an.

Jugendherbergen gibt es in Goslar, Hahnenklee, Torfhaus, Braunlage, Wernigerode, Schierke, Quedlinburg, Thale, Falkenstein und Bad Sachsa. Wer dort kurzfristig logieren möchte, kann auch noch vor Ort Mitglied des *Deutschen Jugendherbergswerks* werden. Für Junioren kostet das 12,50 €, ab 27 Jahren 21 €. **DJH Hauptverband**, Bismarckstr. 8, 32754 Detmold, ✆ 05231-74010, www.jugendherberge.de.

Campingplätze: Die schönsten der rund 40 Harzer Plätze beschreiben wir bei den jeweiligen Orten, ebenso die zahlreichen **Wohnmobilstellplätze** mit Versorgungsstation. wwwharzinfo.de/uebernachten.

▲ Naturwunder Harz

Einmal durch den Harz

Reichsadler auf Goslars Marktbrunnen

Goslar

ca. 42.000 Einwohner • 255 m

Über tausend Fachwerk- und Gildehäuser, dazu Kunstschätze und Kirchen aus Romanik und Gotik, Museen, Stadtmauerreste, moderne Skulpturen und ein mächtiges Industriedenkmal am Rammelsberg – Goslar, die alte Hansestadt, trägt den Weltkulturerbetitel zu Recht.

Nirgendwo sonst sind die Eigenheiten der Region – historischer Bergbau, Fachwerkhäuser und Spuren aus der frühen Kaiserzeit – so einzigartig vereint wie in Goslar. Die Stadt am nördlichen Harzrand zählt damit zu dessen Hauptsehenswürdigkeiten. Neben der kleinen, gerade mal einen Quadratkilometer großen historischen Altstadt mit gepflasterten Gassen, mittelalterlichen Kirchen und Tortürmen (und auch einigen Bausünden aus der Nachkriegszeit) beeindruckt die mächtige Anlage der Kaiserpfalz, die sich südlich anschließt.

In den stillen Gassen im Westen der Altstadt herrscht Spätmittelalter pur. Einen spannenden Kontrast setzen die in der Stadt verteilten zeitgenössischen Kunstwerke; sie stehen im Zusammenhang mit dem *Kaiserring*, einem der wichtigsten deutschen Kunstpreise, den die Stadt seit 1975 alljährlich an einen international anerkannten Künstler vergibt. Unter den Kunstwerken sind zehn mit einem Handabdruck versehene Erzbrocken von *Christoph Wilmsen-Wiegmann*: Diese „Hommage à Rammelsberg" erinnert an zehn Jahrhunderte Bergbau am Rammelsberg. Das stillgelegte Bergwerk, heute ein einzigartiges Industriemuseum, befindet sich 2,5 km südöstlich der Stadt.

Goslar blickt auf über 1000 Jahre Geschichte zurück. Der Aufstieg der Bergmannssiedlung zu einer der bedeutendsten Städte des Kaiserreichs begann 968 mit der Entdeckung einer der ergiebigsten Silberadern Europas. Heinrich II. verlegte 1015 eine Kaiserpfalz hierher, fast ein halbes Hundert Kirchen wurden gebaut, Silber- und Münzhandel blühten. Goslar wurde Freie Reichs- und Hansestadt. Fast 100 Jahre lang waren sogar die Schürfrechte am Rammelsberg an die Stadt verpfändet, bis sie 1522 an das Herzogtum Braunschweig zurückfielen. Mit den Plünderungen im Dreißigjährigen Krieg setzte 1618 der Niedergang ein. Wieder voran ging es ab 1859 mit der Entdeckung eines neuen Erzlagers. Im 1871 neu gegründeten Deutschen Reich wurde die Kaiserpfalz zum Nationaldenkmal, 1934 ernannten die Nazis Goslar zur „Reichsbauernstadt", hier inszenierten sie ihre Paraden und Aufmärsche und ließen den Rammelsberg mit seinen kriegswichtigen Metallerzen groß ausbauen. Wegen Erschöpfung der Vorkommen kam für das Silbererzbergwerk 1988 das Aus. Seit 1992 zählen die Gruben und Übertageanlagen zusammen mit der Goslarer Altstadt zum Weltkulturerbe.

Praktische Informationen (→ Karte hinterer Umschlag)

•*Information* **Touristinformation**, am Marktplatz. Kleiner Stadtplan 1,50 €. April–Okt. Mo–Fr 9.15–18, Sa 9.30–16, So 9.30–14 Uhr, sonst Mo–Fr 9.15–17, Sa 9.30–14 Uhr. 38640 Goslar, Markt 7, ☏ 05321-78060, www.goslar.de.

•*Stadtführung* „1000 Schritte durch die Altstadt" (120 Min., inkl. Huldigungssaal), tägl. 10 Uhr, 6 €/Kind 4 €. „Spaziergang am Nachmittag" (90 Min.), April–Okt. Mo–Sa 13.30 Uhr. 4 €/2 €. Treffpunkt Touristinfo.

•*Stadtrundfahrt* **Bimmelbahn**: 35-Min.-Tour ab Marktplatz, stündl. 10.15–16.15 Uhr. 4,50 €, 4–12 J. 2,50 €.

•*Verbindungen* **Bahn**: Tägl. ca. 20-mal nach Bad Harzburg, Vienenburg, Hannover; ca. 10-mal nach Wernigerode, Halberstadt.

Bus: Zentraler Busbahnhof am Bahnhof; tägl. 4- bis 16-mal nach Hahnenklee (Linie 830), Clausthal-Zellerfeld (830, 831), Lautenthal (831, 832), Wildemann (831), Altenau (831), St. Andreasberg (840). www.zgb.de, www.rbb-bus.de.

Stadtbusse starten am stadtnahen Bahnhofsende alle 60 Min. zum Rammelsberg (Linie 803) oder zum Oker Waldhaus (802). www.stadtbus-goslar.de.

•*Parken* Im Zentrum ca. 1 €/Std., am Altstadtrand entlang der B 241 kostenfrei.

•*Radverleih* **Linkhorst**, MTB ca. 18 €/Tag. Mo–Fr 9–19, Sa 9–13 Uhr. Bäckerstr. 17, ☏ 05321-22564.

• *Einkaufen* **Wochenmarkt** auf dem Jakobikirchhof Di/Fr 8–13.30 Uhr.

Spital Großes Heiliges Kreuz (13) → Sehenswertes. Glas, Keramik, handgeschöpftes Papier, Töpferware, Goldschmiedearbeiten. Tägl. außer Mo 11–17 Uhr. Hoher Weg 7, www.kunsthandwerk-goslar.de.

Shop im Zinnfigurenmuseum (12), flache und vollplastische Figuren, darunter Goslar-Motive wie Butterhanne und Reichsadler. Tägl. außer Mo 10–17 Uhr. Klapperhagen 1.

Galerie Stoetzel-Tiedt (11), Stubengalerie mit renommierten Kunstausstellungen. Di–So 11–13, Do/F auch 15–18, Sa 14–17 Uhr. Abzuchtstr. 4, www.galerie-tiedt.de.

KaiserPassage (4), 2009 nach Umbau (eine Erweiterung scheiterte am Denkmalschutz) wiedereröffnetes Einkaufszentrum in der Altstadt (Mo–Sa 9.30–19 Uhr), Edeka im Untergeschoss (Mo–Sa 8–20 Uhr). Breite Str. 39.

Übernachten/Essen (→ Karte hinterer Umschlag)

Bei Online-Buchung unter www.goslar.de gibt es eine Stadtführung gratis.

•*Hotels/Pensionen* ****** Kaiserworth (7)**, direkt am Marktplatz. Stilvolles Hotel im rostroten Patrizierhaus von 1494. 66 individuell und gediegen eingerichtete Zimmer. Tagungsräume. Gutes, teures Restaurant „Die Worth", Café mit eigener Konditorei unter den Arkaden. DZ 110–182 €, Parkplatz 8 €. Markt 3, ☏ 05321-7090, ✉ 709345,

www.kaiserworth.de.

*** Goldene Krone (1), in der östlichen Altstadt. Seit 1733 war das Fachwerkhaus ein Hotel, heute ist es eine kleine Pension mit 16 modernen Zimmern. Rustikaler Frühstücksraum, kostenloser Parkplatz im Hof. DZ 80–100 €. Breite Str. 46, ☏ 05321-34490, ✉ 344950, www.goldene-krone-goslar.de.

** Hotel Gosequell (16), im malerischen Viertel unterhalb der Kaiserpfalz. Älteres, verwinkeltes Fachwerkhotel und benachbartes Gästehaus mit 13 schlichten Zimmern DZ 64–85 €, viele Pauschalangebote. An der Gose 23, ☎ 05321-34050, 🖷 340549, www.hotel-gosequell.de.

• *Ferienwohnungen* ****** Ferienappartements an der Kaiserpfalz (15)**, schieferverkleidetes Haus von 1520 am Fuß der Kaiserpfalz. 6 moderne, mit Kiefernmöbeln ausgestattete App. (2–4 Pers.), 2 davon in einem Anbau. App. 2 Pers. 55–60 €, weitere Pers. 10 €. 30 € Aufpreis für Aufenthalt unter 7 Tagen. Parkplatz 3 €/Tag. Heerwinkel 1, ☎ 05321-24695, 🖷 46266, www.ferienappartements-goslar.de.

*** Burg im Zwinger (17), im mittleren Geschoss des alten Zwingers (darüber ein Museum, darunter ein Restaurant). 3 geräumige, rustikal-elegant möblierte Ferienwohnungen: „Burgfee" (2–3 Pers.), „Burggräfin" (2–4 Pers.) und „Burggraf" (4–6 Pers.). 2 Pers. 55–65 €, weitere Pers. 10–15 €. Endreinigung ca. 30 €. Thomasstr. 2, ☎ 05322-554944, 🖷 554945, www.goslarer-zwinger.de.

• *Jugendherberge* **(18)** 1,5 km außerhalb; schiefergedeckter Fachwerkbau am Fuß des Rammelsbergs (Bus 803). 163 Betten in 2-, 4- und Mehrbettzimmern mit Waschbecken, teils mit Du/WC. 23–26 €/Pers. inkl. Frühstück. Rammelsberger Str. 25, ☎ 05321-22240, 🖷 41376, www.djh-niedersachsen.de/jh/goslar.

• *Camping* **Sennhütte**, wegen der Lage 3 km außerhalb an der stark befahrenen B 241 nicht sehr empfehlenswert.

• *Restaurants/Cafés* **Die Butterhanne (8)**, historisches Wirtshaus gegenüber der Marktkirche. Große Auswahl an preiswerter regionaler Küche, die schnell und in großen Portionen auf den Tisch kommt. Kuchen, Windbeutel und frisch gezapftes Gose-Bier. Terrasse. Tägl. Frühstück ab 8.30, Küche 11–23 Uhr. Marktkirchhof 3, ☎ 05321-22886, www.butterhanne.de.

Aubergine (6), gehobene Mittelmeerküche (türkisch, italienisch, französisch) mit frischen Zutaten. Hauptgericht 19–25 €. Tägl. 12–14.30/18–23 Uhr. Marktstr. 4, ☎ 05321-42136.

Worthmühle (10), An der Abzucht. Verschachteltes Fachwerkhaus mit Biergarten. Harzer Gerichte (12–18 €) und Gose-Bier. Mo–Do 17–23, Fr–So 12–14.30/17–23 Uhr. Worthstr. 4, ☎ 05321-43402, www.worthmuehle.de.

Schwarzes Schaf (2), modernes Bistro mit studentischem Flair. Preiswerte griechisch-italienische Küche, netter Garten. Tägl. 11–20 Uhr. Jakobikirchhof 5, ☎ 05321-319511.

Lil (5), freundliches Restaurant-Bistro-Café mit kreativer mediterraner Küche. Gepflegtes Ambiente, Hauptgericht 8–22 €. Tägl. außer Di 12–14/18–24 Uhr, Mi nur abends. Marktstr. 15, ☎ 05321-42178, www.restaurant-lil-goslar.de.

Trattoria da Enzo (3), sizilianische Küche in rustikal-modernem Ambiente. Pizza und Pasta unter 10 €, Fleischgerichte 18–26 €, alle zwei Wochen wechselt die Mittagskarte. Di–So 11.30–14.30/17.30–23.30 Uhr. Bäckerstr. 18, ☎ 05321-23223, www.trattoria-daenzo.de.

Brauhaus Goslar (9), in dem alten Fachwerkhaus eröffnete 2009 die lang ersehnte Gose-Gasthausbrauerei. Das Ambiente ist etwas nüchtern, die kupfernen Sudkessel imposant. Gebraut werden die naturtrüben Biere *Helle*, *Dunkle Gose* und *Rammelsberger Pils*. Zum Essen gibt es Harzer Spezialitäten und Gose-Gerichte. Tägl. 11–20 Uhr. Marktkirchhof 2, ☎ 05321-685804, www.brauhaus-goslar.de.

Harzer Urbier Gose: ein obergäriges Bier, das nach altem Rezept durch Zusatz von Salz, Koriander und Milchsäure zur Gose wird. Benannt nach der Gose, die durch Goslar fließt.

Barock-Café Anders (14), Goslars größtes Kaffeehaus mit 320 Sitzplätzen auf zwei Etagen. Plüschig-altbackenes Barockambiente, gute Auswahl an Torten, Kuchen und Baumkuchen. Tägl. 8.30–18 Uhr. Hoher Weg 4, ☎ 05321-23814.

*A*ktivitäten/*V*eranstaltungen

• *Baden* **Aquantic**, modernes Hallen- und Freibad (Mai–Mitte Sept.) östlich der Altstadt. Mehrere Becken, Saunen, Liegewiese. Tägl. 7–20 Uhr. Eintritt 2,80 €. Osterfeld 11, ☎ 05321-75820. www.aquantic.de.

• *Kino* **Goslarer Theater**, Altstadtkino mit 4 Sälen. Breite Str. 86, ☎ 05321-2855.

• *Mountainbike* Am Bahnhof starten eine leichte (22 km), 2 mittlere (22/30 km) und 2 schwere Routen (29/38 km), darunter die G 5 „Aussichtstour Brockenblick" (38 km, ↕ 1265 m). www.volksbank-arena-harz.de.

•*Veranstaltungen* **Walpurgis**, 30. 4., Marktplatzbühne, Party und Shoppingnacht.

Tage der Kleinkunst, nach Pfingsten, eine Woche Comedy, Figurenspiel, Kabarett an diversen Spielorten.

Volks- & Schützenfest, Anfang Juli 10 Tage, Fest mit Jahrmarkt auf dem Osterfeld.

Kunsthandwerkermarkt, Anfang Aug., über 150 Handwerker bieten in der Altstadt ihre Waren feil.

Internat. Musikfest Goslar, 2. Augusthälfte, 20 Klassikkonzerte an ausgewählten Spielorten. www.musikfest-goslar.de.

Kaiserringverleihung, Anfang Okt., öffentlicher Festakt in der Kaiserpfalz.

Goslarer Klaviertage, Sept., internat. Meisterkurs für Pianisten.

Weihnachtsmarkt, Weihnachtswald, im Advent; rund um den Marktplatz, romantischer Fichtenwald am Schuhhof.

Kaffeepause inmitten von Fachwerk

Sehenswertes in der Altstadt

Ausgangspunkt für unseren Stadtrundgang ist der Marktplatz in der Mitte der Altstadt, wo sich auch die Touristinformation befindet.

Marktplatz: Die Mitte des strahlenförmig gepflasterten Platzes markiert der **Marktbrunnen** (13. Jh.) mit zwei Bronzeschalen und dem vergoldeten Reichsadler mit frech gespreizten Flügeln An der Westseite erhebt sich das gotische **Rathaus** (s. u.), ihm gegenüber das schieferverkleidete **Kaiserringhaus** aus dem 18. Jh. (heute Restaurant). In seinem Giebel stellen umlaufende Figuren um 9, 12, 15 und 18 Uhr die Geschichte des Rammelsbergs zum Klang des Steigerliedes dar. Als Erster erscheint Ritter Ramm, dessen Pferd die Erzader entdeckt haben soll.

Das rostrote Patrizierhaus an der Platzsüdseite mit dem Türmchen samt Kaiseradler ist die **Kaiserworth**, die sich wohlhabende Tuchhändler 1494 als Gildehaus erbauen ließen. Namensgebender Zierrat sind die acht hölzernen Kaiserfiguren an der Fassade. Unterhalb des Erkers hat sich der Baumeister mit durchlöcherter Hose verewigt. An der Ecke zur Worthstraße hockt auf einer Konsole der kleine „Dukatenscheißer", Sinnbild für den Reichtum der Tuchhändler.

Rathaus mit Huldigungssaal: Der schlichte gotische Steinbau am Marktplatz (ab 1450) ist bis heute Amtssitz des Oberbürgermeisters. Sein zweischiffiger Laubengang diente einst als Markthalle, die Elle auf einem Holzpranger erinnert daran. Vor der Südfassade (links herum) steht der abstrakte „Goslarer Nagelkopf" (1981) von *Rainer Kriester.* Auf dieser Seite führt eine repräsentative Treppe hinauf in die riesige Rathausdiele (Däle) mit Sternenhimmel und beeindruckendem Geweihleuchter (15. Jh.). Hier ist die Kasse für den spätgotischen **Huldigungssaal,** der einen Besuch wert ist. 1505–20 wurde er als Ratssitzungssaal eingerichtet und mit 26 farbenprächtigen Holztafeln, Schnitzereien und Kassettendecke ausgekleidet. Nach langer Restaurierung kann der kostbare Saal nur mehr durch eine Glastür bestaunt werden. Als begehbarer Ersatz wurde eine verkleinerte Nachbildung geschaffen, in der das Bildprogramm multimedial erläutert wird.

April–Okt., 25. Nov.–29. Dez. Mo–Fr 11–15, Sa/So 10–16 Uhr, sonst nur im Rahmen der Stadtführung (s. o.). Eintritt 3,50 €, Kind 1,50 €.

MuseumSpass: Der ein Jahr gültige Pass (erhältlich in der Touristinfo) bietet freien Eintritt in folgende acht Museen: Huldigungssaal im Rathaus, Goslarer und Zinnfigurenmuseum, Musikinstrumente- und Puppenmuseum, Kaiserpfalz, Mönchehaus Museum, Zwinger und Museumshäuser (ohne Führungen) am Rammelsberg. Preis 17 €, 12–18-Jährige 8,50 €.

Marktkirche St. Cosmas und Damian: Goslars wichtigste Pfarrkirche ragt mit ihrem ungleichen Turmpaar hinter dem Rathaus auf. 1151 nach dem Vorbild des einstigen Domes erbaut, wurde sie im 14./15. Jh. um einen gotischen Chor und zwei Seitenschiffe erweitert. Beachtenswert sind die mit Bibelmotiven verzierte Renaissancekanzel (1581) und die vor 1250 entstandenen romanischen Glasmalereien mit Szenen aus dem Leben der beiden Kirchenpatrone; die Malereien zählen zu den ältesten in Deutschland (im linken Seitenschiff ausgestellt). Bei Schönwetter lohnt es, die 233 Stufen zur Aussichtsplattform im Nordturm (mit der welschen Haube) aufzusteigen, der Ausblick ist fabelhaft.

Tägl. 10–17 Uhr. Turm April–Okt. tägl. 11–17 Uhr, sonst nur Fr–So. Eintritt 2 €, Kind 1 €.

Bäckergildehaus, Brusttuch und Siemenshaus: Gegenüber den Türmen der Marktkirche stehen zwei imposante Fachwerkhäuser: rechts etwas zurückversetzt das *Bäckergildehaus* von 1557, links das *Brusttuch,* ein Patrizierhaus von 1521 über trapezförmigem Grundriss. Die verwitterten Schnitzereien im Fachwerkgeschoss zeigen Figuren aus Mythologie und Alltag, darunter ein Wahrzeichen Goslars, die „Butterhanne": Die Magd, die mit einer Hand buttert und mit der anderen frech das Gesäß entblößt, befindet sich unter dem Giebel an der linken Hausseite. Wer die Bergstraße links vom Bäckergildehaus noch 250 m aufwärts geht, trifft an der Ecke zur Schreiberstraße auf das stattliche **Siemenshaus** von 1693. Es ist eines der größten erhaltenen Bürgerhäuser der Stadt und Haus des Ururgroßvaters des berühmten Industriepioniers *Werner von Siemens.*

Musikinstrumenten- und Puppenmuseum: Auf vier Etagen erfreuen in dem historischen Patrizierhaus am Hohen Weg an die 1000 Musikinstrumente, 360 Porzellanpuppen und historisches Spielzeug, darunter Kuriositäten wie eine Tuba mit zwei Trichtern, eine Meißener Porzellangeige, ein Schaukasten voller Miniaturinstrumente sowie das weltweit kleinste Teddybärenmuseum.

Tägl. 11–17 Uhr, Nebensaison nur Di–Sa 11–16 Uhr. Eintritt 3 €, Kind 1,50 €. Hoher Weg 5, ☎ 05321-26945.

Brusttuch von oben

Spital Großes Heiliges Kreuz: Das sehenswerte Ensemble befindet sich wenige Schritte weiter am Hohen Weg jenseits der Gose. 1254 wurde es als Hospiz für Pilger, Kranke und Bedürftige gegründet. Ihre Schlafstätten lagen in der Haupthalle (Däle), die mit Balkendecke und Steinpflaster bis heute mittelalterlich wirkt. Gottesdienste fanden in der Johanneskapelle statt. Die 18 auf zwei Geschosse verteilten „Pfründnerstübchen" auf der rechten Seite wurden in der Barockzeit eingebaut – Bürger konnten hier gegen Abtretung ihres Vermögens den Lebensabend verbringen, heute dienen sie Kunsthandwerkern als Verkaufswerkstätten (→ Einkaufen). Von der Däle gelangt man in den Innenhof mit weiteren Ateliers und dem Betonfigurenpaar „Freut euch des Lebens" (1997), ein originelles Sitzmöbel von *Vera Keune.*

Museumsufer mit Goslarer Museum und Zinnfigurenmuseum: Ein Abstecher vom Hohen Weg entlang der Abzucht (wie die Gose innerhalb der Altstadt heißt) führt an das malerische Museumsufer zum **Goslarer Museum** in einem Herrenhaus von 1514. Es informiert über die Stadtgeschichte und Geologie der Region; Höhepunkte sind der Krodoaltar aus Rammelsberger Kupfer (12. Jh.) aus dem ehemaligen Dom, Auszüge aus dem Goslarer Evangeliar, einer bebilderten Prachthandschrift von 1240, Münzen mit Goslarer Prägungen, die goldgeschmiedete Bergkanne (1477), das Original des Brunnenadlers, eine historische Apotheke, ein Biedermeier-Wohnsalon und der Nachbau eines mittelalterlichen Kupferschmelzofens.

Das **Zinnfigurenmuseum** in der gegenüber stehenden Lohmühle aus dem 16. Jh., der letzten von einst 40 Mühlen, rühmt sich als das schönste Deutschlands. In 50 Dioramen wird die Geschichte der Stadt und des Bergbaus dargestellt, dazu kommen 30 Märchenszenen und Sonderausstellungen (www.zinnfigurenmuseum-goslar.de, ✆ 05321-25889).

Tägl. außer Mo 10–17, Nov.–März nur bis 16 Uhr. Eintritt für beide Museen 4 €, Kind 2 €.

Barbarossa vor der Kaiserpfalz

Domvorhalle: Zurück am Hohen Weg, führt dieser direkt zu den Resten des von Heinrich III. gestifteten *Doms St. Simon und Judas*, der wie die Kaiserpfalz um 1050 erbaut wurde. Zur Ruine verkommen, wurde er 1822 zum Abbruch verkauft. Übrig blieb nur ein Seiteneingang, in dessen Giebelfeld links unten die Figur Heinrichs III. mit einem Dommodell zu sehen ist. Vor dem Portal steht eine Kopie des Kaiserstuhls (Original in der Kaiserpfalz). Wo sich einst das Langhaus erstreckte, ist heute ein schnöder Parkplatz, auf dem graue Pflastersteine den Domgrundriss nachzeichnen.

Kaiserpfalz: Die wuchtige burgähnliche Anlage am oberen Ende des Kaiserbleek wurde 1040–50 unter Heinrich III. gebaut und war einst der Mittelpunkt des von einer Mauer geschützten Pfalzbezirks. Trotz zahlreicher Umbauten im 19. Jh. gilt sie als größter romanischer Profanbau Deutschlands. 200 Jahre lang war sie bevorzugter Aufenthaltsort der damals mit einem Gefolge von bis zu 2000 Leuten herumreisenden römisch-deutschen Kaiser. 23 Hoftage wurden hier abgehalten, der letzte 1219 unter dem Staufer Friedrich II. Danach diente die Pfalz als Gerichtsgebäude, später als Kornspeicher und verfiel. 1868 begann die Restaurierung, die unter Kaiser Wilhelm I. besonders gefördert wurde – aus der alten Kaiserpfalz entstand, auf Kosten der Originaltreue, ein Denkmal deutscher Geschichte. So sind die große Freitreppe und der Dornröschenturm Erfindungen des 19. Jh., ebenso wie die Reiterstandbilder von Friedrich Barbarossa und Wilhelm I. sowie die beiden Kopien des Braunschweiger Löwen.

Der 47 m lange und 17 m breite zweigeschossige **Kaisersaal** ist das Zentrum des Gebäudes. Hier fanden im Mittelalter die Reichsversammlungen statt. 1879–97 wurden seine Wände von *Hermann Wislicenus* flächendeckend mit Historienbildern ausgemalt, die in 67 Szenen Sternstunden der deutschen Geschichte mit Mythen und Sagen verweben. Die detailreichen Bilder werden in stündlichen Führungen erläutert. Vom hinteren Ende des Saals erreicht man über einen erst im 19. Jh. angefügten Arkadengang die stimmungsvolle doppelgeschossige Pfalzkapelle **St. Ulrich** aus dem 12. Jh. Hier ruht in einem Sarkophag aus dem früheren Dom das Herz Heinrichs III., sein Körper ist im Dom zu Speyer bestattet.

Eine moderne Ausstellung in sieben Gewölberäumen unterhalb des Kaisersaals informiert über das mittelalterliche Reisekönigtum; zu sehen sind Steinmetzarbeiten und Kunstschätze wie der bronzene Kaiserthron oder der „Greif" vom Giebel der Pfalz sowie ein Film mit 3D-Animation des abgerissenen Doms.

April–Okt. tägl. 10–17, Nov.–März 10–16 Uhr. Eintritt 4,50 €, Kind 2,50 €. Kaiserbleek 6, ☎ 05321-3119693.

Im Garten hinter der Kaiserpfalz platzierte Henry Moore, 1975 der erste Kaiserring-Träger, seine Bronzeskulptur „Der Goslarer Krieger".

Frankenberger Viertel: Nördlich unterhalb der Kaiserpfalz, wo einst die Bergleute lebten, finden sich die schönsten Häuserzeilen der Stadt: etwa An der Gose, entlang der Neuen Straße, der Peterstraße, Bergstraße und Kettenstraße. Auch der *Frankenberger Plan*, ein idyllischer Brunnenplatz, zählt dazu. An seiner Westseite reihen sich das 1394 gestiftete *Hospital Kleines Heiliges Kreuz*, ein Küsterhaus von 1505 und ein Torbogen, durch den man zur *Frankenberger Kirche St. Peter und Paul* (1120) aufsteigt, die das schmucke Ensemble überragt. Sie war die Pfarrkirche der Bergleute, ihr Westteil ist in die Stadtmauer integriert. 1738 erhielt sie einen barocken Turm (April–Okt. 9–18 Uhr).

Jakobikirche: Das Gotteshaus mit den wuchtigen Rundtürmen und außen hängenden Glocken ragt inmitten des weiten, von Cafés belebten und als Marktplatz genutzten Jakobikirchhofs auf. Es wurde im 11. Jh. als Basilika erbaut und ab 1500 in eine Hallenkirche umgewandelt. Von hier ging 1529 die Reformation in Goslar aus, seit 1803 ist die Kirche wieder katholisch. Ein Meisterwerk spätgotischer Schnitzkunst ist die Pietà von *Hans Witten* (um 1510) nach dem Eingang links (tägl. 10–17 Uhr).

Mönchehaus-Museum für moderne Kunst: Liebhaber moderner Kunst sollten sich Zeit nehmen, wenn sie das renommierte Museum in der nahen Mönchestraße besuchen. In den verwinkelten Räumen eines dreigeschos-

Moderne Kunst vor der Jakobikirche

sigen Ackerbürgerhauses, im Keller und im Skulpturengarten präsentiert es zeitgenössische Arbeiten weltbekannter Künstler, darunter *Henry Moore, Joseph Beuys, Rebecca Horn, Anselm Kiefer, Gerhard Richter, Richard Serra, Eduardo Chilida, Victor Vasarely, Max Ernst* und *Jörg Immendorf*. Allesamt waren sie Träger des Goslarer Kaiserrings und überließen als solche dem Museum einige Werke.

Di–So 10–17 Uhr. Eintritt 5 €, Kind 1,50 €. Mönchestr. 1, ☎ 05321-29570, www.moenchehaus.de.

Goslar
Karte hinterer Umschlag

Neuwerkkirche: Dieses Hauptwerk norddeutscher Romanik steht nördlich der Jakobikirche in der Fußgängerzone Rosentorstraße. Durch ein Tor in der Stadtmauer betritt man den engen Kirchhof, wo man eine mächtige Pfeilerbasilika mit Querhaus, eindrucksvoller Chorapsis und doppeltürmiger Westfassade vor sich hat, die seit dem Bau im 11./12. Jh. nicht mehr verändert wurde. Im Inneren begeistern die spätromanischen Wandmalereien (1230) im Chor, das Triumph-

kreuz aus dem 16. Jh. und das spätgotische Hochgrab des Stifterehepaares. Die Kirche ist einziger Rest des im 12. Jh. gegründeten Frauenklosters Neuwerk. Der romanische **Klostergarten** wurde nach historischen Vorbildern mit Heil- und Gewürzpflanzen neu angelegt und 1984 mit der Granitplastik „Tor in Goslar" von *Max Bill* geschmückt.
April–Okt. Mo–Sa 10–12/14.30–16.30, So 14.30–16.30, im Winter nur So 10 Uhr. Kirchenführung Mi 14.30 Uhr. Rosentorstr. 27.

Rosentor mit Achtermann: Die Mauern bei der Neuwerkkirche sind Reste des Rosentors, das als Torburg den Nordeingang der Stadt schützte. Dazu gehört auch der mächtige Zwingerturm Achtermann. An ihn schließt das 1908 erbaute *Hotel Achtermann* an. Beliebtes Fotomotiv sind die beiden beleibten Bronzefiguren „Mann mit Stock" (1977) und „Frau mit Schirm" (1980) des Kolumbianers *Fernando Botero*.

Zwei Boteros vor dem Rosentor

Vom Breiten Tor zum Dicken Zwinger: Die eindrucksvollsten Stadtmauerreste gibt es im Südosten. Allen voran das leider vom Verkehr umtoste **Breite Tor**, das man vom Achtermann über die Mauerstraße bzw. vom Marktplatz über die Breite Straße erreicht. Die Torburg besteht aus dem eigentlichen Stadttorturm (1443), der von zwei kleineren Rundtürmen – nur einer ist noch da – bewacht wurde. Hier steht eines der typischen rostigen Stahlobjekte von *Richard Serra* (1981). Gegenüber erhebt sich die von zwei wuchtigen Rundtürmen flankierte frühere Torkaserne.

Auf dem Weg vom Breiten Tor entlang der Korn- und Glockengießerstraße passiert man das **Untere Wasserloch**, ein befestigter Durchlass für die Gose. Beim St. Annen-Stift (Glockengießerstr. 65), einem Hospital von 1671, wechselt man links hinaus auf die ehemaligen Wallanlagen, heute Parks und Grünflächen. Dort steht der 26 m **Dicke Zwinger**, ein Festungsturm von 1517 mit 6,5 m dicken Mauern. In seiner obersten Etage zeigt das private **Museum des späten Mittelalters** Belagerungsgerät, Rüstungen, Waffen und Folterinstrumente.
März–Mitte Nov. tägl. 10–17 Uhr. Eintritt 2,50 €, Kind 1,80 €. Thomasstr. 2, ✆ 05321-43140.

Rammelsberg – auch übertage eindrucksvoll

Ein Jahrtausend Bergbau –Weltkulturerbe Rammelsberg

Mehr als 1000 Jahre wurde im Rammelsberg, 2,5 km südlich der Altstadt, bis 1988 Erz abgebaut: vor allem Silber, Blei, Zink, Kupfer und Schwerspat. Die vom Abriss bedrohten Bergwerksanlagen blieben dank Bürgerprotesten erhalten und sind heute ein faszinierendes Museum und Industriedenkmal, in dem man stunden-, ja tagelang über und unter der Erde verbringen kann.

Das Bild des Rammelsbergs prägen die in den 1930ern entstandenen Gebäude der Erzaufbereitung, drei hölzerne Werkshallen auf Betonsockeln, die sich terrassenartig den Berghang bis zum Fördergerüst des Rammelsbergschachts hinauf ziehen. Zu den Übertageanlagen zählen auch die ehemalige Kraftzentrale, das frühere Magazin und die Lohnhalle mit der Mannschaftskaue. Die Bauten dienen heute als Ausstellungshäuser mit umfangreichen Informationen zum Bergbau am Rammelsberg. Zusätzlich werden Führungen über und unter Tage angeboten:

● *Museum/Ausstellungshäuser* **Haus L**, die ehemalige Lohnhalle, heute Kassen- und Empfangsbereich, birgt die beeindruckende Mannschaftskaue, wo bis zu 1000 Bergleute ihre Arbeitskleidung nach Ende der Schicht an einem Haken zum Trocknen hoch unter die Decke zogen. In einem Nebenraum zeigt ein Film eine Schicht unter Tage in den 1980ern.

Im **Haus A** in der unteren Ebene der Erzaufbereitung gegenüber dem Museums-Restaurants wird über die Geologie des Rammelsbergs und die Welt der Minerale informiert. Allein die hier erhaltenen Erzaufbereitungsmaschinen, haushohe sog. Eindicker sind faszinierend.

Haus K, die Kraftzentrale, wurde mit ihren Kompressoren, die einst die Stollen mit Druckluft versorgten, in eine Kunsthalle für Wechselausstellungen umgewandelt. Hier steht auch „Package on a hunt", der von

Christo verpackte letzte Förderwagen, der 1988 das Bergwerk verließ.

Die multimediale Ausstellung im **Haus M** (ehem. Magazin) widmet sich auf drei Etagen der Kulturgeschichte des Rammelsbergs und beleuchtet Arbeit und Leben der Bergleute. Für die Ausstellungshäuser ist ein Audioguide erhältlich.

● *Führung über Tage* Die Tour „*Vom Erzbrocken zum Konzentrat*" (80 Min., nach Voranmeldung, meist 1-mal tägl.) erläutert die einstmals modernste Erzaufbereitung in den terrassenförmigem Werkshallen. In drei Stufen wurde das über den Schacht heraufbeförderte Erz mit höllisch lauten, stockwerkhohen Maschinen zerkleinert, zu Konzentraten angereichert und mit einer Bahn in den Stadtteil Oker transportiert, wo sich eine riesige Schmelzhütte befand.

● *Führungen unter Tage* Die Tour „*Feuer und Wasser: Der Roeder-Stollen*" (75 Min.,

Von Christo verpackt: die letzte Lore

mehrmals tägl.) zeigt den historischen Bergbau und seine Ingenieurkunst. Zu Fuß folgt man in niedrigen, 200 Jahre alten Stollen dem Wasser, das zum Antrieb riesiger hölzerner Wasserräder in den Berg geleitet wurde. Diese sog. Kunsträder förderten das Erz nach oben und pumpten das Grundwasser aus den Stollen (ein Modell veranschaulicht dies zu Beginn der Führung). Unterwegs sieht man farbige Minerale in den Stollenwänden und lernt die Methode des Erzabbaus durch „Feuersetzen" kennen. Goethe war bei seinen Besuchen 1777 und 1784 davon so beeindruckt, dass er sie in seinem „Faust" verarbeitete.

„Mit der Grubenbahn vor Ort" (60 Min., mehrmals tägl.). Eingepfercht in eine ruckelnde Grubenbahn, fährt man 500 m in den Berg hinein und lernt vor Ort den durch Maschinen unterstützten Bergbau im 20. Jh. kennen. Die Abbaugeräte werden im Betrieb – ohrenbetäubend laut – vorgeführt.

„Abenteuer Mittelalter: Der Rathstiefste Stollen": Die anstrengende Abenteuerführung (4 Std.) führt in den ältesten erhaltenen Wasserlösungsstollen Europas aus dem 12. Jh. Nur nach Anmeldung für Gruppen (5–8 Pers., Mindestalter 16 J.).

● *Zeiten* Tägl. 9–18 Uhr, letzte Untertageführung ab 16.30 Uhr. Bergtal 19, ✆ 05321-750122. www.rammelsberg.de.

● *Eintritt* Museum 6,50 €, bis 16 J. 4 €, Familie 15 €; inkl. 1 Führung 12 €/7 €/25 €, inkl. 2 Führungen 17 €/10 €/33 €; inkl. 3 Führungen 20 €/12 €/40 €. Museum inkl. Abenteuerführung 60 €.

● *Verbindung* Stadtbus 803 ab Bahnhof bzw. Kaiserpfalz Mo–Sa 1-mal stündl., So nur alle 2 Std.

Maltermeisterturm (419 m): Der Rundturm auf den Abraumhalden links oberhalb des Bergwerks (14. Jh.) soll das älteste erhaltene Übertagegebäude des deutschen Bergbaus sein. Von 1578 bis 1804 läutete seine Glocke Anfang und Ende der Schicht ein, ab 1740 wohnte hier der Verwalter des Grubenholzes. Heute lockt nebenan ein beliebtes Ausflugslokal zum Panoramablick über die Stadt.

● *Anfahrt* Von der Rammelsberger Straße über die 2 km lange Bruchchaussee.

● *Essen* **Maltermeister Turm**, Berggasthaus mit Harzer Küche, Fisch, Pasta, Kaffee und Kuchen. Sonnenterrasse und „Smoking Point" für Raucher. Tägl. ab 11 Uhr. Rammelsberger Str. 99, ✆ 05321-4800. www.maltermeister-turm.de.

Okertal

Im südöstlichen, von Industrie und Halden geprägten Ortsteil Oker liegt der Eingang zum gleichnamigen wildromantischen Flusstal. Von imposanten Granitklippen gesäumt, erstreckt es sich 6 km entlang der B 498 Richtung Süden bis zur Staumauer der **Okertalsperre** (→ Oberharz, S. 72). Die kurvenreiche Straße entzückt die Biker, die hohen Felsen sind bei Kletterern begehrt. Das windungsreiche, mit Gesteinsbrocken durchsetzte Flussbett wiederum ist Norddeutschlands bekanntestes Wildwasserrevier und eine Herausforderung für Kanuten und Paddler.

Ein schöner Uferweg begleitet ab **Waldhaus Oker** den Fluss am östlichen Ufer taleinwärts und endet beim **Königreich Romkerhall**. Das einstige Jagdschloss von König Georg V. von Hannover, heute direkt an der B 498 gelegen, rühmte sich in den 1980ern als „kleinstes Königreich der Welt", nachdem der damalige Besitzer herausgefunden hatte, dass es keiner Gemeinde zugeordnet war. Wer wollte, konnte sich hier zum Baron erheben oder zum Ritter schlagen lassen. Doch die Glanzzeit ist vorüber, das Königreich zur Bruchbude verkommen und bis auf weiteres geschlossen. Eine Attraktion ist der 70 m hohe **Romkerhaller Wasserfall** auf der anderen Straßenseite, einer von drei künstlichen Wasserfällen im Harz. Im Winter, wenn er friert, lockt er Eiskletterer an.

An ihm vorbei führt ein steiler Pfad den Berg hinauf zu den imposanten **Kästeklippen** (605 m). Tour 1 verbindet die schönsten Punkte im Okertal zu einer Rundwanderung (s. u.).

• *Verbindungen* **Stadtbus 802** ab Goslar bis Oker Waldhaus tägl. 11- bis 15-mal.

• *Wassersport* Die 1,5 km lange, stark verblockte und daher schwierige Strecke zwischen Romkerhall und dem Ausgleichsbecken ist nur befahrbar, wenn das Wasserkraftwerk Romkerhalle Wasser ablässt (meist Mo–Sa vormittags). Über die Zeiten der Wasserabgabe informieren die Kanuten-Hotline ☎ 05326-908300 und die Hochwasser-Info unter www.harzwasser werke.de. Kanuverleih und Gruppentouren bei der **Harz-Agentur** in Clausthal-Zellerfeld und bei **Harz Vital & Aktiv** in Braunlage.

• *Klettern* Das Okertal mit bis zu 50 m hohen Felswänden ist Niedersachsens bedeutendstes Klettergebiet. www.ig-klettern-niedersachsen.de.

Wer findet den Weg auf die Feigenbaumklippe?

Tour 1: Zu den imposanten Ockertalklippen

Länge: 11 km, Gehzeit 3 Std. Mittelschwer.

Der Weg: Bizarr geformte Felsen begleiten die Rundtour, die zunächst hoch über dem Okertal und dann direkt am Okerfluss entlang führt.

Beschreibung: Vom Waldhaus im Okertal (**1**, 242 m, Bushalt) wandern

wir auf der B 498 über die Brücke, dann links (Wegweiser Käste) in den Wald, gleich wieder links und auf einer Forststraße 20 Min. bergauf. In einer Linkskehre verlassen wir die „Alte Harzstraße" und biegen kurz darauf rechts (**2**) in den steilen Anstieg zum **Ziegen-**

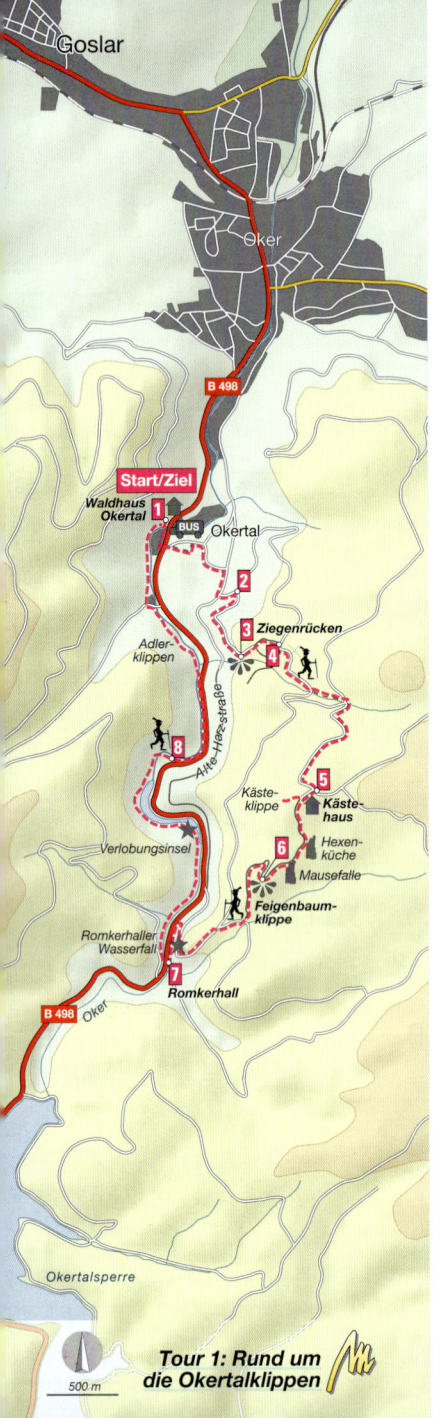

rücken (blaues Dreieck), ein geländergesicherter Aussichtspunkt, den wir nach 10 Min. erreichen (**3**, 382 m). Bei einem Holzunterstand münden wir wieder in die Forststraße (**4**) und folgen dieser, alle Abkürzungen ignorierend, 30 Min. über mehrere Kehren bergauf zur Käste (**5**, 582 m) mit dem **Kästehaus**, einer Waldgaststätte (tägl. außer Mo 10.30–17 Uhr), sowie den **Kästeklippen** (Stichweg rechts) mit der Felsformation „Der Alte am Berge" an der Abbruchkante (schöner Rastplatz, Blick ins Okertal). Kurz (in Sichtweite) nach dem Kästehaus treffen wir auf den haushohen, zu abgerundeten Formen verwitterten **Hexenküche-Felsen**. Auf einer Forststraße, später einem breiten Pfad, geht es geradeaus weiter abwärts Richtung Romkerhall (gelber Punkt), vorbei an vielen Granitbrocken, darunter die (beschilderte) **Mausefalle**, die nur auf einem schmalen Stein aufliegt, bis zur **Feigenbaumklippe** (**6**, 557 m). Diese kann über Stufen bestiegen werden und bietet eine tolle Aussicht. Auf steilem Waldweg geht es nun hinab bis nach **Romkerhall** im Okertal (**7**). Wir sehen den **Romkerhaller Wasserfall** (s. o.), queren die Straße und gelangen vom Parkplatz oberhalb des „Königreichs" auf den romantischen Uferweg Richtung Waldhaus Oker.

1 Std. wandern wir am Flussufer entlang, vorbei an der **Verlobungsinsel**, danach ein Stück am anderen Ufer direkt entlang der Straße (**8**) und dann auf geländergesichertem Steig durch die Adlerfelsen. Auf einer Forststraße erreichen wir schließlich unseren Ausgangspunkt.

Südwestlich von Goslar steigt die B 241 an Richtung Oberharz. Durch das schöne Gose-Tal geht es in zwei langen Serpentinen hinauf nach **Hahnenklee** (→ S. 64) bzw. **Clausthal-Zellerfeld** (→ S. 50).

Das Oberharzer Wasserregal prägt die Landschaft

Oberharz

Malerische Flusstäler und Bergwiesen, tiefgrüne Fichtenwälder, Hochebenen und schneereiche Winter kennzeichnen den höher gelegenen Oberharz – und eine jahrhundertelange Bergbautradition, deren Spuren in Bergmannshäusern, Teichen, Gräben und Schaubergwerken zu finden sind.

Der Oberharz gehört zu den bedeutendsten historischen Kulturlandschaften in Deutschland. Dank reicher Erzvorkommen war er vom 16. bis ins 19. Jh. eines der wichtigsten und technisch innovativsten Bergbaureviere Europas. Davon zeugen das renommierte Bergwerksmuseum und die Schächte in und um **Clausthal-Zellerfeld**, die Besucherstollen in **Wildemann** und **Lautenthal** und die *Grube Samson* in **St. Andreasberg**. Viele Bergbauteiche, in denen einst Wasser für die Antriebsräder der Bergwerke gestaut wurde, sind heute Badeseen, die Dämme und Gräben beliebte Wanderziele.

Zu den Attraktionen der Region zählen auch die Kirchen von **Hahnenklee** und **Clausthal**, der Kräuterpark und die Kristalltherme in **Altenau**. Im Sommer lockt eine Schifffahrt auf der **Okertalsperre** und der *Oberharzer Bergbauernmarkt* in Zellerfeld, im Winter sind es kilometerlange Langlaufloipen und ein paar kurze Skiabfahrten. Nicht zu vergessen die alten Bräuche wie Wettjodeln, Viehaustrieb, Wiesenblütenfest und Hirschrufmeisterschaft, die übers Jahr im Oberharz gepflegt werden.

Die „Goldene Krone" bringt Farbe auf den Clausthaler Kronenplatz

Clausthal-Zellerfeld   ca. 14.500 Einwohner • 566 m

Die am Westrand einer Hochebene gelegene Universitätsstadt ist das Zentrum im Oberharz. 1924 entstand sie aus zwei freien Bergstädten, in denen seit dem Mittelalter Silbererz abgebaut wurde. Zum Antrieb der Wasserräder in den Bergwerken legte man über 60 Teiche an, die heute die schöne Umgebung der Doppelstadt prägen.

Nicht nur Teiche und Wasserläufe, fast alle Sehenswürdigkeiten der Stadt erinnern an den 1930 eingestellten Bergbau – vom Oberharzer Bergwerksmuseum über die 1775 als Berg- und Hüttenschule gegründete TU bis zum zeitgenössischen Drahtseil-Denkmal, das für den Kronenplatz geplant ist. Letzteres erinnert an die wichtigste Erfindung des Bergbaureviers, die Oberbergrat *Julius Albert* 1834 entwickelte: das hochbelastbare Stahldrahtseil.

Die Initialzündung für den Bergbau im großen Stil kam mit der sog. Bergfreiheit, die den Städten Steuerfreiheit sowie Brau- und Marktrechte gewährte. Das nördlich gelegene Zellerfeld erhielt sie 1524, Clausthal erst 1554, weil beide (bis 1788) zu unterschiedlichen Fürstentümern gehörten. 1634 und 1725 richteten Brände große Schäden in Clausthal an. Zellerfeld wurde 1672 ein Raub der Flammen und danach in dem bis heute sichtbaren schachbrettartigen Grundriss mit breiten, begrünten Straßen neu aufgebaut. Touristisches Zentrum ist das charmantere Zellerfeld. In Clausthal befinden sich die Universität *TU Clausthal* mit 3200 Studierenden, eine kleine Einkaufsstraße und die berühmte Marktkirche. Die TU prägt das Wirtschaftsleben – in ihrem Dunstkreis entstanden innovative Unternehmen wie *Sympatec*, einer der Marktführer in Partikelmesstechnik.

Die Stadt wird für ihr Höhenklima gerühmt. Wegen der schneereichen Winter und kühlen Sommer wird die TU Clausthal oft als einzige deutsche Uni mit zwei

Wintersemestern bezeichnet. Viele Studenten und doch kein eigenes Bier: Das weltweit bekannte *Clausthaler* wird heute in Frankfurt am Main gebraut. Eine hessische Brauerei hatte die alte seit 1697 bestehende Brauerei Clausthal 1976 aufgekauft und den Markennamen erworben.

*P*raktische *I*nformationen (→ *K*arte *S.* 53)

•*Information* **Haus des Gastes**, in Zellerfeld im Dietzelhaus von 1673, einem Oberharzer Bürgerhaus. Unterkunftsvermittlung, Prospekte, Wanderkarten. Mo–Fr 9–17, Sa/So 10–16 Uhr. 38678 Clausthal-Zellerfeld, Bergstr. 31, ☎ 05323-81024, www. oberharz.de, www.clausthal-zellerfeld.de. **Harz-Agentur**, ebenfalls im Dietzelhaus. Touren-/Verleihstation für Nordic-Walking-Ausrüstung, MTB, Kanu/Kajak, Schneeschuhe. Auch Stadtführungen. Mo–Sa 9–11 Uhr. ☎ 05323-982460, www.harzagentur.de.

•*Verbindungen* **Bus**: Zentraler Busbahnhof (ZOB) in der Senke zwischen Clausthal und Zellerfeld. Tägl. 10- bis 18-mal nach Goslar via Hahnenklee (Linie 830), 4- bis 20-mal nach Goslar via Lautenthal (831), nach Altenau (831, 840) und St. Andreasberg (840); 6- bis 11-mal nach Schulenberg (841); www.rbb-bus.de. Tägl. 3- bis 10-mal via Buntenbock nach Osterode (440), Mo–Fr 12-mal, Sa/So 3-mal nach Osterode via Bad Grund (460); www.vsninfo.de.

•*Stadtführungen* „Mit Kiepe, Kirche und Courage in Clausthal", Juni–Sept. Sa 10 Uhr, 6 €/Pers. Treffpunkt Marktkirche.

•*Einkaufen* **Eine's (12)**, Wildspezialitäten aus dem Forstamt Clausthal. Imbiss-Stube. Mo–Fr 7.30–18, Mi nur bis 14, Sa 7.30–13 Uhr. Adolph-Roemer-Str. 11.

Oberharzer Bergbauernmarkt
Größter Markt im Oberharz mit bäuerlichen Produkten, Kunsthandwerk und Musik. Mai–Okt. Do 18–22 Uhr. Zellerfeld, Bornhardtstraße.

Grosse'sche Buchhandlung (11), moderne Fachbuchhandlung der TU mit großer Harz-Abteilung. Mo–Fr 9–13 und 14.30–18.15, Sa 9–13 Uhr. Adolph-Roemer-Str. 12. **Kunsthandwerkerhof (4)** → Sehenswertes
•*Radverleih* → Information

*Ü*bernachten/*E*ssen (→ *K*arte *S.* 53)

Online-Buchung unter www.oberharz.de. Kostenlose Buchungshotline ☎ 0800-8010300; aus dem Ausland ☎ +49 (0)5582-80336.

•*Hotels/Pensionen* ***^S **Goldene Krone (9)**, am Hauptplatz von Clausthal; dunkelroter Bau von 1844 mit viel Charme. 25 saubere, moderne Zimmer. Saunalandschaft, gutbürgerliches Restaurant. DZ 76–120 € je nach Ausstattung und Saison, viele Pauschalangebote. Kronenplatz 31, ☎ 05323-9300, 📠 930100, www.goldenekrone-harz.de.
Zum Prinzen (6), mitten in Zellerfeld. Kleines, gepflegtes Garni-Hotel in einem Fachwerkhaus von 1847; freundlicher Familienbetrieb, 1999 nach umfassender Renovierung eröffnet. 19 schöne Zimmer mit Vollholzmöbeln. Sauna. DZ 72 €, mit Balkon 76 €, Rabatte ab 3 bzw. 7 Tagen. Goslarsche Str. 20, ☎ 05323-96610, 📠 966110, www.zum-prinzen.de.
*** **Hotel zum Harzer (3)**, mitten in Zellerfeld in einem Bürgerhaus. Das frühere Hotel Calvör wurde 2010 renoviert wiedereröffnet. 35 Zimmer mit Kiefernmöbeln.

Sauna. Im Restaurant „Calvör" Regionalküche zu mittleren Preisen, im Keller rustikale Bar. DZ 72–90 €. Treuerstr. 6, ☎ 05323-9500, 📠 9501999, www.zum-harzer.de.
Untermühle (2), im Spiegeltal mitten im Wald, 1 km ab der B 241 bei Erbprinzentanne. Historischer, schön renovierter Bau mit 9 Zimmern und Sauna. Kinder und MTBler sind willkommen. Stilvolles Restaurant mit kreativer Regionalküche (Fr/Sa 18–22 Uhr) und Mühlencafé (Fr–Mo 14–18 Uhr). DZ 70–80 €. Untermühle 1, ☎ 05323-983098, 📠 983097, www.untermuehle.eu.
*** **Am Hexenturm (13)**, knapp außerhalb westlich der Clausthaler Altstadt. Kleine Pension mit 6 Zimmern im Landhausstil, gepflegter Garten, gutes Frühstücksbüfett. DZ 58–64 €. Teichdamm 9, ☎ 05323-1330, 📠 719646, www.pension.am.hexenturm.harz.de.
•*Ferienwohnungen* **** **Schöne Aussicht (18)**, am Südrand von Clausthal. 5 komplett aus-

gestattete Fewo für 2–6 Pers. (65–80 m²) in schlicht-modernem Bau, teils über zwei Geschosse, teils mit Balkon bzw. Terrasse. Fewo 2 Pers. 50–60 €/Tag, weitere Pers. 7 €, Bettwäsche extra. Bei Kurzaufenthalt 30 € Zuschlag. Marie-Hedwig-Str. 9, ℡ 05323-40242, www.schoene-aussicht-oberharz.de.

Ferienpark am Waldsee (8), am Stadtrand Richtung Altenau in idyllischer Lage. 60 rustikale, saubere, gut ausgestattete Häuschen für 1–5 Pers. Garten am Ufer der Hausherzberger Teiche. Einzigartig sind die etwas engen, hexenhausähnlichen Nur-Dach-Häuser. Gaststätte, Baden im Teich. Haus 45–77 €/Tag je nach Ausstattung und Saison, Endreinigung 35 €. Bettwäsche, Handtücher, Energie extra. Mönchstalweg 30, ℡ 05323-81661, 📠 82574, www.ferienpark.harz.de.

● *Camping* ***** Waldweben (1)**, westlich von Zellerfeld. Beliebter, familienfreundlicher Platz auf einer ruhigen Waldlichtung am Ufer mehrerer Teiche (Baden erlaubt). 150 Stellplätze, moderne Sanitärbereiche, kleine Gaststätte. 2 Pers., Auto, Zelt ca. 16 €. Spiegeltaler Str. 31, ℡ 05323-81712, 📠 962134, www.campingplatz-waldweben.de.

Prahljust (16), riesige Anlage auf einer Anhöhe 1,5 km südlich von Clausthal am Ufer des Pixhaier Teichs. 750 Stellplätze unter Bäumen (die Hälfte für Dauercamper), Zelte stehen direkt am Seeufer. Großzügige Sanitäranlagen, Shop, Restaurant, Sauna, Hallenbad (26 °C). Baden, Angeln und Segeln im Teich sind erlaubt. 2 Pers., Auto, Zelt ca. 20 €. An den langen Brüchen 4, ℡ 05323-1300, 📠 78393, www.prahljust.de.

● *Restaurants/Cafés* **Goldene Krone (9)**, gutbürgerliches Restaurant, deutsche Küche in modernem Ambiente. Tägl. 12–15/17.30–22 Uhr, Mo mittags geschlossen. → Hotels

Glück Auf (15), rustikale, gemütliche Gaststätte in einem Bürgerhaus unterhalb der Clausthaler Marktkirche. Große Auswahl an internationalen Küche und Jausengerichten zu mittleren Preisen. Die Zutaten kommen aus eigener Fleischerei, der Chefkoch ist Italiener. Der *Glück-Auf-Saal*, ein Jugendstil-Festsaal von 1890, ist einen Blick wert. An der Marktkirche 7, ℡ 05323-1616, www.eine.harz.de.

Café & Restaurant Treffpunkt (7), in Zellerfeld, im Pavillon gegenüber St. Salvatoris. Deftige Hausmannskost und Harzer Spezialitäten (9–13 €), nachmittags Kaffee, Kuchen und Torten. Mo Ruhetag. Thomas-Mertenplatz 3, ℡ 05323-81798.

Café Sti(e)lbruch (5), im Kunsthandwerkerhof in Zellerfeld. Gemütliches, mit Altmöbeln ausgestattetes Lokal, bekannt für selbstgebackene Kuchen und Torten, Kaffee- und Teespezialitäten. Tägl. außer Di 11–18, Mai–Okt. Do bis 22, Sa/So bis 20 Uhr. Bornhardtstr. 11, ℡ 05323-82077.

Eiscafé Paesani (10), beliebter Treff in der Einkaufsstraße von Clausthal. Eis aus eigener Herstellung. Adolph-Roemer-Str. 37.

Anno Tobak (14), legendäre Clausthaler Studentenkneipe in einer alten Villa unweit der Marktkirche. Frühstück (6–7 €), Gulaschsuppe, Brezeln, Brote. Nette Leute, guter Service, Biergarten. Happyhour Mo ab 19 Uhr für Bier, Do für Longdrinks. Tägl. 11–21, Fr/Sa bis 3 Uhr. Osteröder Str. 4.

● *Waldgaststätte* **Polsterberger Hubhaus (17)**, 6,5 km östl., Richtung Braunlage, unweit der B 242. Wo einst die Wärter der Polsterberger Pumpen und Wassergräben wohnten, erfreuen heute hausgemachte Kuchen und einige köstliche Speisen aus Harzer Rotvieh oder Buntenbocker Ziegenkäse. Einfaches, liebevolles gestaltetes Ambiente, schöne Terrasse, idyllische Lage. Tägl. 11–19 Uhr, Okt.–Mai Mo/Di Ruhetag. Polsterberg 1, ℡ 05323-5581, www.polsterberger-hubhaus.harz.de.

*A*ktivitäten/*V*eranstaltungen

● *Baden* **Waldseebad Hausherzberger Teich**, am östlichen Rand von Clausthal. Juni–Aug. überwachter Badebereich, Sandstrand, Ruder- und Tretboote, Spielplatz. Eintritt frei.

Von den übrigen 40 Bergbauteichen rund um die Stadt ist Baden erlaubt: im Unteren Eschenbacher Teich, Oberen Zechenteich (→ Camping), Schröterbacher, Kiefhölzer und Zankwieser Teich (jeweils Zugang von der L 517 Richtung Schulenburg) sowie im Oberen und Unteren Spiegeltaler Teich

(erreichbar ab Erbprinzentanne).

Hallenbad, älteres Freizeit- und Erlebnisbad (29 °C) auf der Bremerhöhe. Tageskarte 3,30 €, bis 16 J. 1,60 €. Sauna 6,50 €. Di–Do, Sa/So 9–13, Mo–Sa 15–18, Mi/Do bis 21 Uhr. Berliner Str. 14, ℡ 05323-715230.

● *Mountainbike* Ab der Touristinfo starten 2 leichte (23/24 km), 3 mittelschwere (27–36 km) und 2 schwere Routen (31–46 km), darunter die **O-10** „Große-Oberharz-Rundtour" (46 km, ↕ 1088 m). www.volksbank-arena-harz.de.

Übernachten

1 Camping Waldweben
2 Untermühle
3 Hotel zum Harzer
6 Zum Prinzen
8 Ferienpark am Waldsee
9 Goldene Krone
13 Am Hexenturm
16 Camping Prahljust
18 Schöne Aussicht

Essen & Trinken

5 Café Sti(e)lbruch
7 Treffpunkt
9 Goldene Krone
10 Eiscafé Paesani
14 Anno Tobak
15 Glück Auf
17 Polsterberger Hubhaus

Einkaufen

4 Kunsthandwerkerhof
11 Grosse'sche Buchhandlung
12 Eine's

Clausthal-Zellerfeld

150 m

•*Radeln* Beschilderte Radwege auf der alten Bahntrasse durch das Hellertal nach Altenau und durchs Spiegeltal nach Wildemann.

•*Wintersport* **Loipen**: Nach Buntenbock (3,5 km), Spiegeltalloipe nach Wildemann und zurück (8 km), ab dem Ferienpark am Waldsee auf der alten Bahnstrecke nach Al-tenau (7,5 km).

•*Veranstaltungen* **Internationales Schlittenhunderennen**, Feb., anspruchsvolle Strecke, viele Zuschauer. www.trailclub brandenburg.de.

Harzer Jodlerwettstreit, 1. So im Aug., mit Peitschenkonzert, Holzhacken, Volkstanz. Im Waldkurpark bzw. in der Stadthalle.

Sehenswertes

Auch in 90 Jahren sind die durch eine Fluss-Senke getrennten Städte nicht wirklich zusammengewachsen. Eine Besichtigungstour startet man am besten in Zellerfeld, wo sich auch die Touristinfo befindet.

Zellerfeld

Alle Sehenswürdigkeiten scharen sich um den begrünten einstigen Marktplatz (Thomas-Merten-Platz) entlang der sog. „Kulturmeile“.

St. Salvatoris: Das Gotteshaus von 1683 an der Ostseite des Platzes neben der stark befahrenen B 241 ist die einzige historische Oberharzer Kirche, die nicht aus Holz, sondern aus Stein erbaut wurde. 1854 wurde sie zur neugotischen Hallenkirche umgestaltet. Weithin bekannt ist St. Salvatoris für den vom Leipziger Maler *Werner Tübke* 1994–97 geschaffenen Flügelaltar. Anders als in Tübkes Bauernkriegspano-

Oberharzer Bergwerksmuseum

rama (→ S. 214) herrschen hier zarte Pastelltöne vor. Das Retabel zeigt in der Mitte die Kreuzigung, links Maria mit Kind, rechts die Auferstehung und unten die Grablegung. Bei geschlossenen Altarflügeln zu Weihnachten und Ostern sieht man ein menschenleeres Paradies und das Abendmahl. Karwoche bis Ende Okt. und Weihnachten tägl. 15–17 Uhr.

Bergapotheke: Die Balken an dem Haus Bornhardtstraße 12 nördlich der Kirche (1674) zieren 66 holzgeschnitzte, bemalte Gesichter, weshalb das Gebäude auch „Fratzenapotheke“ genannt wird. Die stuckverzierten Decken im Inneren sind einen Blick wert.

Oberharzer Bergwerksmuseum: eine Hauptattraktion der Stadt. Das 1892 gegründete und damit älteste Bergbaumuseum Deutschlands, untergebracht im einstigen Zellerfelder Rathaus von 1700 und einem benachbarten Bürgerhaus, widmet sich der Technik- und Kulturgeschichte des Oberharzer Bergbaus und bietet ein Programm für einen ganzen Tag:

Die Ausstellung (ca. 30 Räume) beginnt im Hauptgebäude mit historischen Modellen, die einst im Unterricht der Bergschule eingesetzt wurden und den Weg der Erze vom Abbau bis zur Verhüttung demonstrieren. Die Geologie der Region und die Oberharzer Wasserwirtschaft werden erläutert, man sieht die Werkzeuge der Bergleute und einen alten Erzkahn. Im Kellergewölbe folgt ein Mineralienkabinett, in den Obergeschossen wird anhand von Stadtmodellen, Wohnräumen und historischen Filmaufnahmen das Wesen einer Bergstadt und das Leben der Bergleute veranschaulicht. Weitere Räume widmen sich der Geschichte der einstigen Bergschule und heutigen TU sowie dem berühmtesten Sohn der Stadt, dem Begründer der modernen Bakteriologie und Nobelpreisträger Robert Koch (→ Clausthal).

Im rückwärtigen **Freigelände** wurden Gebäude und Maschinen aufgelassener Oberharzer Bergwerke wieder aufgebaut, u. a. der einzige originale Pferdegaipel Deutschlands (mit Pferden betriebene Fördermaschine), eine Bergschmiede, eine Erzwäsche aus Schulenberg und eine Radstube. Das Schachtgebäude der *Prinzeß-Auguste-Caroliner-Grube* aus Lautenthal bildet den Eingang zum Schaubergwerk, einem Nachbau einer Erzgrube samt „Fahrkunst" (auf- und abfahrende Trittbretter als Auf- und Abstiegshilfe), Wasserrad, Betstube und 250 m langem Stollen. Das Bergwerk wird im Rahmen einer einstündigen Führung erläutert.

Zu den **Außenstellen** des Museums gehören der **Ottiliae-Schacht** und die **Radstube Thurm Rosenhof** in Clausthal (siehe dort).

Tägl. 10–17 Uhr. Eintritt inkl. Schaubergwerk 5 €, 6–15 J. 2,50 €, Familie 12 €. Museum inkl. einer der Außenstellen 8/4/18 €, inkl. allen Außenstellen 13/6,50/30 €. Zu bestimmten Terminen gibt es **literarische Führungen** mit Heinrich-Heine-Zitaten (ab 3 Pers.). Bornhardtstr. 16, ✆ 05323-98950, www.bergwerksmuseum.de.

e.guide EMIL: Mit dem Taschencomputer kann man ab dem Museum 1- bis 2½-stündige Rundgänge durch die Landschaft um Clausthal-Zellerfeld unternehmen und dank audiovisueller Führung versteckte Bergbauspuren entdecken. Erstes Gerät 5 €, jedes weitere 2 €. Ausweis als Pfand.

Kunsthandwerkerhof: Ein paar Schritte weiter trifft man in der Bornhardtstraße auf die schön sanierte Zellerfelder Münze, in der von 1674 bis 1788 das gewonnene Silber zu Münzen geschlagen wurde. Heute beherbergt sie ein Atelier für Seidenmalerei und eines für „Holz- und Glas-Spielerei", eine Glashütte und Glasbläserei sowie das einladende Café Sti(e)lbruch (→ Cafés).

Mo–Fr 10–13/14–17, Sa 10–16, So 11–17 Uhr. Regelmäßig Führungen in der Glashütte (2,50 €). Bornhardtstr. 11, www.glasblaeserei.de.

Clausthal

Der Weg von Zellerfeld ins südliche Clausthal führt durch eine Talsenke, in der sich bis 1976 der Bahnhof der Innerste-Bahn befand; heute befindet sich hier der Zentrale Busbahnhof.

Kronen- und Marktkirchenplatz: Clausthals Zentrum erstreckt sich zwischen diesen zwei Plätzen, die durch die Adolph-Roemer-Straße, die bescheidene Einkaufsmeile „Rö", verbunden sind. Beide Plätze sollen wiederbelebt werden, etwa durch ein raumgreifendes Denkmal am Kronenplatz. Zurzeit sind hier nur das traditionelle Hotel Goldene Krone und das altrosa gestrichene Haus Nr. 12, das Elternhaus des späteren Nobelpreisträgers für Medizin *Robert Koch* (1843–1910), erwähnenswert; eine Büste vor dem Haus erinnert an den Sohn eines Clausthaler Bergrats.

Wege zu Robert Koch: Rundweg mit 16 Stationen, Flyer in der Touristinfo.

Marktkirche Zum Heiligen Geist: Ein Glanzlicht im Oberharz – 57 m lang, 36 m breit und nur aus Eiche und Fichte gezimmert. Imposant erhebt sich die größte Holzkirche Deutschlands in der Mitte des Marktkirchenplatzes. Nach dem Brand ihrer Vorgängerin wurde sie 1642 gebaut und 1698 Richtung Osten verlängert. Seitdem bietet der Barockbau Platz für 1500 Personen. Prächtig präsentiert sich das in Weiß und Gold gehaltene Innere mit den Emporen und der Loge des Berghauptmanns. Figurenreich sind der Altar von 1641, die von Moses getragene Kanzel

(1642) und der reich geschmückte Taufstein, allesamt Meisterwerke sakraler Schnitzkunst des 17. Jh. Der Orgelprospekt im Stil des Rokoko erhebt sich an ungewöhnlicher Stelle hinter dem Altar. Anhand eines Kirchenmodells kann man die Architektur mit den fünf seitlichen Treppentürmen und den beiden mit Hauben versehenen Türmen studieren, wobei der größere der Glockenturm ist. 2008 musste er gänzlich neu gebaut werden, nachdem er sich bedrohlich zur Seite geneigt hatte.

Deutschlands größte Holzkirche

Mo–Sa 10–17, So 12–17, im Winter tägl. 12–16 Uhr. Führungen (45 Min.) Juli/Aug. So 10.45 Uhr. 5 €, erm. 2 €. An der Marktkirche 3. www.marktkirche-clausthal.de.

Landesamt für Bergbau: Gegenüber dem Glockenturm der Marktkirche steht ein klassizistisches Gebäude von 1730 mit gelber Holzfassade, die einen Steinbau vortäuscht. Einst war es das Amtshaus des Berghauptmanns, heute hat hier eine Bergbehörde ihren Sitz. Während der Bürozeiten (Mo–Do 9–15.30, Fr 9–12 Uhr) sind Foyer und Treppenhaus zugänglich.

Technische Universität Clausthal: Der wuchtige Neorenaissancebau (1907) nördlich der Marktkirche ist das Hauptgebäude der TU Clausthal. Sie entwickelte sich aus der 1775 gegründeten Berg- und Hüttenschule, seit 1968 hat sie Universitätsstatus. Ursprünglich auf die Ausbildung in Montan- und Geowissenschaften fokussiert, liegt ihr heutiger Schwerpunkt in den Bereichen Energie und Rohstoffe, Natur- und Materialwissenschaften, Informatik, Maschinenbau und Verfahrenstechnik.

Auch für Touristen zugänglich ist das **GeoMuseum** der TU mit den berühmten mineralogischen Sammlungen. Sie wurden ab 1811 angelegt und sind mit 120.000 Stücken nach der *Terra mineralia* im sächsischen Freiberg die größten Deutschlands. Etwa ein Drittel aller weltweit existierenden Mineralienarten sind hier vertreten, viele davon aus längst erschöpften Gruben und schon allein deshalb einzigartig. Ergänzend widmet sich ein Raum der Naturgeschichte und Geologie des Harzes, ein weiterer zeigt Nachbildungen der größten Insekten, die es je auf Erden gab.

Di–Fr 9.30–12.30, Do auch 14–17, So 10–13 Uhr. Eintritt 1,50 €, erm.1 €. Adolph-Roemer-Str. 2a, ✆ 05323-722737, http://geomuseum.tu-clausthal.de.

Erzstraße und Spittelwiesen: Vom Kronenplatz führt die Erzstraße aus der Stadt hinaus. Rechter Hand folgt der *Alte Friedhof* (heute ein Park) mit den gusseisernen Grabkreuzen von Robert Kochs Eltern und der Gruft des Drahtseilerfinders Julius Albert. Weiter unterhalb trifft man links auf die Spittelwiesen, wo 1924–28 die Institutsgebäude der damaligen Bergakademie entstanden, darunter das schmucke **Aula-Gebäude** und eine denkmalgeschützte Schwimmhalle, die wegen Einsturzgefahr derzeit geschlossen ist.

Schacht Kaiser Wilhelm II.: Am unteren Ende der Erzstraße befindet sich am frei zugänglichen Areal der Harzwasserwerke einer der zentralen Förderschächte des Clausthaler Bergbaus. 1912 erreichte er eine Tiefe von 952 m (!), nach Einstellung des Bergbaus wurde er bis 1980 als Wasserkraftwerk genutzt. 1984 wurden die obersten 60 m mit Beton verfüllt.

Original erhalten sind das 15,6 m hohe, stählerne Fördergerüst von 1880 sowie die Schacht- und Maschinenhalle. Die frühere Mannschaftskaue nutzen die Harzwasserwerke für eine Schau zum *Oberharzer Wasserregal* (April–Okt. Mi/Sa 15–17 Uhr → Kasten S. 58). Auf dem Areal stehen imposante Nachbauten eines Kehr- und eines Kunstrads.

Ottiliae-Schacht: Stadtauswärts Richtung Bad Grund ragt rechts ein fast 20 Meter hohes stählernes Fördergerüst auf, es ist das älteste erhaltene in Mitteleuropa (1876). In dem 510 m tiefen Ottiliae-Schacht unterhalb wurde das Erz nicht etwa abgebaut, sondern unterirdisch auf Kähnen in schiffbaren Stollen kilometerweit herangefahren, im Schacht heraufgezogen und in der Erzwäsche nebenan aufbereitet. Die zugehörige Bleihütte stand im Innerste-Tal und war bis 1967 in Betrieb. Ihre Gebäude wurden abgebrochen, doch die nur kärglich mit Heidekraut bewachsenen, da kontaminierten Halden an der B 242 fallen gleich ins Auge.

So riesig waren die unterirdischen Kunsträder

An Sommerwochenenden fährt eine Feldbahn ab dem Busbahnhof (Bahnhofstr. 5) die 2,2 km lange Strecke bis zum Ottiliae-Schacht, wo sich eine Führung mit Besichtigung der Dampffördermaschine anschließt.

Feldbahn: Fahrzeiten Mai–Okt. Sa/So 14.30, So auch 11 Uhr. Bahn + Führung 5 €, Kind 2,50 €, Familie 12 €. www.bergwerksmuseum.de.

Radstube der Grube Thurm Rosenhof: Eine weitere Außenstelle des Bergwerksmuseums ist das seit 2005 wieder begehbare Wasserradgebäude, die sog. Radstube des Schachtes Thurm Rosenhof auf dem Weg zum Ottiliae-Schacht. Sie liegt in 24 m Tiefe und war durch Haldenmaterial verschüttet; hier drehte sich einst ein Kehrrad zum Antrieb einer „Fahrkunst" (auf- und abfahrende Trittbretter als Auf- und Abstiegshilfe).

Mai–Okt. Sa/So 12 Uhr. Führung 3 €, Kind 1,50 €, Familie 7 €. www.bergwerksmuseum.de.

Grube Carolina, Grube Dorothea: Die beiden Gruben am südöstlichen Stadtrand unweit der B 241 waren 150 Jahre lang die reichsten Silbererzbergwerke im Harz. 488 bzw. 576 m tief waren sie und besaßen jeweils zwei Wasserräder. Ihr 600 m langer, enger Entwässerungsstollen, die *Dorotheer Rösche*, ist im Rahmen von Führungen (☎ 05323-93920, www.harzwasserwerke.de) mit Gummistiefeln und in gebück-

Oberharz

ter Haltung begehbar. Diese Touren beginnen bzw. enden im *Caroliner Wetterschacht* (1867), der auf dem modernen, architektonisch interessanten Firmengelände der *Sympatec GmbH* (Am Pulverhaus 1) liegt. In der Grube Carolina wurde 1834 erstmals das innovative Drahtseil eingesetzt. Aufgrund der großen Tiefe der Schächte rissen die bis dahin genutzten Eisenketten häufig allein durch ihr Eigengewicht.

Werk Tanne: In Zeiten großer Arbeitslosigkeit nach der Einstellung des Bergbaus errichteten die Nazis 1938 am Mittleren Pfauenteich (→ Tour 2) eine Sprengstofffabrik unter dem Tarnnamen „Tanne", in der 2600 Arbeitskräfte, die Hälfte davon Zwangsarbeiter und Kriegsgefangene, bis 1944 zigtausend Tonnen TNT herstellten. Immer wieder kam es zu schweren Explosionen und Vergiftungen. Nach dem Krieg sprengten die Alliierten das Werk, übrig blieben Ruinen und vermutlich giftige Schadstoffe auf dem Gelände und im Schlamm des Mittleren und Unteren Pfauenteichs, weshalb jede Nutzung dieser Gewässer verboten ist.

Führungen zur NS-Rüstungsgeschichte (ab 12 Pers.) bei der Harz-Agentur (→ Information).

Wasser mit Wasser heben – Welterbe Oberharzer Wasserregal

Mit zunehmender Schachttiefe wurde im Oberharz das Abpumpen des in die Gruben einsickernden Wassers zum Problem. Menschenkraft allein reichte nicht mehr aus, und so begann man im frühen 16. Jh. damit, „Wasser durch Wasser zu heben". Mithilfe von Wasserrädern entwässerte man aber nicht nur die Stollen, auch Erzkübel und Bergleute wurden damit transportiert. Bald hieß es „Kein Bergbau ohne Wasser" – und Wasser gab es im Oberharz ja genug. Das Recht, es auch zu nutzen, wurde vom jeweiligen Landesherren gemeinsam mit den Bergfreiheiten verliehen. Dieses Hoheitsrecht wurde „Wasserregal" genannt. Als *Oberharzer Wasserregal* bezeichnet man heute das gewaltige Wasserwirtschaftssystem, das 1530 bis 1870 angelegt wurde, um den Wasserrädern konstant Wasser zuführen zu können. Es war eines der weltweit größten Wasserleitungssysteme mit 500 km Wassergräben quer durch die Hänge (stabile Rohre gab es noch nicht), 30 km unterirdischen Wasserläufen und 143 Stauteichen, in denen Quell- und Regenwasser für Trockenzeiten gespeichert wurde.

65 Teiche, 70 km Gräben und 20 km Wasserläufe werden heute von den *Harzwasserwerken* funktionstüchtig erhalten. Einige dienen dem Hochwasserschutz, andere der Trinkwasserversorgung, die meisten jedoch werden für touristische Zwecke gepflegt. 22 „WasserWanderWege" (Gesamtlänge: 112 km, Symbol: Wasserrad) erschließen die interessantesten Anlagen und informieren auf rund 400 Tafeln über die Details. Seit 2010 zählt das Oberharzer Wasserregal zum Weltkulturerbe der Unesco.

Tour 2: Auf den Spuren des Oberharzer Wasserregals

Länge: 14,5 km, Gehzeit 3 Std. Leicht.

Der Weg: Reizvolle Entdeckungsreise, auf der sich nachvollziehen lässt, wie das kostbare Nass im Harzer Wasserwirtschaftssystem gespeichert, weitergeleitet und angehoben wurde.

Beschreibung: Vom Clausthaler Kronenplatz (1) gehen wir zur Marktkirche (2), biegen links ab und verlassen bergauf über Rollstraße und Rollplatz (B 242) die Stadt (siehe Stadtplan S.53). Neben einer Tankstelle (3) beginnt et-

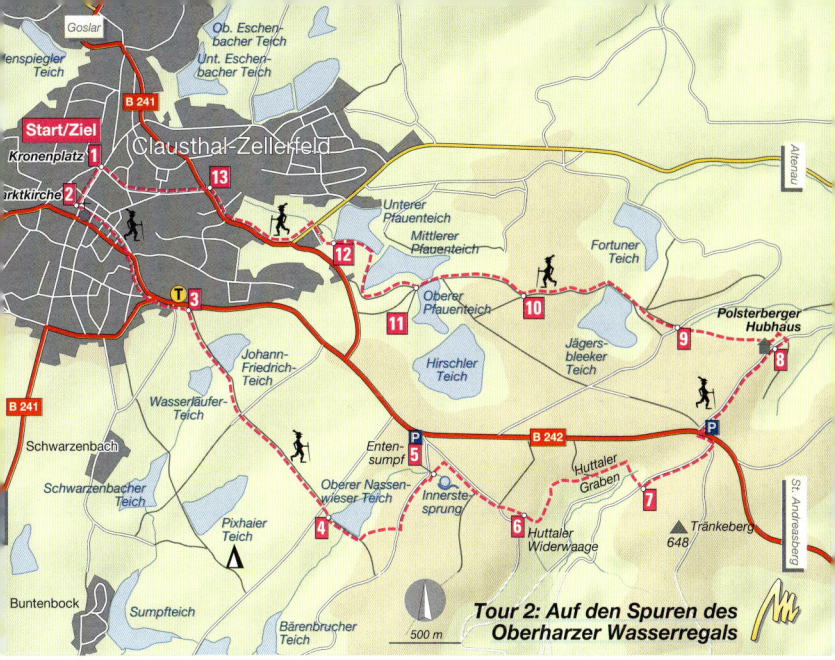

Tour 2: Auf den Spuren des
Oberharzer Wasserregals

500 m

was versteckt der Weg 10 K (blaues Dreieck) nach Riefensbeek, der kurz einem Zaun folgt und dann rechts in die Wiese einbiegt. Auf einem Damm zwischen zwei Teichen wandern wir aussichtsreich an einer Viehweide bergauf und dann stets geradeaus weiter (Blick zum Campingplatz am Pixhaier Teich). Nach 1 Std. kommen wir zum idyllischen, von Wald umsäumten **Oberen Nassewieser Teich (4)**. Wir folgen nun dem Hexen-Stieg am Ende des Teichdamms links bergauf 10 Min. bis zum **Entensumpf (5)**. 200 m weiter befindet sich die Quelle der Innerste (**Innerste-Sprung**), eigentlich nur ein Stein im Wald. Dann geht es rechts weiter Richtung Polsterberg, zuerst leicht bergauf, dann auf einem Pfad hinab zur **Huttaler Widerwaage (6)** von 1767. Hier münden zwei unterirdische Wasserläufe und ein Graben in ein kleines Ausgleichsbecken (Infotafel) zur Sicherung der Wasserversorgung der ergiebigsten Clausthaler Gruben. Nun folgen wir 15 Min. dem schönen **Hutta-**

ler Graben, der ohne Gefälle gebaut ist – so konnte das Wasser in beide Richtungen fließen. Bei einem Rastplatz geht es rechts über einen früheren Teichdamm (heute Aquädukt mit offenem Wasserlauf) und dann **(7)** links auf der Forststraße bergauf zur B 242, die wir queren.

Geradeaus geht es weiter bis zur Waldgaststätte **Polsterberger Hubhaus (8**, S. 52). In seinem Keller befand sich bis 1909 eine wasserradbetriebene Pumpe, die Wasser aus dem 100 m unterhalb verlaufenden Dammgraben (Abstecher lohnt sich) in den auf Haushöhe verlaufenden Tränkegraben hob. Entlang dieses Grabens wandern wir nun Richtung **Jägersbleeker Teich** (Weg 10 H), den wir bald nach Queren einer Forststraße **(9)** erreichen. Der Weg führt über seinen 220 m langen Damm, bei der nächsten Verzweigung wenden wir uns nach rechts Richtung Clausthal **(10)** und kommen zur Kaskade der **Pfauenteiche** (Infotafeln). Am Ende des Damms biegen wir rechts **(11)** in den

Wasserwanderweg, der dem Ufer des Mittleren und Unteren Teichs folgt. Auf Tafeln wird das System kompliziert erklärt. Vor der **Ausflut des Unteren Teichs (12)** geht es geradeaus weiter bis zur Straße nach Altenau. An dieser gehen wir links bis zur Kreuzung; von dort rechts an der B 242 entlang, bis links **(13)** die Erzstraße zurück zum Kronenplatz führt.

Buntenbock
ca. 700 Einwohner • 550 m

Der idyllische Ortsteil von Clausthal-Zellerfeld liegt 4 km südlich nahe der B 241. Die wie zufällig hingestreuten Häuser sind von Teichen, Bergwiesen und Wäldern umgeben, die zum Wandern, Langlaufen, Angeln und Baden einladen. Es gibt eine Dorfkirche und einen Kurpark, im Sommer ist eine Kinder-Zirkusschule aktiv. Größter Arbeitgeber im Ort ist die Deutsche Rentenversicherung, die in ihrem neuen *Rehazentrum Oberharz* am nördlichen Ortsrand 280 Patienten betreut.

Buntenbock war ein Fuhrmannsdorf, es lag an wichtigen Handelswegen, die durch den Harz führten. Aus dem Kornmagazin in → Osterode brachten Fuhrleute Getreide herauf und lieferten Holz und Erze hinunter. Als Zug- und Lasttiere dienten Pferde und Ziegen, deren Haltung bis heute Tradition hat (→ Einkaufen).

• *Info/Verbindungen* → Clausthal-Zellerfeld

• *Übernachten/Essen* **Landhaus Kemper**, am südlichen Ortsrand. Familien mit Kindern werden sich auf dem künstlerisch-bunten Brauerei-Areal mit idyllischem Garten an der Unferste wohl fühlen. Schräges Ambiente, viel Kinderprogramm, kreative Küche aus regionalen, biologischen Produkten. Je nach Saison DZ/App. 70–100 €, weitere Pers. 25 €. An der Trift 19, ℡ 05323-1774, www.landhaus-kemper.de.

** **Waldhotel Pixhaier Mühle**, zwischen Buntenbock und Clausthal. Ausflugslokal in Wald- und Wiesenlage, beliebter Stopp auf dem nahen Hexen-Stieg. 19 zweckmäßige Zimmer. Hausherr Franz Schubert stammt aus Wien und kocht neben Harzer Forellen auch Tafelspitz und Kaiserschmarrn. DZ 74–85 €. An der Pixhaier Mühle 1, ℡ 05323-93800, 📠 7983, www.pixhaier-muehle.de.

• *Baden* Erlaubt im Prinzen-, Semmelwieser und Pixhaier Teich, besonders beliebt sind Ziegenberger und Hasenbacher Teich.

• *Einkaufen* **Ziegenhof Buntenbock**, die Ziegen weiden auf Kräuterbergwiesen, ihre Milch wird zu köstlichem Frisch- und Schnittkäse verarbeitet. Verkauf Sa 8–13 Uhr. Moosholzweg 14, ℡ 05323-1774, www. ziegenhof-buntenbock.de.

• *Kinder* **Zirkusschule Frikadelli**, für Kinder ab 5 J. Einrad fahren, zaubern, jonglieren – eine Woche lang wird im Zirkuszelt geübt, dann gibt es eine Vorstellung. In den Sommerferien. → Übernachten/Landhaus Kemper.

• *Reiten* **Pferdefreunde Buntenbock**, Reitunterricht, Wanderreiten, Reitferien. Schulenberger Str., ℡ 05323-93700, www. pferdefreunde-buntenbock.de.

• *Veranstaltungen* **Vieh- und Weidetag**, im Aug., Kuhherden im Ort, dazu Folklore. **Volks- und Schützenfest**, Ende Aug., Tradition seit 1758. Festumzug, Schützenball, Schützenkönige, Musik, Schärperfrühstück.

• *Wandern* **Wasserwanderweg Buntenbocker Teiche**, Rundwanderweg (5 km) ab dem Großen Sumpfteich und vorbei an vier weiteren Teichen. **Buntenbocker Bergwiesenweg**, mit Ziegenbock markierter aussichtsreicher Rundwanderweg (6,4 km) um den Ort; Start am Abzweig Mittelweg/Trift. **Aussichtsturm Kuckholzklippe**, den 15 m hohen Stahlgitterturm (1897) erreicht man über Moosholzweg – Pflegezentrum – Schieferberg in 1 Std. **Harzer-Hexen-Stieg**, führt am östl. Ortsrand vorbei.

• *Wintersport* **Loipen**: Kurparkloipe (2 km, Flutlicht), Ziegenbergloipe ab Turnhalle (5 km).

Das Innerste-Tal

Die Innerste entspringt südöstlich von Clausthal-Zellerfeld am Innerste-Sprung (→ Tour 2), wird bei Buntenbock in alten Bergbauteichen gestaut, fließt dann parallel zur B 242 und schließlich nordwärts durch das romantische Innerste-Tal.

In diesem passiert das Flüsschen die alten Bergstädte **Wildemann** und **Lautenthal**. Nach der **Innerstetalsperre** verlässt es über Langelsheim den Harz und mündet nach 95 km in die Leine.

Ab 1877 verkehrte hier die 34 km lange **Innerstetalbahn** von Langelsheim über Wildemann bis Altenau. Mit dem Ende des Bergbaus wurde sie 1977 abgebaut, zahlreiche Brücken und Viadukte sind aber noch zu sehen. Auf der einstigen Trasse zwischen Langelsheim und Wildemann verläuft heute ein beliebter **Radweg**.

> **Fahrrad-Erlebnistag Hellertag-Innerstetal**: Am letzten Sonntag im August gehört das Tal von Altenau bis Clausthal-Zellerfeld und von Wildemann bis Langelsheim von 9.30 bis 19 Uhr nur den Radlern, Inline-Skatern und Fußgängern. Informations- und Aktionsstände, Getränke- und Imbissbuden sowie Veranstaltungen säumen dann die Strecke.

Wildemann
ca. 1100 Einwohner · 390 m

Die kleinste der Oberharzer Bergstädte zieht sich mit wenigen Häuserreihen das enge, bewaldete Tal der Innerste entlang, dort, wo sich der Fluss in einer S-Schleife um den Gallen- (460 m) und den Hüttenberg (516 m) windet. Steile Bergwiesen, weidendes Harzer Rotvieh, bunte, holzverschalte Häuser und die schöne **Fachwerkkirche Maria Magdalena** auf einer Anhöhe mitten im Ort (1915 nach einem Brand originalgetreu wiedererrichtet) tragen zum Reiz von Wildemann bei.

Störend ist allerdings der Verkehr im Ort. So weicht man auf Wander- und Radwege und im Winter auf Loipen aus, etwa im idyllischen Spiegeltal, das in der Ortsmitte vom Innerste-Tal nach Osten abzweigt. Es gilt als Kurviertel von Wildemann, wenn auch Kurpark und -haus kaum genutzt werden. Schön ist das Freibad sowie der Weg zu Fuß, per Rad oder Ski vom Spiegeltaler Zechenhaus an den Teichen vorbei nach Zellerfeld.

Seinen Namen hat der Ort vom *Wilden Mann*, einem halbnackten, bärtigen Hünen, der nach der Legende den ersten Erzsuchern den Weg zu den Silberadern wies. Bei seiner Gefangennahme rammte er eine Linde in den Boden, die noch heute vor dem Hotel Rathaus an der Hauptstraße stehen soll; schräg gegenüber erinnert eine Bronzestatue an ihn. Das Alte Rathaus dahinter (Bohlweg 32) präsentiert in der **Heimat- und Hirtenstube** die vom Bergbau und Hirtenwesen geprägte Ortsgeschichte (Mi und Sa 13.30–16.30 Uhr). Schon um 1200 wurde in Wildemann Eisenerz gewonnen, dann entvölkerte die Pest das Tal. 1529 wurde eine neue Siedlung gegründet und mit Bergfreiheit ausgestattet, um Kumpel anzuwerben.

Von der Silberbergbautradition zeugt das bis 1924 betriebene **Besucherbergwerk 19-Lachter-Stollen** (Eingang direkt oberhalb der Hauptstraße). Der nach dem alten Bergmannsmaß *Lachter* (1,92 m) benannte Stollen wurde ab 1551 mit Hammer und Eisen in den Badstubenberg getrieben, 1690 hatte er eine Länge von 8,8 km erreicht. Im Rahmen der einstündigen Führung begeht man auf 500 m Länge den ganzjährig 10 °C kalten, mit Holzbohlen und Eisenstreben abgestützten Stollen. Spannend ist die Überquerung des 1845 ausgehobenen Ernst-August-Schachts – unter den Füßen geht es 261 m in die Tiefe. Danach geht es über Treppen bergab in die Radstube mit einem über 100 Jahre alten, 9 m hohen und 2 m breiten Kehrrad und weiter hinunter zu einer zweiten Kehrradstube, die später als Maschinenraum diente.

Feb.–Okt. und Weihnachtsferien Führungen tägl. außer Mo 11 und 14 Uhr. Mai–Okt. ab 5 Pers. auch 15.30 Uhr. Eintritt 5 €, Kind 3 €. ☎ 05323-6628, www.19-lachter-stollen.de.

Der 1996 errichtete **Bergbauernhof Klein-Tirol** am Ortsausgang Richtung Lautenthal (Wegweiser) ist eine weitere Attraktion – „Berg" steht dabei nicht für alpin, sondern für Bergstadt. Er widmet sich der Erhaltung bedrohter heimischer Haustierarten wie der rehfarbenen Harzziege („Kuh des armen Mannes") und dem Roten Harzer Höhenvieh. Auch die traditionellen Hütehunde der Harzer Kuhhirten, die wetterfesten, rothaarigen „Harzer Füchse", sind hier zu sehen.
Tägl. 10–18 Uhr, von Mai bis Nov. sind die Tiere untertags auf den Weiden. Hindenburgstr. 8, ☎ 05323-6287, www.harzer-rotvieh.de.

•*Information* **Touristinformation**, moderner Bau an der Durchgangsstraße. Mo–Mi 8–13, Do/Fr 8.30–16 Uhr. 38709 Wildemann, Bohlweg 5, ☎ 05323-6111, www.oberharz.de, www.wildemann.de.

•*Verbindungen* **Bus 831**: Tägl. 6- bis 15-mal nach Goslar und Clausthal-Zellerfeld; www.rbb-bus.de.

•*Übernachten/Essen* **S Hotel Rathaus**, an der Hauptstraße. Das 1604 als Rathaus erbaute Gebäude, seit 1926 Hotel, verströmt nostalgischen Charme. 7 Zimmer, eine Suite, eine Vier-Sterne-Ferienwohnung. Im Restaurant „Ratsstube" kreative Harzer Küche, Vegetarisches, Forellen aus eigener Zucht und Spezialitäten vom Harzer Höhenvieh. Klassiker ist die Rathauspfanne. Lindenbeschatteter Biergarten. DZ 72 €, Suite 83 €. Bohlweg 37, ☎ 05323-6261, 🖷 6713, www.hotel.rathaus.harz.de.

*** Haus Sonnenglanz, unweit des Besucherbergwerks. Außen traditionell holzverschalt, innen eine moderne Pension mit 9 Zimmern. Mexikanisches Restaurant (Fr–So abends) mit gut sortierter Bar – einer der Eigentümer stammt aus Mexiko. DZ 70 €, Suite 80–90 €. Im Sonnenglanz 1, ☎ 05323-9629020, 🖷 9629021, www.haus-sonnenglanz.de.

Es gibt ca. 50 **Ferienwohnungen**, folgende Websites sind hilfreich: www.haus.hoehen weg.harz.de, www.alte-polsterei-wildemann. de und www.hexenhaus.harz.de.

Zum wilden Mann, bikerfreundliches rustikales Gasthaus an der Durchgangsstraße mit deftiger Kost. Mo Ruhetag. Hindenburgstr. 4, ☎ 05323-962075.

Antik-Café Marie Luise, am südlichen Ortsrand. Mit Antiquitäten ausgestattetes Kaffeehaus; Tee, Kaffee, Eis und Kuchen. April–Okt./Jan./Feb. Di–So 14–18 Uhr, Nov./Dez. nur Sa/So. Clausthaler Str. 8.

•*Baden* **Spiegelbad**, modernes, beheiztes Freibad im Spiegeltal. Mai–Anfang Sept. tägl. 11–19 Uhr. Tageskarte 3 €. www.spiegelbad-wildemann.de.

•*Feste* **Viehaustrieb**, Pfingstsonntag, in historischen Trachten treiben Hirten die geschmückten Kühe vom Bergbauernhof durch den Ort zur Schwarzewaldweide.

Erntedankfest, Sept./Okt., Gottesdienst, Peitschenknaller, Umzug, Hirtentreffen am Bergbauernhof.

•*Mountainbike* An der Touristinfo Einstieg in zwei schwere Routen (53/54 km), die in Lautenthal bzw. Seesen starten. An der Ecke Bohlweg/Sonnenglanz Einstieg in drei anspruchsvolle Routen (27–32 km), die in Clausthal-Zellerfeld starten. www.volksbank-arena-harz.de.

•*Radeln* z. B. den Innerstetal-Radweg entlang bis Langelsheim (ca. 18 km).

•*Wandern* **Grüne Runde**, mit Wilder-Mann-Symbol markierte aussichtsreiche Tour um den Ort: Kurhaus–Freibad–Badstubenberg–Sportplatz–Gallenberg–Hüttenberg–Kurhaus (14 km, Gehzeit 4½ Std.). Den Aussichtspunkt **Klein-Tirol-Blick** erreicht man von der Schützenstraße über die Georgenhöhe (Denkmal für Georg V.) und den Panoramaweg (30 Min.).

Die **Prinzenlaube** ist eine Harzer Köte auf der aussichtsreichen Ernst-August-Höhe (556 m, Sendemast) am Gipfel des Badstubenbergs. Ab Ortsmitte führt der Ernst-August-Stieg, teils in steilem Zickzack, hinauf (45 Min.).

•*Wintersport* 800 m **Rodelbahn** im Spiegeltal. **Loipen** im Spiegeltal (4 km bis Zellerfeld), am Adlersberg (5 km) und am Hasenberg (8 km).

Schlittenhundetouren organisiert die Wolfscountry-Ranch im Spiegeltaler Zechenhaus. ☎ 05323-96783, www.wolfscountry-ranch.de.

Lautenthal   ca. 2000 Einwohner • 300 m

Das alte Bergbaustädtchen liegt in einem weiten sonnigen Talkessel 8 km nördlich von Wildemann am Zusammenfluss von Innerste und Laute. Ab dem 13. Jh. bis zum Ausbruch der Pest im 14. Jh. wurde hier Bergbau betrieben, ab 1530 baute man Silbererz am Kranichsberg ab. 1596 erlangte Lautenthal den Status der freien Bergstadt. 1959 schließlich wurden alle Betriebe geschlossen.

Das 1930 stillgelegte **Silberbergwerk Lautenthals Glück** an der Straße nach Wildemann ist seit den 1970ern Niedersächsisches Bergbaumuseum, das montanhistorische Stücke zeigt: im Freigelände ein 15 m hohes Kunstrad, Maschinen, dreißig historische Grubenloks und ein aus Bockswiese stammendes Schachtgebäude mit Förderturm. Ein Höhepunkt des Museums ist die Fahrt mit der Grubenbahn: Eingepfercht in grüne Wagen geht es in den engen Stollen bis zum Hauptschacht, wo ein Rundgang durch drei Sohlen des Bergwerks anschließt, vorbei an altem einsatzbereitem Gerät und der Barbara-Ka-

pelle. Zweites Highlight ist die **Fahrt mit dem Erzkahn**, die es nur hier gibt. Auf solchen Kähnen wurde das Erz einst durch kilometerlange, schiffbare Stollen transportiert. 150 m eines solchen Wasserstollens kann der Besucher befahren, indem er sich und das Boot mit einem an der Decke befestigten Seil voranzieht.

Tägl. 10–17, Nov./Dez. nur Sa/So 10–15 Uhr. Eintritt 8,50 €, bis 10 J. 5 €, bis 16 J. 6 €. Wildemanner Str. 15–21, ☎ 05325-4490, www.lautenthals-glueck.de.

Der **historische Stadtkern** an der Straße Richtung Hahnenklee lohnt einen Blick. Überragt wird er vom markanten Turm der barocken *Paul-Gerhardt-Kirche*, die mit einem prächtigen Kanzelaltar (1719), einer doppelten Bergmannsempore und

Zusammengetragene Bergbaurelikte in Lautenthal

einer Barockorgel (1686) überrascht. Den abschüssigen *Marktplatz* säumen alte Bergmannshäuser, seine grüne Mitte ziert eine Köhlerhütte.

4 km nördlich von Lautenthal Richtung Langelsheim trifft man auf den **Innerste-Stausee** von 1966. Sein 750 m langer, mit Asphaltbeton abgedichteter Erddamm ist die längste Staumauer im Harz. Auf dem See sind Segeln, Surfen, Ruder- und Tretbootfahren erlaubt, am Ufer gibt es einen Campingplatz mit Bootsverleih. Beliebt ist die 7,5 km lange Radrunde auf autofreien Straßen um den See herum.

• *Information* **Touristinformation**, im weißen Holzhaus an der Hauptstraße. Mo–Fr 9–12/14–17, Sa 9–15, So 9.30–12.30 Uhr. 38685 Lautenthal, Kaspar-Bitter-Str. 7b, ☎ 05325-4444, www.lautenthal.de.

• *Verbindungen* **Bus**: Tägl. 11- bis 16-mal nach Goslar (Linie 831, 832), Wildemann und Clausthal-Zellerfeld (831) sowie nach Hahnenklee (832); www.rbb-bus.de.

• *Übernachten/Essen* **Berliner Bär**, gegenüber dem Bergwerk. 26 zweckmäßige Zimmer, die sich auf Haupt- und Gästehaus verteilen. Moderner Wellnessbereich mit Hallenbad (28 °C) und Sauna. Älteres Publikum und Busgruppen. DZ 110 €, im

Haupthaus plus 10 €. Am Kurhaus 3–5, ☎ 05325-4115, ☏ 6135, www.hotelberliner baer.de.

*** Berghof am See, älteres, renoviertes Landhotel am Ufer der Innerstetalsperre. 18 hell-rustikale Zimmer, teils mit Balkon und Seeblick. Restaurant mit schöner Seeterrasse (tägl. bis 19 Uhr). Je nach Saison DZ 72–90 €. Innerstetalsperre 1, ☎ 05326-91910, ☏ 919191, www.hotel-berghof.de.

Harzer Schnitzelkönig, beliebtes Restaurant unweit des Bergbaumuseums. Bekannt für Monsterburger und Riesencurrywurst, aber auch normale Portionen. Beim Wettessen um den „Harzer Schnitzelkönig" muss man 2 m Currywurst, 1 kg Schnitzel, 1,2 kg Rumpsteak und 30 cm Burger in Rekordzeit verdrücken. Toll. Di Ruhetag. Wildemanner Str. 9, ✆ 05325-4282, www.harzer-schnitzelkoenig.de.

Maaßener Gaipel, nette Wandergaststätte mit Spielplatz in Panoramalage südlich oberhalb der Stadt inmitten von Bergbauresten. Brotzeit-, Wild- und Schnitzelgerichte. Ab Ortsmitte zu Fuß in 25 Min. erreichbar bzw. über eine 2 km-Anfahrt von der Straße Richtung Hahnenklee. Mai–Sept. tägl. 10–20.30, sonst Mi–Mo 10–17.30 Uhr. ✆ 05325-4393.

Zum Seestübchen → Camping

•*Camping* **Innerstetalsperre**, gut ausgestattete Anlage mit 150 Stellplätzen auf einer Landzunge im Bereich des Staudamms. Café „Zum Seestübchen" mit guten Kuchen, Jausenplatten und ein paar Hauptgerichten. 2 Pers., Auto, Zelt ca. 18 €. Innerstetalsperre 2, ✆ 05326-2166, ✉ 86862, www.innerste.de.

Gebührenpflichtige **Wohnmobilstellplätze**

mit Versorgungsstation auf dem Parkplatz hinter der Touristinfo.

•*Baden* **Bürgerbad**, beheiztes Waldfreibad mit Beach-Volleyballplatz. Mai–Sept. tägl. 10–18 Uhr. www.buergerbad-bergstadt-lautenthal.de.

•*Mountainbike* An der Touristinfo startet die sehr schwere **L 4 Himmel & Hölle-Tour** (54 km, ↕ 1450 m). www.volksbank-arena-harz.de.

•*Radeln* z. B. auf dem Innerstetal-Radweg bis Langelsheim/Wildemann.

•*Wandern* **Bergbaulehrpfad**, 3,5 km langer Rundweg am aussichtsreichen Kranichsberg (557 m) mit 15 Stationen zum Bergbau, darunter Stollenmundlöcher, ein Kunstrad mit Feldgestänge und Gräben. Ausgangspunkt: An der Laute. Flyer bei der Touristinfo. www.bgv-lautenthal.de.

Den Holzpavillon **Schöne Aussicht** (495 m) am Bielstein erreicht man ab dem Sportplatz über Bielsteinweg und Bischofstal.

Hahnenklee-Bockswiese   ca. 1300 Einwohner • 560 m

Eine einzigartige Stabkirche, eine nostalgische Seilbahn, ein Bikepark und der Liebesbankweg – das sind die Attraktionen von Hahnenklee.

Der Kur-, Wander- und Wintersportort verstreut sich mit seinen beiden Ortsteilen auf einer sonnigen Hochfläche zwischen dem Innerste- und dem Gosetal. Verwaltungstechnisch zählt der Ort zum 16 km nordöstlich am Ausgang des Gosetals gelegenen Goslar. Zunächst trifft man auf die wenigen Häuser von **Bockswiese**, nach 2,5 km folgt **Hahnenklee**, das sich zwischen dem weitläufigen *Kurpark* mit den *Kranicher Teichen* (1674 für die nahen Silbergruben angelegt) und dem 726 m hohen, bewaldeten *Bocksberg* erstreckt, auf den eine altmodische Seilbahn führt. Im Norden überragen die Hochhäuser des Ferienparks am *Hahnenkleer Berg* den Ort.

Dank des Reizklimas setzt Hahnenklee seit Ende des 19. Jh. auf den Tourismus. Zuvor war wie überall im Harz der Erzbergbau die Haupterwerbsquelle. Die fetten Jahre nach dem Zweiten Weltkrieg mit vielen Gästen aus Südskandinavien gingen in den 1980er-Jahren zu Ende. Was blieb, sind überdimensionierte Bauten wie das *Kurmittelhaus*, die mangels Nachfrage leer stehen. Um Gäste anzulocken, wurden neue Wanderwege und ein Bike-Park angelegt. Nun soll ein 5 Mio. Euro schwerer „Erlebnis-Sportpark" am Bocksberg folgen – Vorbild könnten die Seil- und Rodelbahnen in Thale sein.

Praktische Informationen

•*Information* **Touristinformation**, im Erdgeschoss der Bausünde „Kurhaus". Mai–Sept. Mo–Fr 9–17, Sa/So 9–12 Uhr, Okt.–April so geschlossen. 38664 Hahnenklee, Kurhausweg 7, ✆ 05325-51040, www.hahnenklee.de.

•*Verbindungen* **Bus**: Tägl. 10- bis 18-mal nach Goslar bzw. Clausthal-Zellerfeld (Linie

830), 2- bis 3-mal nach Lauthental (832); www.rbb-bus.de.

•*Stadtführung* Di 10 Uhr ab Kurhaus (Dauer 1½ Std.), mit Gästekarte gratis.

•*Sportgeräteverleih* **Board'n Bikes**, Räder, MTBs, Rodeln, Ski. Neben der Seilbahntalstation. Tägl. 9–17.30 Uhr (wetterabhängig). Rathausstr. 6, ✆ 0179-2740477.

Übernachten/Essen

•*Hotels* **** **Njord**, beim Kranichsee. Im nordischen Stil renoviertes Hotel; junges, freundliches Team. 22 moderne, etwas enge Zimmer, 2 Whirlpools, kleine Sauna. Wegen des abendlichen Schlemmermenüs (So–Fr) ist Halbpension zu empfehlen. DZ 100–130 €, viele Pauschalen. Parkstr. 2, ℡ 05325-5289370, ✆ 52893799, www.hotelnjord.com.

**** **Hotels am Kranichsee**, beim Kranichsee. Freundliche, alpenländische Anlage mit den Häusern „Diana", „Seerose" und „Jagdhof". 50 hell-rustikale, geräumige Zimmer, teils mit Balkon. Sauna, kleines Hallenbad. DZ 112–140 €, ab 3 Tagen 20 € weniger. Parkstr. 4–6, ℡ 05325-7030, ✆ 703100, www.kranichsee.de.

***S **Haus am Hochwald**, in ruhiger Lage nördlich oberhalb der Ortsmitte. Familiäres, gepflegtes Hotel, von außen wenig attraktiv, die 22 Zimmer sind aber geschmackvoll eingerichtet. Kleines Hallenbad, Sauna, Solarium. DZ 68–106 €. Langeliethstr. 14c, ℡ 05325-51620, ✆ 516224, www.hausamhochwald.harz.de.

Steffens, in Kurhausnähe. Familienhotel mit 7 modern-rustikalen Zimmern bzw. gut ausgestatteten Appartements (2–8 Pers.), teils mit Balkon. DZ/App. (2 Pers.) mit Frühstücksbüfett 59–69 €, weitere Pers. 12 €. Angeschlossen ist ein Restaurant-Café. Kurhausweg 6, ℡ 05325-2535, ✆ 528228, www.steffens-hotel.de.

•*Ferienwohnungen* *** **Residenz Altes Rathaus**, mitten in Hahnenklee. 11 gut ausgestattete, mit Kiefernmöbeln eingerichtete Wohnungen (21–75 m² für 2–4 Pers.) im historischen holzverschalten Rathaus. Fewo 19–57 €/Tag je nach Saison und Größe, Endreinigung ca. 25 €. Rathausstr. 16, ℡ 05325-51080, ✆ 510888, www.residenz-altes-rathaus.de.

•*Jugendherberge* **Hahnenklee**, an der Ortsdurchfahrt in Bockswiese. Älteres Haus im rustikalen Harzer Stil; 120 Betten in renovierten 2- bis 6-Bett-Zimmern mit Fließwasser und Etagen-Du/WC. 18–22 €/Pers. inkl. Frühstück. Hahnenkleer Str. 11, ℡ 05325-2256, ✆ 3524, www.jugendherberge.de/jh/hahnenklee.

•*Camping* ***** **Camping und Ferienhof am Kreuzeck**, am bewaldeten Ufer des Grumbacher Teichs, etwas außerhalb nahe der B 241. Schöne, terrassenförmige Anlage, 300 Stellplätze, Mietcaravans, neue Sanitäranlagen, Spielplatz, beheiztes Hallenbad, Sauna, Shop und Café-Restaurant (tägl. 12–19.45 Uhr). Gemütliche, gut ausgestattete Holzhäuser mit Kamin, Du/WC. 2 Pers., Auto, Zelt ca. 20 €. Holzhaus (4 Pers.) 50–66 € je nach Saison, Endreinigung 35 €, Bettwäsche 10 €. Am Kreuzeck 5, ℡ 05325-2570, ✆ 932089, www.campingplatz-kreuzeck.de.

•*Essen* **Restaurant-Café Steffens**, hellrustikales Ambiente, freundlicher Service. Internationale Küche, Torten, Apfelstrudel, Riesen-Windbeutel, heiße Waffeln, Spezialität im Winter eine ofenfrische halbe Ente. Tägl. außer Di ab 10.30 Uhr. → Hotels

Kaffeehaus Fricke, beliebte Konditorei mit großer Kuchen-/Tortenauswahl in plüschig-altbackenen Räumen unweit der Seilbahn. Tägl. außer Mi 14–18 Uhr. Rathausstr. 8.

Oberharz

Unerwartet: die Stabkirche in Hahnenklee

Restaurant **Ambiente**, kreative Küche zu gehobenen Preisen (Pasta 8–16 €, Steaks/Fisch 13–25 €). Nur mit Reservierung. Tägl. 18–22, So auch 12–14 Uhr. Rathausstr. 4, ☎ 05325-2715.
Berggasthaus Auerhahn, 6 km außerhalb auf der Passhöhe an der B 241 Richtung Goslar; zu Fuß über den Liebesbankweg

(Tour 3) erreichbar. Historisches Jagdhaus der braunschweigischen Herzöge, das seit dem 17. Jh. als Gaststätte dient. (Süd-)deutsche Küche, nachmittags gibt es Marmorund den beliebten Apfelkuchen. Sonniger Biergarten. Mi–So 10.30–20 Uhr. Auerhahn 2, ☎ 05325-2369.

Aktivitäten/Sport

• *Angeln* Im Großen Kranicher Teich, April–Mitte Okt.
• *Baden* **Kuttelbacher Teich**, beliebtes Waldseebad an einstigem Bergteich an der Straße Richtung Lautenthal (Radweg ab Kurpark). Tretboote, Liegewiese, Grillplatz. Tageskarte 5 €. Mai–Sept. tägl. 10–18 Uhr.
• *Mountainbike* Am Parkplatz der Stabkirche Einstieg in drei (mittel-)schwere Routen (20–53 km), die in Goslar bzw. Clausthal-Zellerfeld starten. www.volksbank-arena-harz.de.
BikePark → Bocksberg
• *Wandern* **Liebesbankweg** → Tour 3

Schalker Turm: Vom Berggasthaus Auerhahn führt eine 2 km lange, autofreie Straße auf die 762 m hohe Schalke (30 Min.). Von 1959 bis zur Sprengung 2002 war ihr Gipfel mit einem 64 m hohen Horchposten der französischen Armee verunziert, jetzt steht dort wieder der 1892 errichtete älteste Stahlgitterturm im Harz mit Brockenblick.
• *Wintersport* Gutes Angebot. **Bocksberg**: eine Kabinenbahn, zwei Schlepplifte, sechs Skiabfahrten (leicht bis schwer), 1,5 km Rodelpiste. **Loipen**: Hahnenkleer Bergloipe (6 km) beim Ferienpark mit Anschluss an die Schulberg-Loipe (8 km). **Eislaufen** auf dem Kranichteich.

Sehenswertes

Gustav-Adolf-Stabkirche: Das 1908 gebaute Gotteshaus – Wahrzeichen und Hauptsehenswürdigkeit von Hahnenklee – steht etwas erhöht in Hanglage am Südende der Rathausstraße. Baumeister war Architekt Karl Mohrmann aus Hannover, der die Kirche aus heimischem Fichtenholz ohne Nägel und Schrauben anfertigen ließ. Vieles an dem Bau, der sich an der Kirche im norwegischen Borgund orientiert, erinnert an (Wikinger-)Schiffe: die Drachenköpfe an den Giebeln und Dachreitern, die Midgardschlangen als Zeichen für Ewigkeit am Dachfirst; der Kronleuchter im Inneren ist einem Schiffssteuerrad nachgebildet und die Fenster über der Empore sehen aus wie Bullaugen. 2005 wurde im Glockenturm ein *Carillon* (Glockenspiel) mit 49 Glocken eingebaut, das mit Füßen und Fäusten (Sa 15 Uhr) oder elektronisch (8.56 und 11.56 Uhr sowie stündl. 14.56–19.56, Uhr) gespielt wird. Von Mai bis Okt. gibt es donnerstags um 19.30 Uhr Orgelkonzerte, im Sommer auch Carillonkonzerte.
Mai–Okt. Mo–Sa 10.30–17, So 11–17, Nov.–April tägl. 11–16, Mo–Fr 10.30–12.30/14–17 Uhr. Freiwillige Spende 1 €, Audioguide erhältlich. ☎ 05325-2378, www.stabkirche.de.

Paul-Lincke-Platz: Unweit der Bocksbergseilbahn weitet sich die Fußgängerzone zu einem Platz, dessen zentrale Brunnenfigur – ein Hahn mit Kleeblatt – den Ortsnamen versinnbildlicht. Unweit steht eine Büste des Berliner Operettenkomponisten Paul Lincke (1866–1946), der hier seinen Lebensabend verbrachte und auf dem örtlichen Waldfriedhof (westlich des Kranichteichs Richtung Bockswiese) begraben liegt. Seit 1955 vergibt die Gemeinde Hahnenklee alle zwei Jahre den *Paul-Lincke-Ring* an verdiente deutschsprachige Unterhaltungsmusiker. Eine Litfaßsäule listet deren Namen auf, darunter *Udo Jürgens* (1981), *Freddy Quinn* (1997), *Nicole* (2001), *Max Raabe* (2005) und 2009 *Die Fantastischen Vier*.

Bocksberg (726 m): Seit 1971 gelangt man von der Ortsmitte mit einer Kabinenbahn in gemächlicher Fahrt auf den Gipfel des Hahnenkleer Hausbergs, der idealer Startpunkt für Wanderungen, Bike-, Rodel- und Skiabfahrten ist, mit seiner hässlichen Bebauung selbst aber keinen Aufenthalt lohnt: Die Gaststätten sind abgehalftert, die Reste eines US-Funksenders mit Stacheldraht umzäunt, einen Rundumblick hat man nur durch die Sehschlitze des hölzernen Aussichtsturms (Drehkreuz 0,50 €). Aber vielleicht gibt es ja bald den angekündigten Erlebnispark.

• *Seilbahn* Mitte April–Anfang Nov. tägl. 9.15–17.15, Mai–Aug. 9.45–18.30, Mitte Dez.–Mitte April 8.45–16.45 Uhr. Bergfahrt 4,50 €, 4–14 J. 3,50 €, Tageskarte 20/13 €. Rathausstr. 6, www.bocksberg-seilbahn.de.
• *Mountainbike* **BikePark Hahnenklee**, sie-

ben unterschiedlich schwere Strecken (Singletrails, Downhill etc.) führen von der Berg- zur Talstation, mit dem Bike geht es samt Bike wieder hinauf. Tageskarte 20 €, 4–14 J. 13 €, ab 12.30 Uhr 15 €/10 €. www.bike-park-hahnenklee.de.

Tour 3: Auf dem Liebesbankweg zum Bocksberg

Länge: 9 km, Gehzeit 2 Std. Leicht.
Der Weg: Gemütliche Waldwanderung vorbei an romantischen Rastbänken, historischen Stauteichen – mit kurzem Gipfelsturm zur Halbzeit.

Beschreibung: Vom Großparkplatz oberhalb der Stabkirche (**1**, 576 m) folgen wir dem als Premiumweg ausgezeichneten Liebesbankweg. 40 Min. geht es sanft bergauf, man quert Skischneisen und -lifte und passiert die aussichtsreiche **Verlobungs**- und die **Liebesbank**. Nach einem Rastplatz treffen wir auf eine Asphaltstraße (**2**, 684 m), an der wir rechts in 15 Min. auf die Kuppe des **Bocksbergs** gelangen (**3**, s. o.). Wieder zurück (**2**), geht es rechts im Wald bergab zur Alten Harzstraße (**4**) und auf dieser rechts weiter zum **Berggasthaus Auerhahn** (**5**, s. o.) an der B 241. Bei der hölzernen Hochzeitsbank setzen wir den Weg fort und erreichen den obersten Teich der landschaftlich reizvollen **Auerhahn-Kaskade**, deren sechs Teiche im 17. Jh. die Wasserräder in den Bockswieser Erzgruben versorgten. Am Fuß des Teichdamms geht es im lichten Wald ans Südufer des **Neuen Grumbacher Teichs** und weiter zum Nordufer des **Oberen Teichs**. Auf seinem 190 m langen Staudamm (**6**) laufen wir hinüber zum Campingplatz Kreuzeck und steigen dort rechts hinab zum idyllischen **Unteren Teich** (schöner Rastplatz mit Harz-Gondeln) und zum **Oberen Flößteich**, auf dessen Damm es wieder Richtung Norden geht. Sanft

bergauf streifen wir den Ortsteil Bockswiese, können unterwegs noch Wasser treten und gelangen im Wald zur Stabkirche zurück, wo der Weg mit der Kronjuwelen-Hochzeitsbank endet.

Oberharz

Auerhahn-Kaskade:
1 Auerhahn-Teich
2 Neuer Grumbacher Teich
3 Oberer Grumbacher Teich
4 Unterer Grumbacher Teich
5 Oberer Flößteich
6 Unterer Flößteich

Tour 3: Liebesbankweg und Bocksberg

500 m

Altenau

ca. 1800 Einwohner • 460 m

Die freie Bergstadt bemüht sich mit Wander- und MTB-Wegen, schneesicheren Loipen, einer Kristalltherme und dem weltgrößten Kräuterpark um Urlaubsgäste.

Altenau liegt 10 km östlich von Clausthal-Zellerfeld in einer Senke zwischen der Clausthaler Hochebene und dem Bruchberg (927 m), wo sich Kleine und Große Oker zur Oker vereinen. Seine Häuserzeilen ziehen sich enge, bewaldete Täler entlang, die am Kreisverkehr unterhalb der dunkelrot gestrichenen Holzkirche St. Nikolai zusammentreffen. Holzverschalte Bergmannshäuser bezeugen Altenaus Vergangenheit, die im 16. Jh. mit dem Erz- und Silberabbau begann. 1636 erhielt sie als letzte der Oberharzer Städte die Bergfreiheit, deren Privilegien (u. a. das Braurecht) Knappen aus dem Erzgebirge anlockten. 1911 wurde die letzte Silberhütte geschlossen, in den 1970er-Jahren wandelte sich Altenau zum Tourismusort. Seither ist der Glockenberg oberhalb der Kirche durch Apartmenthochhäuser mit 1200 Wohnungen verschandelt. Das dazugehörige, seit Jahrzehnten defizitäre Freizeitzentrum wurde 2007 durch die moderne Kristalltherme „Heißer Brocken" ersetzt, der Kräuterpark entstand bereits 2004. Er hat der Stadt ein Maskottchen beschert, den *Altenauer Würzel*. Grün bewachsen und mit einem Kräutertopf als Kopf, begrüßt er die Gäste an den Ortseinfahrten und zentralen Punkten.

*P*raktische *I*nformationen

•*Information* **Touristinformation** im Kurgastzentrum an der B 498 Richtung Goslar. Unterkunftsvermittlung, Ticketverkauf, Nationalpark-Infostelle. Mo–Fr 9–17, Sa 10–14, So 10–13 Uhr. 38707 Altenau, Hüttenstr. 9, ✆ 05328-8020, www.oberharz.de.
•*Verbindungen* **Bus:** Tägl. 4- bis 20-mal nach Clausthal-Zellerfeld bzw. St. Andreasberg (Linie 840); 4- bis 20-mal nach Goslar via Clausthal-Zellerfeld (831), Sa/So 3-mal nach Torfhaus (462), Sa/So 3- bis 6-mal nach Osterode (462). www.rbb-bus.de, www.vsninfo.de.
•*Einkaufen* **Schnitzerei Meier**, 1958 kamen die Meiers nach Altenau und pflegen hier erzgebirgisches Handwerk. Handgeschnitzte Krippen und Figuren können in einer Ausstellung detailgetreuer Dioramen (Eintritt 1 €) bestaunt und gekauft werden. Tägl. außer Di 9–12/14–18 Uhr. Hüttenstr. 18, ✆ 05328-450, www.wunderinholz.de.
Fleischerei Baumann, seit 1820. Spezialität sind Altenauer Fuhrmann's-Peitschen, luftgetrocknete Schweinemettwürste. Mo–Sa 7.30–12.30, Mo–Fr auch 14.30–18 Uhr. Marktstr. 11.
•*Radverleih* **Axel Möller**, MTBs, Tourenräder 15 €/Tag, 60 €/Woche. Reservierung: ✆ 0177-6521565. Auf dem Glockenberg 11.

*Ü*bernachten/*E*ssen

Online-Buchung unter www.oberharz.de. Kostenlose Buchungshotline ✆ 0800-8010300; aus dem Ausland ✆ +49 (0)5582-80336.

•*Hotels/Pensionen* ***** Landhotel Alte Aue**, im Ort. Gepflegtes Harzer Haus mit 13 geräumigen Zimmern im Landhausstil. Rustikales Restaurant „Alte Auestuben". DZ 70–84 €, Suite bis 90 €. Marktstr. 17, ✆ 05328-98010, 📠 980143, www.landhotel-alteaue.de.
*** Sonnenhof, in ruhiger Waldrandlage 1,2 km oberhalb der Ortsmitte. 2004 renovierte Hotel-Pension mit 14 zweckmäßigen Zimmern, etwas enge Bäder. Kleines Hallenbad, Sauna. DZ 48–52 €, mit Balkon plus 6 €. Am Kunstberg 3, ✆ 05328-98090, 📠 980999, www.sonnenhof-altenau.de.
*** Alexander, kleine Pension, 5 hell-rustikale Zimmer mit Balkon oder Terrasse. Großer Garten, Grillhütte und Teeküche für die Gäste. DZ 41–45 €. Oberstr. 23, ✆ 05328-1377, 📠 90830, www.altenau-urlaub.de.
•*Ferienwohnungen* Die meisten der 200 Ferienwohnungen liegen im **Ferienpark Glockenberg**, einer hässlichen Hochhausanlage aus den frühen 1970er-Jahren.

**** Haus Reimann, 6 modern und komplett ausgestattete Fewo (37–80 m²), aussichtsreich am Südhang des Glockenbergs. Liegewiese, Spielplatz. Fewo 2–8 Pers. 42–92 €/Tag, Endreinigung 25–50 €. Breslauer Str. 8, ☏ 05551-954986, 🖂 998999, www.haus-reimann.de.

**** Haus Nietmann, 7 rustikale, sehr gut ausgestattete Fewo (40–85 m²) mit Balkon oder Terrasse samt Panoramablick am Südhang des Glockenbergs. Sauna, Liegewiese und Grillplatz. Fewo 2–6 Pers. 39–85 €/Tag, Endreinigung extra, Zuschlag bei Kurzaufenthalt. Breslauer Str. 10, ☏ 05328-1318, 🖂 911416, www.gaestehaeuser-nietmann.de.

•*Camping* **Okertal**, 3 km nördl., unterhalb der B 498. Langer, baumbestandener Platz mit 130 Stellplätzen an der Oker bzw. am Ufer des Stausees (Bademöglichkeit). Moderner Sanitärbereich, Kiosk. 2 Pers., Auto, Zelt ca. 20 €. Kornhardtweg 2, ☏ 05328-702, 🖂 911708, www.campingokertal.de.

Waldcamping Polstertal, terrassenförmige Anlage im Wald, 200 m zum Polsterberger Teich. 100 Stellplätze, Kiosk, kleines Schwimmbad, Spielplatz. Auch weinfassförmige Holzhütten (ohne fließend Wasser) werden vermietet. 2 Pers., Auto, Zelt 20 €,

Duschmarke 0,70 €. Hütte (2 Pers.) 30 € ☏ 05323-5582, 🖂 948258, www.campingplatz-polstertal.de.

Wohnmobilstellplätze, auf dem Parkplatz der Kristalltherme mit Versorgungsstation (10 €/Nacht) sowie etwas abseits am Alten Bahnhof (5 €/Nacht).

•*Restaurants* **Alte Auestuben**, im Landhotel Alte Aue. Gute, preisgünstige Regionalküche, bekannt für Wildspezialitäten, wie schon der ausgestopfte Hirsch in der Gaststube vermuten lässt. → Hotels

Zur kleinen Oker, rustikales Kaminrestaurant mit Jagdtrophäen und schönem Biergarten inkl. Waldblick. Regionale Küche, Fisch- und Wildgerichte, ganzjährig Grünkohlschmaus. Do Ruhetag. Kleine Oker 34, ☏ 05328-584.

Brauerei Altenau: In der letzten Privatbrauerei im Oberharz braut Mälz- und Braumeister Hartmut Kolberg acht Biere (7000 hl/Jahr), das beliebteste ist das Altenauer Pils. Breite Str. 23, www.brauerei-altenau.de.

---

*A*ktivitäten/*S*port

•*Baden* **Kristalltherme Heißer Brocken**, beliebte neue Therme mit solehaltigem Wasser (wie im Toten Meer) am Glockenberg. Mehrere Außen- und Innenbecken (33–36 °C), Saunalandschaft, Dampfstollen, Wellness- und Beautyangebote. Textilfreies Baden ist erlaubt und beliebt. Tageskarte (inkl. Sauna) 19,20 €, 6–15 J. 12 €, bis 6 J. 2,50 €. 3-Std.-Karte 10,80/7,20/2,50 €. Mo–Do/So 9–22, Fr/Sa 9–23 Uhr. Karl-Reinecke-Weg 35, ☏ 05328-911570, www.kristall therme-altenau.de.

Waldschwimmbad Okerteich, 1 km südwestlich. Historischer Stauteich im Tal der Kleinen Oker; gepflegte Anlage, Spielplatz, Duschen. Mai–Ende Sept., Eintritt frei.

•*Mountainbike* An der Touristinfo starten eine leichte und zwei mittelschwere Routen (20–21 km) und die sehr schwere **O-11 Brüche & Bäche-Tour** (50 km, ↕ 995 m). www.volksbank-arena-harz.de.

•*Veranstaltungen* **Bruchberglauf**, Ende Feb., Volkslanglauf für jedermann; 6,25, 12,5 oder 25 km ab Skistadion Tischlertal. www.sc-altenau.de.

Finkenmanöver, Himmelfahrtstag, Vogelpiepswettkampf am Okerteich.

Walpurgis, 30. 4., ab 19.30 Uhr Party im „Altenauer Hexenkessel" im Marktgarten, 24 Uhr Auftritt von Oberteufel und Maikönigin.

Hubertus-Woche, Mitte Sept., Jagdhundeschau, Jagdhornbläser, Hubertusmarkt, Wildbretspezialitäten.

•*Wandern* **Altenauer Runde**, mit „R" markierte Tour (10 km) um den Ort: Busbahnhof–Kräuterpark–Okerteich–Kunstberg–Dammgraben–Hüttenteich–Alter Bahnhof–Umspannwerk–B 498–Eichhörnchenweg. Gehzeit 3½ Std.

Die **Köte Brockenblick** am Schwarzenberg (549 m) erreicht man von der Straße An der Bornkappe nach steilem Anstieg (20 Min.).

•*Wintersport* **Skiwiese Rose** mit Schlepplift für Anfänger, nebenan **Rodelwiese**. **Loipen**: Tischlertal-Loipe (12 km), Anschlussloipe (10 km) Richtung Torfhaus; Kunstberg-Loipe (4 km) und Mühlenberg-Loipe (5 km). Bahn-Loipe auf der alten Trasse der Innerstetalbahn nach Clausthal-Zellerfeld (7,5 km).

Oberharz

Sehenswertes

Kräuterpark: Auf 30.000 m² erstreckt sich der größte Kräuterpark der Welt mit Wasserfall und Fischteich entlang der Straße Richtung Torfhaus. 1500 Kräuter- und Gewürzpflanzen aus allen Kontinenten sind in den Beeten zu bestaunen und beschnuppern. Tafeln informieren über Heilkraft und Verwendung. Die Ausstellung in der *Gewürzpagode* befasst sich mit der Geschichte der Gewürze und den Reisen des Parkgründers Erich Jürgens, der den Gewürzen in Afrika und im Orient nachspürte. Beim Schaurösten in der Gewürzgalerie kann man zusehen, wie Gewürzmischungen entstehen. Einen Verkaufsladen für Tees, Heilkräuter und Stauden gibt es natürlich auch.
Tägl. 10–18 Uhr, Nov.–März Eintritt frei, sonst 3,50 €, 12–18 J. 1 €. Schultal 11, ℘ 05328-911684, www.kraeuterpark-altenau.de.

St. Nikolai: Schon im 16. Jh. stand in der Ortsmitte am Hang des Glockenbergs eine Kirche, die 1670 nach dem Vorbild der Clausthaler Marktkirche erneuert wurde. Einen Blick wert sind die Emporen, der barocke Kanzelaltar (1674) und der lebensgroße Taufengel mit goldenen Flügeln.
Mai–Okt. Di–Sa 9–18, sonst Di–Fr 9–12 Uhr. Bergstr. 1, www.kirche-altenau.de.

Heimatstube Altenau: Im Kurgastzentrum informiert eine kleine Ausstellung über die Stadtgeschichte, den Bergbau und das Leben der Köhler, Holzfäller und Fuhrleute; Holzschnitte, Gemälde und Gedichte von Karl Reinecke-Altenau (1885–1943) illustrieren die Exponate.
Mi/Sa 15–17, So 10.30–17 Uhr. Eintritt frei. Hüttenstr. 9.

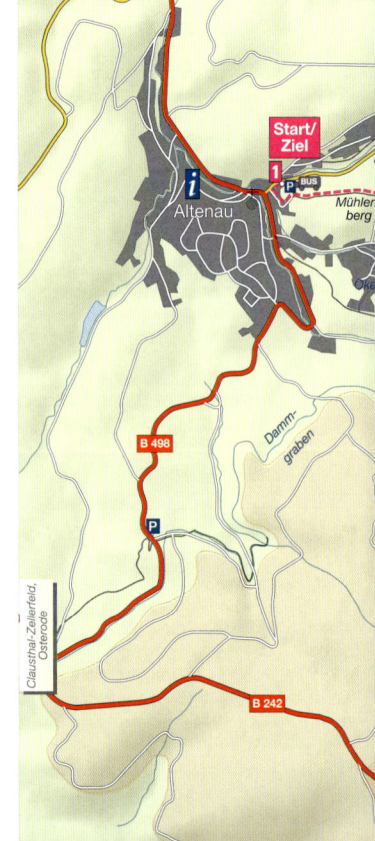

Dammgraben und Sperberhaier Damm: Der 1732–1827 errichtete Dammgraben südlich von Altenau war mit rund 28 km der längste und wichtigste Wassergraben, die Lebensader des Oberharzer Bergbaus. Über ihn wurde Wasser aus dem Bruchberg- und Brockenmassiv in die Clausthaler Stauteiche geleitet, wo es zum Antrieb der Wasserräder in die Gruben weiter floss wurde. Sein aufwendigster Teil war der Sperberhaier Damm, ein 16 m hoher und 940 m langer Erdwall-Aquädukt, der die Talsenke zwischen Sperberhai und Clausthaler Hochebene überbrückte. 300 bis 600 Bergleute waren am Bau beteiligt.

Der Damm liegt 4,5 km südwestlich von Altenau direkt an der B 242, kurz nach der Einmündung der B 498. Bis auf 300 m am Westende ist der Wassergraben auf der Krone des Damms heute verrohrt, um einen Dammbruch zu verhindern.

•*Wandern* Dem schönsten Abschnitt des Dammgrabens folgt auch der Harzer-Hexen-Stieg. Einstiegsmöglichkeiten sind am Parkplatz an der B 498, 2 km südl. von Altenau Richtung Osterode (ab hier dann gegen die Fließrichtung); oder am Parkplatz „Dammgraben" an der L 504 Richtung Torfhaus (ab hier mit der Fließrichtung). Die Strecke dazwischen ist rund 7 km lang. Tour 4

führt teilweise am Dammgraben entlang.

•*Essen* **Sperberhaier Dammhaus**, an der B 242 am Südostende des Damms. Das harztypische Haus war einst die Wohnung des Grabenwärters, heute beherbergt es ein rustikales Lokal mit hübschem Biergarten. Deftiges von Schnitzel (10–12 €) über Brotzeitteller (Schärpermahl 9,50 €) bis Windbeutel. Tägl. 11–19 Uhr. ☎ 05328-911495.

Tour 4: Von Altenau über den Dammgraben zur Wolfswarte

Länge: 17 km, Gehzeit 3½ Std. Mittelschwer.
Der Weg: Entlang historischer Wassergräben und alpiner Pfade führt die Tour hinauf zum felsigen Panoramagipfel auf dem Bruchberg.

Beschreibung: Vom Busbahnhof in Altenau (**1**, 485 m, Parkplatz) wandern wir rechts am Café Mühlenstübchen

vorbei bergauf (Wegweiser Torfhaus 18 B). Nach einer gepflasterten Stiege erreichen wir die Bergwiesen am **Mühlenberg**, die wir in Blickrichtung Wolfswarte durchqueren. Es geht immer geradeaus, bis wir im Wald auf den **Harzer Hexen-Stieg** und den **Dammgraben**

Oberharz

Tour 4: Von Altenau über den Dammgraben zur Wolfswarte

treffen (**2**). Diesem folgen wir links Richtung Magdeburger Weg. Nach 15 Min. queren wir die Landstraße Altenau-Torfhaus (**3**). Danach geht es weiter am Dammgraben entlang bis zur **Wiege** (**4**), wo der Nabetaler Graben einmündet (Infotafel). An den folgen-

Auf der Wolfswarte

den Forststraßengabelungen orientieren wir uns an den Wegweisern zum Magdeburger Weg, den wir kurz nach dem **Nabetaler Wasserfall**, einer steilen Bachstrecke, erreichen (**5**). Der **Magdeburger Weg** führt auf einem schmalen, alpin anmutenden Pfad den abschüssigen Hang der Steilen Wand hinauf. Bevor der Weg auf die Straße Torfhaus-Altenau trifft (**6**), biegen wir scharf rechts in den Wolfswarter Fußweg (18 B) ein. 700 m weiter geht es dann über die Landstraße (**7**), über den Clausthaler Flutgraben und auf steinigem Pfad geradewegs hinauf zur **Wolfswarte** (**8**, 918 m), einer aus Quarzitblöcken bestehenden Kuppe mit tollem Rundumblick; sie gilt als Gipfel des Bruchbergs.

Wir verlassen die Kuppe Richtung Westen und münden bald darauf in eine Forststraße (**9**). Auf dieser links am **Wolfswarter Fahrweg** rund 40 Min. weiter, bis rechts die Forststraße **Unterer Bruchbergweg** Richtung Altenau abzweigt (**10**). Kurz vor Erreichen der Landstraße Altenau-Torfhaus (**11**) führt links ein markierter Pfad in 500 m bis zum Dammgraben und damit zum Aufstiegsweg (**12**). Links geht es auf diesem in 40 Min. wieder zurück nach Altenau.

Umgebung von Altenau

Okertalsperre

105 km lang ist die Oker – und einer der bekanntesten Harzflüsse. Sie entspringt am Bruchberg, durchfließt Altenau und wird nördlich davon an der Okertalsperre gestaut. Mit bis zu 2,25 km² Wasserfläche ist sie nach der Rappbodetalsperre der zweitgrößte Stausee im Harz. Bei Vollstau ist der Y-förmige See mit seinen Verästelungen schön anzusehen, bei Niedrigwasser trüben kahle Uferböschungen das Bild.

Der Bau der Talsperre wurde 1938 begonnen, nach dem Zweiten Weltkrieg fortgesetzt und 1956 vollendet. Die beeindruckende, 260 m lange und 75 m hohe Hauptstaumauer, eine seltene Kombination aus Bogen- und Gewichtsmauer, reguliert mit den Wasserstand der Oker, um ein Hochwasser flussabwärts bis Braunschweig zu verhindern. Das Wasserkraftwerk *Romkerhalle/Oker* unterhalb der Hauptstaumauer nutzt das Okerwasser zur Energiegewinnung. Der Stausee dient nicht als Trinkwasserreservoir – Segeln, Surfen, Paddeln, Angeln und Baden sind also erlaubt, und ein Linienschiff dreht seine Runden (→ Verbindungen).

Kostenlose Führungen durch Staumauer und Wasserkraftwerk am 2. Mi im Juni, Juli, Aug. ab 10 Uhr. Treffpunkt an der Staumauer. Voranmeldung ☎ 05329-848.

Der östliche Teil der Talsperre lässt sich zu Fuß, mit Rad oder Inlinern umrunden (12,5 km): Von der Hauptstaumauer geht es auf großteils asphaltiertem Forstweg zwischen Ufer und Waldrand bis zum Vorbecken und von dort auf dem Radweg entlang der B 498 oder mit dem Linienschiff ab der Vorstaumauer wieder zurück. Die B 498 quert die Talsperre auf der mächtigen, sanierungsbedürftigen **Weißwasserbrücke**. Seit Jahren ist sie nur einspurig befahrbar. Start für die Erneuerung mit 12-monatiger Vollsperre soll 2011 sein.

•*Parken* Für die Besichtigung der Hauptstaumauer parkt man gegenüber dem Café Okerterrasse und quert die hier schwer einsehbare B 498.

•*Verbindungen* **OkerSeeSchiffahrt**, die Linienschiffe befahren ab dem Hauptanleger Weißwasserbrücke die Runde Hauptstaumauer–Schulenberg–Vorstaumauer. Mitte Mai–Anfang Sept. tägl. 10–16 Uhr alle 90 Min. Mitte April–Mitte Mai und Sept.–Anfang Jan. Sa/So 1- bis 2-mal nachmittags. Rundfahrt 8 €, 4–14 J. 4 €. Fahrrad 1 €/Strecke.

✆ 05329-690006, www.okersee.de.

•*Essen* **Der Windbeutel-König**, am Ufer der Okertalsperre direkt an der B 498 zwischen Brücke und Staumauer. 20 kalorienreiche Windbeutelvarianten von pikant bis süß (4–12 €) locken Bus- und Bikergruppen an. Man sitzt in rustikalen Stuben, im altbackenen Speisesaal oder im großen Biergarten oberhalb des Sees und kann B-Promi-Fotos im Foyer bestaunen. April–Okt. tägl. 10.30–19 Uhr, Nov. zu, Dez.–März tägl. außer Mo 11–18.30 Uhr. Gemkenthal 1, ✆ 05328-1713.

Schulenberg im Oberharz   ca. 300 Einwohner • 490 m

Niedersachsens kleinste Gemeinde hat den Beinamen „versunkenes Dorf", weil der einstige Bergbauort ursprünglich im Okertal stand und 1954 in den Fluten der Okertalsperre unterging. Die Schulenberger zogen eine Etage höher auf ein sonniges Hochplateau mit prächtigem Ausblick auf den Stausee und die Berge. Das *Alpinum* am Großen Wiesenberg (645 m) nördlich des Orts lockt im Winter Skifahrer und im Sommer Mountainbiker.

•*Information* **Touristinformation** an der Hauptstraße. Mo 9–16, Di–Do 9–12.30, Fr 14–17 Uhr. 38707 Schulenberg, Wiesenbergstr. 16, ✆ 05329-848, www.schulenberg-harz.de; www.oberharz.de.

•*Verbindungen* **Bus 841**: Tägl. 6- bis 11-mal nach Clausthal-Zellerfeld; www.rbb-bus.de.

•*Übernachten/Essen*   ***** Sporthotel Schulenberg**, ruhige Lage gegenüber der Kirche. Der Bau aus den 1970er-Jahren liegt etwas versteckt hinter dem Schild „Windbeutel-Palast". 26 kleine Zimmer, nur die renovierten haben Drei-Sterne-Standard. DZ 78–90 €, viele Pauschalangebote. Unter den Birken 6, ✆ 05319-6990, ✉ 69999, www.sporthotel-schulenberg.de.
**** Windbeutel-Palast, im Sporthotel (s. o.). Nicht „König" wie die Konkurrenz am Seeufer, sondern Palast! 30 Windbeutelspezialitäten, z. B. mit Eis (5–7 €), mit Räucherlachs (11 €) oder mit Kalbsragout (14 €). Tägl. ab 14 Uhr. ✆ 05319-6996.
Café Muhs, traditionelle Bäckerei/Konditorei mitten in Schulenberg. Toller Panoramablick vom Wintergarten. Köstliche Torten, Kuchen, Windbeutel, dazu Käsetaschen, belegte Brote, Suppen. Di–Sa 12–17.30, So 11–17.30 Uhr. Richard-Böhm-Str. 11.

•*Wohnmobilstellplätze* Die Stellplätze mit Versorgungsstation am Parkplatz bei der Touristinfo haben Panoramablick (5 €/Tag).

•*Mountainbike* Am Parkplatz bei der Kirche Einstieg in eine mittelschwere Route (36 km) und die sehr schwere **O-10 Oberharz-Rundtour** (46 km, ↕ 1088 m); beide starten in Clausthal-Zellerfeld. www.volksbank-arena-harz.de.
Bike-Alpinum, mit Downhillstrecke, Freeride, Bikercross und Dirt-Slope-Style. Sa/So 10–18 Uhr. Tageskarte 18 €, ab 12.30 Uhr 15 €. Bikeverleih. ✆ 05329-282, www. alpinum-schulenberg.de.

•*Wintersport* **Ski-Alpinum**, am Großen Wiesenberg, 1,5 km nördl. und oberhalb der Ortsmitte: 2 Lifte, 4 beschneite Pisten, Snowboard-Funpark, Rodelhang, Skiverleih. Bei Schnee tägl. 9.30–16.30 Uhr, Fr Flutlicht. Tageskarte 19 €, ab 13 Uhr 13 €. ✆ 05329-282, www.alpinum-schulenberg.de.

Oberharz

Auf dem Acker   861 m

Der 13 km lange Höhenzug mitten im Nationalpark ist die südwestliche Verlängerung des Bruchbergs (→ Tour 4) zwischen der Harzhochstraße B 242 im Süden Altenaus und Herzberg/Osterode. Bis Mitte des 20. Jh. war er dicht mit Fichten bestanden, doch das Waldsterben fraß seine Hänge kahl. Seither sind die Wanderwege aussichtsreich, doch die Aufforstung schreitet voran. Als erste große Erhebung im Westen des Harzes ist der Acker ein Regenfänger, sein Klima rau und niederschlagsreich. Beliebtestes Wanderziel ist die in seinem Zentrum gelegene *Hahnskühnenburg* (811 m), eine Waldgaststätte mit Aussichtsturm.

● *Essen* **Hanskühnenburg**, 2009 mit neuen Pächtern wiedereröffnete Nationalpark-Gaststätte. Bekannt für Erbsensuppe. Tägl. außer Do 9–17 Uhr. ☎ 0170-8640348.
● *Wintersport* **Acker-Loipe** (14 km), folgt der Tour 5 (s. u.).

Tour 5: Von Stieglitzecke auf den Acker-Höhenzug

Länge: 14 km, Gehzeit 4 Std. Mittelschwer.
Der Weg: Aussichtsreiche Höhenwanderung auf breiten Wegen, die auch Mountainbiker und Skilangläufer schätzen.

Beschreibung: Wir starten am *Großparkplatz Stieglitzecke* (Bus 840) an der B 242 südlich von Altenau (**1**, 796 m). Vom Unterstand Magdeburger Hütte folgen wir dem blauen Dreieck Richtung Hanskühnenburg. Auf der Ackerstraße geht es sanft bergauf, dann zur Südseite des Kamms hinab und mit schönem Ausblick über das Siebertal stets auf gleicher Höhe weiter. Nach 6 km erreichen wir die Kreuzung **Teilungspfahl** (**2**, 744 m), an dieser führt rechts die kurvenreiche Straße 500 m steil bergauf bis zur **Hanskühnenburg** (**3**, s. o.). Der Rückweg erfolgt über den **Reitstieg**, zunächst am Kamm entlang und vorbei an dem 8 m hohen Felsklotz **Hanskühnenburgklippe** – angeblich eine verwunschene Burg, die schon Goethe 1784 besuchte. Dann senkt sich der Weg hinab in die Nordwesthänge des Ackers bis zur Kreuzung **Auerhahnsplatz** (**4**, 722 m). Ab hier geht es 15 Min. bergauf und dann wieder auf fast gleicher Höhe durch eine schöne, aussichtsreiche Moor-Heide-Landschaft zurück zum Ausgangspunkt Stieglitzecke.

Sankt Andreasberg   ca. 1900 Einwohner • 580 m

Bunte Bergmannshäuser prägen das Bild der höchsten Harzer Bergstadt. St. Andreasberg hat die steilsten Straßen der Region, die älteste „Fahrkunst" der Welt, es ist die Wiege des Skisports im Oberharz und beliebtestes Wintersportgebiet Norddeutschlands. Doch über ihr kreist der Pleitegeier.

Das 22 km südöstlich von Altenau und jenseits des Acker-Bruchberg-Höhenzugs gelegene Städtchen lebte vier Jahrhunderte lang vom Silberabbau. Die 1527 erteilte Bergfreiheit lockte Hunderte Bergleute aus dem Erzgebirge in den Oberharz, über 100 (!) Gruben gingen in Betrieb, bis die Pest erste Rückschläge brachte. Im 17./18. Jh. wurde der Wassermangel zum Problem; Abhilfe schufen der Rehberger Graben und der Oderteich (→ S 79). Eine Blütezeit folgte im 19. Jh., 100 Jahre später waren die Erzvorräte erschöpft. 1910–12 schlossen sämtliche Gruben sowie die Silberhütte im Tal. Nach dem Zweiten Weltkrieg setzte St. Andreasberg auf den Fremdenverkehr, baute um 1948 erste Lifte und erhielt in den 1970er-Jahren ein Kurhaus, Ferienhotels und Schullandheime. Heute prägen leer stehende Häuser

Tour 5: Von Stieglitzecke auf den Acker-Höhenzug

und desolate Straßen das Bild und man hat den Eindruck, als sei die Zeit vor 30 Jahren stehen geblieben – seit 1980 hat St. Andreasberg ein Drittel seiner Einwohner verloren. Der größte Arbeitgeber, die Rehberg-Klinik, schloss 2007.

Die Natur jedenfalls hat es mit „Annerschbarrich", wie die Einheimischen ihr Städtchen nennen, gut gemeint: Idyllisch liegt es auf einer Kuppe und ist von den schönsten Bergwiesen umgeben, deren Blüte Anfang Juni Anlass für das traditionelle Wiesenblütenfest ist. Die schneesichere Lage von 600 bis 900 m füllt an Winterwochenenden die Skipisten am *Matthias-Schmidt-Berg* (645 m) gegenüber und am 6 km nördlich an der B 242 gelegenen *Sonnenberg* (853 m). Den Ortskern prägen Straßen mit 18–20 %-iger Steigung, die die Unterstadt mit der 90 m höher gelegenen Oberstadt verbinden und für Fußgänger zur Bergtour ausarten. Nach Südwesten dehnt sich St. Andreasberg auf den *Galgen-* (594 m) und *Glockenberg* (627 m) aus, nach Norden erstreckt es sich bis zur *Jordanshöhe* (723 m).

Praktische Informationen

• *Information* **Touristinformation** im zu groß geratenen Kurhaus von 1977. Mo–Fr 9–16, Sa 10–16, Feiertage 10–13 Uhr. Am Kurpark 9, 37444 St. Andreasberg, ✆ 05582-80336, www.sankt-andreasberg.com; www.oberharz.de.

• *Verbindungen* **Bus**: Tägl. 6- bis 11-mal nach Braunlage (Linie 850); www.kvg-braun

> **Bus 450** führt vom 1. Mai bis 1. Nov. jeweils Sa/So (in den Ferien tägl.) einen Anhänger für kostenlosen Fahrradtransport mit.

schweig.de. 4- bis 20-mal nach Altenau und Clausthal-Zellerfeld (840); www.rbb-bus.de. 11- bis 16-mal nach Herzberg und Bad Lauterberg (450); www.vsninfo.de.

• *Einkaufen* **Fleischerei Lambertz,** Wanderstock-Salami, Mettwurst-Schweinchen, Wurst und Schinken mit Ramsen (Bärlauch). Mo–Sa 7.30–13, Mo/Di und Do/Fr auch 15–18 Uhr. Dr.-Willi-Bergmann-Str. 16, www.lambertz-harz.de.

Penny, Mo–Sa 8–20 Uhr. Schützenstr. 9.

• *Sportgeräte* **Bergsport Arena**, Ski- und Rodelverleih. Mo–Fr 9–13/14–18, Sa/So 8.30–18 Uhr. Hinterstr. 3, ✆ 05582-8154.

Übernachten/Essen

Online-Buchung unter www.oberharz.de. Kostenlose Buchungshotline ✆ 0800-8010300; aus dem Ausland ✆ +49 (0)5582-80336. Bei guter Schneelage schnell ausgebucht.

• *Hotels/Pensionen* ***** Vier Jahreszeiten,** in ruhiger Lage unweit des Kurparks. Schmuckes Garni-Hotel, sehr beliebt, oft ausgebucht. 12 gemütliche, moderne Zimmer, teils mit Balkon. Kleines Hallenbad (gratis), Sauna und Solarium kostenpflichtig. DZ 70–100 € je nach Größe und Aufenthalt. Quellenweg 3, ✆ 05582-521, 📠 578, www.vier-jahreszeiten-harz.de.

*** Landhaus Fischer, nahe der Grube Samson. Kleine, gepflegte Pension mit großzügigem Garten, 6 rustikale Zimmer mit viel Holz, großteils mit Balkon. Hallenbad (28 °C), Sauna, Solarium. Gutes Preis-Leistungs-Verhältnis. DZ 54–74 €. Hangweg 1, ✆ 05582-1311, 📠 1375, www.landhaus-fischer.info.

*** Tango Pension, im Stadtkern. Altes, holzverschaltes Harzer Bürgerhaus, 8 nette, etwas dunkle Zimmer, gutes Frühstücksbüfett. Sauna. DZ 54–76 € je nach Aufenthaltsdauer; viele Pauschalangebote. Herrenstr. 19, ✆ 05582-92833, 📠 92834, www.tangopension.de.

• *Ferienwohnungen* *****(*) Haus Panorama**, in ruhiger Hanglage westlich des Kurparks. 6 gut ausgestattete Nichtraucher-Wohnungen (33–84 m², 2–5 Pers.) Großer Garten und unverbauter Blick ins Land. Nur der Geschirrspüler fehlt. Fewo 2 Pers. 34–60 € je nach Saison, weitere Pers. 5 €. Bettwäsche/Handtücher extra. Aufpreis unter 5 Nächten. Katharina-Neufang-Str. 10, ✆ 05582-682, 0176-23227977, www.haus-panorama.harz.de.

**** Rath, in Ortsmitte östlich der Hauptstraße. 4 komplett ausgestattete, geräumige Fewo (58 m², 2–5 Pers.) mit Balkon und Blick zum Matthias-Schmidt-Berg. Sauna (5 €). Fewo 2 Pers. 40–65 € je nach Aufenthaltszeit; Bettwäsche extra. Glückauf-Weg 19, ✆ 05582-91700, 📠 917025, www.ferienwohnungen-rath.de.

• *Wohnmobilstellplätze* Bei der Grube Samson (10 €/Nacht) und an der Braunlager Straße mit Panoramablick (8 €/Nacht).

• *Essen* **Restaurant Fischer**, blau gestrichenes Harzer Haus mitten im Zentrum. Große Auswahl an regionaler Küche inklusive Schmorwurst und Thüringer Klößen. Günstiger Mittagstisch. Mi Ruhetag. Dr.-W.-Bergmannstr. 8, ✆ 05582-739.

Zur kleinen Kapelle, heißt nicht nur so: Die Kapelle von 1927 an der steilsten Straße der Stadt ist mit Empore und Beichtstuhl seit 1985 ein Café-Restaurant. Gutbürgerliche Küche, Hauptgericht 11–17 €. Spezialität: Kapellenpfanne mit Fleischmedaillons samt Beilagen (um 15,50 €). Mo–Fr ab 16, Sa/So ab 12 Uhr. Di Ruhetag. Herrenstr. 12, ✆ 05582-999685.

Ristorante La Capri, gemütliche Pizzeria an der Hauptstraße unweit der Martinikirche. Tägl. mittags und abends geöffnet, außer Mo. Dr.-W.-Bergmannstr. 27, ✆ 05582-1672.

Zum Kuckuck, die kleinste Kneipe im Oberharz. Eigentlich ein Kiosk mit Biergarten an der Kreuzung Clausthaler/Braunlager Straße. Tägl. außer Di ab 15 Uhr. Am Gesehr 1.

•*Waldgaststätten (nur zu Fuß)* **Rehberger Grabenhaus**, 2 km nördl. bzw. 1 km ab Parkplatz Dreibrodesteine – die einstige Unterkunft der Grabenwärter (→ Tour 6). Rustikales Ambiente mit Hausmannskost. Jan.–März Mi ab 16.45 Uhr Wildfütterung. Im Sommer 9–18, im Winter 9–16.45 Uhr. Mo Ruhetag. ✆ 05582-789, www.rehberger-grabenhaus.com.

Rinderstall, empfehlenswertes Ziel auf einer weiten, sonnigen Waldwiese im Odertal. Die ehemalige Hirtenunterkunft wurde hübsch herausgeputzt, das flinke Personal serviert in Tracht, es gibt Wandererkost, hausgemachte Kuchen, Bio-Säfte und eigene Liköre („Rinder-" und „Kälberschluck"). Großer Biergarten, drinnen sitzt man am Kamin. Erreichbar ab Oderhaus an der B 27 (2,5 km), ab Dreibrode-Parkplatz (3,4 km) und ab Braunlage/Wetterstation (4,5 km) oder im Verlauf von → Tour 6. Mai–Okt. tägl. 9.30–18.30, Nov.–April nur bis 17 Uhr. Mi Ruhetag. Rinderstall 1, ✆ 05582-740, www.gaststaette-rinderstall.de.

Matthias-Baude, zünftiges Berggasthaus am Gipfel des Matthias-Schmidt-Bergs mit Terrasse und Kachelofen. Harzer Brotzeit, Currywurst, Kuchen und Torten. Ganzjährig mit dem Doppelsessellift erreichbar. Tägl. 10–18 Uhr, im Sommer Do Ruhetag. ✆ 05582-809938.

*A*ktivitäten/*V*eranstaltungen

•*Klettern* **Bergsport Arena Hochseilgarten**, Kletterpark mit 60 Stationen und 60-m-Seilrutsche im Kurpark. Mindestalter 8 J. Pers. 18 €, Familie 49 €. April–Okt. Sa/So 10–16 Uhr. ✆ 05582-8154, www.harz-hochseilgarten.de.

•*Mountainbike* Am Wohnmobilstellplatz Braunlager Straße starten 2 mittelschwere und 3 schwere Routen (21–41 km), darunter die Cross-Country-Tour **A-5 Hochharz** (38 km, ↕ 1150 m). www.volksbank-arena-harz.de.

•*Rodeln* **Sommerrodelbahn**, 550 m lange, kurvige Rinne am Matthias-Schmidt-Berg. Zum Start am Berg per Sessellift oder zu Fuß (20 Min.). Berg-/Talfahrt 3,30 €, Einzelfahrt 2 €. April–Okt. tägl. 9.30–17.15 Uhr. ✆ 05582-513, www.alberti-lifte.de.

•*Wandern* **Höhenwanderweg**: beschilderte, aussichtsreiche Runde (15 km) um den Ort. Ab Parkplatz Jordanshöhe bergab, dann bergauf (Gehzeit 4½ Std.).

Die **Dreibrodesteine** (641 m) sind drei riesige Granitblöcke im Wald; ab dem Dreibrodeparkplatz (Straße nach Sonnenberg) in 25 Min. erreichbar (→ Karte S. 81) .

Der **Harzer-Hexen-Stieg** (→ S. 29) streift die Stadt im Nordosten.

•*Wintersport* **Snowtubing** (meist Sa/So) auf der Rodelwiese beim Kurhaus im Ort (2 €/Fahrt). **Loipen** ab Café Roter Bär um den Oderberg (6 km) und Beerberg (3 km).

Matthias-Schmidt-Berg: Größtes Skigebiet im Harz. 2 Doppelsesselbahnen, 3 Schlepplifte, 3,4 km Abfahrten (leicht bis schwierig, Flutlicht). Tageskarte 17 €. ✆ 05582-513, www.alberti-lifte.de.

Sonnenberg (6 km nördl. Richtung Clausthal-Zellerfeld): 2 Schlepplifte, 3,2 km Abfahrten. Tageskarte 16 €. Rodelhang, Skiverleih. ✆ 05582-513, www.skilifte-engelke.de. Loipen-Rundkurse Sonnenberg (12 km), Schneewittchen (5 km), Loipe nach Oderbrück (5 km).

Am Sonnenberg befindet sich auch das **Landesleistungszentrum für Langlauf und Biathlon**, Trainingsstätte der Weltcup-Starter Daniel Böhm und Arnd Peiffer.

Oderbrück (8 km nördl. an der B 4): Achtermannloipe (15 km) mit Steilanstieg auf den

Schön gelegenes St. Andreasberg

Achtermann; Loipe (5 km) über Oderteich nach Sonnenberg.

• *Veranstaltungen*   **Winterfest**, Ende Jan./Anfang Feb., seit 1896. Live-Musik und Wintersportspaß.

Walpurgisnacht, 30. April, Hexenumzug und eine Laien-Version von Goethes Faust im Kurhaus.

Wiesenblütenfest mit Viehaustrieb, Juni; Kuhaustrieb samt Berghirten und Trachten-gruppen auf der Jordanshöhe.

Schützenfest, Anfang Aug., Festumzug, Kür der Schützenkönige, Feuerwerk.

Nationalpark-Kunstausstellung, Sept./Okt. Werke internationaler Künstler in der Rathaus-Scheune.

Hirschrufmeisterschaften, Ende Sept. im Kurhaus, mit Muscheln, Biergläsern oder Hörnern wird der Ruf eines brunftigen Hirsches imitiert und bewertet.

Sehenswertes

Entlang der *Schützenstraße* mit ihren bunten Bergmannshäusern und der südlich anschließenden *Dr.-Willi-Bergmann-Straße* reihen sich Supermarkt, Bushaltestelle, Rathaus und Post. Die Bergmann-Straße führt zum aussichtsreichen Glockenberg mit dem **Glockenturm** von 1883, dessen Glocke den Bergleuten die Schicht einläutete, vor Bränden warnte und bis heute zum Kirchgang ruft. Das zugehörige Gotteshaus ist die klassizistisch-schlichte **Martini-Kirche** von 1811 am Kirchplatz unterhalb (Mo–Sa 10–17 Uhr). Fast alle Häuser der Stadt sind mit der gelben sog. *Dennert-Tanne* versehen, die ihre Bergbauvergangenheit erläutert. Andere zieren Kuhglocken mit den harztypischen hölzernen Glockenbügeln.

Historisches Silbererzbergwerk Grube Samson: Die Hauptattraktion der Stadt und eines der bedeutendsten Maschinenbaudenkmäler weltweit befindet sich unterhalb des Kurparks. Von außen wirkt es bescheiden: zwei dunkle Holzhäuser, die durch eine überdachte Brücke verbunden sind. Tritt man durch die Tür, findet

Ab hier ging es 800 m hinab

man sich ins Jahr 1910 zurückversetzt. Damals wurde das seit 1521 betriebene Silberbergwerk geschlossen, seither hat sich kaum etwas verändert. Man steht im Schachtgebäude mit dem hölzernen Fördergerüst und der Erztonne, darunter verschließt eine eiserne Falltür den einst 810 m tiefen Schacht, der im 19. Jh. Teil des tiefsten Bergwerks der Welt war. Um den Kumpeln den Ab- und Aufstieg (bergmännisch: Ein- und Ausfahrt) zu erleichtern, der bis dahin über Leitern 1½ Std. hinunter und 2½ Std. nach oben dauerte, wurde 1837 eine „Fahrkunst" eingebaut: Mit dieser Konstruktion – zwei sich bewegende Drahtseilpaare mit Trittbrettern, auf denen der Bergmann durch Umsteigen ab- und auffahren konnte – wurde die Wegezeit auf 45 Min. verkürzt. 190 m dieser Fahrkunst sind noch betriebsfähig, sie ist die letzte original erhaltene der Welt. Nach einem Museumsraum mit dem Modell einer „Fahrkunst" geht es weiter zu den beiden übereinander gelegenen Radstuben

mit hölzernen Wasserrädern (Durchmesser: 9 bzw. 12 m), die aus dem Oderteich über den Rehberger Graben (→ unten) versorgt wurden. Sie trieben die Förderseile und die Fahrkunst an. Goethe stieg bei seiner ersten Harzreise 1777 ebenfalls in die Grube und notierte darauf in sein Tagebuch: „Ward mir sehr sauer diesmal." Heute versorgen Wasserkraftanlagen in 130 bzw. 190 m Grubentiefe die Stadt mit Strom.
Führungen tägl. 11 und 14.30 Uhr (Dauer 1 Std.). Eintritt 4,50 €, Kind 2,25 €. Am Samson 2, ☎ 05582-1249, www.harzer-roller.de.

Heimatmuseum Grube Samson: Das etwas angestaubte Museum zeigt in einem Nebengebäude eine Sammlung von Mineralien aus der Grube, Uniformen, Grubenlampen und ein interessantes Modell von St. Andreasberg, das mit seinen über hundert Gruben unterirdisch wie ein Schweizer Käse durchlöchert ist. Im Obergeschoss widmet es sich Kuhhirten und Kuhglocken, Holzfällern, Vogelhändlern und den Anfängen des Wintersports im Harz – der Ski-Club St. Andreasberg wurde bereits 1896 gegründet.
Tägl. 8.30–16.30 Uhr. Eintritt 4,50 € inkl. Grubenführung (s. o.).

Harzer Roller-Kanarienvogelmuseum: Das im Obergeschoss des Schachtgebäudes eingerichtete Museum widmet sich der im Oberharz gezüchteten Rasse des Kanarienvogels – wegen seines berühmten rollenden Gesangs „Harzer Roller" genannt (wie der Harzer Käse). Um 1800 hatten Tiroler Bergknappen Kanarienvögel in den Harz gebracht und den Grundstein für die Mitte des 19. Jh. weltberühmte Zucht dieser schön singenden Vögel gelegt. Über eine Million Vögel wurde damals exportiert, ein lukrativer Nebenerwerb für die Bergleute. Im Rahmen der Führung bekommt man eine Originalwerkstatt zu sehen, in der kleine Käfige für den Transport hergestellt wurden. Zum Museum gehören auch ein paar echte Vögelchen.
Führungen Mo–Sa 9–16, So 10.30–12.30/14–16 Uhr. Eintritt 2 €, Kind 1,50 €. Am Samson 2, ☎ 05582-1249, www.harzer-roller.de.

Weitere Schaubergwerke in St. Andreasberg sind die jenseits des Sportplatzes gelegene **Grube Catharina Neufang**, wo die behelmten Besucher durch zwei kurze Stollen geführt werden, und die seit 1988 wieder auf 200 m Länge zugängliche, aber nicht ausgeleuchtete **Grube Roter Bär** am Beerberg im Osten der Stadt.
Führungen: Grube Catharina Neufang Mo–Sa 13.45 Uhr, Eintritt 2,25 €. Grube Roter Bär April–Ende Okt. Sa 14 Uhr. Robuste Kleidung und Gummistiefel obligatorisch. Spende willkommen. Roter Bär 1, ☎ 05582-1537, www.lehrbergwerk.de.

Nationalparkhaus St. Andreasberg: In der ehemaligen Erzwäsche von 1891 (an der Straße Richtung Herzberg) kann man sich über den Nationalpark informieren und mit Harz-Literatur, Wander- und Loipenkarten sowie Naturkost eindecken. Eine Ausstellung mit präparierten Tieren und Bergbaumodellen lädt nicht nur die Kinder zum Mitmachen ein. Im Erlebniskino kann man zwischen vier Filmen wählen, darunter die Bilderreise „Feeling Harz" und ein „verhexter Kinderfilm".
April–Okt. Mo–Fr 10–18, Sa/Sa 10–17, Nov.–März Di–So 10–17 Uhr. Eintritt frei. Erzwäsche 1, ☎ 05582-923074, www.andreasberg.nationalpark-harz.de.

Oderteich und Rehberger Graben: Der reizvolle Stausee (7 km nördlich von St. Andreasberg direkt an der B 242) gehört zum Oberharzer Wasserregal (→ S. 58). 1715–22 angelegt, staut er die Harzer Oder, die 3 km östlich entspringt – er ist die älteste Talsperre Deutschlands. Der 153 m lange und 22 m hohe Staudamm aus Granitblöcken ist in seinem Kern mit Granitsand verfüllt. Die zehn Granitstelen im See dienen als Eisbrecher, die eine Blockierung der Ausflut verhindern sollen.

Der Oderteich wurde angelegt, um über den 7,3 km langen **Rehberger Graben** die Wasserräder in den Bergwerken in und um St. Andreasberg mit Wasser zu versor-

Am Oderteich wird auch gebadet

gen. Der Anfang des 18. Jh. gemauerte Graben beginnt am Fuß des Oderteich-
damms, zieht sich den 890 m hohen Rehberg entlang und fließt schließlich in einem langen Stollen unter der Jordanshöhe hindurch nach St. Andreasberg.

•*Parken/Verbindungen* Gratis-Parkplatz an der B 242 westlich des Oderteichs. Bus 850 zw. St. Andreasberg und Braunlage hält nur Mo–Sa am Oderteich (4- bis 11-mal tägl.).
•*Wandern* Ein 4 km langer **Rundwander-weg** führt (leider nicht immer ufernah) um den Oderteich herum (→ Karte S. 81). Schön ist der Abschnitt am Südostufer, wo es auf Bohlenstegen über Moos geht.
•*Baden* Am Ost- und Westufer ist Baden an ausgewiesenen Stellen gestattet.

Tour 6: Auf dem Rehberger Grabenweg und durchs Odertal

Länge: 19 km, Gehzeit 4 Std. Mittelschwer.
Der Weg: Abwechslungsreiche, viel bega-
gene Runde vom ältesten Harzer Stauteich
nach St. Andreasberg und wieder zurück.

Beschreibung: Wir starten am Parkplatz Oderteich (Bus 850) an der B 242
(**1**, 384 m), der Harzer-Hexen-Stieg
Richtung St. Andreasberg gibt den Weg
vor. Einer Forststraße folgend wandern
wir auf halber Hanghöhe des Odertals
dahin, an einem alten Steinbruch vorbei
und stets am offenen Rehberger Graben
entlang. Nach 45 Min. passieren wir
den **Goetheplatz** mit Rastbank (**2**), bald
darauf das **Rehberger Grabenhaus** (→
S. 77). An der Einmündung des
Sonnenberger Grabens (**3**) wandern
wir links Richtung St. Andreasberg
(blaues Dreieck). Nach einem Anstieg
erreichen wir die schönen **Bergwiesen**
am Ortsrand von St. Andreasberg (**4**,
711 m), wo es links am Hexen-Stieg
Richtung Rinderstall weitergeht. An der
nächsten Kreuzung an einem Hochbe-
hälter (**5**) biegen wir links ab und gelangen, zunächst auf einer Forststraße,
dann auf steilem Waldweg, hinab ins
Odertal. Hinter einer Holzbrücke, die
über das malerische Kellwasser führt,
erreichen wir eine Forststraße (**6**). Hier
lohnt der 300 m lange Abstecher nach
rechts zur Waldgaststätte **Rinderstall**
(**7**, → S. 77). Zurück auf der Forststraße
(**6**), sind es noch 6,3 km Richtung Norden zum Ausgangspunkt Oderteich (**1**).

Bad Harzburg

BUS
Oderbrück

Oderteich

B 4

Osterode

B 242

P

Start/Ziel 1 P

Tour 8
S. 95

BUS

B 4
B 242

Sonnenberg

Kleiner
Sonnenberg
▲
853 m

Königskrug

Braunlage

Rehberger Graben

Rehberg
▲
890 m

Odertalstraße

Oder

Hahnenklee-
klippen

Goetheplatz 2

Hedwigsquelle

Dreibrode-
steine ★

Sonnenberger Graben

P

Internationales
Haus Sonnenberg

Rehberger
Grabenhaus

3

Höhenwanderweg

Gesehr-
wasser

Kellwasser

Jordanshöhe

4

Sankt
Andreasberg

Grube
Samson

i

Kurpark

Grube
Roter Bär

5

6 7 Waldgaststätte
Rinderstall

Oder

Oderberg

Braunlage

B 27, Braunlage

Matthias-Schmidt-Berg

Bad Lauterberg

500 m

Tour 6:
*Auf dem Rehberger Grabenweg
und durchs Odertal*

Die Steinerne Renne bei Wernigerode – eines der vielen Wanderziele im Harz

Vom Nordharzrand ins Brockengebiet

Hinter den Städten am nördlichen Harzrand, unter denen Wernigerode als Perle glänzt, steigt das Gebirge steil zum alles überragenden Brocken (1142 m) hin an; erschlossen wird es mit Straßen und Schmalspurbahn entlang von Flusstälern.

Die Hauptroute aus dem Norden Richtung Brocken führt über den alten Kurort **Bad Harzburg** hinauf nach **Torfhaus**, wo sich der höchste Gipfel Norddeutschlands von seiner schönsten Seite zeigt und der viel begangene Aufstieg über den Goetheweg beginnt. Südlich des Brockens schließen **Wurmberg** und **Achtermann** an, die ebenfalls zu den höchsten Harzer Erhebungen gehören. Ihnen zu Füßen liegt der traditionsreiche Wintersportort **Braunlage**.

Eines der schönsten Flusstäler, das vom Harzrand zum Brocken ansteigt, ist das **Ilsetal**. Es ist für Wanderer und Mountainbiker reserviert, die hier lange und reizvolle Wege auf dem Brocken vorfinden. Am Talausgang liegt das Städtchen **Ilsenburg** und in dessen Nachbarschaft ein Kleinod: das **Kloster Drübeck**. Ab der Bilderbuchstadt **Wernigerode** mit ihren Fachwerkgassen und dem romantischen Schloss dampft die Schmalspurbahn in 90 Minuten auf den Brocken. Letzter Halt am Fuß der Gipfelkuppe ist der Ferienort **Schierke**, Startpunkt vieler Wanderwege.

Vienenburg   ca. 11.500 Einwohner • 141 m

Die Kleinstadt 10 km nordöstlich von Goslar ist *der* Verkehrsknotenpunkt im nordwestlichen Harzvorland. Hier mündet der Harz-Highway A 395 in die B 6, vier Regionalbahnstrecken treffen aufeinander. Das historische **Bahnhofsgebäude**, ein Holzbau von 1840, ist das älteste erhaltene in Deutschland, verkehrte doch die erste deutsche Staatseisenbahn ab 1838 zwischen Braunschweig und Harzburg. Ihr widmet sich das kleine **Eisenbahnmuseum** im Bahnhof, in der Außenanlage sind einige historische Fahrzeuge zu sehen.

Eisenbahnmuseum: Do–So 15–17 Uhr. Eintritt 2 €, Kind 1 €. Bahnhofstr. 8, ✆ 05324-1777.

Mehr Besucher zieht das **Kloster Wöltingerode** im gleichnamigen Ortsteil an. 1174 von Benediktinern gegründet, nach einem Brand 1676 im Barockstil neu erbaut und 1809 aufgehoben, ist es heute ein weitläufiges, mauerumfriedetes Gut, bekannt für die 1682 gegründete *Klosterkornbrennerei*. Weizen und Malz aus eigenem Anbau werden im Kupferkessel gebrannt und nach einjähriger Lagerung in Eichenfässern zu Edelkorn oder Likör weiterverarbeitet. Die Produktions- und Verkaufsräume sind in der Krypta unter dem Turm der Klosterkirche untergebracht. Das frühere Konventsgebäude beherbergt seit 2007 ein beliebtes Tagungshotel.

Klosterkornbrennerei: Verkauf Mo–Fr 13–16.30 Uhr. Einstündige Besichtigung von Kloster und Brennerei inkl. Verkostung Do 15.30 Uhr. Eintritt 2,50 €. ✆ 05324-5880.

• *Verbindungen* **Bahn**: Tägl. 20-mal nach Hannover, Goslar und Halberstadt.

• *Übernachten* ** **Klosterhotel**, inmitten des Klosterguts 37 schlichte, modernisierte „Nonnenzellen" ohne TV. DZ 80 €. Wöltingerode, 38690 Vienenburg, ✆ 05324-2224, 📠 774661, www.woeltingerode.de.

• *Essen* **Klosterkrug**, Restaurant-Café mit Biergarten am Klosterparkplatz. Steaks, Wildplatte, Forelle, Salate zu mittleren Preisen. Empfehlenswertes Dessert: „Äbtissinnen-Torte". Tägl. außer Mo 11–22 Uhr. Wöltingerode 30, ✆ 05324-2046.

• *Wandern* Am Klosterparkplatz beginnt der „Erlebnispfad 2" auf den 256 m hohen Höhenzug Harly, der Vienenburg im Nordwesten begrenzt (Dauer 3 Std.). Er passiert den **Harly-Turm**, einen Aussichtsturm von 1986, der So (wenn die Fahne gehisst ist) 10–17 Uhr geöffnet ist.

Wöltingerode liegt am neuen **Harzer Klosterwanderweg** (→ S. 30).

• *Veranstaltungen* **Musikalischer Adventsmarkt**, 1. Wochenende im Advent, Konzerte und Kunsthandwerk.

Bad Harzburg   ca. 22.000 Einwohner • 261 m

Das Soleheilbad am Harznordrand war einst mondäne Sommerfrische, mit Direktzügen kamen die Badegäste aus Berlin. Heute bevölkert betagtes Publikum die Fußgängerzone, in der sich Holzverschalung an Nachkriegsbeton reiht. Nach dem Ausbau der Therme will man als „Wellness-Wanderland" nun auch jüngere Kundschaft anlocken.

Bad Harzburg ist eines der Tore zum Harz: Auf der breit ausgebauten B 4 rauscht der Verkehr durch das enge Radau-Tal in den Harz hinauf, vorbei an der Stadt, von der man außer der Burgbergseilbahn nichts mitbekommt. Viel Herausragendes ist da auch nicht: Wandelhalle, Spielbank, Galopprennbahn und ein restauriertes Villenviertel oberhalb des Kurzentrums, dann noch die Bummelmeile. Pluspunkte sind die sieben Heilquellen, die die Therme speisen und deren Wasser in Flaschen gefüllt als *Bad Harzburger Juliushaller* und *Urquell* verkauft werden. Außerdem ist der Burgberg Startpunkt schöner Wanderwege. Dort oben lag auch die Keimzelle der Stadt. Kaiser Heinrich IV. hatte um 1065 die später abgetragene Harzburg zum Schutz Goslars errichten lassen. An ihrem Fuß entstand eine Siedlung, die 1569 nach Entdeckung einer Solequelle an Bedeutung gewann. 200 Jahre lang wurde das Wasser zur Salzgewinnung, ab 1820 zu Kur- und Badezwecken genutzt. An Stelle der Saline entstand ein Kurhotel, es folgten Kurpark, Kurwanderwege und 1892 der Titel „Kurbad". 1931 gründeten rechtsextreme Parteien in der Stadt die *Harzburger Front*, ein antidemokratisches Bündnis, das zum Aufstieg Adolf Hitlers beitrug.

Praktische Informationen

•*Information* **Touristinformation**, Haupt-
büro unweit der Seilbahntalstation. Mo–Fr
9–18, Sa/So 10–16 Uhr. 38667 Bad Harzburg,
Nordhäuser Str. 4, ☎ 05322-753330, www.
bad-harzburg.de.
Zweigstelle in der Wandelhalle, tägl. 9–13,
Mo–Fr auch 14–16 Uhr.
Kiosk des **Verkehrsvereins** neben dem
Bahnhof, Mo–Fr 9–16.30, Sa 10–13 Uhr.
www.harzburginfo.de.
•*Stadtführungen* Fr 15 Uhr, Treffpunkt bei
der Wandelhalle.
•*Verbindungen* **Bahn**: Tägl. 16- bis 20-mal
nach Goslar, Hannover, Wernigerode und
Halberstadt.
Bus: Tägl. 11- bis 18-mal nach Torfhaus und
Braunlage (Linie 820), die Stadtrundlinie (873)
ist mit Kurkarte gratis. www.kvg-braun-
schweig.de.
Wanderbus: April–Mitte Nov. Di–So 3-mal
tägl. zu den Kästeklippen (866), 4-mal via Ra-
benklippe und Molkenhaus zum Radau-
Wasserfall (875).
•*Parken* Gebührenfrei nur auf dem Großparkplatz am südl. Stadtrand und am zentralen Berliner Platz, beide an der B 4.

Übernachten/Essen

Onlinebuchung unter www.bad-harzburg.de.
•*Hotels/Pensionen* ****S **Braunschweiger
Hof**, traditionsreicher Familienbetrieb unweit der Fußgängerzone, das beste Haus
der Stadt. 73 Zimmer und 9 Suiten im gedie-
genen Landhausstil in mehreren Häusern.
Großzügiger, moderner Wellness-Bereich
mit Sauna und Hallenbad (7–22 Uhr). Freundlicher Service, kostenlose Parkplätze. DZ
138–168 €. Herzog-Wilhelm-Str. 54, ☎ 05322-
7880, ☏ 788499, www.hotel-braunschweiger-
hof.de.
*** Villa Feise, nahe Kurpark und Bummelallee. Nichtrauchervilla von 1881 mit Garten.
15 geräumige Zimmer mit Stilmöbeln, teils
mit Balkon, keine Badezimmer. Parkplätze
kostenlos. DZ 76–80 €. Rudolf-Huch-Str. 20,
☎ 05322-96700, ☏ 967035, www.villa-feise.de.
*** Rosenau, in Hanglage oberhalb der
Bummelallee. Traditionsreiche, kleine Hotel-
Pension in einer Jugendstilvilla (seit 1899), mit
Liebe zum Detail geführt. 18 nostalgische
Zimmer mit Balkon. DZ 66–70 €, mit Etagendusche 54 €. Goslarsche Str. 9, ☎ 05322-
2257, ☏ 961435, www.rosenauhotel.de.
•*Ferienwohnungen* ****** Ferienvilla Ambiente**, zentrumsnah in grüner Aussichtslage
zwischen Wald und Bummelallee. Drei top
ausgestattete Fewo mit Balkon, eine davon
im Dachgeschoss mit großer Terrasse.
2 Pers. 49–65 €, weitere Pers. 10 €. Aufenthalt unter 7 Tagen 30–50 € Zuschlag. Ams-
bergstr. 17, ☎ 05322-4900, www.ferienvilla-
ambiente.de.
•*Camping* ****** Harz-Camp Göttingerode**,
3,5 km westl. Richtung Goslar, gepflegte
Anlage am Waldrand. 430 Stellplätze, moderne Sanitäranlagen. Shop, Gaststätte,
Sauna und Hallenbad. 2 Pers., Zelt, Auto
22 €. Kreisstr. 66, ☎ 05322-81215, ☏ 877533,
www.harz-camp.de.
•*Restaurants/Cafés* **Behnecke**, vom Gault
Millau ausgezeichnetes Restaurant im
Braunschweiger Hof (s. o.). In der elegant-
rustikalen Stube genießt man regionale
Kost von Harzer Wild (Hirschgulasch!),
Fisch und Rind. Gut bestückter Weinkeller,
freundlicher Service. Tägl. 11–23 Uhr.
Tannenstube, vom Gault Millau gelobtes,
schlichtes Café-Restaurant im Hotel Tan-
nenhof bei der Burgseilbahn. Steaks, Wild,
Fisch (12–17 €), vieles mit Sole zubereitet.
Tägl. 10–14/18–21.30 Uhr. Nordhäuser Str. 6,
☎ 05322-96880, www.solehotels.de.
Café Peters, an der Bummelallee. Torten,
Baumkuchen und warme Küche in stilvollem Ambiente. Mittagsbüfett 12 € (Sa 11–14
Uhr). Großes Pralinensortiment, Spezialität
sind „Sponblätter", ein schokoladeumhüll-
tes Marzipan. Schöne Terrasse. Mo–Sa 8–
19, So 9–19 Uhr. Herzog-Wilhelm-Str. 106.
Café Winuwuk, oberhalb des Golfplatzes
(2 km außerhalb, westlich) und allein wegen der Architektur besuchenswert. 1922
von einem Worpsweder Künstler geschaffen: wie ein Riesentipi, außen mit Ziegeln
verkleidet, innen sitzt man zwischen dunklen Holzbalken. Hausgebackener Schmand-
kuchen, Suppen, belegte Brote, mittags
auch warme Küche. Di–So 11.30–18 Uhr.
Zum Ensemble gehört der runde Sonnenhof etwas unterhalb, wo hochwertiges
Kunsthandwerk angeboten wird (Di–So 14–

Café Winuwuk – der ungewöhnliche Name ist Programm

18 Uhr). Waldstr. 9, ☎ 05322-1459, www.winuwuk.de.

•*Waldgaststätten* **Radau-Wasserfall**, 3 km südl. an der B 4, ein Ausflugslokal (seit 1859) wie aus dem Bilderbuch. Wild, Fisch, Rind (10–13 €), große Auswahl an Suppen, Salaten und kleinen herzhaften Gerichten. Nostalgischer Kaffeegarten mit Kindereisenbahn. Mai– Okt. tägl. 10–18 Uhr, Dez.–April nur Sa/So. ☎ 05322-2290, www.radauwasserfall.de.

Waldgaststätte Rabenklippe(n), Ausflugslokal an den Felsklippen (→ Tour 7), zu Fuß

(1 Std.), im Sommer mit Bus 875 erreichbar. Gute Auswahl an bodenständiger Küche in großen Portionen. Terrasse mit fabelhaftem Brockenblick. Di–So 10–18 Uhr. ☎ 05322-2855, www.rabenklippen.de.

Molkenhaus, nach Renovierung 2007 wiedereröffnetes Ausflugslokal auf einer Waldwiese (→ Karte S. 88; zu Fuß (1 Std.) oder im Sommer mit Bus 875 erreichbar. Deftige Küche zu guten Preisen, große Terrasse und Biergarten. Ganzjährig Wildfütterung. April–Ende Okt. tägl. 10–18, Dez.–März tägl. außer Do 11–16 Uhr. ☎ 05322-784344, www.molkenhaus.de.

*A*ktivitäten/*V*eranstaltungen

•*Baden* **Bad Harzburger Sole-Therme**, mit Natur-Sole aus 840 m Tiefe gespeiste Innen-, Sprudel- und Außenbecken (28 °C). Moderne Sauna-Erlebniswelt und Solegrotte. Mo–Sa 8–21, So 8–19 Uhr. Eintritt 7,50 €, inkl. Sauna 12 €. bis 12 J. 5 bzw. 7,50 €. Nordhäuser Str. 3, ☎ 05322-75360, www.bad-harzburg.de/wellness.

•*Golf* **Golf-Club Harz**, 18-Loch-Platz am westlichen Stadtrand. Green Fee 35–45 €/Tag. Am Breitenberg 107, ☎ 05322-6737, www.golfclubharz.de.

•*Kinder* **Märchenwald**, nostalgische Kinderanimation mit Modelleisenbahn, Bat-

terieautos, ferngesteuerten Booten und mechanisch bewegten Szenen aus Zeiten der Gebrüder Grimm. März–Okt. tägl. 10-18, sonst Fr–So 10–17 Uhr. Eintritt 5 €, Kind 4 €. www.maerchenwald-harz.de.

•*Klettern* **Skyrope Hochseilpark**, weniger ein Sporterlebnis, sondern Mittel zur Persönlichkeitsfindung und für Gruppen. Einzelkletteraktionen April–Ende Okt. So 10–18 Uhr. www.skyrope.de.

•*Mountainbike* An der Seilbahntalstation starten eine leichte (15 km), 2 anspruchsvolle (21/22 km) und 3 schwere Touren (32–41 km). www.volksbank-arena-harz.de.

•*Spielbank* Roulette und Automaten im Badepark. Kein Sakkozwang. Tägl. 13–2 Uhr, Tischspiele Di–Sa ab 19 Uhr. Eintritt 2 €. www.spielbank-bad-harzburg.de.

•*Veranstaltungen* **Bad Harzburger Musiktage**, Juni, Klassikfestival seit 1970.

Galopprennwoche, Juli, 5 Renntage auf Deutschlands schönster Naturrennbahn. Höhepunkt sind die Seejagdrennen. www.harzburger-rennverein.de.

Salz- und Lichterfest, Ende Aug., 50.000 Besucher ehren das „Weiße Gold" mit Konzerten, Kleinkunst und Kunsthandwerk im Schein von 100.000 Laternen.

•*Wandern* **Ringwanderweg**, beschilderte Runde durch alle Ortsteile ab Haus der Natur (→ Sehenswertes), 23 km, 6 ½ Std. Kostenloser Wanderplan in der Touristinfo.

> **Kaiserweg**: Der 110 km lange Fernwanderweg von Goslar über den Harzburger Burgberg zum Kyffhäuser folgt dem angeblichen Fluchtweg von Kaiser Heinrich IV., auf dem er 1073 einem Angriff der Sachsen auf die Harzburg entkam.

Sehenswertes/Wandern

Bummelallee, Wandel- und Trinkhalle: Die kastaniengesäumte Herzog-Wilhelm-Straße, die Hauptachse der Stadt, erstreckt sich vom Bahnhof 2,5 km südwärts bis zum Berliner Platz, wo sie in den bescheidenen **Kurpark** mit der Burgbergseilbahn übergeht. Etwa auf halber Strecke, wo man seit 2006 den frechen **Jungbrunnen** von

Witzige Wasserspiele in der Fußgängerzone

Jochen Müller mit seinen 16 (halb-) nackten Bronzefiguren passiert, wird sie zur Fußgängerzone, genannt Bummelallee; Backwaren, Mode, Brillen und Hörgeräte dominieren die Schaufenster.

Eine schmale Brücke über die Radau führt von der Bummelallee in den Badepark, wo sich die Spielbank und die neoklassizistische **Wandel- und Trinkhalle** gegenüberstehen. In ihrem Mittelpavillon wird das eigentümlich schmeckende, aber heilsame Wasser aus drei verschiedenen Quellen in Trinkbechern ausgegeben. Die Flügel der Halle werden als Lese-, Konzert- und Ausstellungssaal genutzt. Die 2009 eröffnete Schau „Harzburger Front – im Gleichschritt zur Diktatur" setzt sich kritisch mit dem 1931 in der Stadt gebildeten Bündnis auseinander. Mo–Fr 9–13 und 14–15.30, Sa/So 9–12.30 Uhr. Eintritt frei.

Haus der Natur mit Luchs-Info: Die Ausstellung im Kurpark informiert über die Tiere und Pflanzen im Nationalpark Harz. In der Borkenkäferkammer kann man die Schädlinge bestaunen oder am Flipper-Automaten eine Buche zum Keimen bringen. Zusätzlich gibt es Infos über die erfolgreiche Auswilderung der Luchse. Jeden Dienstag um 10.30 Uhr startet hier eine 3½-stündige Wanderung mit einem Nationalpark-Ranger. Tägl. außer Mo 10–17 Uhr. Eintritt 2 €, Kind 1 €. Nordhäuser Str. 2b, ✆ 05322-784337, www.haus-der-natur-harz.de.

Burgbergseilbahn, Großer Burgberg (483 m): Seit 1929 schwebt die einzige Groß-kabinenseilbahn Norddeutschlands auf den Harzburger Hausberg. Bei der dreiminütigen Fahrt erspäht man das schon lange geschlossene einstige Luxushotel *Harzburger Hof* hinter der Therme. Heruntergekommen sind auch der Gasthof und die Harzsagenhalle oben am Burgbergplateau.

Von der namensgebenden Harzburg Heinrichs IV., im 11. Jh. die größte aller Harzer Burgen, sind nur noch Teile der Ringmauer, des Bergfrieds, des Burgtors und ein Brunnen erhalten. Lohnenswert ist der Abstecher zur Canossasäule, ein Obelisk von 1877 zu Ehren Bismarcks – von hier bietet sich ein herrlicher Blick ins Harzvorland.

Seilbahnbetrieb Mai–Ende Okt. 9–17, sonst 10–16 Uhr, im März 14 Tage wegen War-tungsarbeiten geschlossen. Berg- und Tal-fahrt 3 €, Kind 1 €, einfache Fahrt 2 bzw. 1 €.

Rabenklippen (555 m) und Luchsge-hege: Die ins Eckertal steil abfallenden und über Stufen erschlossenen Felsklip-pen sowie die gute Waldgaststätte mit tollem Brockenblick (→ Essen) sind ein beliebtes Wanderziel (→ Tour 7). Bei den Klippen befindet sich ein 2000 er-öffnetes Luchsgehege mit Aussichts-plattform. Die drei scheuen Tiere be-kommt man meist nur bei den Füt-terungen zu Gesicht.

Luchsfütterung Mi/Sa 14.30 Uhr. Spenden willkommen. www.luchsprojekt-harz.de. Das Haus der Natur (s. o.) bietet Ausflugspakete ("Luchsticket") zur Luchsfütterung an (ca. 30 €).

Waldgaststätte Rabenklippe – stets gut besucht

Radau-Wasserfall: Der 22 m hohe, ma-lerische Wasserfall der Radau wurde 1859 als Touristenattraktion angelegt (3 km südlich von Bad Harzburg an der B 4 Richtung Torfhaus). Mit Kutschen und über den Philosophenweg kamen einst die Gäste, heute schrammt die vierspurige B 4 knapp daran vorbei. Ein Stopp (Bushaltestelle) ist lohnend, auch wegen der Gaststätte (→ Übernachten/Essen).

Eckertalsperre: Die 1942 fertiggestellte Talsperre liegt nördlich von Bad Harzburg in schöner Landschaft am Fuß des Brockenmassivs. Ihre 235 m lange Mauer staut die Ecker, die von der Quelle bis Stapelburg die Grenze zwischen Niedersachsen und Sachsen-Anhalt markiert. Zu DDR-Zeiten war die Mitte der Staumauer abgeriegelt, noch heute steht dort der schwarz-rot-gelbe Grenzpfahl. Die Talsperre dient dem Hochwasserschutz, der Energiegewinnung und liefert Trinkwasser bis ins 78 km entfernte Wolfsburg (daher Badeverbot). Nur zu Fuß von den → Waldgaststätten "Radau-Wasserfall" (5 km, 2 Std.) und "Molkenhaus" (2 km, 45 Min.) oder von Torfhaus (9 km, 3 Std.) zu erreichen.

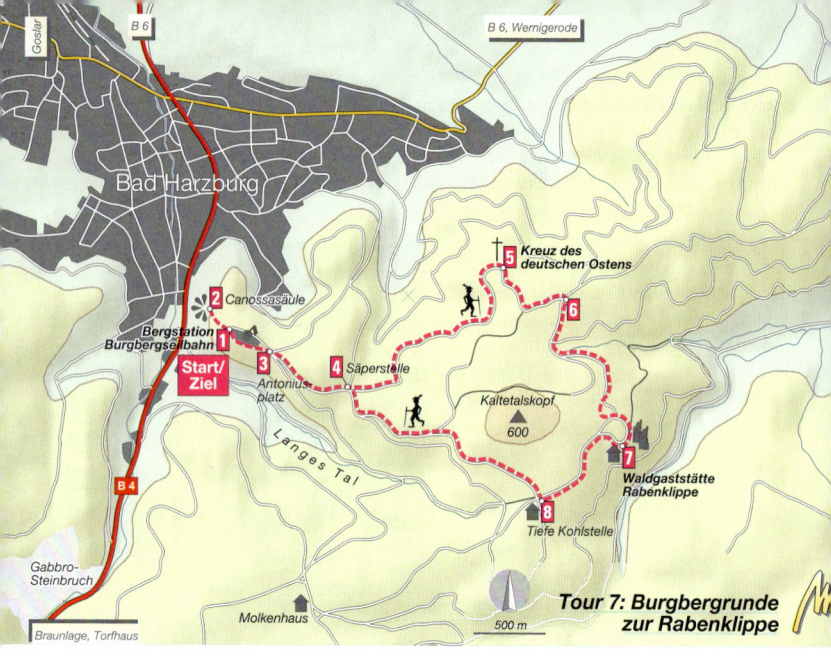

Tour 7: Schattige Burgbergrunde zur Rabenklippe

Länge: 8 km, Gehzeit 2 Std. Leicht.

Der Weg: An sagenumwobenen Burgmauern und einem Luchsgehege vorbei geht es zur Rabenklippe mit schönem Brockenblick.

Beschreibung: Startpunkt ist die Bergstation der Burgbergseilbahn (**1**, 481 m). Zunächst geht es links zur Canossasäule mit Aussicht ins Harzvorland (**2**), dann zurück, an den Resten der Harzburg vorbei, 10 Min. auf dem Kaiserweg bis zur Wegkreuzung am **Antoniusplatz** (**3**), wo wir den mittleren Weg „Rabenklippe über Kreuz" wählen. Ab jetzt wandern wir nur mehr auf Forststraßen. 10 Min. später folgt die Kreuzung **Säperstelle** (**4**, 492 m). Geradeaus weiter erreichen wir nach leichtem Bergauf in 30 Min. das **Kreuz des**

deutschen Ostens (**5**, 548 m, schöner Rastplatz). Das 18 m hohe Stahlkreuz erinnert an die früheren deutschen Ostgebiete. An der nächsten Gabelung (**6**) halten wir uns rechts, danach geht es am Hang entlang, bis wir an einer weiteren Kreuzung auf das Luchsgehege (s. o.) stoßen. Wir gehen um dieses links herum und kommen zur **Waldgaststätte Rabenklippe** (**7**) mit den gleichnamigen Felsklippen (s. o.).

Zurück geht es an der Bushaltestelle vorbei Richtung Bad Harzburg, bis die Wegmarkierung 23 J rechts abbiegt (**8**). Sie führt uns zurück zur Kreuzung **Säperstelle** (**4**) und dann auf dem bekannten Weg zur Seilbahn-Bergstation.

Torfhaus
812 m

Südlich von Bad Harzburg steigt die B 4 an und erreicht nach 12 km Torfhaus, einen der größten Rummelplätze im Harz. An Wochenenden ist der Großparkplatz (kostenpflichtig) überfüllt, Bikerhorden stellen ihre Maschinen zur Schau. Menschentrauben machen sich auf, den 9 km langen *Goetheweg* zu erklimmen, den ganzjährig hoch frequentierten Anstieg zum Brocken (→ S. 121), den der Namensgeber im Winter 1777 vielleicht so gegangen ist (→ Wandern). Im Winter sind am Torfhaus ein Rodel- und ein Skilift in Betrieb, 40 km Loipen werden gespurt.

Der Blick vom Torfhaus über die Wälder hinweg auf den höchsten Gipfel ist eines der bekanntesten Fotomotive im Harz. Bereits zu Zeiten des getrennten Deutschlands war die Aussicht über die Grenze auf den damals ummauerten Gipfel begehrt. Ansonsten besteht Torfhaus zurzeit aus der Bavaria Alm, dem Knusperhäuschen, Vereinshütten und zwei großen Sendeanlagen; ein neues Feriendorf ist am Enstehen.

2009 wurde am Großparkplatz der moderne Bau des **Nationalpark-Besucherzentrums TorfHaus** mit einem Infotresen zum Nationalpark, einer Touristinformation für den Oberharz sowie einem Shop mit Karten und Wanderutensilien eröffnet.

Eine Ausstellung gibt mit einem Landschaftsmodell Einblicke in Nationalparkthemen wie Wildnis, Naturwald, Borkenkäfer, Moore und das *Grüne Band* an der früheren innerdeutschen Grenze. Das Nationalpark-Kino zeigt drei Filme, z. B. „Mit Goethe und Heine auf den Brocken" oder „Begegnungen mit Luchs und Rothirsch".

TorfHaus: April–Okt. tägl. 9–17, Nov.–März 10–16 Uhr. Eintritt frei. ℡ 05320-331790, www.torfhaus.info. **Führungen** unter dem Motto „Mit dem Ranger durch den Urwald von morgen", Mai–Okt. jeden Di 9.45 Uhr (8 km, Gehzeit 3 Std.).

Das **Nationalpark-Denkmal** neben dem Besucherzentrum – eine von drei übermannshohen Gesteinsblöcken umkränzte Weltkugel – ist mit dem Brocken im Hintergrund ein beliebtes Motiv.

Gabbro, Granit und Diabas mit Brockenblick

Der Name „Torfhaus" erinnert an den bis 1786 in den umliegenden Mooren betriebenen Torfabbau und an das Haus, in dem die Torfstecher nächtigten. Dank der reichen Niederschläge blieben die eindrucksvollen Hochmoore erhalten. Der Fußweg (20 Min.) auf dem Goetheweg bis zum **Großen Torfhausmoor** lohnt: Auf Holzstegen kann man, mit schönem Blick auf den Brocken, das Moor überqueren.

• *Verbindungen* **Bus**: Tägl. 11- bis 18-mal nach Bad Harzburg bzw. Braunlage (Linie 820); www.hvb-harz.de. Sa/So 3-mal tägl. nach Torfhaus (462), www.rbb-bus.de.

• *Parken* 3 €/Tag am Großparkplatz.

• *Jugendherberge* **Torfhaus**, älteres Haus mit Sportplätzen und Skiverleih. 174 Betten in 4- bis 6-Bettzimmern, Etagen-Du/WC. 22–25 €/Pers. inkl. Frühstück. 38667 Torfhaus 3, ℡ 05320-242, ✆ 254, www.jugendherberge.de/jh/torfhaus.

• *Essen* **Bavaria Alm**, sieht aus wie sie heißt: Große alpine Skihütte mit entsprechendem Ambiente und tadelloser süddeut-

scher bzw. österreichischer Küche. Eigentlich ein Schandfleck für den Harz, aber dank langer Öffnungszeiten, flinkem Service, passablen Preisen und großem Biergarten mit Brockenblick zu empfehlen. Tägl. 9–24 Uhr. Nicht zu übersehen an der B 4. ℡ 05320-331034.

Knusperhäuschen, kleines, rustikales Ausflugslokal am östlichen Ortsende, Biergarten mit Brockenblick. Harzer Küche, Spezialität sind Windbeutel. Tägl. außer Mo 11–18 Uhr. ℡ 05320-258.

• *Wandern* **Goetheweg zum Brocken** (9 km, 3 Std.), 250.000 Wanderer sind hier Jahr für Jahr unterwegs: Von Torfhaus Richtung Braunlage, dann links und am Abbegraben, einem Teil des Oberharzer Wasserregals mit orangefarbenem Wasser entlang, weiter zum Eckersprungsattel, dann entlang der Trasse der Brockenbahn und zum Schluss auf der Brockenstraße zum Gipfel (→ Karte S. 100).

In **Oderbrück** bzw. am **Ehrenfriedhof**, 2–3 km südl. von Torfhaus an der B 4, beginnen etwas kürzere Brockenanstiege, die beim Eckersprungsattel wieder in den Goetheweg münden.

Eine landschaftliche schöne Tour führt **von Torfhaus über den Eckerstausee zum Radau-Wasserfall** (16 km, 4 Std.). Wegbeschreibung unter www.michael-mueller-verlag.de/deutschland/harz.

WaldWandelWeg: 180 m langer Lehrpfad mit 6 Stationen, die über die Waldentwicklung informieren. Vom Parkplatz in 20 Min. zu Fuß.

•*Wintersport* **Torfhauslifte**, Rodellift unterhalb vom Großparkplatz mit Schlittenverleih und Flutlichtbetrieb (Sa). Skilift „Rinderkopf" mit 400-m-Skihang Richtung Altenau. Halbtageskarte 8–9 €. www.torfhauslifte.de.

Loipen: Rundkurs Torfhausmoor (6 km), Rundkurs zum Dreieckigen Pfahl (10 km), ab Parkplatz Rinderkopf über die Wolfswarte zur Stieglitzecke (8 km), dort Anschluss zur Acker-Loipe.

Braunlage im Winter

Braunlage
ca. 3800 Einwohner • 560 m

Der Wintersportort breitet sich am Fuß des Wurmbergs aus, der zweithöchste Harzer Gipfel, der dank Seilbahn Skiläufern, Rodlern, Wanderern und Mountainbikern ein breites Angebot an Aktivitäten bietet – die Auswahl an Unterkünften ist entsprechend groß.

Braunlage ist der größte Fremdenverkehrsort im niedersächsischen Teil des Harzes, verkehrsgünstig gelegen an der B 4 bzw. der Harzhochstraße B 242. Bis ins 19. Jh. war Braunlage ein Holzfäller- und Köhlerdorf mit kleinem Hüttenwerk und einer Glashütte. Aufwärts ging es ab 1899, als die Südharzbahn von Walkenried aus die Stadt erschloss. Die Züge transportierten Holz und den Wurmberg-Granit und brachten die ersten Touristen zur Sommerfrische sowie zum Wintersport, der hier 1883 losging. Auf dem Hütteberg und am Jermerstein entstanden Villen und

Sanatorien. Die Stadt widmete sich nun ganz dem Fremdenverkehr und war nach dem Zweiten Weltkrieg ein bedeutendes, da schneesicheres Wintersportzentrum. Seit den 1970ern verschandeln einige gesichtslose Hotelklötze das Ortsbild. Nach der Wende 1989 brachen die Übernachtungszahlen dramatisch ein.

Schön ist die Stadt nicht. Dazu kommt der Verkehr mitten im Stadtzentrum, das sich von der Ampelkreuzung am Eichhörnchenbrunnen Richtung Süden entlang der Herzog-Wilhelm-Straße und Richtung Osten an der Elbingeröder Straße erstreckt. Es wird gesäumt von Hotels, Gaststätten, Cafés und (neben einigem Leerstand) von ein paar netten Läden. Einladend sind die schmalen Bürgersteige aber nicht gerade.

Die hölzerne neugotische **Trinitatiskirche** von 1889 samt imposantem Kronleuchter ist sehenswert (tägl. 9–18 Uhr). Ein trauriges Dasein fristet das Hotel Brauner Hirsch an der Brunnenkreuzung – das einst renommierte Haus verfällt und soll abgerissen werden. Östlich der Herzog-Wilhelm-Straße schlängelt sich die Warme Bode durch die Stadt, die 9 km nördlich der Stadt bei Oderbrück entspringt. Sie markiert die Grenze zum weitläufigen **Kurpark** Braunlage. Die **Wurmbergseilbahn** befindet sich nördlich der Stadtmitte hinter dem Eisstadion an der Nordeinfahrt der B 4 (Bushaltestelle Eisstadion).

*P*raktische *I*nformationen

•*Information* **Touristinformation**, altmodisches, kleines Büro in der Kurverwaltung. Unterkunftsvermittlung, Orts-, Wander- und Loipenpläne, Tickets für die Schmalspurbahn. Mo–Fr 9–12.30 und 14–17, Sa 9.30–12, in der Hauptsaison auch So 9.30–12 Uhr. 38700 Braunlage, Elbingeröder Str. 17, ✆ 05520-93070, www.braunlage.de.

> **Kurtaxe**: 2,20 €/Tag. Die Kurkarte gewährt u. a. Gratiseintritt im Hallenbad und kostenlose Fahrt auf der Buslinie Braunlage–Hohegeiß.

•*Verbindungen* **Bus**: Tägl. 6- bis 9-mal nach Elend, Schierke, Wernigerode (257); www.hvb-harz.de. 3- bis 19-mal nach Hohegeiß, Walkenried, Bad Sachsa (470); www.vsn-info.de. 11- bis 18-mal nach Torfhaus und Bad Harzburg (820); 6- bis 11-mal nach St. Andreasberg (850); www.kvg-braunschweig.de. Nach Clausthal via Bad Harzburg und Goslar.

•*Parken* Im Zentrum tagsüber (außer So) gebührenpflichtig: 2–4 Std., 0,25 €/30 Min. Großparkplatz bei der Wurmbergseilbahn,

tägl. 8–18 Uhr, 1 Std. 0,50 €, Tag 4 €.

•*Einkaufen* **Puppe's**, schicker Laden am Eichhörnchenbrunnen mit Harzer Spezialitäten, Kunstgewerbe und Brotzeitstube (→ Essen). Mo–Fr 9–18.30, Sa 9–19, So ab 11 Uhr. Am Brunnen 2.

LandhausModen Otto Wagner, wer Lust auf Dirndl und Lederhose hat, wird in dem Traditionsladen (seit 1919) fündig. Mo–Fr 10–12.30 und 14.30–18, Sa 10–16, So 11–14 Uhr. Herzog-Wilhelm-Str. 21, www.landhausmoden-ottowagner.de.

Black & White Sports, Sportbekleidung namhafter Marken. Mo–Sa 10–18 Uhr. Harzburger Str. 3.

Sühl's Harz-Spezialitäten, Harzer Wurst-, Fleisch- und Wildspezialitäten, Bärlauch, Honig, Brände, Bier, Geschenke, Tee. Mo–Fr 8–18, So 11–18 Uhr. Herzog-Wilhelm-Str. 15, www.suehls-harz-spezialitaeten.de.

Am Stadtrand hinter dem Busbahnhof gibt es Rewe, Aldi, Lidl & Co. Mo–Fr 8–20 Uhr.

•*Radverleih* **Harz Vital & Aktiv**, MTBs 15 €/Tag. Ausgabe tägl. 9–10 Uhr, Rückgabe 18–19 Uhr. Im Wiesengrund 6, ✆ 0173-7234423, www.harz-vital.de.

*Ü*bernachten/*E*ssen

Online-Buchung unter www.braunlage.de. Kostenlose Buchungs-Hotline ✆ 05520-930725. Im November ist in Braunlage fast alles geschlossen.

•*Hotels/Pensionen* ****S **Residenz Hohenzollern**, Neubau-Luxusadresse in sonniger

Hanglage. 9 Zimmer und 14 App. im mediterranen Landhausstil (9 Suiten mit

Küche, 3 Suiten für 2–4 Pers. mit offenem Kamin), teils mit Balkon. Gediegenes Restaurant, Hallenbad mit Whirlpool, Sauna, Dampfbad. DZ 155–180 € je nach Saison; Suiten bis 415 €. Dr.-Barner-Str. 10, ✆ 05520-93210, 📧 932193, www.residenz-hohenzollern.de.

**** Relexa Hotel Harz-Wald, etwas abseits in ruhiger Waldrandlange. Früher Kurklinik, jetzt ein nettes Hotel mit 120 modernen Zimmern mit Balkon. Standardzimmer mit französischen Betten. Hallenbad (28 °C), Sauna, Dampfbad. Die Hotelbar ist ein beliebter Treffpunkt. DZ 90–130 € je nach Ausstattung, viele Pauschalangebote. Karl-Roehrig-Str. 5a, ✆ 05520-807402, 📧 807444, www.relexa-hotels.de.

**** Romantik Hotel Zur Tanne, der zentral gelegene Traditionsbetrieb umfasst das schmucke, holzverschalte Stammhaus an der Hauptstraße mit Gourmetrestaurant (s. u.) und 5 urig-rustikalen Zimmern zur Straße hin, den Kurpark-Trakt im Innenhof mit 5 und das moderne „Bachhaus" am Kurpark mit 11 stilvollen Zimmern und Suiten. Sauna, Dampfbad. DZ je nach Trakt 80–149 €. Herzog-Wilhelm-Str. 8, ✆ 05520-93120, 📧 9312444, www.tanne-braunlage.de.

*** Zur Erholung, am Rand des Zentrums. Traditioneller Familienbetrieb in einem Harzer Haus; 27 preiswerte, mit schönen Bauernmöbeln eingerichtete Zimmer. Gute Küche. DZ 65 €, zahlreiche Pauschalangebote. Lauterberger Str. 10, ✆ 05520-93000, 📧 575, www.hotel-erholung-braunlage.de.

*** Altes Forsthaus, im Zentrum. Familienfreundliches, preisgünstiges Hotel; die 26 komfortablen Zimmer verteilen sich auf das historische Forsthaus (teurer und geräumiger) und ein separates Gästehaus. DZ 50–70 € je nach Haus. Harzburger Str. 7, ✆ 05520-9440, 📧 944100, www.forsthaus-braunlage.de.

•*Ferienwohnungen* ****** Seyferth's Bergidylle**, mitten in der Stadt. 5 liebevoll dekorierte, komplett ausgestattete Fewo für 2–4 Pers. (60–80 m²) mit Balkon in harztypischem Holzhaus. Fewo 2 Pers. 50–90 € je nach Größe, weitere Pers. 10 €. Bettwäsche extra, Endreinigung 25–45 €, Aufpreis unter zwei Nächten. Reservieren! Am Schultal 2, ✆ 05520-1285, 📧 923259, www.bergidylle.de.

**** Landhäuser Am Schultalbach und **Im Wiesengrund**, zwei zentrumsnahe Häuser mit großen Gärten und 8 exklusiven Fewo im Landhausstil für 2–6 Pers. (50–92 m²). Sauna. Fewo 2 Pers. 60–90 € je nach Größe

und Saison, weitere Pers. 10 €. Bettwäsche extra, Endreinigung 35–40 €, Frühstück 7,50 €/ Pers. Am Schultal 2, ✆ 05520-2405, 📧 923719, www.landhaus-ferienwohnungen.de.

•*Jugendherberge* **Braunlage**, in Waldrandlage oberhalb der Stadt. 2010 modernisierte Anlage, bestehend aus zwei Häusern, 130 Betten in 2- bis 6-Bettzimmern, teils mit Du/WC. 20–23 €/Pers. inkl. Frühstück. Von-Langen-Str. 28, ✆ 05520-2238, 📧 1569, www.jugendherberge.de/jh/braunlage.

•*Camping* ***** Hohe Tannen**, 1,5 km außerhalb nahe der B 27 Richtung Lauterberg. 150 Plätze auf Wiesenterrassen am Waldrand. Swimmingpool, Kiosk, Gaststätte mit kleiner Karte. 2 Pers., Zelt, Auto ca. 18 €. Am Campingplatz 1, ✆ 05520-413, 📧 417, www.camping-braunlage.de.

Wohnmobilstellplätze in ruhiger Lage auf dem Schützenplatz am südl. Ortsrand (9,50 €). www.stellplatz-braunlage.com.

•*Restaurants/Cafés* **Gourmetrestaurant Zur Tanne** (→ Hotels). Haubenkoch Rüdiger Fleischhacker hat sich mit seiner Küche, die Regionales und Mediterranes kombiniert, unter Deutschlands 400 beste Restaurants gekocht. Hauptgericht 22–28 €, 3-Gänge-Menü 40 €, 4 Gänge um 55 €. Sehr gute Auswahl. Tägl. außer Mo ab 18 Uhr. Reservieren! In der Bierstube preisgünstige Mittagskarte (11.30–14 Uhr, Hauptgericht bis 15 €).

Brunos Marktwirtschaft, im modernen Bistro-Restaurant der Fleischhackers wird jeder Hunger gestillt: Es gibt Deftiges, leichte internationale Küche, asiatisch und mediterran Inspiriertes (12–15 €). Desserts und Eis 3–5 €. Frühstück bis 14 Uhr. 3-Gänge-Tagesmenü 12,90 €. Terrasse. Tägl. außer Di ab 10 Uhr. Marktstr. 1.

Winkelstube, gemütliches, rustikales Restaurant im Hotel „Zur Erholung" (s. o.). Bekannt für Harzer Wildbretgerichte, Forellen und Filetplatten. Küche mittags sowie 18–21.30 Uhr.

Altes Forsthaus, große Auswahl an regionaler Küche. Mittwochs ist das 3-Gänge-Kindermenü mit Getränk für unter 12-Jährige gratis. Kein Ruhetag. → Hotels

Rialto, Ortsmitte. Ristorante-Pizzeria-Eiscafé mit Terrasse. Pizza und Pasta unter 8 €, jedoch mit schwankender Qualität. Eis aus eigener Herstellung. Tägl. 10.30–23.00 Uhr. Herzog-Wilhelm-Str. 27, ✆ 05520-3494.

Puppe's, liebevoll dekorierte Brotzeitstube für den kleinen Hunger mit 4 Tischen und Kachelofen. Belegte Brote, Bier, Wein,

Schnaps. Schön zum Draußensitzen. Mo–
Sa 10–21, So ab 11 Uhr. Am Brunnen 2.
Café Zapprun, beliebte Bäckerei und
Konditorei mit plüschigem Ambiente. Di–
So 7–8 Uhr. Herzog-Wilhelm-Str. 32.
•*Nachtleben* **Tenne**, jeder Alpen-Ort hat
eine, aber nur Braunlage hat Franky Faber,

den singenden Wirt und selbsternannten
„König vom Harz". Schräge Mischung aus
Schlager, Folk und Disco. Im Winter ab 22
Uhr brechend voll. Tägl. 12–2 Uhr, Fr/Sa
open end. Harzburger Str. 19, ✆ 05520-2110,
www.tenne-braunlage.de.

Aktivitäten/Veranstaltungen

•*Ausflüge* **Kutsch-/Schlittenfahrten**, Fahrten im Holzschlitten und Planwagen; auch
Hochzeitskutschen. ✆ 0171-5339475, www.
harzkutscher.de.
•*Baden* **Hallen-/Freizeitbad**, am Kurpark-
rand; 2 Innen-, 1 beheiztes Außenbecken;
Sauna, Solarien, Liegewiese. Di/Mi/Sa 10–
19, Do bis 21, Fr bis 17, So bis 14 Uhr. Letzter Einlass jeweils 90 Min. vor Schließung.
3-Std.-Karte 5,50 €, bis 16 J. 2,80 €. Ramsen-
weg 2, ✆ 05520-2788.
•*Eissport* **Eisstadion**, heruntergekomme-
ner Betonbau, in dem der Regionalligaklub
„Harzer Wölfe" spielt und sonst Eislaufen,
Eisstockschießen und Eisdisco (Mi/Sa 20–22
Uhr) angesagt ist. Sept. bis Juni Mo–Fr 10–
12 und 14–16, im Winter Di/Do/Fr bis 18,
Sa/So 10–16 Uhr. 3,50 €/Laufzeit, bis 16 J.
3 €. Harzburger Str., www.eisstadion-
braunlage.de.
•*Mountainbike* An der Talstation der
Wurmberg-Seilbahn starten zwei mittelschwere (27/33 km) und zwei schwere Routen (38/56 km), darunter die **B-4 Gipfelstür-
mer-Tour** (56 km, ↕ 1332 m) auf den Bro-
cken. www.volksbank-arena-harz.de. **Harz
Vital** (→ Radverleih) organisiert Touren ab
4 Pers. (20 €/Pers.).
BikePark → Sehenswertes/Wurmberg
•*Veranstaltungen* **FIS Skispringen Wurm-
bergschanze**, Anfang Jan.
Nacktrodeln, Feb., nur mit Slip und Schal über
die Rathauskiwiese. Das „Gänsehaut-Event"
(Der Spiegel) lockt 10.000 Schaulustige.
Setzbügeleisen-Eisschießen, Ende Feb.,
dt. Meisterschaft mit Bügeleisen statt Eis-
stock. www.setzbuegeleisenschiessen.de.
Maikonzerte, Mitte Mai, Klassikfestival im
Sanatorium Dr. Barner (→ Sehenswertes).
www.braunlager-maikonzerte.de.
•*Wandern* „Mit den Rangern durch die
Hochlagen des Nationalparks" (6 km,
3 Std.), Mai–Okt. Sa 9.30 Uhr ab Wan-
dertreffschild an der Auffahrt zum Hotel
Maritim. Infos unter ✆ 05520-923039,
www.nationalpark-harz.de.

Tageswanderung auf den Brocken und zurück (23 km) ab Trinitatiskirche, April–Okt.
Mi alle 14 Tage. Infos in der Touristinfo und
unter www.harzklub-braunlage.de.
Braunlager Rundweg (8,5 km) um den Ort,
diesem folgt z. T. der **Harzer Hexen-Stieg**.
•*Wintersport* → Sehenswertes/Wurmberg
Je ein Schlepplift an der **Rathauskiwiese**
und am **Hasselkopf** südlich der B 242. **Eissport** s. o.
Loipen, Schultalloipe (2 km, Flutlicht) und
Braunlagerloipen (5 km; oder 10 km bis Königskrug, dort Anschluss an Achtermannloipe) ab Sportplatz/Wetterwarte. Hassel-
kopf-Loipen (6–15 km) ab Schützenhaus.
Wurmbergloipe (4 km) ab Wurmbergschan-
ze (4 km), Anschluss an Winterberg und Königsberger Loipe nach Schierke.

*Schon 1883 mit Skiern
im Harz unterwegs*

Vom Nordharzrand ins Brockengebiet

Sehenswertes

Kurpark: Der 1928–31 angelegte große Landschaftsgarten erstreckt sich vom Gondelteich bergauf in einen idyllischen Berggarten, der zur Heideblüte besonders schön ist. Am Aussichtspunkt „Steins-Klippe" liegt einem die Stadt zu Füßen, das nahe Denkmal erinnert an den Braunschweiger Forstmeister Johann Georg von Langen, der 1747 in einem gerodeten Waldstück Richtung Tanne erstmals im Harz Kartoffeln anbauen ließ.

Heimat- und Skimuseum: Leider selten geöffnet ist das vollgestopfte Museum in dem schmucken Holzhaus am unteren Kurparkeingang. Im Außenbereich sind Reste von DDR-Grenzanlagen und die Holzstatue des Harzer Skipioniers und Museums-Mitbegründers Arthur Ulrichs (1838–1927) zu sehen. 1883 ließ er nach dem Vorbild jener Modelle, die norwegische Studenten nach Clausthal mitgebracht hatten, Skier anfertigen, um die Arbeit im verschneiten Forst zu erleichtern. Da das Skifahren auch der körperlichen Ertüchtigung diente, wurde zu dessen Förderung bereits 1892 in Braunlage ein Skiclub gegründet. Das Museum zeigt u. a. eine in Norddeutschland einzigartige Sammlung an historischen Skiern, Rodelschlitten und Schlittschuhen sowie eine alte Ski-Werkstatt. Weitere Räume widmen sich der Ortsgeschichte.
Weihnachten bis Ende Okt. Di/Fr 10–12 Uhr. Eintritt 2 €, erm. 1 €. Dr.-Kurt-Schroeder-Promenade 4, ☎ 05520-1646, www.heimat-fis-skimuseum.de.

Sanatorium Dr. Barner: Das Jugendstilensemble, das Architekt Albin Müller 1912–14 an den Südfuß des Wurmbergs stellte, ist ein kunsthistorisches Baudenkmal. Es ist bis heute in Familienbesitz und dient, wie zur Gründungszeit, der Behandlung psychosomatischer Erkrankungen. Jeden Samstag finden Führungen (15 Uhr) und im Musiksaal Konzerte statt (Eintritt frei).
Dr.-Barner-Str. 1, www.sanatorium-barner.de.

Wurmberg (971 m): Niedersachsens höchster Berg ist mit der Sprungschanze am Gipfel von allen Seiten leicht zu erkennen. Vom 30 m hohen Schanzenturm (Drehkreuz 1 €) bietet sich ein Rundum-Panorama bis zum Kyffhäuser bzw. ein Gänsehaut-Blick in die Anlaufspur. Gesprungen wird hier bis 101 m weit. Nahe der Schanze gibt es die Wurmberg-Alm, einen Spielplatz und einen Streichelzoo. Von 1972 bis zur Sprengung 1994 verunzierte ein 81 m hoher Lauschturm der US-Geheimdienste den Gipfel. Seit 1965 führt eine 2001 komplett erneuerte Kabinenseilbahn von Braunlage über eine Mittelstation (Aus- und Zustieg möglich) hinauf. Hinab geht es per Ski, Mountainbike, Monsterroller oder zu Fuß.

•*Seilbahn* Dez.–April tägl. 8.45–16.10, Mai–Nov. tägl. 9.30–17 Uhr. Berg- und Talfahrt 11 €, Schüler 7 €, 6–15 J. 5 €; nur Bergfahrt 7,50/6/4 €. Tageskarte 22/17/10 €. ☎ 05520-99328, www.wurmberg-seilbahn.de.

•*Zu Fuß auf den Wurmberg* **Direttissima**, über Stock und Stein unter der Seilbahn, das letzte Stück zur Schanze über die lange, steile Stahltreppe (3,5 km). **Kinderwagentauglich** ist die von der US-Armee angelegte Straße links um den Berg herum (ca. 6 km). Fährt man bis zum **Parkplatz Kaffeehorst** (Abzweig an der B 27 bei der Tennishalle), sind es nur noch 2,6 km bis zum Gipfel.

•*Essen* **Wurmberg-Alm**, an der Skischanze. Rustikales Ambiente, große Auswahl, Biergarten, Sonnenterrasse. Tägl. 9–18 Uhr. ☎ 05520-721, www.wurmberg-alm.de.de.
Rodelhaus, historische Berghütte von 1905, unweit der Mittelstation am Beginn der Rodelbahn. Gasthaus mit Terrasse und 5 neue Mehrbettzimmer (3–5 Pers.) mit Etagen-Du/WC. Tägl. 10–17, Fr/Sa bis 20 Uhr. ☎ 0171-9681147, www.das-rodelhaus.de.
•*Monsterroller* 4,5 km lange Piste vom Gipfel ins Tal. Verleih an der Tal- oder Bergstation, inkl. Helm und Seilbahnfahrt 13 €, Kind 11 €. ☎ 05524-3627.

•*Mountainbike* **BikePark**, Mai–Okt., 4 unterschiedlich schwere Strecken von der Berg- zur Talstation und drei Varianten unterwegs. Mit der Seilbahn geht es samt Bike wieder hinauf. Tageskarte 22 €, 6–15 J. 10 €; auch Std.-Karten erhältlich. www.bikepark-braunlage.de.

•*Wintersport* 1 Kabinenbahn, 2 Schlepplifte, 5 Abfahrten (bis 4,5 km), Snowboardhang, 1,5 km Rodelpiste ab Mittelstation (Rodelverleih an der Talstation).

Spaziergang zum Unteren und Oberen Bodefall: Ein schöner Spaziergang (1,6 km) auf breiten Wegen führt vom Parkplatz der Wurmbergseilbahn an den Oberlauf der Warmen Bode, wo der Fluss an zwei Stellen wenig spektakulär, aber malerisch über Steinblöcke rinnt. Die Tour kann über das Quellgebiet der Bode bis Oderbrück ausgedehnt werden (11 km, Gehzeit 2½ Std.).

> Beschreibung der Tour „Über die Bodefälle zum Quellmoor am Bodebruch" unter www.michael-mueller.verlag.de/deutschland/harz.

Grenzdenkmäler: Bis 1990 war auf der B 27 Richtung Elend (→ S. 124) 2 km östlich von Braunlage an der Bremke Schluss, die Brücke über den innerdeutschen Grenzfluss abgebaut. Gedenksteine erinnern daran. Auf dem Kolonnenweg kann man entlang der einstigen Grenze in 2 km zum Rastplatz am Kaffeehorst und weiter Richtung Wurmberg wandern.

Tour 8: Von Königskrug auf den Achtermann (924 m)

Länge: 7 km, Gehzeit 1¾ Std. Leicht.
Der Weg: Reizvolle Tour über Blocksteine zum aussichtsreichen Gipfel des Achtermanns und zurück durch romantische Waldlandschaft.

Beschreibung: Die kurze, reizvolle Tour startet in **Königskrug** an der B 4 (Bus 820) 4 km nördlich von Braunlage (**1**, 757 m). In Richtung Torfhaus beginnt rechts der Weg 31 J (grünes Dreieck) zum Achtermann. Nach 30 Min. biegen wir von der Forststraße rechts in einen etwas beschwerlichen Weg ab (**2**), auf dem es stetig steiler wird. Wir passieren den Granitfelsen **Achtermannstor** und erreichen nach 20 Min. den Fuß des Berggipfels (Rastplatz und Reste der sog. Kamelfichte). Nun sind es nur noch

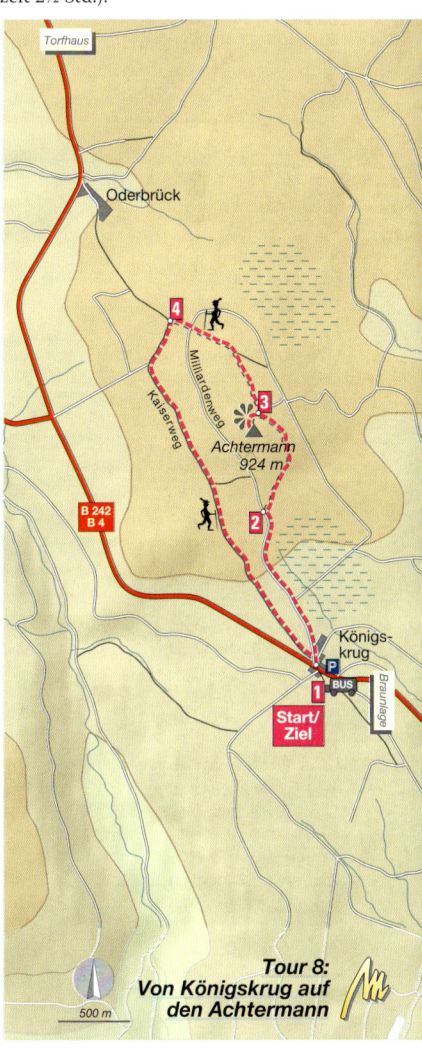

Tour 8:
Von Königskrug auf
den Achtermann

wenige Minuten über einen geländergesicherten Felssteig auf die aussichtsreiche Kuppe des **Achtermanns** (**3**, 924 m). Zurück am Fuß des Gipfels folgen wir nun Weg 31 K Richtung Oderbrück. Durch einen romantischen Wald wandern wir 30 Min. stets geradeaus bergab, bis wir den **Kaiserweg** kreuzen (**4**). Auf diesem geht es links fast eben 2,6 km bis Königskrug zurück.

Hohegeiß   ca. 1000 Einwohner • 640 m

Das beschauliche Bergdorf 12 km südlich von Braunlage breitet sich entlang der B 4 auf einer von Bergwiesen gesäumten, aussichtsreichen Kuppe aus. Hohegeiß gilt als der höchstgelegene Ort im Harz. In der Ortsmitte trifft man auf harztypische Holzhäuser, einen steinernen Ziegenbock als Sinnbild für den Ortsnamen und die rot verschalte **Fachwerkkirche Zur Himmelspforte** (1704), die sich malerisch über einem grünen Friedhof erhebt. In den 1970ern entstand westlich der Ortsmitte ein Kurviertel mit Kurpark und zwei Appartementhochhäusern (800 Betten), die überhaupt nicht hierher passen.

Im südwestlichen Wolfsbachtal erstreckt sich das Naturdenkmal **Dicke Tannen**, ein Urwald mit bis zu 400 Jahre alten Fichten (im Volksmund „Rottannen" genannt), die bis zu 50 m hoch und 150 cm dick werden. Wegen der Steilheit der Hänge wurden sie nie gefällt, zwei Dutzend haben bis heute überlebt. Seit 2008 ist der Weg durch das Kerngebiet wegen Sturmschäden gesperrt, es darf aber umrundet werden.

Wanderweg Anfahrt von Hohegeiß Richtung Zorge, in den Bohlweg einbiegen und bis zum ehem. Hotel „Dicke Tannen", dort Wegweiser.

Auch Hohegeiß besitzt eine typische Harzer Fachwerkkirche

•*Information* **Touristinformation**, direkt an der B 4. Mo–Fr 9–12 und 14–17, Sa 9.30–12 Uhr. 38700 Hohegeiß, Kirchstr. 15a, ✆ 05583-241, www.hohegeiss.de.

•*Verbindungen* **Bus**: Mo–Fr jeweils 4-mal nach Benneckenstein (Linie 277); www.hvb-harz.de. 3- bis 19-mal nach Braunlage bzw. Walkenried und Bad Sachsa (470); www.vsn-info.de.

•*Übernachten/Essen* ****** Sonneneck**, modern-rustikale Anlage in aussichtsreicher Lage. 22 helle Zimmer und Suiten, teils mit Balkon und Brockenblick. Sauna und Solarium, Panorama-Hallenbad (27 °C). DZ 80–100 €, Suite bis 150 €. Hindenburgstr. 24, ✆ 05583-94800, ✉ 939033, www.vitalhotel-sonneneck.harz.de.

Landhaus Bei Wolfgang, in Ortsmitte. Altes Harzer Haus, in dem seit 1970 Wolfgang Stolze werkelt. Er kocht, malt und komponiert auf Weltklasse-Niveau, wie er behauptet – Geschmackssache. Das Restaurant ist CD-Laden und Galerie, das Essen sehr gut, der Service erstklassig. Gutbürgerliche Mittagskarte (10–17 €), abends französische Gourmetküche (bis 20 €). Reservieren! Tägl. außer Mo/Do 11–13.30/18–20 Uhr. Hindenburgstr. 6, ✆ 05583-888, www.landhaus-wolfgang.de.

Waldhaus Wolfsbachmühle, abgeschiedenes Ausflugslokal im schattigen Wolfsbachtal 1 km unterhalb des Kurparks (Wegweiser). Schnitzel, Steaks, Wild, Forellen und Brotzeiten. 3 Zimmer und 3 Appartements (3–5 Pers.). DZ 56 €. Tägl. außer Mo 11–20 Uhr. ☎ 05583-939192, www.wolfsbachmuehle.de.

• *Camping* ***** **Am Bärenbache**, im Bärenbachtal südlich des Orts. Schöne, terrassenförmige Anlage an sonnigem Wald- und Wiesenhang. 130 durch Büsche getrennte Stellplätze, nettes Café-Restaurant, Waldschwimmbad (Eintritt frei), Radverleih, Kanutouren. 2 Pers., Zelt, Auto ca. 20 €. Bärenbachweg 10, ☎ 05583-1306, 📠 1300, www.campingplatz-hohegeiss.de.

• *Baden* **Waldschwimmbad**, am Campingplatz. 2 beheizte Becken, Sprungturm, Rutsche. Juni–Ende Aug. tägl. 10–20 Uhr.

Ilsenburg

ca. 6400 Einwohner • 267 m

Der Nationalparkort liegt reizvoll am Nordharzrand an den Ausläufern des Brockens, dort, wo die Ilse ihr romantisches Tal verlässt. Seit Jahrhunderten ein Standort der Eisenverhüttung, spielt dank des guten Angebots an Kulturschätzen, Wanderzielen und Unterkünften der Tourismus eine große Rolle.

Ilsenburg, zwischen Bad Harzburg und Wernigerode gelegen, bietet einige Superlative: Der Weg durch das Ilsetal gilt als schönster Aufstieg zum Brocken; 1824 hatte ihn Heinrich Heine getestet, 1995 wurde der Weg nach ihm benannt (→ Tour 9). Zudem gibt es hier mit den „Rothen Forellen" die mit einem Michelin-Stern gekrönte beste Küche im Harz. 1530 ging in Ilsenburg der erste Harzer Hochofen in Betrieb, aus dem sich die bis heute existierende *Fürst-Stolberg-Hütte* entwickelte, die im 16. Jh. mit Metallgussarbeiten Weltruf erlangte. Und die Stadt ist ein wichtiger Industriestandort geblieben: Die *Radsatzfabrik Ilsenburg*, die Stahl erzeugende *Grobblech GmbH* und der Autozulieferer *ThyssenKrupp Presta* haben sich am nördlichen Stadtrand angesiedelt.

• *Information* **Touristinformation** im Rathaus, direkt beim Forellenteich. Mo/Mi und Fr 9–16, Di/Do 9–18, Sa 9–13 Uhr. 38871 Ilsenburg, Marktplatz 1, ☎ 039452-19433, www.ilsenburg-tourismus.de.

Nationalparkhaus Ilsetal, gegenüber dem Großparkplatz im Ilsetal. Ausstellung zum Buchenwald, Fotoausstellung. 1-mal im Monat (meist Do) Wanderung mit dem Ranger durchs Ilsetal. Tägl. 8.30–16.30 Uhr. Ilsetal 5, ☎ 039452-89494, www.nationalpark-harz.de.

• *Verbindungen* **Bahn**: Tägl. 10-mal nach Goslar, 20-mal nach Wernigerode, Vienenburg und Halberstadt.

Wanderbus Ilsetaler: Mai–Okt. Di/Do und Sa jeweils 4-mal ab Wernigerode via Drübeck, Ilsenburg und Plessenburg bis Drei Annen Hohne (288).

• *Mountainbike* An der Volksbank, Kirchstr. 15 a, starten eine leichte (18 km) und eine mittelschwere Tour (30 km). www.volksbank-arena-harz.de.

• *Veranstaltungen* **Schlittenhunderennen**, Ende Feb., mit 40 internationalen Gespannen. www.schlittenhunderennen.de.

• *Wandern* **Großer Hohegeißer Rundweg**, 13 km rund um den Ort.

Dicke Tannen → s. o.

• *Wintersport* **Ski-Centrum Am Brande**: 3 Schlepplifte, 2 Hänge, 3-mal wöchentl. mit Flutlicht. Tageskarte 15 €.

Loipen: Ebersberg (10 km) ab Gretchenkopf-Parkplatz am nördlichen Ortseingang, Anschluss an Braunlager Hasselkopf-Loipe.

• *Übernachten/Essen* Wer in Ilsenburg Kurtaxe bezahlt, erhält das **HATIX** (S. 31). Preisgünstig bucht man unter www.ilsenburg-tourismus.de.

***** **Zu den Rothen Forellen**, direkt am Forellenteich. Gediegenes Relaix & Chateaux-Hotel in einem Adelshof von 1574. 52 romantisch-moderne Zimmer, großzügiger Wellness-Bereich mit Innen- und Whirlpool, Dampfbad, Sauna. Im prämierten Gourmetrestaurant „Forellenstube" (32 Plätze) zaubert Alex Kammerl französische, bayerisch-österreichische und mediterrane Küche (Menü 90–120 €, Mi–Sa abends geöffnet). Das Restaurant „Wintergarten" mit Teichterrasse bietet kreative Küche zu gehobenen Preisen. DZ ab 150 €, Superior ab 190 €. Marktplatz 2, ☎ 039452-9393, 📠 9399, www.rotheforelle.de.

Vom Nordharzrand ins Brockengebiet

Behutsam renoviert – die Klosterkirche Ilsenburg

**** Berghotel Ilsenburg, freundliches Haus in ruhiger Panoramalage 1,5 km südl. der Stadt, dem man seine Vergangenheit als Grenzkaserne nicht mehr ansieht. 28 gemütliche Zimmer, 3 Suiten, Hallenbad, Sauna, 2 Restaurants. DZ 130 €, Suiten 170 €. Suental 5, ✆ 039452-900, ✉ 90199, www.berghotel-ilsenburg.de.

***S Waldhotel Am Ilsestein, in Waldrandlage an der plätschernden Ilse. Viergeschossige, familienfreundliche Bettenburg, die 47 Zimmer wurden 2008 renoviert. Wanderwege beginnen direkt vor dem Hotel. Mini-Hallenbad, Sauna, Dampfbad, Fahrstuhl. Restaurant mit passabler Küche (11–23 Uhr). DZ 80 €. Ilsetal 9, ✆ 039452-9520, ✉ 95266, www.waldhotel-ilsenburg.de.

Heinrich Heine, in Marktplatznähe. Pension und Restaurant in einem alten Fachwerkhaus. 5 moderne Zimmer und 2 Ferienwohnungen (2–4 Pers.). Gutbürgerliches Restaurant (Di–Fr abends, Sa/So ab mittags). DZ 65 €, Fewo ab 50 €/Tag. Marienhöfer Str. 9f, ✆ 039452-482412, www.pension-heinrich-heine.de.

**** Ferienhäuser am Brocken, Ferienhaus Nexö, im Ilsetal. Neue Ferienhausanlage mit 10 Fewo im modernen Landhausstil (45–75 m²). Unweit davon das Haus Nexö, ein renoviertes Fachwerkhaus mit 3 Fewo (2–4 Pers.) mit Balkon oder Terrasse. Mindestaufenthalt 7 Tage, an Weihnachten 10 Tage. Sauna und Pool im Waldhotel „Am Ilsestein" dürfen mitbenutzt werden. Fewo 2–6

Pers. 32–71 €. Ilsetal 11a/17 bzw. 8a, ✆ 02953-8548, ✉ 7976, www.ferienhaus-riese.de.

Harzer Ofenhaus, nahe dem Marktplatz. 3 moderne, komplett ausgestattete Landhaus-Fewo (26–80 m² für 2–6 Pers.) mit Kaminöfen, eine mit Sauna. Fewo 2–6 Pers. 50–100 €. Hochofenstr. 48, ✆ 05371-62448, ✉ 66094, hkerstens@hotmail.com.

Alt Ilsenburger Nagelschmiede, in der geschmackvoll renovierten historischen Nagelhütte am Weg ins Ilsetal wird man mit Schnitzeln, Nudeln und Steaks (8–12 €) versorgt. Biergarten am Mühlenteich. Tägl. außer Mo 11–23 Uhr. Ilsetal 32, ✆ 039452-48585.

Café am Markt, in Ortsmitte. Torten, Kuchen, Apfelstrudel mit Eis. Wintergarten im Innenhof. Tägl. außer Mi 9.30–18, Sa/So ab 11 Uhr. Marktplatz 3.

•*Camping* **Wohnmobilstellplätze Ilsetal**, 30 Stellflächen mit Versorgungsstation und Brötchenservice. 12 €/Nacht. Ilsetal 8, ✆ 0172-2757891, www.harzmobil.de.

•*Baden* **Ludwigsbad**, modernes Freibad in Ortsmitte. Juni–Sept. tägl. 10–18 Uhr. Schickendamm 6.

•*Einkaufen* **Brockenhexen Flugbenzin**, Likör aus 16 Kräutern aus der Manufaktur der Chemikerin Kerstin Enzenberg. Harzweit und online erhältlich. www.brockenhexen-flugbenzin.de.

•*Mountainbike* Im Ilsetal starten 2 mittelschwere Routen (23/27 km) zu den Ilsefällen bzw. zum Scharfenstein. www.volksbank-arena-harz.de.

•*Veranstaltungen* **Brockenlauf**, 1. Sa im Sept., einer der ältesten Bergläufe Deutschlands. 27 km vom Marktplatz zum Brocken-gipfel und retour. Rekordzeit: 95 Min. www.brockenlauf.de.

Harzlandhalle, Konzerte internationaler Stars und große Sportevents. Harzburgerstr. 24a. ✆ 039452-19433, www.harzlandhalle.de.

Sehenswertes

Im beschaulichen Zentrum trifft man auf Fachwerkhäuser und zahlreiche Hütten-teiche der einstigen Schmelzhütte. Der größte ist der von einer Promenade gesäumte **Forellenteich** beim Marktplatz. An seinem Ufer steht das Landhaus *Zu den Rothen Forellen*, das schon 1803 als Hotel-Gasthof diente. Schön ist es auch entlang der Mühlenstraße in Richtung Ilsetal.

Hütten- und Technikmuseum: Im Herrenhof nördlich des Marktplatzes, im 17. Jh. die Residenz der Grafen Stolberg-Wernigerode, wird anhand detailreicher Modelle die Geschichte der Ilsenburger Eisenverhüttung und -gießerei präsentiert. Reich verzierte gusseiserne Öfen machten die Hütte ab 1569 weltbekannt – selbst Zar Peter der Große kam 1697 zu Besuch. Daneben zeigt das Museum u. a. eine Dokumentation zur Grenzöffnung 1989.

Mo/Di und Do/Fr 13–16, Sa 14–16.30 Uhr. Eintritt 2 €, Kind 1 €. Marienhöferstr. 9b, ✆ 039452-2222.

Fürst Stolberg Hütte: In den historischen Backsteingebäuden der Eisenmanufaktur, deren Ursprünge bis 1530 zurückreichen, wird im Rahmen eines Schaugießens die Arbeit mit flüssigem Eisen von der Modelleinformung bis zum Guss demonstriert. Die Hütte fertigt heute Industrie- und Kunstgussprodukte (Teller, Gartenmöbel, Hausschilder) und übernimmt Restaurierungen.

Schaugießen Mo–Fr 10 & 14 Uhr. Eintritt 5 €, Kind 2,50 €. Verkauf Mo–Fr 8–15 Uhr. Schmiedestr. 17, ✆ 039452-249439. Man erreicht die Hütte über das Werksgelände der Radsatzfabrik Ilsenburg.

Kloster und Schloss Ilsenburg: Das Ziel für Kunstfreunde liegt südöstlich oberhalb des Ortskerns. Dort stifteten die Halberstädter Bischöfe 1003 ein Benediktinerkloster, das bis ins 13. Jh. sehr bedeutend war, in den Bauernkriegen 1525 aber großteils zerstört wurde. Später nutzten es die Grafen zu Stolberg-Wernigerode zu Wohnzwecken und ließen es 1860 mit einem neoromanischen Schlossflügel, dem *Bothobau*, ergänzen. Was aus dem 11./12. Jh. erhalten blieb, sind Juwelen der Romanik – v. a. die jüngst restaurierte **Klosterkirche**, die zwar nur einen Turmstumpf und kein nördliches Seitenschiff mehr hat, dafür am ehemaligen Eingangsportal ein figurenreiches Tympanon von 1220 (hinter Glas) und im Innenraum einen schönen Stützenwechsel sowie Reste eines Stuckfußbodens aus dem 12. Jh. mit farbig geritzten Motiven. Der prächtige Hochaltar, die Kanzel und der Taufengel, der vom bemalten Holzgewölbe schwebt, sind barock (um 1706). Vom Kloster sind noch zwei Flügel von 1170 übrig: Im Ostflügel liegen **Sakristei** und **Kapitelsaal**, im Südflügel das **Refektorium** und der **Abtsraum**, sehenswerte Räume, die noch lange nicht fertig renoviert, aber zugänglich sind.

•*Kloster* Mo–Fr 10–16, Sa/So 13–15 Uhr. Eintritt frei. Schlossstr. 26. Infos in der Touristinfo. www.klosterilsenburg.de.

•*Wandern* **Von Kloster zu Kloster**, beschilderter Wander-/Radweg (3 km) zum nahen → Kloster Drübeck, Teil des neuen Harzer Klosterwanderwegs (→ S. 30).

Wandern

Ilsestein (474 m): Der 150 m hohe Granitfelsen über dem Ilsetal, den seit 1814 ein gusseisernes Kreuz ziert, ist ein schönes Wanderziel mit Brockenblick. Im 11./12. Jh. stand hier eine Burg zur Überwachung des Klosters Ilsenburg. Heute lädt das rustikale Waldgasthaus *Zum Ilsestein* zur Rast (Di–So 10–17 Uhr, ✆ 01577-1896939).

Vom Nordharzrand ins Brockengebiet

Wanderweg: Vom Startpunkt am Bloch-
hauer auf dem Weg ins Ilsetal ist der 2,5 km
lange Aufstiegsweg mit rotem Punkt
markiert (Gehzeit 45 Min.).

Weniger spektakulär als sie klingen sind
die Oberen und Unteren **Ilsefälle**, bei
denen der Fluss über ein paar Felsbrocken plätschert.

**Borkenkäferpfad, Westerbergklippe
(529 m), Froschfelsen**: Der 2,8 km
lange Nationalpark-Lehrpfad beginnt
unweit des Großparkplatzes Ilsetal und
schlängelt sich den Meineberg hinauf,
wo der Borkenkäfer besonders gefräßig
war. Tafeln informieren über die Aktivitäten des Schädlings, seine Bekämpfung
und über seinen Nutzen. Unterwegs
empfiehlt sich der 1,5 km lange Abstecher (Markierung grüner Punkt) zu
der in einem Kiefernwald gelegenen
Westerbergklippe – sie bietet einen tollen Brockenblick. 400 m weiter liegt
noch ein großer, (mit Fantasie) frosch-
förmiger Granitbrocken im Wald.

Plessenburg (530 m): Beliebtes Aus-
flugsziel per Fuß und Rad ist die in die
Jahre gekommene Waldgaststätte auf
halbem Weg zwischen Ilsenburg und
Brocken. Sie entstand aus einem 1776
errichteten Jagdhaus der Fürsten Stol-
berg-Wernigerode, zu dem auch das
nahe Forsthaus gehörte. Der kürzeste
Anstieg (5 km, roter Punkt) erfolgt über
den Ilsestein (s. o.), 3 km länger ist die
Route über die Ilsefälle (rotes Dreieck).
Radfahrer nehmen die Forststraße ab dem
Ilsetal. Im Sommer kommt auch der
Wanderbus 288 (→ Verbindungen) vorbei.
Mai–Ende Okt. 10–18 Uhr, sonst tägl. außer
Mi 10–17 Uhr. ✆ 03943-607535, www.plessen
burg.de.

Tour 9: Von Ilsenburg zum Brocken

Länge: 25 km, Gehzeit 5½ Std. Schwer.
Der Weg: Anspruchsvolle Tageswanderung
auf einem Teilstück des Heine-Wegs zum
höchsten Harzer Gipfel.

Beschreibung: Wir starten am Bhf. Ilsenburg (**1**, 225 m) und gelangen via

Marktplatz und Mühlenstraße ins Ilsetal. Beim **Waldhotel Am Ilsestein** steigen wir links die Straße Richtung Gasthaus Ilsestein hinauf. Nach 15 Min. biegen wir in eine mit rotem Punkt markierte Straße (**2**), rechts weiter kommen

Bad Harzburg

Tour 7
S. 88

Gabbro-
Steinbruch

B 4

Tour: "Über den Eckerstausee
zun Radau Wasserfall"
Wegbeschreibung unter
www.michael-mueller-verlag.de/harz

Ziel
12
Torfhaus

Gr. Torf-
häusmoor

Kaiserweg
Abbe
Goetheweg
Abbegraben

11
WC

Altenau

B 4

Braunlage

Tour 9:
Von Ilsenburg
zum Brocken

wir zum **Ilsestein** (**3**, s. o.). Dann folgen wir den Wegweisern zum **Gasthaus Plessenburg**, das wir – vorbei an der **Paternosterklippe** – nach 45 Min. erreichen (**4**). Vor dem alten Forsthaus geht es rechts im Wald bergauf Richtung **Schindelstieg** (grünes X, Weg 55 C), der kurz nach dem Wolfsberg folgt. An Felsklippen vorbei bergab, queren wir

bald eine Forststraße schräg nach links (**5**), wandern weiter am Schindelstieg, bis wir in den **Soldansweg** einbiegen. Auf diesem 20 m rechts, dann links Richtung Brocken und 3 Min. später an einer Gabelung rechts Richtung Stempelsbuche (nebenan die „Verdeckte Ilse", wo der Fluss unter Granitblöcken fließt). An der **Stempelsbuche** (**6**, Unterstand) treffen wir auf den **Heine-Weg** und halten uns links Richtung Brocken. Auf der **Hermannstraße** geht es sanft bergauf zur **Hermannsklippe** (**7**, 745 m). Dort biegen wir links auf den Kolonnenweg ein und steigen auf Betonplatten noch 1 Std. bis zum **Brockengipfel** hinauf (**8**, 1142 m → S. 121).

Von oben geht es zunächst auf der Brockenstraße bergab, bis rechts (**9**) der Goetheweg abbiegt. 2 Std. steigen wir auf ihm ab, zuerst entlang der Brockenbahn, kurz auf dem Kolonnenweg (**10**) und zum Schluss (**11**) am Abbegraben (Teil des Oberharzer Wasserregals) entlang bis **Torfhaus** (**12**, 806 m). Mit Bus und Bahn (ab Bad Harzburg via Vienenburg) geht es stündlich nach Ilsenburg zurück.

Kloster Drübeck

Schon von weitem sieht man zwischen Ilsenburg und Wernigerode die Türme der frühromanischen St. Vitus-Kirche aufragen, früher das Zentrum eines Benediktinerinnenklosters (960 erstmals erwähnt). Nach dem Dreißigjährigen Krieg wurde es in ein evangelisches Damenstift umgewandelt, das bis 1955 existierte. Ab 1996 wurde der Komplex saniert, stilsicher mit modernen Bauten ergänzt und in eine Bildungsstätte der Evangelischen Kirche umgewandelt, in der auch Individualtouristen willkommen sind.

Drübecks sehenswertes Ensemble

Die Anlage mit ihrer klösterlich-idyllischen Atmosphäre ist einen Besuch wert. Vom Parkplatz (Bushaltestelle) tritt man durch die Klostermauer, gleich links liegen der **Garten der Äbtissin**, durch den der Nonnenbach plätschert, westlich davon der **Domänengarten**. Im **Klosterhof** beeindruckt die 1730 gepflanzte mächtige Sommerlinde. Durch eine schlichte Holztür an der südlichen Kirchenwand betritt man die **Kirche St. Vitus**, die um 1000 errichtet wurde. Aus dieser Zeit sind noch das Mittelschiff, der einfache Stützenwechsel von Pfeilern und Säulen und das südliche Querhaus vorhanden – frühromanischer Kirchenbau in Reinform; das Nordschiff existiert nicht mehr. Das Westwerk mit den Türmen (im südlichen eine Ausstellung archäologischer Funde) und der Chor stammen aus dem 12. Jh., der zweiflügelige Schnitzaltar ist von 1500, der brennende Dornbusch und der gekreuzigte Christus im Westchor sind stimmige moderne Zutaten. Besonders stimmungsvoll sind die fünf von Bruchsteinmauern umschlossenen **Gärten der Stiftsdamen** östlich der Kirche, die mit je einem Bethäuschen (vier stehen noch) versehen waren. Das Kloster-Café am Rand einer Streuobstwiese serviert Kaffee und Kuchen (tägl. 14–17.30 Uhr).

•*Klosterkirche* Tägl. 6.30–19 Uhr. Führungen tägl. (außer Dez.) 14, April–Okt. auch So 11 Uhr. ☎ 039452-94330, www.kloster-druebeck.de.

•*Verbindungen* **Bus 260**: Tägl. 6- bis 20-mal nach Ilsenburg und Wernigerode. www.hvb-harz.de.

•*Übernachten/Essen* **VCH Kloster Drü-beck**; in den Gästehäusern moderne, im Äbtissinnenhaus mit Antiquitäten ausges-tattete Zimmer mit Du/WC (TV gegen Ext-ragebühr). DZ 68 €. Klostergarten, 38871 Drübeck, ✆ 039452-94330, www.vch.de/kloster.druebeck.

Klosterschänke Drübeck, gutbürgerlicher rustikaler Gasthof außerhalb des Kloster-areals. Mi–Fr mittags und ab 17, Sa/So ab 11 Uhr. Schulweg 10, ✆ 039452-89062.

•*Feste* **Romantische Nacht**, 1. Sa im Aug., Konzerte, Musik, Kochshows, Kerzen-schein, Turmblasen etc. Eintritt 10 €, mit Büfett 30 €.

•*Wandern* „Von Kloster zu Kloster" → S. 99

Wernigerode

ca. 34.000 Einwohner • 240 m

Die schöne Lage an den steil abfallenden Harzbergen, das Märchenschloss über der Stadt, bunte Fachwerkhäuser, ein prächtiges Rathaus, hübsche Hotels und die Schmalspurbahnen – die „Bunte Stadt am Harz" ist ein Magnet für Touristen aus aller Welt.

Was wie ein Werbespruch klingt, ist schon 100 Jahre alt, stammt von Heidedichter Hermann Löns und ist nach wie vor aktuell: die „Bunte Stadt am Harz". Die fast 1000 Fachwerkhäuser, die zusammen mit der schönen Umgebung Jahr für Jahr über zwei Millionen Besucher nach Wernige-rode locken, begeisterten schon Goethe, Wilhelm Raabe und Theodor Fontane.

Erster Anlaufpunkt ist der Marktplatz mit dem berühmten Rathaus und den schmucken Fachwerkgassen, unter denen die „Breite Straße" die Shopping-meile ist. Nicht scheuen sollte man den steilen Aufstieg zum romantischen Schloss, eines der meistbesuchten Schlösser in Sachsen-Anhalt. Museen, Gärten, Parks und Wanderziele am Stadtrand bieten Abwechslung für einen längeren Aufenthalt.

Doch Wernigerode lebt nicht nur vom Tourismus: Die Stadt ist Standort einer Fachhochschule mit 3000 Studierenden, einer Außenstelle des Robert-Koch-Ins-tituts, des Landesgymnasiums für Musik sowie namhafter Unternehmen. Auch klimatisch ist die Stadt begünstigt: Die Regenschattenseite des Harzes ist deut-lich niederschlagsärmer, bisweilen sorgt der Föhn für höhere Temperaturen.

Wie der Namensteil „rode" zeigt, ent-stand der Ort auf einer gerodeten Lich-tung. Diese befand sich im Bereich des heutigen *Klint* (german. „Anhöhe"). Erstmals erwähnt wird die Siedlung samt gleichnamigem Grafengeschlecht

Hier kann man Stunden verbringen …

1211, 1229 erhielt sie Stadtrechte. 1429 starben die Wernigeröder Grafen aus, ihr Erbe fiel an die Grafen von Stolberg. Der Handel mit Tuchwaren, Bier und Holz verhalf der Stadt im 14./15. Jh. zu Reichtum. Ein Großbrand 1528, eine Pestepidemie und der Dreißigjährige Krieg brachten den Niedergang. Ab Mitte des 19. Jh. lockte die Sommerfrische die ersten Touristen in die Stadt, gleichzeitig siedelten sich metall-, holz- und steinverarbeitende Betriebe an. 1872 wurde die Bahnlinie nach Halberstadt eröffnet, 1899 die Harzquer- und Brockenbahn. Bei einem alliierten Bombenangriff im Februar 1944 wurden 67 Häuser zerstört. Zu DDR-Zeiten war das gut restaurierte Wernigerode eine Vorzeigestadt, Plattenbausiedlungen entstanden an den nördlichen Stadträndern. Nach 1989 floss viel Geld in Tourismus und Wirtschaft, sodass die Stadt heute ein blühendes Aushängeschild Sachsen-Anhalts ist.

Praktische Informationen (→ Karte S. 106/107)

• *Information* **Wernigerode Tourismus**, im linken Rathaus-Anbau; gemeinsamer Schalterraum mit Sparkasse. Unterkunftsvermittlung, Wander- und Landkarten, Stadtplan (0,50 €), Gastgeberverzeichnis (1 €). Sehr informative Website. Mai–Okt. Mo–Fr 9–18, Sa/So 10–15 Uhr. 38855 Wernigerode, Marktplatz 10, ✆ 03943-5537835, www.wernigerode-tourismus.de.

• *Stadtführung* „1000 Schritte rund ums Rathaus" (60 Min.), tägl. 10.30, Sa auch 14 Uhr. 4 €, Kind 2 €.

• *Verbindungen* **Bahn**: Tägl. 10-mal nach Goslar, Bad Harzburg, Hannover; 16- bis 20-mal nach Halberstadt, Halle und Vienenburg. Sa/So je 1- bis 2-mal direkt nach Berlin *(Harz-Elbe-Express)*.

Bus: Busbahnhof östl. des Bahnhofs; tägl. 6- bis 20-mal nach Ilsenburg (Linie 260), 10-mal nach Elbingerode, Rübeland (258, 265), 6- bis 9-mal nach Schierke, Elend, Braunlage (257); 3- bis 13-mal nach Blankenburg, Thale (253). www.hvb-harz.de.

Stadtverkehr: 4 Buslinien verbinden alle Ortsteile mit dem Zentrum. Mo–Fr 6–18 Uhr alle 30 Min., Sa/So alle 60 Min.

Harzer Schmalspurbahnen: Tägl. 7-mal via Drei Annen Hohne und Schierke auf den Brocken, 3-mal via Eisfelder Talmühle (umsteigen) nach Nordhausen. In Wernigerode gibt es 4 Haltestellen: Bahnhof, Bahnhof Westerntor, Hochschule Harz und Hasserode.

• *Parken* Gebührenpflicht in der Altstadt: 3 Parkhäuser, mehrere kleine Parkplätze und Großparkplatz „Anger/Schloss" (Halberstädter Str.). Gratis nur in der Feldstr. nördlich vom DB-Bahnhof.

• *Radverleih* **Bad-Bikes**, MTBs 12,50 €/ Tag, Citybikes 7,50 €. Mo–Fr 9–19, Sa 9–13 Uhr. Breite Str. 22 (Eingang Steingrube), ✆ 03943-626868, www.badbikes-online.de.

Zweirad John, etwas günstiger; auch Skiverleih. Zaunwiese 2 (zwischen Bhf. und Bürgerpark), ✆ 03943-633294.

• *Einkaufen* **Wernigeröder Kunst & Kulturverein (16)**; im Kunsthof gibt es Werkstätten für Glas, Keramik, Holzspielzeug, Goldschmiedekunst und pfiffige Stricksachen (tägl. 11–17 Uhr) sowie eine Galerie im 1. Stock (moderne Kunst). Tägl. außer Mo 11–17 Uhr. Marktstr. 1. www.kunstverein-wernigeroede.de.

Porzellanmanufaktur Hütter (16), die kleinste Europas. Ausgefallenes im Vorderhaus des Kunsthofs (s. o.). Tägl. 10–18 Uhr. Marktstr. 1, www.porzellan-huetter.de.

Baumkuchenhaus Nr. 1 (5), seit 2008 logiert der Hersteller von 40 Kuchenvarianten in einem „Baumkuchenhaus" am nordwestl. Ortsrand. Mit Café samt Brockenblick, Laden, kleiner Kuchen-Ausstellung und Schaubäckerei (Fr/Sa 14–16 Uhr). Mo–Sa 10–18, So 12–17 Uhr. Neustadter Ring 17, www.harzer-baumkuchen-friedrich.de.

Wergona Schokoladen Fabrikverkauf (4), Schoko-Figuren, die legendären „Argenta Brockensplitter" aus Haselnusskrokant, Schokopuffreis „Sun Rice" u. a. zu günstigen Preisen. Di–Sa 11–18 Uhr. Neustadter Ring 4.

Edeka (3), einziger Lebensmittelmarkt im Zentrum, im UG der Altstadt-Passagen. Mo–Fr 8–19, Sa bis 16 Uhr. Ringstr. 37.

Glasmanufaktur Harzkristall, in Derenburg, 5 km nordöstlich. Riesige Glaserlebniswelt mit Schauwerkstatt, Verkauf, Führungen (2 €) und Café. April–Dez. tägl. 10–18, sonst 10–17 Uhr. Im Freien Felde 5, www.harzkristall.de.

Übernachten/Essen (→ Karte S. 106/107)

Online-Buchung unter www.wernigerode-tourismus.de.

> **Wernigerode-Ticket**: Wer in Wernigerode Kurtaxe (1,80 €) bezahlt, erhält das Wernigerode-Ticket, das als „Harzer Urlaubs-Ticket" (S. 31) gilt und Ermäßigung in Museen, Restaurants und Shops gewährt.

•*Hotels/Pensionen* ****S **Gothisches Haus (14)**, freundliches, elegantes Hotel mit historischer Fachwerkfassade; stilvolle Kombination aus Alt- und Neubau. 116 gemütliche Zimmer und Suiten mit Rathausblick, abends evtl. laut. Whirlpool, Saunalandschaft. Frühstücksbüfett im Wintergarten. 3 Restaurants, Kaminbar und rustikaler Weinkeller. DZ 130–160 €, Superior 190 €, Parkhaus 10 € extra. Marktplatz 2, ☎ 03943-6750, www.travelcharme.com/gothisches-haus.

*** **Altora (1)**, neues, freundliches Hotel an stark befahrener Kreuzung gegenüber dem Rangierbahnhof der Schmalspurbahnen. 31 moderne, eher kleine Zimmer. „Restaurant 1835" mit Harzer Küche, die Getränke serviert eine Modelleisenbahn. DZ 75–80 €, mit Dampflokblick 90 €. Bahnhofstr. 24/26, ☎ 03943-40995100, ✆ 40995299, www.hotel-altora.de.

*** **Alt Wernigeröder Hof (2)**, traditionsreiches, Hotel-Garni in guter Lage zwischen Bhf. und Marktplatz, seit 2006 unter neuer Leitung. 63 gemütliche Zimmer, sehr freundlicher Service. DZ 80–90 €. Pfarrstr. 50a, ☎ 03943-94890, ✆ 948911, www.alt-wernigeroeder-hof.de.

*** **Zur Post (17)**, Familienbetrieb in einem Fachwerkhaus (16. Jh.) in der Fußgängerzone hinter dem Marktplatz, 1997 umfassend renoviert. 13 modern-romantische Zimmer. Restaurant mit Kachelofenstube im Haus. DZ 90 €. Marktstr. 17, ☎ 03943-69040, ✆ 690430, www.hotelzurpost-wr.de.

•*Ferienwohnungen* ****(*) **Wernigeröder Ferienhaus (6 / 18)**, zwei komplett ausgestattete romantische Ferienhäuser: das kleine Fachwerkhaus „Am kleinsten Haus" (90 m², 1–4 Pers.) aus dem 17. Jh. mit Tiefgaragenplatz und Dachterrasse; das neue „Haus Sonnenwiese" mit 5 Zimmern (230 m², 1–8 Pers.) in Südhanglage. 40 €/Pers. Sonnenwiese 14, ☎ 03943-626620, www. wernigerode-ferienhaus.com.

Hasseröder Ferienpark (20), große, bei Familien beliebte Ferienparkanlage (2005 erbaut) im Ortsteil Hasserode auf dem Areal eines früheren Sommerbads. 145 komplett ausgestattete Reihenhäuser (6–10 Pers.), Doppelhaushälften (4–8 Pers.) und Fewo (2–6 Pers.), alle im Landhausstil. Erlebnisbad (→ Brockenbad), Spiel- und Freizeitwelt. Fewo 60–90 € je nach Größe, günstige Wochenendtarife und Last-Minute-Angebote. Nesseltal 11, ☎ 03943-55700, ✆ 557099, www. hasseroeder-ferienpark.de.

**** **Am Markt (10)**, nahe dem Marktplatz. 6 moderne, komplett ausgestattete Wohnungen (bis 4 Pers.) in historischem Fachwerkhaus. Fewo 4 Pers. 52–80 € je nach Ausstattung und Aufenthalt (mind. 3 Tage). An Silvester bis 105 €. Unterengengasse 2, ☎ 03943-606207, ✆ 695946, www.urlaub-wr.de.

•*Jugendherberge* **Wernigerode (19)**, die „Kultur-Jugendherberge" im Ortsteil Hasserode ist von außen ein unattraktiver Klotz. 241 Betten in modernen 2- bis 4-Bett-Zimmern mit Du/WC. Zielpublikum: Familien mit 1–2 Kindern, Schulklassen und Musik- und Theatergruppen, denen Probenräume und Bühnen zur Verfügung stehen. 22–25 €/Pers. inkl. Frühstück und Bettwäsche. Am Eichberg 5, ☎ 03943-606176, ✆ 606177, www.jugendherberge-wernigerode.de.

•*Wohnmobilstellplätze* **Am Katzenteich**, zwischen Bhf. und Bürgerpark; Versorgungsstation, Strom; 2,50 €.

Anger/Schloss, Altstadtrand; Versorgungsstation, kein Stromanschluss, 2,50 €.

•*Restaurants* **Bohlenstube (14)**, von Gault Millau ausgezeichnetes Gourmetrestaurant im „Gothischen Haus" (→ Hotels). Kreative internationale Küche mit regionalen Zutaten, 5- bis 7-Gänge-Menü 120–190 €. Mi–Sa abends geöffnet.

In „Die Stuben" im selben Haus geht es etwas einfacher zu (Hauptgericht 13–20 €).

Weißer Hirsch (9), elegantes Restaurant im gleichnamigen Hotel am Marktplatz. Klassische regionale Küche, hübsch angerichtet, gute Qualität, gehobene Preise. Hauptgericht 10–20 €, Menü bis 50 €. Terrasse mit Rathausblick. Warme Küche tägl. ab 11 Uhr. Marktplatz 5, ✆ 03943-602020, www.hotel-weisser-hirsch.de.

Orchidea Huong (5), empfehlenswertes, von Gourmetführern prämiertes asiatisches Restaurant mit authentischer japanischer und vietnamesischer Küche. Liebenswerter Service und moderate Preise. Tägl. ab 17, Sa/So auch 12–15 Uhr. Japanischer Garten im Hof. Klintgasse 1, ✆ 03943-625162, www.orchidea-huong.de.

Krummelsches Haus, stilvoll im Bistro-Stil eingerichtetes Restaurant hinter historischer Fassade. Salate, Steaks, Grillgerichte und Pasta zu mittleren Preisen. Biergarten im Innenhof. Tägl. ab 11.30 Uhr. Günstige Mittagsteller bis 14 Uhr. Breite Str. 72, ✆ 03943-602626, www.krummelsches-haus.de.

• Cafés/Bars Café Wien (11), nostalgisches Traditionscafé in der Fußgängerzone in einem Fachwerkhaus von 1583. Tägl. 8–18, So ab 10 Uhr. Breite Str. 4.

Konditorei & Café am Markt (13), eines der besten Cafés Sachsen-Anhalts. 2 Etagen, tolle Terrasse am Markt. Vorzügliche Kuchen, Torten und Pralinen aus eigener Herstellung. Für den großen Hunger gibt es deftige Fleisch- und Pastagerichte und Snacks. Nicht ganz billig. Tägl. 8–18, So ab 9 Uhr. Marktplatz 6–8.

Die Eiscafé-Lounge links daneben und das Coffeehouse Baldini's mit 40 Kaffeespezialitäten gehören demselben Besitzer.

Eiscafé Tacke (7), beliebte kleine Eisdiele in der Fußgängerzone. Eis, Kuchen und Windbeutel. Tägl. 10–19 Uhr. Breite Str. 42.

Eiscafé Santin (8), mit 40 hausgemachten Eissorten, italienischen Desserts und Snacks punktet das Café gegenüber dem Rathaus. Am schönsten sitzt man vor dem Haus. Tägl. 10–18/19 Uhr. Westernstr. 2.

Café Burgstraße (12), traditioneller Familienbetrieb mit eigener Bäckerei (bekannt für das „Burgbrot") und Café-Konditorei (Harzer Blechkuchen in vielen Varianten!). Mittags auch Herzhaftes. Tägl. 6–19 Uhr. Burgstr. 18.

Aktivitäten/Veranstaltungen

• Baden Waldhofbad, beliebtes Freibad am Altstadtrand, 2 Becken (Wasser eher frisch), große Liegewiese. 15. Mai–15. Sept. tägl. ab 10 Uhr. Waldhofstr. 4. ✆ 03943-632868.

Brockenbad, Erlebnisbad im Hasseröder Ferienpark (→ Übernachten) mit Riesenrutsche, Wasserfall, Saunalandschaft. Tägl. 10–22 Uhr. 2-Std.-Ticket inkl. Sauna 10 €; Kind 8 €. Tageskarte 16/12 €. ✆ 03943-557041.

•*Kino* **Volkslichtspiele**, Traditionskino mit 2 Sälen, nahe dem Westerntor. Salzbergstr. 1, ☎ 03943-632687, www.volkslichtspiele-wernigerode.de.

•*Radeln* Schöne Touren entlang dem **Europaradweg R 1** (markiert mit radelnder Hexe), etwa über Ilsenburg bis Bad Harzburg oder über Michaelstein bis Blankenburg.

•*Spielbank* Die **Spielbank Wernigerode** steht ganz im Zeichen der Schmalspurbahnen: Gespielt wird in Waggons, Gewinne gibt's am Fahrkartenschalter. Tägl. 12–2 Uhr. Westernstr. 21.

•*Veranstaltungen* **KiK – Harzer Kultur- und Kongresszentrum**, Konzerte und Events. Eingang Albert-Bartels-Str. (zw. Bhf. und Markt). www.kik-wernigerode.de.

Mitteldeutscher Töpfermarkt, Sa/So Ende Mai/Anfang Juni, auf dem Marktplatz.

Wernigeröder Rathausfest, Sa/So Mitte Juni, traditionelles Stadtfest auf dem Marktplatz und im Lustgarten.

Wernigeröder Schlossfestspiele, Juli/Aug., Opern und Operetten im Schlossinnenhof. www.kammerorchester-wr.de.
Wernigeröder Altstadtfest, Sept., Markt, Konzerte und Kleinkunst in der Altstadt.
Harzer Gebirgslauf, Mitte Okt., mehrere Strecken, die schwerste ist der Brocken-Marathon. www.harz-gebirgslauf.de.
Wernigeröder Weihnachtsmarkt, Advent, vom Nikolaiplatz bis zum Rathaus, dazu Konzerte und Adventsingen.

• *Wandern* Am Westerntor, am Holfelder-platz und am Großparkplatz Anger/Schloss gibt es Infotafeln zu nahen Wanderzielen.

Sehenswertes in der Altstadt

Marktplatz, Rathaus und Wohltäterbrunnen: Mittelpunkt der Altstadt ist der von Cafés und Traditionshotels aus dem 19. Jh. gesäumte weitläufige Marktplatz. Seine Südseite schmückt eines der schönsten Rathäuser Deutschlands. Der orange Fach-werkbau mit spitzen Erkertürmchen und doppelläufiger Freitreppe geht zurück auf ein 1277 erbautes Richt- und Theaterhaus der Grafen; 1427 erhielt es einen Weinkeller, 1480 wurde es im Westen um das städtische Waaghaus erweitert. Sein heutiges Aussehen entstand beim Umbau 1539–44. Einen näheren Blick wert sind die 33 geschnitzten und bemalten Figuren an den Stützbalken des unteren Fach-werkgeschosses: Sie zeigen Schornsteinfeger, Steinmetz, Zimmermann und Schmied, Narren mit roten Kappen, Musiker, Bischöfe, Heilige u. a.

Der neugotische sechseckige **Wohltäterbrunnen** mitten am Marktplatz wurde 1848 in der Fürst-Stolberg-Hütte in Ilsenburg gegossen. Die Wohltäter der Stadt sind auf goldenen Wappenschildern zwischen den Wasser speienden Löwenköpfen verewigt, am oberen Becken die Adeligen, am mittleren die Bürger.

Rathausführung „Vom Keller bis zum Dach" (90 Min.), mehrmals die Woche (Termine un-ter ✆ 03943-5537835, www.wernigerode-tourismus.de). Ticket inkl. Begrüßungstrunk 6,30 €, Kind 4,30 €.

Eine Stadtmitte wie im Bilderbuch – der Marktplatz von Wernigerode

Klint und Schiefes Haus: Die Gasse zwischen Rathaus und Gothischem Haus führt bergan zum **Klint**, dem ältesten Teil der Stadt. Im Klint Nr. 10 residiert das Harzmuseum (s. u.), die links abbiegende Klintgasse säumen Fachwerkhäuser aus dem 16.–18 Jh. Treffender war ihr alter Name „Mühlgasse", steht doch an ihrem östlichen Ende (Nr. 5) das barocke, rosa-graue Fachwerkhaus der einstigen Tuchmachermühle (1680). Es wird **Schiefes Haus** genannt – seine Ostfassade neigt sich 1,20 m aus dem Lot. An der Seite war einst das Mühlrad befestigt, das mit seinem Gewicht und der Wasserunterspülung das Haus zum Sinken brachte. Ein schönes Fotomotiv ist die Blumenuhr davor.

Harzmuseum: Im Obergeschoss des klassizistischen Bürgerhauses von 1821 ist das 2001 neu konzipierte Harzmuseum eingerichtet. Es befasst sich mit der Geologie (Mineralien- und Fossiliensammlung), dem historischen Bergbau sowie Flora und Fauna des Harzes. Im zweiten Teil erfährt man Wissenswertes zur Stadtgeschichte, etwa zur den Fachwerkstilen, zur Entwicklung des Handwerks und des Fremdenverkehrs. Auch Gemälde von Harzer Künstlern sind zu sehen.
Mo–Sa 10–17 Uhr. Eintritt 2 €, ab 7 J. 1,30 €. Klint 10. ✆ 03943-654454.

St. Sylvestri: Die neugotische Kirche (1869) erhebt sich am höchsten Punkt des Klint. Einst stand hier das erste Gotteshaus der Stadt, das 1265 durch die romanische Kirche eines Chorherrenstifts ersetzt wurde. Von dieser sind nur die Pfeiler im heutigen Kircheninneren erhalten. Kostbarste Stücke sind ein gotischer Flügelaltar (1480) und ein sichtlich uralter eichener Sakristeischrank aus dem 13. Jh.
Mi–So 10.30–12.30 und 14–16 Uhr.

Oberpfarrkirchhof: Den Kirchhof um St. Sylvestri säumt ein schmuckes Fachwerkensemble, Infotafeln weisen auf Geschichte und Bauweise der Häuser hin: Im Küsterhaus Nr. 4 wohnte der Lehrer, im barocken Haus Nr. 6 der Pfarrer, die von 1580 stammenden Gebäude Nr. 10 und 11 bewohnten die Chorherren. Links davon führt das schmale **Demutsgässchen** an die Stadtmauer. Sein Name stammt vom wenig demütigen Damenbesuch, der hier zu den Chorherren geschleust wurde. Von einem reichen Besitzer zeugt das 1582 erbaute **Gadenstedtsche Haus** (Nr. 13) mit steinernem Untergeschoss und Renaissance-Erker mit Butzenscheiben.

Marktstraße, Kleinstes Haus: Mit dem Schloss im Blick geht es vom Oberpfarrkirchhof, vorbei an Kutschen und Bimmelbahn, in die Marktstraße, die den Marktplatz einst mit dem südlichen Stadttor, dem Dullenturm (heute nur mehr Steinreste) verband. Schöne Fachwerkhäuser aus dem 16./17. Jh. reihen sich aneinander, nur die Post passt nicht ganz dazu. Wo die Marktstraße an ihrem Südende in die Kochstraße mündet, steht das kleinste Haus von Wernigerode. 1792 errichtet, füllte es mit 3 m Breite und 4,20 m Höhe eine Baulücke. Jeder über 1,70 m muss sich beim Betreten bücken, die unteren Fensterläden werden ineinander gefaltet. Das Haus dient heute als Museum: Unten sind der Flur mit Herd und Küche, oben eine Wohnstube und unter dem Dach ein Schlafgemach. Im 19. Jh. reichte das für eine neunköpfige Familie.
April–Okt. und Dez. tägl. 10–16, sonst nur Sa/So 10–16 Uhr. Eintritt 1 €. Kochstr. 43.

Westerntor: Folgt man vom Marktplatz der Fußgängerzone Westernstraße, trifft man an ihrem Ende auf den 42 m hohen Westerntorturm. Er ist der Rest einer doppelt bewehrten, im 19. Jh. abgebrochenen Toranlage, die einst den Westeingang der Stadt schützte und Teil der Stadtbefestigung mit 30 Türmen und vier Toren war. Seine achteckige Spitze schmückt eine goldene Forelle als Wetterfahne.

Vom Nordharzrand ins Brockengebiet

Schönes Fachwerk säumt die Gassen im Heideviertel

Heideviertel, Ältestes Haus: Nördlich der Westernstraße erstreckt sich das einst von Handwerkern, Tagelöhnern und Hirten bewohnte Heideviertel, das 1847 großteils einem Brand zum Opfer fiel. Die **Hinterstraße** gibt einen Eindruck von der einstigen Bebauung mit einfachen Fachwerkhäusern – im Erdgeschoss wurde gearbeitet, im Obergeschoss gewohnt. Der Ständerbau in der Hinterstr. 48 soll von 1400 und das älteste erhaltene Haus Wernigerodes sein. Der rekonstruierte Brunnen an der Gabelung von Mittel- und Hinterstraße ist ein schönes Fotomotiv.

Breite Straße: Die Wernigeröder Einkaufs- und Flaniermeile erstreckt sich vom Marktplatz bis zum 1843 abgebrochenen Rimker Tor, an das heute, ein wenig hilflos, ein stilisierter Metallturm erinnert. 100 Fachwerkhäuser säumen die Straße, darunter der prächtige Renaissance-Bau von 1583 (Nr. 4), in dem sich das *Café Wien* eingerichtet hat. Eine stilistische Ausnahme ist die Ratsapotheke (Nr. 22), ein steinerner Palast mit Erker im wilhelminischen Stil von 1894. Am **Nicolaiplatz** gegenüber erhob sich bis zu ihrem Abriss 1873 die St. Nicolaikirche; ihr Grundriss ist im Platz angedeutet. Das nördlich anschließende Nicolai-Hospital, ein großer klassizistischer Fachwerkbau (1750), ist heute Sitz der Polizeiwache. Der moderne Nikolaus-Brunnen (2003) in der Platzmitte zeigt den Heiligen mit einem Modell der historischen Kirche. Üppig verziert ist das barocke **Krummelsche Haus** (Breite Str. 72), das sich der Kornhändler Heinrich Krummel 1674 bauen ließ. Die geschnitzten Reliefs unter den Fenstern zeigen Allegorien der Erdteile und Elemente.

Krellsche Schmiede: Fast am Ende der Breiten Straße trifft man linkerhand auf ein mit Pferdekopf und Hufeisen geschmücktes Haus (Nr. 95), das fränkisches Fachwerk mit geschweiften Rauten aufweist. Sein Bauherr, Schmiedemeister *Michael Krell*, stammte aus Süddeutschland und ließ sich 1678 hier eine Schmiedewerkstatt einrichten, die das ganze Erdgeschoss einnahm und bis 1975 in Betrieb war. Seit 2008 findet hier regelmäßig Schauschmieden statt.

St. Johannis: Am schönsten nähert man sich der ältesten erhaltenen Wernigeröder Kirche von der Breiten über die Grüne Straße und den Johanniskirchweg. Der romanische Bau wurde 1279 als Pfarrkirche der damals entstandenen *Neustadt* errichtet und ist noch von einer Mauer umgeben. Wirkt das Langhaus mit dem dunklen, hölzernen Tonnengewölbe düster, so ist der Chor lichtdurchflutet. Dort steht das kostbarste Stück, ein vergoldeter, vierflügeliger Schnitzaltar von 1450. Den Taufstein von 1569 ziert ein Relief Martin Luthers. Die Orgel von *Friedrich Ladegast* (1885) ist ein Meisterwerk spätromantischer Orgelbaukunst, das im Sommer im Mittelpunkt der Konzertreihe „Orgel zur Nacht" steht.

April–Nov. Mo-Sa 10–12 und 15–17, So 11–12.30 Uhr. www.st-johannis-wernigerode.de.

Liebfrauenkirche: Die einstige Pfarrkirche der Kaufleute erreicht man von der Breiten Straße über die Burgstraße. Ihr romanischer Vorgängerbau wurde im 18. Jh. bei einem Stadtbrand zerstört, bei der Finanzierung des spätbarocken, innen schlichten Neubaus half der dänische König *Friedrich V.* aus. Der neugotische Turm kam 1888 hinzu (von oben tolles Panorama).

Turm Fr 14–17.45, Sa/So 13–17.45, Sa auch 10–11.45 Uhr. Eintritt 2 € (Eingang Buchtingenstr.).

Stadtmauerreste am Vorwerk: Von der Stadtbefestigung aus dem 13. Jh. sind das Westerntor (→ S. 109) und ein Mauerrest mit zwei Halbschalentürmen zwischen der Vorwerk- und Burgbergstraße im Südosten der Altstadt erhalten.

Schloss Wernigerode

Das Märchenschloss 120 m oberhalb der Stadt ist neben dem Rathaus Wernigerodes zweites Wahrzeichen. Ursprünglich war es eine frühmittelalterliche Burg, die im 12. Jh. die kaiserlichen Jagdwege von der Pfalz in Goslar in den Harz schützte. In den folgenden Jahrhunderten wurde sie mehrfach verändert, ein größerer Umbau erfolgte 1862–85. Damals nutzten die Grafen zu Stolberg-Wernigerode die Burg bereits seit 150 Jahren als Herrschaftssitz. *Graf Otto zu Stolberg-Wernigerode* war nun zum Stellvertreter Bismarcks und Vizekanzler des Deutschen Reichs aufgestiegen, und so musste etwas Repräsentatives her: Das „Neuschwanstein des Harzes" entstand. Baumeister *Carl Frühling* errichtete einen vielgliedrigen Bau im Stil des Historismus mit 250 Räumen – jede Symmetrie war verboten, kein Raum durfte dem anderen gleichen. Auch die Terrassengärten und das Palmenhaus im Lustgarten waren Teil dieses Gesamtkunstwerks. 1890 wurden die Grafen zu Fürsten erhoben, 1929 waren sie bankrott. Sie mussten das Schloss als Wohnsitz aufgeben, es wurde zum Museum. Vom Zweiten Weltkrieg unversehrt, gingen während der russischen Besatzung jedoch die fürstlichen Waffen-, Bücher- und Münzsammlungen verloren.

Vom unteren Schlosstor gelangt man entweder rechts durch den Schlossgang oder links entlang der Ringmauer und an früheren Dienstbotenhäusern (heute Souvenirläden) vorbei bis zur großen Freiterrasse mit drei Kanonen. Hier bietet sich ein fantastischer Blick über die Stadt bis zum Brocken sowie auf die Schlossfassade mit dem Haupteingang am Fahnenturm.

Nach der Kasse erreicht man den engen Schlossinnenhof mit Brunnen, neugotischem Bergfried, Freitreppe sowie Fassaden aus der ganzen Baugeschichte. Von hier geht es in zwei beschilderten Rundgängen durch rund 50 Räume, die Einblick in die adelige Wohnkultur des späten 19. Jh. geben. Höhepunkte sind die 1880 vollendete zweischiffige **Schlosskirche**, die *Friedrich von Schmidt*, Architekt des Wiener Rathauses, im Stil der französischen Gotik entwarf; der **Festsaal** mit eingedeckter Silbertafel für 16 Personen, prächtigem Lüster und Historienmalerei an

Vom Nordharzrand ins Brockengebiet

Lohnt den Aufstieg: Schloss Wernigerode

den Wänden; sowie die drei für Kaiser *Wilhelm I.* eingerichteten **Gästezimmer**, in denen 1929 noch der ägyptische König nächtigte. Zum Schluss gibt es Rüstungen zu sehen, bevor es durch Kellergewölbe wieder auf die Schlossterrasse geht.

• *Schloss* Mai–Okt. tägl. 10–18, sonst Di–Fr 10–16, Sa/So 10–18 Uhr. Eintritt 5 €, 6–14 J. 2 €. Führung 1 € extra, Audioguide 2,50 €. Am Schloss 1, ✆ 03943-553030, www. schloss-wernigerode.de.

• *Wege zum Schloss* **zu Fuß** steil und kurz ab Burgberg-Fürstengrotte bzw. ab Lustgarten-Löwentor-Rosenwinkel; länger über die Schlosschaussee. Daneben buhlen zwei Minizüge um Touristen: die orange **Wernigeröder Schloßbahn** fährt tägl. ab 9.30 Uhr alle 25–50 Min. ab Großparkplatz „Anger/Schloss" bzw. ab Krummelschem

Haus zum Schloss. Die gelbe **Wernigeröder Bimmelbahn** fährt alle 20–40 Min. von der Blumenuhr hinter dem Rathaus ab. Bei beiden einfache Fahrt 3 € (Kind 1 €), Hin-/Rückfahrt 4,50 € (2 €).

• *Essen* **Schloss-Café Restaurant**, in der Fürstinnen-Garderobe, Außenplätze im Schlossinnenhof, gehobene Preise. Tägl. 10–18 Uhr. www.cafe-wiecker.de.

Schlossterrassen, große Gastwirtschaft außerhalb mit Wintergarten und Aussichtsterrasse. Mo–Mi 9.30–17.30, Do–So bis 20.30 Uhr. www.schlossterrassen.de.

Lustgarten: Der als Liegewiese, Spiel- und Festplatz beliebte Landschaftsgarten am Fuß des Schlossbergs wurde im 16. Jh. angelegt und im 18. Jh. aufwendig barockisiert. Damals entstand die als Festsaal und Winterquartier der Kübelpflanzen genutzte Orangerie, in die 1830 die fürstliche Bibliothek einzog (heute Landeshauptarchiv). Das Palmenhaus von 1873 ist seit 1944 eine Ruine.

Kastanienwäldchen: Im Osten schließt an den Lustgarten – getrennt durch eine Wiese – eine botanische Rarität an. Hier stehen an die 100 wegen ihrer Früchte sehr geschätzten Esskastanien. Selten reifen sie nördlich der Alpen, es soll sich um den nördlichsten Wald Europas handeln.

Ehem. fürstlicher Tiergarten: Der Wald an der Rückseite des Schlosses wurde 1568 eingezäunt, um darin Wild für die gräfliche Jagd zu halten. Die Mauer ist erhalten, der Wald heute von einem Wegenetz durchzogen, auf dem es sich zu wandern lohnt (→ Wandern). In der Südostecke, Richtung Nöschenrode, befindet sich im idyllischen Christianental der **Wildpark Christianental** (Mo–Fr 7–16 Uhr) mit Damwild, Luchs, Waschbär, Eule, Wildkatze, einem Streichelzoo mit Haustieren, Waldgaststätte und Spielplatz. Er ist ein beliebtes Ausflugsziel für Familien (erreichbar mit Citybus 2).

•*Gärten/Park* Alle Gärten und der Wildpark sind ganzjährig frei zugänglich.

•*Essen* **Waldgaststätte Christianental**, Ausflugsgasthaus mit Terrasse und Biergarten in dem früheren alpenländischen Lusthaus (1711). Regionalküche (Hauptgericht unter 11 €), hausgemachter Kuchen, Eis, Kaffee und Tee. Kein Ruhetag. Christianental 43, ✆ 03943-25171, www.christianental-wernigerode.de.

•*Wandern* **Gartenträume-Wanderweg**, der beschilderte Rundweg durch alle Schlossgärten (5 km) startet im Lustgarten, passiert Vosswiese und Kastanienwäldchen, biegt am Ende einer Kleingartenanlage rechts ab und erreicht bergauf das Hotel Am Schlosspark. An der Tiergartenmauer geht es rechts weiter bis zur Silbertannenwiese und auf dem Marienweg zum Agnesberg-Gipfel (395 m), wo man den bekannten Blick auf das Schloss „von hinten" hat. Über Serpentinen Richtung Schloss hinab, dann stadtseitig auf dem Blumenweg und der Straße „Im Rosenwinkel" zurück zum Lustgarten.

Christianentalweg: Vom Schloss führen der Große und Kleine Christianentalweg (1 km) zum Wildpark.

Außerhalb der Altstadt

Museum für Luftfahrt und Technik: An die 30 Flugzeuge und Hubschrauber, 200 Modellflugzeuge, Schleudersitze, Cockpits und Pilotenuniformen hat das in einer Werkshalle im Industriegebiet zwischen Bahnlinie und Bürgerpark gelegene Privatmuseum zusammengetragen. Es gehört zu den größten seiner Art in Deutschland.

Mo/Di 10–15, Mi–So 10–17 Uhr. Eintritt 4,50 €, 6–15 J. 2,50 €. Gießerweg 1, ✆ 03943-633126, www.luftfahrtmuseum-wernigerode.de.

Wernigeröder Bürgerpark und Miniaturenpark „Kleiner Harz": Zur Landesgartenschau 2006 entstand auf den Brach- und Deponieflächen nördlich der Bahnlinie (Haupteingang am Dornbergsweg) ein riesiger Landschaftspark, u. a. mit Spielflächen, Themengärten, Promenadenwegen entlang von mittelalterlichen Fischteichen, Kunstobjekten sowie einer Aussichtsplattform auf einer Betonmischanlage. Im Sommer öffnet ein Parkrestaurant (tägl. 10–18 Uhr).

2009 wurde der Park um einen **Miniaturenpark** ergänzt, mit detailgetreuen Nachbauten der schönsten Harzer Bauwerke im Maßstab 1:25, darunter die Kaiserpfalz Goslar, Burg Falkenstein und das Wernigeröder Rathaus. Die 60 Objekte stehen noch etwas einsam herum, weitere sollen folgen.

Mai–Sept. 9–19, April/Okt. 9–18, Nov.–März 10–16.30 Uhr. Der Bürgerpark ist bis Einbruch der Dunkelheit geöffnet, der Miniaturenpark nur Mai–Mitte Okt., abends schließt er mit der Kasse. Eintritt 2 €, inkl. Miniaturenpark 6 €, 6–16. J. 1 €/4 €. Anfahrt zum Bürgerpark mit Citybus 1 und 4. www.wernigeroeder-buergerpark.de.

Hasserode: Das Wernigeröder Villenviertel erstreckt sich im Tal der Holtemme Richtung Brocken. Die Schmalspurbahn und die Landstraße nach Schierke kommen hier durch. Bekannt ist der Ortsteil für den Ferienpark (→ Übernachten), die Hochschule Harz und das Hasseröder-Bier, das hier seit 1872 in der Brauerei „Zum Auerhahn" gebraut wurde. Seit 1997 wird das „Hasseröder" allerdings im nordwestlichen Ortsteil Darlingerode in einer der modernsten Brauereianlagen Europas hergestellt. Der Auerhahn im Logo erinnert noch an die Ursprünge.

Brauereiführungen April–Sept. Mo–Fr mehrmals tägl. sowie Sa 10 Uhr. Eintritt 9,50 €. Auerhahnring 1 (an der Abfahrt der B 6n), ✆ 03943-936219, www.hasseroeder.de.

Vom Nordharzrand ins Brockengebiet

Armleuteberg (478 m) mit Kaiserturm: Den Namen erhielt der Berg am südlichen Stadtrand vom städtischen Siechenhaus, das hier im 17. Jh. stand. Seit dem 20. Jh. ist er ein beliebtes Ausflugsziel, nachdem 1902 ein steinerner Aussichtsturm und 1911 etwas unterhalb ein Berghotel (heute Gaststätte) eröffnet wurden. Der Weg hinauf ist ab Westerntor – Salzbergstraße – Goethestein (bis hierhin fährt Citybus 2) und weiter durch den Wald mit einem roten Dreieck markiert (2,5 km, Gehzeit 40 Min.). Ab Goethestein führt auch eine 2 km lange Straße (Die Winde) über den Försterplatz bis knapp vor das Gasthaus. Vom 12 m hohen Kaiserturm (Eintritt frei) hat man einen herrlichen Blick auf Schloss, Stadt, Harzvorland und den Brocken.

• *Essen* **Berggasthaus Armleuteberg,** freundliches Lokal in einer Villa mit schöner Terrasse in einer Waldlichtung. Deftige Harzer Kost, Kaffee und Kuchen. Tägl. 10–18,

Nov.–April Mi–So 10–17 Uhr. Armleuteberg 1, ✆ 03943-632279.

• *Wintersport* 12,5 km Loipen ab Försterplatz.

Zwölfmorgental: Die Wintersportecke Wernigerodes liegt im Süden der Stadt. Hier gibt es einen Skilift und eine Sprunganlage mit vier Mattenschanzen (Höchstweite 71 m). Vom Holfelderplatz aus (Citybus 2) kann man vorbei an den Schanzen, mit schönem Blick aufs Schloss, ebenfalls zum Kaiserturm wandern (3 km, 1 Std.).

Steinerne Renne: Westlich von Hasserode fließt die Holtemme in einem engen Waldtal etwa 2 km über zahllose Granitblöcke wie in einer „steinernen Rinne" talwärts. Mitte des 19. Jh. war dies eine der Hauptattraktionen im Harz, bis heute ist es ein beliebtes Wanderziel (→ Tour 10). Am unteren Ende der Renne befindet sich eine Haltestelle der Schmalspurbahn, am oberen Ende ein Hotel-Gasthaus.

• *Verbindungen/Wanderweg* **Wanderbus:** Mai–Okt. Di, Do, Sa kommt der „Ilsetaler" (Linie 288) auf dem Weg von Wernigerode nach Drei Annen Hohne 4-mal am Hotel-Gasthaus vorbei.

• *Übernachten/Essen* **Steinerne Renne,** traditionsreiches Waldgasthaus und Hotel

mitten in der Natur. Gutbürgerliche Küche zu moderaten Preisen, die Terrasse am Wasserfall ist bei Schönwetter begehrt. 10 moderne, komfortable Zimmer. DZ 70–80 €. Tägl. 10–18 Uhr. Steinerne Renne 67, ✆ 03943-607533, www.steinerne-renne.de.

Tour 10: Durch die Steinerne Renne zum Ottofelsen

Länge: 10 km, Gehzeit 2½ Std. Mittelschwer.
Der Weg: Auf felsigem Steig geht es durch ein romantisches Flusstal bergauf zu einem imposanten Kletter- und Aussichtsfelsen. Zurück mit der Harzer Schmalspurbahn.

Beschreibung: Start ist am Waldparkplatz Bielsteinchaussee etwas unterhalb der HSB-Haltestelle Steinerne Renne (**1**, 310 m). Wir folgen dem Wegweiser zum Gasthof Steinerne Renne (roter Punkt) und passieren kurz darauf das schön sanierte **Wasserkraftwerk** von 1899, das bis heute Strom aus der Holtemme gewinnt. Über die Bahnlinie, dann geradeaus 10 Min. weiter bis zu einer Weggabelung an einer Brücke (**2**). Hier nehmen wir den linken Weg, der stets schmaler, steiler und steiniger am Ufer der über Granitbrocken herabstür-

zenden, braun gefärbten Holtemme bergauf führt. Nach 35 Min. ist der Gasthof **Steinerne Renne** (553 m, s. o.) am anderen Ufer in Sicht, eine Brücke führt hinüber (**3**).

Wieder zurück geht es zuerst noch kurz steil bergauf, dann (**4**) auf einer Forststraße links weiter, relativ eben stets dem Wegweiser „Ottofelsen" folgend. Nach 30 Min. biegt an einer Kreuzung (**5**) rechts ein schmaler Pfad 150 m in den Wald hinein und endet am **Ottofelsen,** einem 36 m hohen Granitfelsen, der über Leitern bestiegen werden kann und von oben eine grandiose Rundsicht bietet. Zurück an der Kreuzung, folgen wir nun den Wegweisern Oberer Hohneweg. Nach etwa 20 Min. biegen wir

bei den **Hohensteinklippen** in eine Forststraße ein (**6**). Ab hier geht es dem grünen Punkt folgend 40 Min. auf Forststraßen sanft bergab bis zum **Bhf.** **Drei Annen Hohne** (**7**) und von dort mit der Schmalspurbahn zurück zum Ausgangspunkt.

Drei Annen Hohne   542 m

Ein Rummelplatz im Brockengebiet 10 km südöstlich von Wernigerode: Hier gibt es einen (kostenpflichtigen) Großparkplatz, Bushaltestelle, Nationalparkhaus und den **Bahnhof Drei Annen Hohne**, an dem sich die *Brocken-* von der *Harzquerbahn* trennt und ihre 19 km lange, 50-minütige Gipfelfahrt startet. Bisweilen warten hier bis zu drei Dampfzüge auf die Weiterfahrt und bilden mit dem schönen Bahnhofsgebäude von 1898 ein prächtiges Bild. Drei Annen Hohne ist Ausgangspunkt und Ziel zahlreicher Wanderungen, die sich gut mit der Bahn kombinieren lassen (z. B. Tour 10). Auch der Harzer-Hexen-Stieg führt hier durch.

Der ungewöhnliche Name steht für zwei Gebäude: das historische Waldgasthaus *Drei Annen* (Richtung Wernigerode gelegen) und das ehemalige Forsthaus *Hohne* am Wanderweg Richtung Hohneklippen, das zurzeit zum Naturerlebniszentrum *Hohnenhof* umgebaut wird.

Ein Tipp für Familien ist der *Löwenzahn-Entdeckerpfad* am Eingang zum Nationalpark, der mit Infotafeln, Drehsäulen zum Puzzeln, Wald-Memory und einer Höreule bestückt ist (Ostern bis Nov.) – und mittendrin ein schönes Naturdenkmal: eine 400-jährige Eiche.

• *Information* **Nationalparkhaus**, Ausstellung und Broschüren zum Nationalpark. 1-mal im Monat Touren mit dem Ranger bzw. Pferdewanderungen. Tägl. 8.30–16.30 Uhr. Eintritt frei. ✆ 039455-8640, www.nationalpark-harz.de.

• *Verbindungen* **Bus 257**: Tägl. 6- bis 9-mal nach Schierke, Braunlage, Wernigerode. www.hvb-harz.de.

> **Harzer Schmalspurbahnen**: Tägl. 5- bis 11-mal zum Brocken, 6- bis 9-mal nach Wernigerode; 4-mal via Eisfelder Talmühle (Umsteigen) nach Nordhausen, davon 1-mal direkt. Ticket für die Brockenfahrt: von allen HSB-Bahnhöfen aus 17 €, inkl. Rückfahrt 26 €, 6–11 J. die Hälfte.

• *Übernachten/Essen* ***S **Kräuterhof**, (biker-)freundliches Haus gegenüber dem stark frequentierten Bahnhof, abends kehrt Ruhe ein. 40 nette Zimmer, Wintergartenrestaurant im Landhausstil mit eigentümlicher Sternzeichendecke, schöne Terrasse. Deutsche Küche, aber weniges mit Kräutern. Sauna. Mitte 2011 soll ein Anbau mit Hallenbad und weiteren Zimmern fertig sein. DZ Standard 80–88, Komfort 86–96 € je nach Saison. Drei Annen Hohne 104, ✆ 039455-840, 🖷 84199, www.hotel-kraeuterhof.de.

• *Mountainbike* Am Bahnhof starten zwei schwere Routen: **W-9** „Auf zum Brocken" (28 km, ↕ 851 m) und **W-8** „Hohnekamm Trail-Tour" (27 km, ↕ 727 m). www.volksbank-arena-harz.de.

• *Wintersport* **Hohneloipe** (17 km): Rundkurs um die Hohneklippen.

Schierke am Brocken   ca. 700 Einwohner • 580–640 m

Wie ein langer Wurm liegt der beschauliche Ferienort im Tal der Kalten Bode am Südfuß des Brockens. Manche Bauten erinnern an die glorreiche Vergangenheit als „St. Moritz des Nordens". Heute punktet der Nationalparkort mit der Nähe zum Brocken, bizarren Felsen, ausgedehnten Wander-, Mountainbike- und Loipennetzen und erholsamer Idylle.

Mit drei Ortsteilen erstreckt sich Schierke von 580 bis 640 m Höhe: *Oberschierke* ganz oben besteht aus einer Hauptstraße, an der sich Hotels, Gaststätten und Ferienhäuser reihen – schöne, holzverschalte Bauten, manch prächtiger Jahrhundertwendebau und zwischendrin bunte, nostalgische Holzwegweiser. Unterhalb der Bergkirche reicht *Unterschierke* bis an die Kalte Bode hinab, während sich *Barenberg* auf den Hängen südlich des Flusses ausbreitet.

In diesen beiden Ortsteilen stehen einige verfallen(d)e Prachtbauten vom Ende des 19. Jh., wie das Hotel Heine oder das Erholungsheim Duncker – Zeugen aus der Zeit des einstigen Nobelorts. Der Vergleich mit St. Moritz war in den 1920/30er Jahren angebracht, zählte man doch neben Oberhof, dem Feldberg im Schwarzwald, Krummhübel in Schlesien und Garmisch zu den Top-Wintersportplätzen Deutschlands mit Bobbahn, Sprungschanze und Eislaufbahn. Nach 1949 lag Schierke im militärischen Sperrgebiet: Die als Ferienheime genutzten Hotels konnten nur mit Passierschein aufgesucht werden, der Brocken war als Horchstation der Sowjets abgeriegelt. Auch nach der Wende kehrte der alte Glanz nicht wieder. Die touristische Infrastruktur darf im Nationalparkgebiet kaum ausgebaut werden, die Seilbahn auf den Wurmberg samt Abfahrtspiste ist bisher nur ein Traum. Eine Trendwende soll die verwaltungstechnische Zugehörigkeit zu der touristisch erfolgreichen Stadt Wernigerode einläuten.

Praktische Informationen

•*Information* **Kurverwaltung**, an der Hauptstraße beim Kurpark. Unterkunftsvermittlung, Gastgeberverzeichnis (1 €). In der Hauptsaison Mo–Fr 9–12/13–17, Sa/So 10–12 Uhr. 38879 Schierke, Brockenstr. 10, ✆ 039455-8680, www.schierke-am-brocken.de.

Nationalparkhaus, moderner Bau am oberen Ortsende. Infos zu Wegen und Wetter. 1-mal im Monat Touren mit dem Ranger, u. a. zu den Klippen. Tägl. 8.30–16.30 Uhr. Brockenstraße, ✆ 039455-477, www.nationalpark-harz.de.

•*Verbindungen* **Bus 257**: Tägl. 6- bis 9-mal nach Elend, Braunlage, Wernigerode. Endstation in Schierke ist das „Café Winkler". www.hvb-harz.de.

Taxi: ✆ 0170-9000937

Lindes Planwagenfahrten: Brocken hin und zurück ab Parkplatz Thälchen. Pers. 22 €, 3–10 J. 12 €. ✆ 0171-6522274.

•*Parken* An der Hauptstraße überall kostenpflichtig (3 €/Tag).

•*Einkaufen* **NP**, Lebensmitteldiscounter mitten im Ort, Mo–Fr 8–18, Sa 8–12 Uhr.

Brockenbäcker, rustikale Traditionsbäckerei mit guten Kuchen und kleinem Café. Brockenstr. 17a.

Harzer Schmalspurbahnen: Der Bhf. Schierke, 1,5 km oberhalb des Orts, ist nur zu Fuß oder mit Taxi zu erreichen. Es ist die letzte Station vor dem Brockengipfel, der nach ca. 30 Min. Fahrt erreicht wird (17 €, inkl. Rückfahrt 26 €). Tägl. 5- bis 11-mal zum Brocken, 6- bis 9-mal nach Wernigerode (z. T. umsteigen in Drei Annen Hohne). 4-mal via Drei Annen Hohne und Eisfelder Talmühle (jeweils Umsteigen) nach Nordhausen.

Alte Schmiede, in dem urigen Gemäuer in Unterschierke betreibt Dana Grundmann eine Keramikwerkstatt. Kirchberg 1b.

•*Sportgeräteverleih* **Stöbereck**, mitten im Ort. Langlaufskier, Schlitten, Brockenstr. 14 a, ✆ 039455-409.

Schierker Baude, MTB, Kletterausrüstung, Langlaufskier, Schlitten. Barenberg 18, ✆ 039455-8630, www.schierkerbaude.de.

Übernachten/Essen

Online-Buchung unter www.schierke-am-brocken.de. Die großen Schierker Hotels sind wenig zu empfehlen.

•*Hotels/Fewo*   ***** Brockenstübchen**, in Oberschierke. Nettes, kleines Hotel in einem Harzer Haus. 10 neue, rustikale Zimmer. In der gemütlichen Gaststätte gibt es schmackhafte Regionalküche in großen Portionen zu guten Preisen. DZ 65–70 € je nach Ausstattung, Rabatt ab 3 Nächten. Brockenstr. 39, ✆ 039455-252, ✆ 51098, www.brockenstuebchen.de.

Pension Andrä, hübsches Harzhaus gegenüber der Kurverwaltung. 9 modern-rustikale Zimmer und ein Appartement bis 4 Pers. Sauna, Restaurant mit Terrasse samt Wurmbergblick. DZ 64–70 €, App. 75–80 €. Brockenstr. 12, ✆ 039455-51257, ✆ 58872, www.pension-andrae.de.

**** Zum Wildbach, neue, familienfreundliche Anlage mit zwei Häusern am Barenberg. 4 Zimmer, 13 sehr gut ausgestattete schöne Ferienwohnungen (40–64 m²) für 2–4 Pers. Busshuttle, Spielplatz, Sauna, Solarium. Ski-, Rodel-, MTB-Verleih. Aufmerksamer

Vom Nordharzrand ins Brockengebiet

Service. DZ 45–50 €, Fewo bis 6 Pers. 35–80 €, Frühstück 6 €/Pers. Barenberg 15f, ☎ 039455-589970, 📠 589971, www.zum-wildbach.de.

***S **Ferienpark Brockenblick**, ruhig und abgelegen am unteren Ortsrand. Nüchternmoderne Anlage mit vier Häusern, 43 etwas abgewohnte, geräumige App. (50–60 m²) sowie 4 Zimmer im Landhausstil, die wenigsten mit Brockenblick. Das Kaminrestaurant empfehlen wir nicht, am besten man kocht selbst. Sauna, Solarium, Massage. App. bis 4 Pers. 60–70 €, Frühstück 9 €/Pers. DZ inkl. Frühstück 58–68 € je nach Saison. Alte Wernigeröder Str. 1, ☎ 039455-5750, 📠 57599, www.brockenblick-ferienpark.de.

**** **Villa am Brocken**, am Barenberg direkt am Waldrand. Prächtig sanierte Jugendstilvilla von 1897. 8 sehr gut ausgestattete Ferienwohnungen (42–110 m²), Wohnzimmer im Kolonialstil, Landhausküche ohne Geschirrspüler, Terrasse bzw. Balkon. Sauna, Solarium, Garten mit Grillplatz. Fewo 2–8 Pers. 56–140 €. Barenberg 11, ☎ 039452-482973, www.villa-am-brocken.de.

•*Jugendherberge* **Schierke**, 6-stöckiger Block (1999) am oberen Ortsende. 272 Betten, verteilt auf Vier-Bett-Zimmer. Sporthalle, Tischtennis, Bowling. 18–21 €/Pers. inkl. Frühstück. Brockenstr. 48, ☎ 039455-51066, 📠 51067, www.jugendherberge.de.

•*Camping* **Am Schierker Stern**, 2 km außerhalb Richtung Elend an großer, lauter Straßenkreuzung. Gepflegte Anlage, Platz für 40 Wohnmobile und 30 Zelte, zwei Holzhütten im Schwedenstil für je 8 Pers. Moderne Sanitärräume, Brötchenverkauf. 2 Pers., Auto, Zelt 18 €. Am Stern, ☎ 039455-58817, 📠 58818, www.harz-camping.de.

•*Restaurants/Cafés* Brockenstübchen → Hotels

Zum Holzfäller, gemütlich-rustikale Gaststätte in einem 200 Jahre alten Holzfällerhaus. Regionale Küche. Tägl. außer Di 11–22 Uhr. Brockenstr. 24.

Café Winkler, in Oberschierke. Traditionshaus mit Ostalgie-Charme. Kaffee, Kuchen, Eis, Windbeutel und Kirschwaffeln. Brockenstr. 33.

Aktivitäten/Feste

•*Mountainbike* Beim Hotel Brockenscheideck, Brockenstr. 49, starten die schweren Routen **W-10 Gipfelrunde** (39 km, ↕ 950 m) auf den Brocken (viele Wanderer unter-

Im Kurpark von Schierke

wegs) und **W-8 Hohnekamm-Trail** (27 km, ↕ 727 m) rund um den Hohnekamm. www.volksbank-arena-harz.de.

•*Wandern* Beliebte Wanderziele sind neben dem Brocken (→ Tour 11) die Klippen um Schierke, der Weg durch das Elendstal nach Elend sowie der Wurmberg (971 m), den man über den steilen Wurmbergstieg erreicht (4 km, 1½ Std.).

•*Wintersport* **Winterberg-Loipe** (16,5 km): Rundkurs über Winterberg (907 m) mit Anschluss an Braunlage; **Königsberger Loipe** (17 km): Rundkurs via Dreieckiger Pfahl mit Anschluss Richtung Torfhaus, Oderbrück und Braunlage. Einstieg für beide bei der Jugendherberge. **Eislaufen** auf der Natureisbahn im Stadion im Tal der Kalten Bode (Schlittschuhverleih).

•*Freizeit* **Brocken Coaster**, 400 m lange Sommerrodelbahn am Parkplatz Thälchen an der Ortseinfahrt. Tägl. 11–18 Uhr. Ticket 2 €.

•*Feste* **Walpurgis**, 30. April, Riesenparty mit 10.000 Gästen, Multimediaspektakel, Höhenfeuerwerk und Rockmusik. www.die-walpurgis-schierke.de.

Kurparkfest, Mitte Aug., Livemusik, Seeillumination und Bodeleuchten.

Schierker Kuhball, letzter Sa im Sept., Folkloreumzug zum Weideabtrieb.

Sehenswertes

Oberschierke: Erwähnenswert sind die neugotische, granitene **Bergkirche** (1876–81), die einstige **Apotheke** von 1895, zugleich Stammhaus des *Schierker Feuerstein* (→ Kasten), und das imposante **Rathaus** (1928), das im Fachwerk über dem Steinportal holzgeschnitzte Skiläufer, Köhler, Holzfäller und Bobfahrer zeigt – eine Anspielung auf den Wandel vom Waldarbeiterdorf zum Wintersportplatz. Gegenüber dem Rathaus beginnt der sehenswerte neu gestaltete **Kurpark**, der bis zum Heiligen See an der Kalten Bode hin abfällt und im August stimmige Location für das Kurparkfest ist.

Folgt man der Hauptstraße bergauf, kommt man zum *Nationalparkhaus* (→ Information) und auf Asphalt bis zum Brockengipfel. Dank Fahrverbot dürfen nur Radler, Pferdekutschen und Wanderer die 10 km lange *Brockenstraße* benutzen. Ihre langen Kehren kürzen die Wanderwege durch das *Eckerloch* (6 km, → Tour 11) und über die *Alte Bobbahn* (7,5 km) ab.

Schierker Feuerstein – der Harzer Kräuterlikör

Immer wieder klagten die Kurgäste der Goldenen Zwanziger Jahre dem Schierker Apotheker Willy Drube ihre Verdauungsprobleme. Dieser packte das Problem an der Wurzel. Er mixte einen rotbraunen, 35%-igen Kräuter-Halbbitterlikör und nannte ihn *Schierker Feuerstein* nach der gleichnamigen Felsklippe im Ort, die bis heute das rot-goldene Etikett ziert. Der Magensaft wurde ein Renner – mit oder ohne Verdauungsprobleme. 1952 verließen Drubes Nachfahren Schierke und ließen sich westlich der Grenze in Bad Lauterberg nieder, wo der Kräuterbitter bis heute nach des Apothekers Originalrezept hergestellt wird. Seit 1990 gehört das aufwendig renovierte Stammhaus in der Schierker Brockenstraße 3 auch wieder zum Betrieb. Es dient als Kräuterlager und „Fan-Shop". www.schierker.de.

Klippen nordöstlich von Schierke: Im Dreieck zwischen Schierke, Brocken und Hohnekamm gibt es unzählige rundliche gestapelte Granitblöcke, deren einzigartige Formen durch Erosion und Verwitterung entstanden. Am berühmtesten ist die 30 m hohe **Feuersteinklippe** im Wald, die man ab dem Bahnhof Schierke nach 500 m erreicht. Sie gab dem bekannten Likör seinen Namen, was Goethe nicht ahnen konnte, als er sie 1784 besuchte. Folgt man dem Wanderweg 1,5 km weiter aufwärts, trifft man auf den **Ahrensklint** (822 m), der über Eisenleitern erklommen werden kann – von oben Blick auf Schierke und Wurmberg. Vom Ahrensklint

Vom Nordharzrand ins Brockengebiet

weist ein Schild zur etwa 2 km entfernten **Leistenklippe** (901 m), der höchsten Klippe des wildromantischen Hohnekamms, die ebenso auf Leitern bestiegen werden kann. Am Glashüttenweg am Südende des Hohnekamms erhebt sich der über Leitern erklimmbare **Trudenstein** (671 m), der einen tollen Ausblick Richtung Süden und auf die rauchende Dampflok im Wald bietet (→ Karte S. 121).

Schnarcherklippen: Die beiden ca. 25 m hohen Granittürme (671 m) liegen im Wald über dem Elendstal südlich von Schierke. Vom Hotel Bodeblick in Unterschierke führt ein beschilderter Pfad hinauf (30 Min.), der östliche Felsen kann über Eisenleitern bestiegen werden. Ihr Name soll von den schnarchenden Geräuschen kommen, die sie bei Südwind erzeugen. Goethe, der 1784 hier war, hat sie im *Faust* verewigt.

Tour 11: Über das Eckerloch zum Brocken

Länge: 20 km, Gehzeit 4½ Std. Mittelschwer.
Der Weg: Über die kürzeste und schönste Aufstiegsroute von Schierke zum Brocken und auf breiten Forstwegen hinab nach Drei Annen Hohne.

Beschreibung: Vom Parkplatz beim Café Winkler (Bus 257) am Westende von Schierke (**1**, 626 m) folgen wir der Brockenstraße 20 Min. bis zum Wasserwerk, wo wir rechts in den Weg 10 D „Brocken über Eckerloch" abbiegen (**2**). Im Wald steigen wir stets geradeaus bergauf, nach 40 Min. queren wir die Brockenbahn, kurz darauf kommen wir zum **Eckerloch** (845 m, Rastplatz), wo sich bis 1950 eine Sprungschanze befand. Ab hier nun steil über Steinbrocken und Knüppeldämme noch 20 Min. bergauf, bis wir in die **Brockenstraße** einbiegen (**3**). Auf dieser sind es links noch 1,2 km bergauf zum **Gipfel** (**4**, 1142 m).

Zurück wandern wir auf der Brockenstraße bergab. Nach 45 Min. lädt links der **Urwaldstieg** zum Abstecher in die Bergwildnis ein (→ S. 124). Kurz später (**5**) verlassen wir die Asphaltstraße und folgen Weg 55 E Richtung Drei Annen Hohne. Nach 10 Min. ist uns nochmals ein Brockenblick vergönnt, 20 Min. später biegen wir rechts in den Pfad zum Aussichtsfelsen **Ahrensklint** ein (**6**, s. o.). An diesem vorbei geht es kurz steil bergab, dann links in einen breiten Weg Richtung Bhf. Schierke. Auf der Forststraße halten wir uns stets geradeaus, bis links eine weitere Straße nach

Drei Annen Hohne (grünes Quadrat) abbiegt (**7**). Dieser folgen wir 10 Min. bergauf und erreichen an einer Wegspinne den Glashüttenweg. Auf diesem nach rechts sind es noch 3,5 km bis Drei Annen Hohne. Unterwegs lohnt die Besteigung des **Trudensteins** (**8**, s. o.). Von Drei Annen Hohne geht es mit Bus 257 wieder zum Startpunkt zurück.

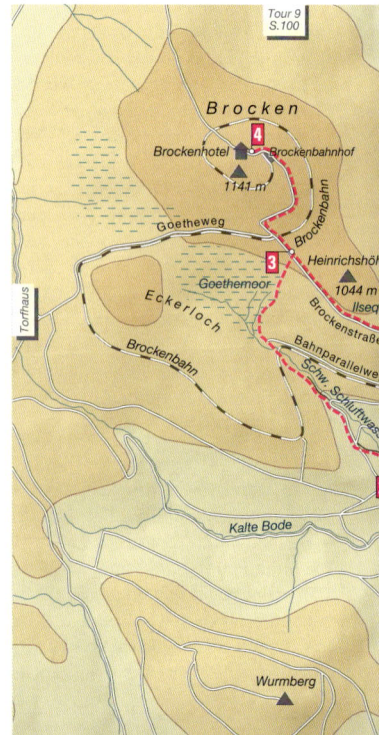

Brocken   1142 m

Eineinhalb Millionen Menschen besuchen den höchsten Gipfel Norddeutschlands Jahr für Jahr. Sie kommen zu Fuß, per Rad oder mit der Schmalspurbahn, um in stets kühler Brise in endlose Weiten zu blicken – oder in eine Nebelwand. Die wechselvolle Geschichte und die exponierte Lage dieser waldfreien, unschön bebauten Granitkuppe fasziniert bis heute.

Einzigartig ist das Klima, dessen extreme Werte sonst nur in Island oder in den Alpen über 2000 m erreicht werden: Der Sommer ist kurz, Schnee liegt von September bis Mai. Die Temperaturen steigen im Hochsommer auf maximal 13,6 °C, im Winter fallen sie bis unter minus 20 °C. Mit 1760 mm Jahresniederschlag ist das Gebiet eines der niederschlagreichsten, mit bis zu 260 km/h der windreichste Ort Deutschlands. Wetterfeste Kleidung ist angesagt. Das raue Klima und die Stürme ließen die Baumgrenze auf 1100 m sinken, am Gipfelplateau halten sich nur Zwergsträucher, kleinwüchsige Fichten und Bergheide. Wind und Nebel kreieren mitunter das „Brockengespenst" (→ Kasten), sie sorgen für fotogene Schneeverwehungen, meterlange Eisfahnen an Bäumen und Zäunen und für eine Überraschung: Wenn unten die Sonne scheint, kann es oben bei Minusgraden stürmen und umgekehrt – dann sind die Täler in Wolken gehüllt und oben ist der Himmel klar.

Erstmals bestiegen wurde der Brocken 1572, seine touristische Erschließung begann früh. Die Grafen von Stolberg-Wernigerode, die Besitzer des Bergs, ließen bereits

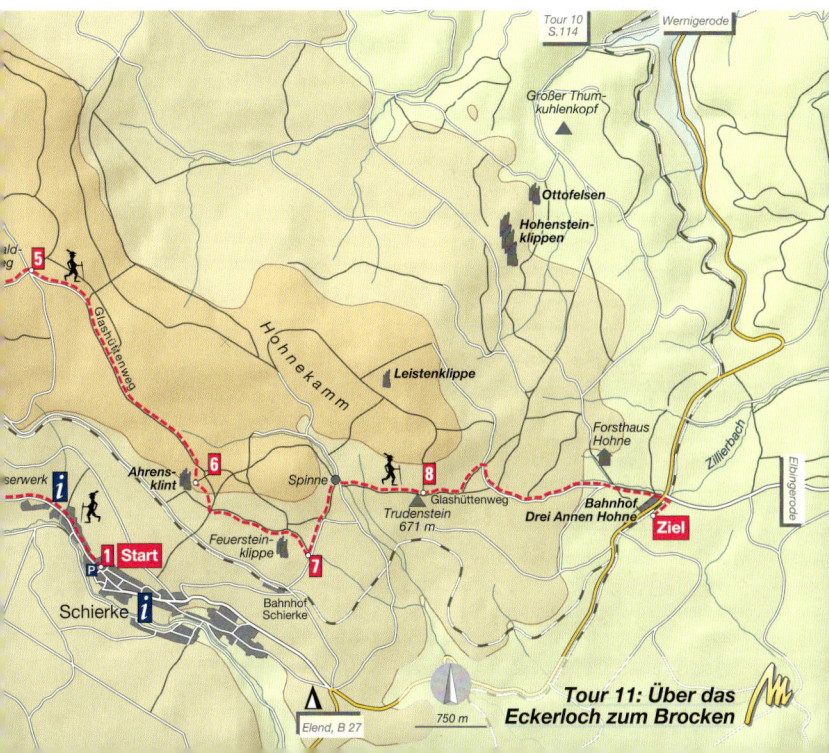

Tour 11: Über das Eckerloch zum Brocken

Das Brockengespenst ist kein Hirngespinst
Brockengespenst ist ein meteorologischer Begriff für einen optischen Effekt, der zuerst 1780 am Brocken beobachtet wurde. Er tritt ein, wenn man mit der Sonne im Rücken sein riesengleich vergrößertes Schattenbild in einer Nebel-wand sieht, das sich mit dieser wallend bewegt, obwohl man selbst ruhig steht.

1736 auf dem Gipfel das bis heute erhaltene *Wolkenhäuschen* als steinernen Unterstand bauen. 1800 kam ein Wirtshaus dazu, das 1862 durch das erste Brockenhotel samt Aussichtsturm ersetzt wurde. 1890 folgte der Brockengarten, fünf Jahre später Deutschlands erste Wetterwarte, und 1899 dampfte die *Brockenbahn* auf den Berg. 1937 entstand auf dem Gipfel der zweitälteste Fernsehturm der Welt (nach dem Berliner Funkturm) in Form eines Hochhauses, dessen Reste heute als *Brockenhotel* dienen. Das ursprüngliche Brockenhotel wurde 1945 bei einem US-Angriff zerstört. Ab 1961 war die Brockenkuppe militärisches Sperrgebiet der Sowjets, Moskaus westlichster Horchposten und mit einer 2,5 km langen und 3,6 m hohen Mauer abgeriegelt, deren Öffnung mutige Wanderer am 3. Dezember 1989 erzwangen. Seit 1990 gehört der Brocken zum Nationalpark, die meisten Militäranlagen wurden abgebaut, die Brockenkuppe aufwendig renaturiert.

Harzer Schmalspurbahnen: Tägl. 5- bis 11-mal nach Schierke und Drei Annen Hohne, 8-mal nach Wernigerode, 3-mal direkt nach Eisfelder Talmühle, 1-mal direkt nach Nordhausen.

• *Information* → s. u., Brockenhaus
• *Wanderwege* Die „klassischen" Brocken-anstiege beginnen ab Torfhaus (Goethe-weg), Schierke (Brockenstraße) und Ilsen-burg (Heineweg).
• *Übernachten/Essen* Die gesamte Gastro-nomie ist traditionell in der Hand eines Bro-ckenwirts. Nr. 14 der Dynastie ist Daniel Steinhoff. Er betreibt das …
*** Brockenhotel/Brockenherberge, das „höchstgelegene Hotel im deutschen Nor-den". 12 modern-rustikale Zimmer auf 3 Eta-gen des einstigen Fernsehturms (je höher, je teurer), 2 Herbergszimmer mit jeweils 3 Stockbetten/Du/WC, im Nebentrakt Zim-mer mit getrennten Betten. DZ 90–155 € je

nach Etage und Ausstattung, Sa/So 110–170 €; in der Herberge 40–60 €/Pers. Trotz saftiger Preise sind die Wochenenden oft ausgebucht, schließlich gibt es keine Alter-native. ✆ 039455-120, 📠 12100, www.brocken hotel.de.
SB-Restaurant Touristensaal, im Erdge-schoss des Brockenhotels mit dem Charme einer Wartehalle. 400-mal am Tag geht hier Erbensuppe mit Bier über den Tresen. Im 7. Stock das **Turmcafé Hexen-klause**, gepflegtes, hell-rustikales Café-Re-staurant (kostenpflichtiger Lift); beide tägl. 10–22 Uhr, beide mit Monopol-Preisen.
Zum Brockenwirt, die urige Bahnhofsgast-stätte mit SB-Theke ist das Stammlokal der Brockenwirte, es gibt Erbensuppe, Pasta, Schnitzel, Kaffee und Kuchen Tägl. 9–18, im Winter 9.30–16.30 Uhr.
• *Feste* **Faust – Die Rockoper auf dem Brocken**, April–Okt., Rockmusical im Goethe-saal des Brockenhotels. Tickets inkl. Dampf-zugfahrt. ✆ 03943-558145, www.hsb-wr.de.
Aus Naturschutzgründen gibt es am Bro-cken *keine* Walpurgisfeiern.

Sehenswertes

Auf dem Brockenplateau duckt sich das **Bahnhofsgebäude** der Brockenbahn mit einer Gaststätte. Südlich davon steht der Turmbau der **Wetterwarte**, die auch bei widrigster Witterung besetzt ist, nebenan ist der Eingang zum **Brockengarten**. Kuppeln krönen das achtgeschossige **Brockenhotel** im einstigen Fernsehturm mit Restaurants, verglaster Aussichtsplattform (Eintritt 2,50 €) und Radaranlage der

Von links nach rechts: Gipfelfelsen, Sender, Brockenhotel und Brockenhaus

Flugsicherung sowie das **Brockenhaus**. Hinter dem Brockenhotel schließen Technikgebäude der Telekom und der 1976 erbaute und 2007 auf 115 m gekürzte Sender an. Verschwindend klein ist das **Wolkenhäuschen** von 1736 zwischen Brockenhaus und -hotel. An seiner Südseite erinnert ein Medaillon an *Goethe*, dessen Gipfelsieg 1777 als erste Winterbesteigung des Brockens gilt; auch Brockenbezwinger *Heinrich Heine* wird unweit mit einem Stein gewürdigt. Südlich des Hotels ist die sog. **Brockenuhr** mit Entfernungstafeln installiert. Aufgetürmte Granitblöcke in ihrer Mitte markieren die höchste Stelle des Bergs (1141,1 m). Auf einem der Steine zeigt eine Linie 1142 m an, die bis 1989 nach historischen Messdaten verwendet wurde.

Brockenhaus: „Stasi-Moschee" hieß der Kuppelbau wegen der nach Westen gerichteten Horcheinrichtungen der DDR im Volksmund. Heute ist es ein modernes Nationalpark-Besucherzentrum, das in der Ausstellung „Augen auf und durch" über Tiere, Pflanzen, Moore, den Brockenurwald, das Brockenwetter sowie die Rundfunk- und Fernsehgeschichte des Berges informiert. Im Dachgeschoss gibt es eine Cafeteria, eine Aussichtsterrasse und originale Abhöranlagen. Kindern wird der Flug mit dem „Hexenbesen" Spaß machen.

Brockenhaus: Tägl. 9.30–17.30 Uhr. Eintritt 4 €, 6–16 J. 2 €, Familie 8,50 €. ✆ 039455-50005, www.nationalpark-harz.de.
Führung: „Mit dem Ranger um die Brockenkuppe" (1 Std.). Mai–Okt. tägl. 11 und 13 Uhr, ab Wetterwarte. Nov.–April tägl. 12 Uhr ab Brockenhaus. Kostenlos.

Rundwanderweg: Der lohnenswerte Panoramaweg (2,6 km) beginnt unterhalb des Bahnhofs, folgt der einstigen Brockenmauer und führt an den Granitblöcken *Teufelskanzel* und *Hexenaltar* vorbei, die Goethe zur Walpurgisszene in seinem Faust inspiriert haben sollen. Ein Wanderführer zu den einzelnen Punkten ist im Brockenhaus erhältlich. Im Nationalpark herrscht übrigens Wegegebot.

Brockengarten: 1890 als Außenstelle des Göttinger Botanischen Gartens gegründet, wurde er nach 1990 neu angelegt. 1800 Hochgebirgspflanzen aus aller Welt und

Vom Nordharzrand ins Brockengebiet

gefährdete brockentypische Pflanzen wie Brockenanemone (Blüte im Mai), Habichtskraut und Zwergbirke können in Gratisführungen bestaunt werden.

Führungen: Mitte Mai–Mitte Okt. Mo–Fr 11.30 und 14 Uhr, Sa/So im Zuge der Führung um die Brockenkuppe. Treffpunkt Eingang Wetterwarte.

Urwaldstieg am Brocken: 3,5 km unterhalb des Gipfels zweigt der 200 m lange Stichweg von der Brockenstraße ab und führt auf Bohlen in die Nationalpark-Kernzone mit jahrhundertealten Fichten, Moosen und bizarren Flechten (→ Tour 11).

Südlich von Schierke

Elend   ca. 400 Einwohner • 520 m

Ein Kreisverkehr mit Bushaltestelle, nebenan ein Kirchlein auf freier Wiese, 300 m entfernt der Bahnhof der Harzquerbahn (originelle Gaststätte) und rundherum ein paar Dutzend harztypische Häuser – das ist das Dorf Elend südlich von Schierke. Kurvenreich windet sich die Straße vom Schierker Stern im Wald hinab ins Elendstal, wie das Tal der Kalten Bode hier heißt, und mündet im besagten Kreisverkehr in die aus Elbingerode kommende B 27, die seit 1990 wieder gen Westen ins 6 km entfernte Braunlage führt.

Die 1904 vollendete Kirche ist einen Blick wert – mit 60 m² und 90 Sitzplätzen soll sie die **kleinste Holzkirche Deutschlands** sein (Mai–Ende Okt. Di 16.30–17, Fr 16–17 Uhr). Bei Platzbedarf kann ihr Altar nach hinten gerollt werden. Beeindruckend sind die beiden über 700-jährigen Eichen neben der Kirche.

Ansonsten sind in Elend Wandern und Naturerlebnis angesagt. Den Schirm sollte man dabei haben, zählt der Ort doch zu den niederschlagsreichsten Deutschlands.

Die kleine Holzkirche in Elend

Der abschreckende Ortsname geht übrigens auf *eli lenti* zurück, althochdeutsch für *fremdes Land* – so bezeichneten Ilsenburger Mönche im 13. Jh. den Flecken.

• *Information* **Touristinformation**, Mo, Mi–Fr 9–15, Di 12–18 Uhr. Hauptstr. 19, 38875 Elend, ✆ 039455-375, www.elend-harz.de.

• *Verbindungen* **Bus 257:** Tägl. 6- bis 9-mal nach Schierke, Braunlage bzw. Wernigerode. www.hvb-harz.de.

> **Harzer Schmalspurbahnen:** Tägl. 4-mal nach Wernigerode, 1-mal direkt auf den Brocken, 4-mal via Eisfelder Talmühle (Umsteigen) nach Nordhausen.

• *Ferienwohnungen* ****** Eli Lenti**, unweit der Kirche. Fünf moderne, komplett ausgestattete Wohnungen (36–70 m²) für 2 bis 5 Pers. Alle unter Dachschrägen, aber geräumig und mit Balkon. Frühstück im hauseigenen Café. Sauna. Fewo 60–85 €. Frühstück 5 €/Pers. Ab 3 bzw. 6 Nächten Rabatt. Hauptstr. 24, ✆ 039457-58970, ✉ 58971, www.eli-lenti.de.

**** Haus Hubertus, am Waldrand. Drei geräumige, gut ausgestattete Fewo (60–96 m²) für 2 bis 6 Pers. Sauna, Fitnessraum, Grillecke, Schlitten-/Radverleih. Fewo 45–100 €. Braunlager Str. 2, ✆ 039455-58980, ✆ 5891, www.ferienhaushubertus.de.

**** Haus Belvidere, unweit vom Kreisverkehr. Stilvoll renovierte, modern ausgestattete Fewo mit 3 Schlafzimmern in einem Harzer Haus von 1934. Tolle Aussicht. 2 Pers. 60 €, weitere Pers. 5 €. Endreinigung 30 €. Hauptstr. 23, ✆ 0157-74983772, www.belvidere.de.

• _Essen/Trinken_ **Café Eli Lenti**, im früheren Konsum; hell-rustikales Café mit hausgemachten Kuchen. Im Sommer schöne Terrasse, im Winter wärmt ein Kamin. Tägl. außer Mo ab 9 Uhr. Hauptstr. 24.

Kukki's Erbsensuppe, Gulaschkanone an der B 27 zwischen Elend und Braunlage mit der besten Erbsensuppe im Harz – mit/ohne Bockwurst. Wer nicht genug davon kriegt, kann sie dosenweise kaufen (2,50 €), auch online – 120.000 werden pro Jahr verschickt.

Tägl. ab 10.45 Uhr. www.kukki.de.

• _Baden_ **Waldfreibad**, schöne Lage unweit vom Bahnhof. Schwimm- und Kinderbecken, Seerosenteich. Juni–Ende Aug. tägl. 12–18 Uhr. ✆ 039457-51205.

• _Wandern_ **Durch das Elendstal zu den Felsentürmen der Schnarcherklippen** (10 km, Gehzeit 2½ Std.). Beschreibung der Tour unter www.michael-mueller.verlag.de/deutschland/harz.
Zudem gibt es 11 ausgeschilderte **Terrainkurwege** (3,7–13,4 km).

• _Wintersport_ 4 Loipen (3–6 km) Richtung Elbingerode bzw. Braunlage.

• _Feste_ **Rocken am Brocken**, 2-tägiges Open-Air-Festival Ende Juli, Indie-, Alternativ- und Punkrock aus dem In- und Ausland. www.rocken-am-brocken.de.
Oberharzer Silvestergaudi, 31. 12., Riesenparty im beheizten Festzelt auf der Kirchwiese. www.elend-events.de.

Ein landschaftlicher Genuss ist die 8 km lange Strecke von Elend nach Sorge über das _Forsthaus Wietfeld_, die zweimal die Schmalspurbahn kreuzt.

Sorge und Tanne   ca. 100 und 600 Einwohner • 490 m

Die beschaulichen Nachbardörfer, südlich von Elend an der Harzhochstraße B 242 im weiten Tal der Warmen Bode gelegen, sind umgeben von Nadelwald und ausgedehnten Wiesen, auf denen das Harzer Höhenvieh des Brockenbauern grast. Als Sommerfrische und Wintersportort werden sie seit dem frühen 20. Jh. besucht, ihren Ursprung haben sie in Hüttenwerken, die zu den ältesten im Harz zählen. Die _Hütte Sorge_ wird 1224, die _Tanner Eisenhütte_ 1355 erstmals erwähnt.

Abgesehen von der schönen Natur sind die Dörfchen unspektakulär, die zentrale Lage macht sie aber zu einem guten Standort, um die Region zu erkunden, vorausgesetzt, man ist motorisiert. Sorge hat immerhin Anschluss an die Harzquerbahn. Die Gleise der Südharz- und Rübelandbahn, die einst bis Tanne fuhren, sind aber längst abgebaut.

Tanne erlangte 2006 als Drehort der skurrilen Kinokomödie „_Die Könige der Nutzholzgewinnung_" über arbeitslose Holzfäller Bekanntheit (sehenswert!). Im _Landhaus Weichelt_ in **Sorge** sind regionalhistorische Ausstellungen zu sehen (tägl. außer Do 10–16 Uhr, Eintritt 2,50 €. Köhlerberg 4, ✆ 039457-98102).

1 km westlich von Sorge lag bis 1990 das Sperrgebiet der innerdeutschen Grenze. Originale Teile der Sperranlage, als **Freiland-Grenzmuseum Sorge** erhalten (Eintritt frei, www.grenzmuseum-sorge.de), veranschaulichen den DDR-Alltag an der Grenze: 1 km hinter dem Parkplatz trifft man auf den Stacheldraht-Signalzaun samt Toren und Hundeanlaufanlage. Von dort führt ein 500 m langer Kolonnenweg bis zum Beobachtungsturm und zur Grenzsäule am früheren Minenstreifen. 300 m weiter markiert der _Ring der Erinnerungen_, ein 1992 geschaffenes LandArt-Projekt

Vom Nordharzrand ins Brockengebiet

von *Hermann Prigann*, die Landesgrenze. Der kreisförmige Wall aus Totholz, den sich die Natur zurückerobern soll, versinnbildlicht Vergehen und Entstehen.

• *Information* **Tourist Info Tanne**, kleines Büro oberhalb der B 242. Mo/Di 9–13, Mi 10.30–16, Do 9–17, Fr 8–13 Uhr. 38875 Tanne, Schulstr. 2, ✆ 039457-3226, www.tanne-im-harz.de.

• *Verbindungen* **Bus 262**: Tägl. 4- bis 12-mal nach Elbingerode, Wernigerode und Benneckenstein. www.hvb-harz.de.

Harzer Schmalspurbahnen: ab Sorge tägl. 4-mal nach Wernigerode, 1-mal auf den Brocken, 4-mal via Eisfelder Talmühle (Umsteigen) nach Nordhausen.

• *Übernachten/Essen* ****** Tannenpark**, in abgeschiedener Waldrandrandlage. Beliebte, 2000 erbaute Hotel-Appartement-Anlage. 18 Zimmer, 29 Appartements (26–102 m², 1–6 Pers.), jeweils mit Balkon, sowie 8 komplett ausgestattete Ferienhäuser im Schwedenstil. Nettes Hallenbad, Whirlpool, Sauna, Sportgeräteverleih. Restaurant „Tannenzapfen", in dem eine Modelluhr im Harzer O-Ton tutet. DZ 69–120 €; Fewo 4 Pers. 67–119 € je nach Größe, Bettwäsche extra. Ferienhaus bis 12 Pers. 90–190 €, Endreinigung 35 €. Schierker Weg 17, ✆ 039457-40808, ✆ 97897, www.tannenpark.de.

**** Zum Brockenbäcker, ruhige Lage am Waldrand in Tanne. Familie Freystein, seit 1893 Bäcker in Tanne, hat das frühere Ferienheim in ein gemütliches Hotel mit hellrustikalem Ambiente verwandelt. 16 schöne Zimmer. Sauna, Solarium, Restaurant mit Backofen und guter Harzer Küche (tägl. ab 8 Uhr). DZ 72–80 € je nach Aufenthaltsdauer. Lindenwarte 20, ✆ 039457-9760, ✆ 97633,

**** Zum Sonnenhof, kleines schmuckes Hotel im Landhausstil in Sorge, etwas erhöht über der Schmalspurbahn, dennoch ruhig gelegen. 6 Zimmer und 4 Appartements, meist mit Balkon. Sauna, Dampfbad und

Solarium im Nebenhaus. Gute regionale Küche. DZ 70–90 € je nach Größe. Benneckensteiner Str. 10a, ✆ 039457-2426, ✆ 91130, www.sonnenhof.harz.de.

Eishexe, Eis-Café an der B 242 in Tanne. Hausgemachte Kuchen, Torten und 24 Sorten Eis. Tägl. ab 13 Uhr. Bodetalstr. 38, www.eishexe.harz.de.

• *Wandern* Vom Holzkreuz am **Kapitelsberg** (458 m) östlich von Tanne bietet sich ein schöner Panoramablick. Ein markierter Rundwanderweg dorthin (8 km, 2½ Std.) beginnt am Wandertreff Ecke Schierker Weg/Lindenwarte.

• *Wintersport* **Allerbachloipe** (5,8 km), **Hühnerbalzloipe** (6,2 km), **Wiesenloipe** (2,3 km) ab Hotel Tannenpark in Tanne.

Brockenbauer
In Tanne betreibt Familie Thielecke den höchstgelegenen Hof Sachsen-Anhalts; mit 117 Kühen und 5 Bullen sind die Thieleckes bundesweit die größten Züchter des Harzer Roten Höhenviehs. Daneben haben Harzziegen, Pferde und ein rotbrauner Hütehund (Harzer Fuchs) hier ihr Zuhause. Der Hofladen verkauft Wurst- und Fleischprodukte vom Höhenvieh. Mo–Sa 10–17 Uhr. Führungen ab 10 Pers. Schierker Weg 13, ✆ 039457-3312, www.brockenbauer.de.

• *Feste* **Tanner Kuhball**, Sonntag vor Himmelfahrt, Kuhaustrieb mit Festumzug samt Fotostopp vor dem Hirtendenkmal.

Finkenwettstreit, 1. So nach Pfingsten ab 6 Uhr, Vogelsingwettbewerb an der Spinne in Tanne (→ Kasten S. 127).

Fährt man das reizvolle Wiesental der mäandrierenden Warmen Bode weiter flussabwärts, erreicht man nach 7 km **Königshütte** (→ S. 158).

Benneckenstein   ca. 2100 Einwohner • 510 m

Benn eck en Stein soll die betagte Handelsfrau ausgerufen haben, als sich ein Jäger versehentlich auf sie setzte, derweil sie am Wegesrand schlief … So kam der auf einer Hochfläche mit Brockenblick gelegene Ort angeblich zu seinem Namen. Ur-

sprünglich erwähnt wurde er schon im 12. Jh., doch Feuersbrünste und Dreißig-
jähriger Krieg ließen keine alten Gemäuer übrig.

Die großen Verkehrsachsen führen heute in sicherem Abstand vorbei – die B 4 im
Norden, die B 242 im Süden. Nur zwei Landstraßen kreuzen sich in einer Senke in
der Ortsmitte. Gleich nebenan liegt das *Haus des Gastes* und ein Minikurpark mit
Teich, östlich oberhalb thront schieferverkleidet **St. Laurentius** von 1852, dessen
Altar sich seltsamerweise im Westen befindet. Nördlich oberhalb der Ortsmitte
hält mehrmals täglich die *Harzquerbahn* auf ihrer Fahrt über das Gebirge. In einem
Fachwerkhaus in der Bahnhofstraße ist ihr ein kleines **Eisenbahnmuseum** gewid-
met, das neben Signaltafeln und Uniformen auch ein Schienenmoped zeigt.
Di–Sa 10.15–16.15 Uhr. Eintritt 2,50 €. Bahnhofstr. 23, ℡ 039457-41010, www.bahnmuseum-
benneckenstein.ag.vu.

Dank der Höhenlage ist das Wintersportangebot groß: Loipen, Schlittenhunderennen, Rodelwiesen und Skisprungschanze.

• *Information* **Haus des Gastes**, moderner
Bau beim Kreisverkehr. Mo/Di und Do/Fr
9.30–15.30 Uhr. Straße der Einheit 5, 38877
Benneckenstein, ℡ 039457-2612, www.
benneckenstein.info.
• *Verbindungen* **Bus**: Tägl. 4- bis 12-mal
nach Hasselfelde und Blankenburg (Linie
261), nach Tanne, Elbingerode und
Wernigerode (262). Mo–Fr je 4-mal nach Hohegeiß (277). www.hvb-harz.de.

Harzer Schmalspurbahnen: Tägl.
4-mal nach Wernigerode, 1-mal auf
den Brocken, 4-mal via Eisfelder
Talmühle (Umsteigen) nach Nordhausen.

• *Übernachten/Essen* **** **Harzhaus**,
1,5 km südlich. Villa von 1916 in großem
Garten am Waldrand samt Wildgehege
und Blick ins Land. 36 schlicht-moderne,
etwas enge Zimmer im Drei-Sterne-Standard, 5 Fewo (45–80 m², 2–4 Pers.) in
Blockhäusern. Sauna, Gratis-Eintritt ins
Harzbad. Biker- und hundefreundlich,
Loipe vor der Tür. Gute Harzer Küche
(Hauptgericht 9–16 €, tägl. ab 11.30 Uhr).
DZ 70–76 €, Fewo 61–86 €. Heringsbrun-
nen 1, ℡ 039457-940, ✉ 94499, www.
hotelharzhaus.de.
*** **Zur Brockenbahn**, Hotel unweit beim
Bahnhof der Schmalspurbahn, an die im
Haus erinnert wird. 1919 als Pension erbaut,
dann ein Ferienheim, nach der Renovierung
1999 neu geöffnet. 14 Zimmer. DZ 64–
72 € je nach Saison. Bahnhofstr. 20,
℡ 039457-40186, ✉ 40188, www.hotel-zur-
brockenbahn.de.

• *Baden* **Harzbad**, modernes Hallenbad
mit 50 m-Rutsche, Kinderbecken, Sauna,
Solarium. Di, Do/Fr 14–20, Sa/So 10–18 Uhr.
Tageskarte inkl. Sauna 12 €, 3–17 J. 7 €.
Fischwiese 1, ℡ 039457-2522, www.harzbad-
benneckenstein.de.
• *Wandern* Ab dem Haus des Gastes sind
12 **Terrainkurwege** (2–10 km) beschildert.
• *Wintersport* **Grenzloipe** (20 km): Rundkurs
bis Sorge bzw. Sophienhof; **Rundloipe**
(8 km) via Sandbrink und Rappenberg um
den Ort; **Rehkopfloipe** (7 km) um den Reh-
kopf mit Anschluss nach Netzkater.
• *Veranstaltungen* **Internationales Schlittenhunderennen**, 3. Sa im Jan., 70 Ge-
spanne starten auf der Waldschneise.
www.schlittenhunderennen.de.
Oberharzer Grenzlauf, Feb., 26 km Volkslanglauf mit Massenstart (seit 1909).
www.wsv.bestein.de

Finkenmanöver: Jährlich am
Pfingstmontag ab 6 Uhr findet auf
der Waldschneise 2 km südlich der
Ortsmitte der traditionelle Sängerwettstreit der Buchfinkenhähne
statt. In weißumhüllten Käfigen
trällern sie gegeneinander an. Wer
am schönsten und längsten singt,
dessen Halter wird von einer Jury
zum Finkenkönig gekürt. Proteste
von Tierschützern begleiten jährlich
das Spektakel.
Die Buchfinken erwiesen den Bergleuten unter Tage große Dienste,
weil sie rechtzeitig vor Sauerstoff-
mangel warnten.

In den Barockgärten vor dem Kleinen Schloss in Blankenburg

Nordöstliches Harzvorland

Fachwerkarchitektur vom Feinsten, kunsthistorische Schätze und einzigartige Felsformationen sind im nordöstlichen Harz und seinem Vorland zu entdecken – im milden Klima im Regenschatten des Brocken.

Hier kommen Kunstliebhaber auf ihre Kosten: **Halberstadt** nennt eine der schönsten gotischen Kirchen Deutschlands und einen Domschatz sein Eigen, der weltweit ohne Beispiel ist. **Quedlinburg** lockt mit nicht weniger als 1300 Fachwerkhäusern, mit moderner Kunst und eindrucksvollen Bauten der Romanik. Zu letzteren zählt auch die über 1000-jährige Stiftskirche in **Gernrode**. Und dann sind da noch die schroff aus der Landschaft ragenden Felsgebilde, vor allem die **Teufelsmauer** und der zu einer Burg ausgehöhlte **Regenstein**. Die sonnenverwöhnte Gegend ist zudem ideales Terrain für große **Parkanlagen**, wie die Barockgärten in Blankenburg und der Landschaftspark Spiegelsberge in Halberstadt.

Blankenburg   ca. 15.000 Einwohner • 288 m

Die alte Residenzstadt an den Nordhängen des Harz zeigt eine kleine Altstadt mit viel Fachwerk, oberhalb ein Barockschloss, dazwischen schöne Terrassengärten und Villen. Doch viele der Schätze warten noch auf Renovierung.

Während sich die beiden Nachbarn Wernigerode und Quedlinburg schon fein herausgeputzt haben, trifft man in Blankenburg noch auf leere Straßenzüge und Hausruinen. Immerhin, die Terrassengärten sind vorbildlich saniert, für das marode Große Schloss engagiert sich ein Förderverein und in historischen Mauern sind stilvolle Hotels entstanden. Nun soll die Kurtradition wiederbelebt werden. Heilmoor und Mineralwasser (letzteres wird als *Blankenburger Wiesenquell* und *Regensteiner* in Flaschen abgefüllt) machten Blankenburg schon 1937 zum Kurbad. In der Innenstadt spürt man davon wenig, die 1999 neu errichtete Fachklinik Teufelsbad liegt 5 km außerhalb im Wald. Doch bald soll es in der Altstadt einen Kurpark und ein Kurmittelhaus geben. 1999 war in Blankenburg das Mega-Projekt „Planet Harz" gescheitert – 2000 Hotelbetten samt Golfplatz und Theater nahe des Großen Schlosses waren geplant.

Von 1599 bis 1918 war Blankenburg eine Nebenresidenz des Herzogtums Braunschweig. Vor allem *Herzog Ludwig Rudolf* (1690–1731) prägte das Stadtbild mit seinem Baueifer. Danach entwickelte sich die Stadt zu einem bedeutenden Hüttenstandort. 1872 wurden die *Harzer Werke* gegründet, die neue Bahnlinie nach Halberstadt brachte die ersten Touristen. Das milde Klima im Windschatten des Brocken lockte betuchte Rentner und Adelige an, die hier ihre Villen errichteten. Ein Luftangriff gegen Ende des Zweiten Weltkriegs zerstörte Teile der Altstadt, für den Wiederaufbau fehlte wie allerorten das Geld.

*P*raktische *I*nformationen

• *Information* **Tourist- und Kurinformation** gegenüber dem Rathaus. Freundlicher Service, Stadtplan und Leporello mit Stadtrundgang. Mo–Fr 9–18, Sa 10–15, Sa 10–14 Uhr. 38889 Blankenburg, Markt 3, ✆ 03944-2898, www.blankenburg.de.
• *Stadtführung* Sa 10.30 Uhr ab Rathaus, 4 € inkl. Kirchenführung (Dauer 1½ Std.).
• *Verbindungen* **Bahn**: Tägl. 10- bis 17-mal nach Halberstadt.
Auf der **Rübelandbahn**, einer Steilstrecke mit Tunnel und Viadukt bis Rübeland, rollt seit 2005 nur noch Güterverkehr. Seit 2010 mehrmals im Jahr **Sonderfahrten mit Dampflok 95027** (Bj. 1923).
Bus: Tägl. 3- bis 13-mal nach Wernigerode und Thale (Linie 253), 10-mal nach Rübeland und Elbingerode (258). www.hvb-harz.de. 6- bis 16-mal nach Quedlinburg (Linie 21), www.qbus-ballenstedt.
• *Parken* Großparkplatz Am Schnappelberg, 0,50 €/Std., 1 Tag 2,50 €.

*Ü*bernachten/*E*ssen

Wer in Blankenburg Kurtaxe bezahlt, erhält das Harzer Urlaubs-Ticket HATIX (S. 31) und hat freien Eintritt in die Stadtmuseen. Online-Buchung unter www.blankenburg.de.

**** Schlosshotel Blankenburg, die Schlosskaserne, ein Sandsteinbau von 1871 am Fuß der Schlossgärten, wurde innen modern ausgebaut und 2010 als Hotel mit 68 eleganten Zimmern und einem Gourmetrestaurant eröffnet. DZ 105–155 €. Schnappelberg 5, ✆ 03944-36190, ✆ 3619199, www.schlosshotel-blankenburg.de.

**** Viktoria Luise, gediegen wohnt man in dieser prächtigen, aussichtsreich gelegenen Jugendstilvilla von 1893. 16 geräumige, in Rosa, Gelb oder Lindgrün gestrichene, stilvoll möblierte Zimmer. Sauna. Restaurant, Café. DZ 120–140 €. Hasselfelder Str. 8, ✆ 03944-91170, ✆ 911717, www.viktoria-luise.de.

**** Fürstenhof, freundliches, elegantes Kur- und Wellnesshotel in stilvollem Bau von 1895 an der B 81 mitten in der Stadt. 27 geräumige Zimmer im Landhausstil, Sauna, Dampfbad, kostenlose Parkplätze. Empfeh- lenswertes Restaurant mit Terrasse. DZ 100–120 €, viele Wellness-Arrangements. Mauerstr. 9, ✆ 03944-90440, ✆ 9044299, www.kurhotel-fuerstenhof.de.

**** Gut Voigtländer, restaurierter Fachwerkgutshof um einen begrünten Innenhof mitten in der Stadt an der B 81. 30 Zimmer im Landhausstil, 10 Ferienwohnungen (2–5 Pers.). Sauna, kostenlose Parkplätze, Leihräder. Restaurant-Café „Zum Gutshof" mit verfeinerter Harzer Küche (Fisch & Wild ca. 14 €); schöne Terrasse. DZ 95–110 €, mit Loggia/Balkon plus 10 €. Fewo 75–120 €. Am Thie 2, ✆ 03944-36610, ✆ 3661100, www.gut-voigtlaender.de.

Obere Mühle, zum historischen Ensemble in den Terrassengärten gehören eine kleine Ausflugsgaststätte in einer alten Mühle (Snacks, Kaffee, Kuchen, Mi–So 10–17 Uhr), 3 einfache Zimmer (2–6 Pers.), ein Garten-Café (Fr–Di 12–

17 Uhr) im Teehäuschen und der Prinzessinnenturm mit einer märchenhaften Fewo (2 Pers.). DZ 50 €, weitere Pers. 5 €, Fewo 62 €. Schlossberg 2, ☎ 03944-9547709, ✆ 9547708, www.obere-muehle-blankenburg.de.
• *Wohnmobile* **Stellplätze** mit Stromversorgung am Schnappelberg. 4 €/24 Std.
• *Essen* **Altdeutsches Kartoffelhaus**, in der Altstadt-Passage, mit Innenhofgarten. Kartoffeln in allen Varianten, Schnitzel- und Grillgerichte. Hauptgericht ca. 12 €. Tägl. ab 11 Uhr. Marktstr. 7, ☎ 03944-351261.
Café Colonial, nettes Café über zwei Etagen in der Altstadt. Tolle Eiskreationen. Lange Str. 29.
Café im Teehaus → Obere Mühle

Aktivitäten/Feste

• *Baden* **Freibad Am Thie**, neues Biobad im Thiepark. Mai–Sept. Am Thie 4, ☎ 03944-900025.
• *Kur* **Teufelsbad-Fachklinik**, in Michaelstein. Rehazentrum mit 280 Betten für rheumatische Erkrankungen. Der Name stammt vom früher schwefelhaltigen, übel riechenden Mineralschlamm. Heute wird milder Badetorf vom nahen Helsunger Bruch verwendet. Das erste Teufelsbad von 1938 am innerstädtischen Thiepark steht heute leer. ☎ 0800-4747209, www.teufelsbad-fachklinik.com.
• *Feste* **Country-/Truckerfest**, Mai, Trucks und Linedance-Gruppen im Stadtpark.
Altstadtfest, Ende Aug., Konzerte auf mehreren Bühnen.

Sehenswertes

Zentrum der kleinen Altstadt unterhalb des Großen Schlosses ist der abfallende Marktplatz, der vom Renaissancebau des **Rathauses** (16. Jh.) mit barockem Dachreiter beherrscht wird. Eingemauerte Kanonenkugeln an dem fünfseitigen Treppenturm erinnern an den Beschuss im Dreißigjährigen Krieg.

Herbergsmuseum: In der Bergstraße, links oberhalb des Rathauses, steht Deutschlands einzige erhaltene historische Gesellenherberge. Von 1884 bis 1916 nächtigten in dem Fachwerkhaus Bauhandwerker auf der Walz. Logierzimmer, Herbergsküche, Restaurationszimmer und Waschküche können neben einer Ausstellung über die wandernden Gesellen besichtigt werden.

Mo–Do 14.30–17 Uhr, Fr–So nach Vereinb. Eintritt 2 €, Kind 1 €. Bergstr. 15, ☎ 03944-365007.

In der zur Bergstraße parallelen Marktstraße stehen viele Läden leer. Über die sanierte **Altstadtpassage** gelangt man in die tiefer gelegene **Lange Straße**, die Einkaufsmeile der Stadt. Weiter unten siedelten Handwerker und Ackerbürger – der Name Bäuersche Straße erinnert daran; in dieser steht das älteste Haus (Nr. 16, aus dem Jahr 1500) und das kleinste Haus (Nr. 10) Blankenburgs.

Bergkirche St. Bartholomäus: Der spitze Turm oberhalb des Rathauses gehört zu der um 1200 erbauten und bis 1300 frühgotisch mit langem Chorraum erweiterten Kirche. Im Innenraum beachtenswert ist das große Triumphkreuz (1500), der Barockaltar (1712) und die stehenden Grabsteinplatten seitlich im Chor – vier Blankenburger Grafen ließen sich hier im 13. Jh. nach Naumburger Vorbild als Stifter darstellen.

Hinter der Kirche geht es links in die Schlossgärten bzw. hinauf zum Großen Schloss.

Großes Schloss: Seit 1123 ist auf dem 337 m hohen „blanken Stein" eine Burg als Sitz der Grafen von Regenstein-Blankenburg verbürgt. Im 16. Jh. wurde sie zum Renaissanceschloss, 1705–31 für *Herzog Ludwig Rudolf* im Stil des Barock umgestaltet. Der Herzog hatte seine Töchter gut verheiratet – eine mit Kaiser *Karl VI.*, die andere mit dem russischen Zarewitsch *Alexej* – und benötigte daher eine repräsentative Residenz: Es entstand der Neue Flügel mit dem *Redoutensaal*, in dem tagelang Feste gefeiert wurden; im Alten Trakt kamen der stuckverzierte *Kaisersaal* mit Ahnenporträts und eine achteckige *Kapelle* hinzu. Ab 1731 wurde das Schloss kaum noch genutzt, bis 1914 Welfenherzog *Ernst August* und seine Frau *Viktoria Luise von Preußen* einzogen. 1945 flüchteten sie und verbrachten das Schlossinventar auf die Marienburg bei Hannover, wo es 2005 durch Sotheby's unwiederbringlich in alle Welt versteigert wurde.

1947–91 wurde das Schloss als Heim und Schule genutzt, dann stand es leer und begann zu verfallen. Der Verein „Rettung Schloss Blankenburg" erwarb das marode Anwesen 2008 in einer Zwangsversteigerung und saniert es nun stückweise. Feste, Konzerte und Führungen durchs Innere (soweit begehbar) sollen Geld bringen.
März–Dez. Sa 14–16 Uhr laufend Führungen. Eintritt ab 16 J. 3 €. ✆ 03944-368375, www.rettung-schloss-blankenburg.de.

Tiergarten: Das Waldstück hinter dem Schloss wurde 1668 als herzogliches Jagdrevier eingefriedet, heute ist es frei zugänglich. An der höchsten Stelle, dem Calvinusberg, ließ Herzog Ludwig Rudolf für seine Frau *Christine Luise* 1728 das Aussichtsschlösschen **Luisenburg** errichten, das 1945 bis auf wenige Reste abgetragen und durch einen Holzpavillon ersetzt wurde. Die Aussicht lohnt den 30-minütigen Aufstieg.

Kleines Schloss: Ab 1718 ließ Ludwig Rudolf unterhalb des Großen Schlosses einen barocken Lustgarten und ein fürstliches Gartenhaus anlegen, das heutige Kleine Schloss. Es wird als Städtisches Museum genutzt und zeigt die Baugeschichte der Schlösser und Gärten sowie Hofleben und Heiratspolitik der Herzöge Anton Ulrich und Ludwig Rudolf. Das Obergeschoss widmet sich der Geschichte der Stadt.
Di–Sa 10–17, So 14–17 Uhr. Eintritt 2 €, Kind 1 €. ✆ 03944-2658.

Barockgärten: Den sehenswerten, weitgehend original erhaltenen **Terrassengarten** vor dem Kleinen Schloss zieren drei Wasserbassins, Sandsteinfiguren und eine Neptungrotte. Der Bronzelöwe ist ein Nachguss des 1166 in der Welfenstadt aufgestellten Braunschweiger Löwen. Weiter oben erstreckt sich hinter der mittelalterlichen Stadtmauer der 2001 rekonstruierte, aussichtsreiche **Berggarten** mit dem Teehaus (heute Café) und dem **Prinzessinnenturm**; dieser Stadtmauerturm diente den Töchtern des Herzogs als Spielturm (heute eine originale Ferienwohnung → Übernachten/Obere Mühle). Ein weiterer Turm ist als Aussichtspunkt begehbar.

Der historische Fasanengarten hinter der Schlosskaserne konnte wegen fehlender Unterlagen nicht rekonstruiert werden. Er wurde als moderne Parkanlage mit Kunstobjekten gestaltet.
April–Ende Aug. tägl. 9–21, sonst 10–17 Uhr. Gartenführungen (3,50 €) Mai–Ende Okt. So 10.30 Uhr. Treffpunkt beim Haupteingang am Schnappelberg.

Bergseitig schließt an den Fasanengarten der **Große Schlosspark** an, ein Landschaftsgarten mit Schlossteich (jederzeit zugänglich).

Ziegenkopf (400 m), **Wilhelm-Raabe-Warte (416 m)**: Südwestlich oberhalb von Blankenburg ragen zwei Aussichtstürme aus dem Wald. Der auf dem Ziegenkopf ist ein 30 m hoher, etwas verkommener Anbau zum gleichnamigen Berggasthof (mit

Spielplatz und Streichelzoo ein Ausflugsziel), der andere ist die zurzeit nicht zugängliche Wilhelm-Raabe-Warte auf dem Eichenberg, die 1896 als „Kaiserwarte" erbaut wurde.

Essen **Berggasthof Ziegenkopf,** 4 km Richtung Elbingerode an der B 27. Hier gibt es die „größten Hefeklöße der Welt", in 20 Varianten zum „All you can eat"-Preis. Tägl. 8–20 Uhr. ✆ 03944-353260.

Teufelsmauer: Am östlichen Stadtrand, unweit der B 81 Richtung Thale, tritt die 20 km lange Sandsteinkette, die sich durch die Hebung des Harzes vor 80 Millionen Jahren senkrecht aufgerichtet hat (→ S. 13), auf einem 3 km langen Abschnitt zu Tage. Direkt auf dem Felskamm, der den umstehenden Kiefernwald überragt, wurde 1853 ein Kammweg angelegt, der die beiden bekanntesten Aussichtsfelsen, den *Großvater* direkt bei Blankenburg und das *Hamburger Wappen* bei Timmenrode, verbindet (→ Tour 12). Teile der Teufelsmauer ragen auch bei Ballenstedt (→ S. 193) und Thale (→ S. 176) empor.

Tour 12: Vom Großvater zum Hamburger Wappen

Länge: 8 km, Gehzeit 2½ Std. Mittelschwer.
Der Weg: Auf luftigem Kammweg über die faszinierenden Felsformationen der Teufelsmauer.

Beschreibung: Vom Parkplatz Schnappelberg gegenüber dem Schlosshotel Blankenburg (**1**, 226 m) gehen wir zur B 81 hinab, diese kurz entlang bis zur Heidelberg-Straße und gleich rechts die Treppe hinauf. Nach 15 Min. stehen wir vor dem **Großvater** (**2**, 322 m), der höchsten Klippe der Teufelsmauer, die

wir auf einem gesicherten Steig erklimmen können (schöner Blankenburg-Blick). Beim Großvater beginnt der wildromantische **Kammweg** (s. o.), der als teilweise geländergesicherter Felspfad rund 30 Min. direkt am Grat der zerklüfteten Teufelsmauer entlang führt (alle anderen Pfade ignorieren). Danach senkt sich der Weg (Wegweiser Fuchsbau) rechts hinab (**3**) und erreicht nach 10 Min. eine Art Waldkessel mit der Unterstandshütte **Am Sautrog** (**4**, 204 m).

Sieht aus wie das Hamburger Wappen und heißt auch so

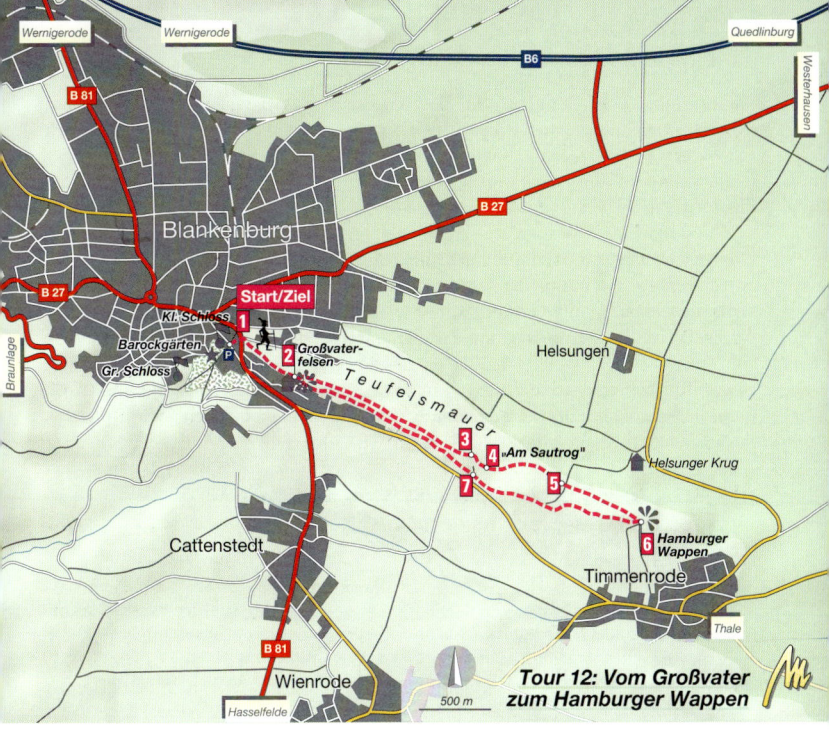

Tour 12: Vom Großvater zum Hamburger Wappen

Nun eben weiter auf dem Forstweg, vorbei an der Felswand **Gewittergrotte** und dem **Fuchsbau**, einem Schutzraum unter der Straße. 10 Min. später an der nächsten Kreuzung (**5**) folgen wir dem Wegweiser Richtung Hamburger Wappen/Timmenrode. Wir erreichen bald die imposante Sandsteinformation (**6**, 252 m), die mit ihren drei Zinnen an das **Hamburger Wappen** erinnert. Auf diesem schönen Fleck rastet man gern. Interessant ist auch die Sandsteinhöhle am Hang gegenüber.

Für den Rückweg an der Südseite der Teufelsmauer folgen wir den Wegweisern „Großvaterfelsen" und bei einer Weggabelung nach ca. 15 Min. (**7**) dem bequemen **Südlichen Hangweg**. 30 Min. führt er knapp unterhalb des Kammwegs, dessen Wanderer man immer wieder erblickt, zurück zum **Großvater** (**2**), wo sich das gleichnamige Ausflugslokal mit regionaler Küche, Kaffee und Kuchen zur Stärkung anbietet (tägl. ab 11 Uhr, ✆ 03944-363928).

Kloster Michaelstein

Das frühere Zisterzienserkloster liegt 3 km nordwestlich von Blankenburg am Rande· von Fischteichen. 1139 wurde es am Volkmarskeller 5 km taleinwärts gegründet (→ Wandern) und 1167 hierher verlegt. Die Klosterkirche überstand die Bauernaufstände 1525 nicht, doch die verbliebenen, renovierten Klausur- und Wirtschaftsgebäude bilden ein stimmungsvolles Ensemble, das dank zweier Restaurants, Museum und zahlreicher Veranstaltungen ein beliebtes Ausflugsziel ist. Verantwortlich dafür ist die Stiftung Kloster Michaelstein, Landesmusikakademie Sachsen-Anhalt, die hier ihren Sitz hat.

Die aus dem 12./13. Jh. erhaltenen Teile sind als **Museum** zugänglich, darunter der frühgotische Kreuzgang, das heute als Konzertsaal genutzte Refektorium und der von Säulen gestützte Kapitelsaal mit interessanten Kapitellen. Vom Kreuzgang gelangt man in die nach mittelalterlichem Vorbild angelegten malerischen **Klostergärten**. Die zerstörte Klosterkirche ersetzte *Hermann Korb* 1717 durch einen bescheidenen Neubau im Westflügel (gegenüber der Kasse). Im dortigen Obergeschoss ist eine Sammlung historischer Musikinstrumente vom 17.–19. Jh. zu sehen, mit Hörbeispielen für die Tasteninstrumente. Das größte Instrument steht allerdings in der **Großen Scheune** im weitläufigen Wirtschaftshof (Parkplatz). Es ist die Rekonstruktion der frühbarocken, Lkw-großen Musikmaschine von *Salomon de Caus*, (1576–1626). Angetrieben von einem Wasserrad, erklingt eine stiftwalzengesteuerte Orgel, dazu bewegt sich eine Meernymphe. Im 17. Jh. unterhielt man damit die Fürsten, heute wird sie bei Veranstaltungen vorgeführt.

Ein barockes **Torhaus** schließt die Anlage nach Osten ab.

Museum April–Okt. tägl. außer Mo 10–18, Nov.–März Di–Sa 14–17, So 10–17 Uhr. Eintritt 3,60 €, Familie 8,20 €. Audioguide 2 €. ✆ 03944-90300, www.kloster-michaelstein.de.

• *Verbindungen* **Bus 253**, Haltestelle Blankenburg Waldmühle: Tägl. 6- bis 16-mal nach Blankenburg bzw. Wernigerode. www.hvb-harz.de.

• *Übernachten/Essen* **Zum Klosterfischer**, Hotel mit Bankettsaal im früheren Schafstall, 30 Zimmern und empfehlenswertem Fischrestaurant unter altem Fachwerk, das zum Schwarzwälder Fischimperium Zordel gehört. Fische aus eigener Zucht, große Portionen, gehobene Preise (13–20 €). Tägl. ab 11 Uhr. DZ 80 €. Michaelstein 14, ✆ 03944-354345, www.klosterfischer.de. Nebenan Richtung Teiche gibt es die einfache **Wandergaststätte Klosterfischer** mit Fischverkauf, tägl. 8–20 Uhr.

Cellarius, im einstigen Gutshaus, einem schmucken Fachwerkbau. Große Auswahl an deutscher Küche, saisonale Schmankerl, Fischgerichte (10–15 €). Bildschöner Bier- und Kaffeegarten. April–Okt. Mo–Sa 10–22, So 10–20, sonst Di–Fr 14–20, Sa/So 10–20 Uhr. Michaelstein 3a, ✆ 03944-366446, www.cellarius-blankenburg.de.

• *Feste* **Klosterkonzerte**, 1- bis 2-mal monatl., klassische Musik im Refektorium. **Klosterfest**, 1. So im Aug., Grüner Markt, kulinarische Köstlichkeiten und viel Kultur.

• *Wandern* Eine Forststraße führt vom Torhaus sanft bergan in den Klostergrund bis zum **Volkmarskeller**, einer Karsthöhle, die im 9. Jh. als Einsiedelei diente (Gehzeit 1 Std., beschildert). Beliebt ist auch ein Spaziergang entlang der **Klosterteiche**, in denen sich Nutrias angesiedelt haben, die aus Pelztierfarmen entkamen.

Burg und Festung Regenstein

3 km nördlich von Blankenburg ragt jenseits der B 6n ein steiler Sandsteinfelsen aus dem Harzvorland, der Regenstein. Vermutlich war er schon in der Vorgeschichte besiedelt, ab dem 12. Jh. befand sich auf dem obersten Felsplateau eine **Burg** der Regensteiner Grafen. Sie war von einer Mauer umgeben, besaß einen Bergfried und aus dem Fels gehauene Räume. Als die Grafen im 15. Jh. auf das Blankenburger Schloss zogen, verkam ihre Stammburg zur Ruine.

Ab 1670 kehrte Leben zurück, als die Preußen den Regenstein zu einer **Festung** ausbauten, siebenmal größer als die frühere Burg, die nun als eine von sechs Bastionen diente. 80 Jahre lang waren hier preußische Soldaten stationiert. Nach ihrem Rückzug 1758 ließ *Friedrich II.* die Festung schleifen. Die verbliebenen 32 Felsräume und Mauerreste waren bald ein beliebtes Ausflugsziel und sind es bis heute. Auch *Goethe* war 1784 hier.

An der Kasse kann man ein Faltblatt mit Legende erwerben, das bei der Orientierung hilfreich ist. Zunächst geht es durch das weitläufige Festungsareal (J markiert die Stelle des einstigen 195 m tiefen Brunnens) und steigt dann zu den Resten der

Mittelalterburg auf den Gipfelfels hinauf, wo man u. a. den Bergfriedstumpf (1), die Burgkapelle (2), das Verlies (4) und die Burgküche (9) begutachten kann. Die beiden Ausstellungsräume (15) mit Fundstücken sowie die älteste erhaltene Inschrift auf dem Gelände (13) sollte man sich nicht entgehen lassen. Der atemberaubende Rundblick von den oberen Felsplateaus reicht von den Kirchtürmen Halberstadts bis zum Brocken.

Am Fuß der Burg gibt es eine Gaststätte, oberhalb der Kasse einen **Falkenhof**, der um 11 und 15 Uhr einstündige Flugschauen mit Adlern, Falken, Eulen und Bussarden veranstaltet (5 €, bis 14 J. 3,50 €, Kleinkind 1 €; www.falkenhof-harz.de).

•*Burg* Mai–Okt tägl. 10–18, sonst Mi–So 10–16 Uhr. Eintritt 2,60 €, 6–18 J. 1,30 €. Faltblatt mit Erläuterungen 0,50 €. ☏ 03944-61290, www.blankenburg.de.

•*Anfahrt* Wegweiser an der B 81 bis zum Parkplatz, dann noch 400 m zu Fuß. Kein Bus ab Blankenburg, zu Fuß ab Bhf. 2,5 km (30 Min., markiert).

•*Feste* **Wikingerfest**, zu Ostern. **Ritterspiele**, Mitte Juli, Mittelalterspektakel mit Handwerkermarkt und Nachtturnier.

•*Wandern* Die **Regensteinmühle** am Fuß des Regensteins war eine Getreidemühle mit zwei kaskadenartig angebrachten Mühlrädern (Nachbau), zwei 20 m langen Wasserstollen und einem 2 km langen Mühlgraben. Zwischen Festungstor und Parkplatz ist der schmale, 20-minütige Weg zur Mühle ausgeschildert.

Sandhöhlen im Heers, nordöstlich unterhalb des Regensteins liegt die „größte Sandkiste im Harz": weiße Sandsteinfelsen in einer Lichtung im Heers-Wald mit zahlreichen Höhlen, die den Germanen als Versammlungsort gedient haben sollen. Ab der Regensteinmühle beschildert.

Langenstein   *ca. 1900 Einwohner • 192 m*

In Langenstein, unweit der B 81 zwischen Blankenburg und Halberstadt, sind in Deutschland einzigartige **Höhlenwohnungen** erhalten. Man findet sie am Ortsanfang entlang des Hohlwegs zur Altenburg (beschildert) auf dem Sandsteinrücken „Langer Stein". Drei Räume, die bis ins 20. Jh. bewohnt waren, wurden jüngst restauriert und geben eine Vorstellung vom Höhlenleben in alter Zeit. Von der *Altenburg* am oberen Ende des Hohlwegs, einer Fluchtburg der Halberstädter Bischöfe aus dem 12. Jh., ist fast nichts erhalten, doch der Panoramablick über das Harzvorland lohnt. Weitere 11 Höhlen gibt es im Schäferberg mitten im Ort; sie entstanden um 1855 für neu zugezogene Familien, weil sie rasch errichtet werden konnten, und bestanden meist aus fünf Räumen (im Sommer Sa/So meist zugänglich).

Langenstein besitzt auch ein **Barockschloss**, das eine Mätresse von *Herzog Karl von Braunschweig* erbauen ließ (heute Kinderheim). Der Schlosspark im englischen Landschaftsstil hat schöne Spazierwege.

An ein dunkles Kapitel erinnert die 4 km östlich in einer abgeschiedenen Senke gelegene **Gedenkstätte Langenstein-Zwieberge**. Hier befand sich 1944/45 ein Außenlager des KZ Buchenwald (Deckname „Malachit") mit bis zu 7000 Gefangenen, die für die

Der weiche Sandstein macht es möglich – Höhlenwohnungen in Langenstein

Rüstungsproduktion ein 13 km langes Stollensystem in die nahen Thekenberge graben mussten. 4500 Häftlinge starben, die Hälfte davon auf Todesmärschen kurz vor Kriegsende. Das beschilderte Gelände ist frei zugänglich.

• *Gedenkstätte* Dauerausstellung Mo–Fr 9–15.30, Sa/So 14–16 Uhr; Stollenführung nach Voranmeldung, ✆ 03941-567324.
• *Verbindungen* **Bahn/Bus**: stündl. nach Blankenburg und Halberstadt.
• *Übernachten/Essen* **Schäferhof Langenstein**, denkmalgeschützter Vierseithof in Ortsmitte, in dem Merinoschafe gezüchtet,

Schafwolle verarbeitet und Workshops im Filzen und Töpfern angeboten werden. Dazu ein Restaurant, Café im Kellergewölbe und Hofladen (Di–Fr 9–17, Sa 8–13 Uhr). 21 mit Vollholzmöbeln eingerichtete Zimmer. DZ 63–75 € je nach Größe. Quedlinburgerstr. 28a, ✆ 03941-613841, www.schaeferhof-langenstein.de.

Halberstadt   ca. 39.000 Einwohner • 119 m

Das nördliche „Tor zum Harz" grüßt von weitem mit seinen Kirchtürmen. Dom und Domschatz gehören zu den kulturellen Kostbarkeiten der Region, das im Zweiten Weltkrieg zerstörte Zentrum gilt als Modellbeispiel für gelungene Stadtsanierung.

Halberstadt, im Vorland rund 20 km nördlich des Harzes gelegen, ist Kreisstadt des 2007 neu gebildeten Landkreises Harz, Sitz von Behörden, Bildungszentrum sowie Verkehrsknotenpunkt. Hier kreuzt die B 79 die B 81, die via Blankenburg direkt in den Harz führt. Bahnverbindungen gibt es in alle Richtungen.

Den Weg ins Zentrum säumen Plattenbauten, doch in der Stadtmitte hat sich in den letzten 20 Jahren viel getan, auch wenn man noch immer auf Baulücken und Ruinen trifft. Ein alliierter Luftangriff Ende des Zweiten Weltkriegs hatte die einstige Perle des Harzvorlands zu über 80 % zerstört. Dom und Kirchen wurden wieder aufgebaut, doch was von den 2000 Fachwerkhäusern übrig war, wurde dem Verfall preisgegeben oder in den 1980ern weiträumig abgerissen und durch Plattenbau ersetzt. Nach 1990 begann eine beispielhafte Stadtsanierung, die bis 1998 aus rekonstruierten und modernen Bauten auf dem historischen Grundriss eine neue Innenstadt entstehen ließ.

Die Stadtmitte teilt sich in den *Dombezirk*, der in früheren Tagen von einer Mauer umfasst war, die nordwestlich davon gelegene *Altstadt* mit Fachwerkresten und die südöstlich des Doms gelegene neue *Innenstadt* rund um das Rathaus.

804 erhob Karl der Große die kleine Siedlung zum Bischofssitz, ein erster befestigter Dombezirk entstand. 989 kamen Markt-, Münz- und Zollrecht hinzu, 1397 trat die Stadt der Hanse bei, 1491 war der gotische Dom vollendet. 1648, mit Ende des Dreißigjährigen Kriegs, wurde das Bistum aufgelöst. Im 18. Jh. machte der Domsekretär und Dichter *Johann Wilhelm Ludwig Gleim* die Stadt zu einem Zentrum der Aufklärung. 1843 erhielt Halberstadt Bahnanschluss, 1883 ging die berühmte Wurstfabrik in Betrieb, 1903 die erste Straßenbahn. 1938 zerstörten die Nazis die Halberstädter Synagoge und deportierten die jüdische Gemeinde bis 1942. 1945 fiel die Stadt in Schutt und Asche.

*P*raktische *I*nformationen

• *Information* **Halberstadt Information**, Mo–Fr 9–18, Sa 10–13, Mai–Okt. auch So 10–13 Uhr. 38820 Halberstadt, Hinter dem Rathause 6, ✆ 03941-551815, www.halberstadt.de.

• *Stadtführungen* Mai–Okt. Sa 11, So 10 Uhr. Dauer 90 Min. Treffpunkt Rathaus.
• *Verbindungen* **Bahn**: Tägl. 10- bis 20-mal nach Wernigerode, Halle, Magdeburg,

Essen & Trinken
2 Alt Halberstadt
4 Museumskaffee Hirsch
6 Brauhaus Heine
8 Zum Johannestor
9 Unter den Linden
10 Am Sommerbad

Übernachten
1 Altstadtpension Ratsmühle
3 Halberstädter Hof
5 Am Grudenberg
6 Villa Heine
7 Camping Am See
9 Unter den Linden

Blankenburg und via Quedlinburg nach Thale. **Stadtverkehr**: Mit Straßenbahn 1 und 2 alle 15–30 Min. vom Hauptbahnhof ins Zentrum (Holzmarkt). Fahrt 1 €. www. stadtverkehr-halberstadt.de.

• *Einkaufen* **Rathauspassagen**, 50 Shops, darunter Edeka, Buchläden, Schuh- und Modegeschäfte. Mo–Fr 9–20, Sa 9–18 Uhr.

*Ü*bernachten/*E*ssen

• *Hotels/Pensionen* ****S **Villa Heine (6)**, unweit vom Bahnhof. Die einstige Fabrikantenvilla („Halberstädter Würstchenfabrik") wurde 1992 restauriert und um einen großzügigen Wellnessbereich mit Hallenbad erweitert. 61 elegante Zimmer, zwei Restaurants. DZ 120 €, Suite 186 €. Kehrstr. 1, ✆ 03941-31400, ✆ 31500, www.hotel-heine.de.

**** Unter den Linden (9), zwischen Innenstadt und Spiegelsberge. Schloss von 1910 im englischen Landhausstil, seit den 1990ern ein Parkhotel mit 80 stilvollen Zimmern. Im Originalzustand präsentiert sich die Diele mit Kamin, im DG wurden Sauna und Dampfbad eingebaut. Prämiertes Gourmetrestaurant (tägl. geöffnet), das Bodenständiges zu fairen Preisen auftischt (17–38 €), gute Weine. DZ 90–110 €. Klamrothstr. 2, ✆ 03941-62540, ✆ 6254444, www.pudl.de.

138 Nordöstliches Harzvorland

*** **Halberstädter Hof (3)**, unweit vom Dom. Fachwerkhaus von 1662 mit 26 modernen Zimmern. Freundlicher Service, kostenlose Parkplätze. Gutes Preis-Leistungsverhältnis. DZ 64 €. Trillgasse 10/Bödcherstraße, ☎ 03941-27080, 📠 26189, www.halberstaedter-hof.de.

*** **Am Grudenberg (5)**, aus einer Fachwerkruine unweit des Domplatzes entstand 1995 ein schmuckes Hotel mit 25 Zimmern und Sauna. DZ 75–80 €. Grudenberg 10, ☎ 03941-69120, 📠 691269, www.hotel-grudenberg.de.

*** **Altstadtpension Ratsmühle (1)**, in ruhiger Innenstadtlage. Pension mit 9 zweckmäßigen Zimmern in einem Fachwerkhaus von 1594. DZ 60 €. Hoher Weg 1, ☎ 03941-573790, 📠 5737913, www.altstadtpension-ratsmuehle.de.

• *Camping* **Am See (7)**, am Halberstädter See am nordöstl. Stadtrand, unweit der B 81. Terrassenförmige Anlage, 150 Stellflächen, moderne Sanitäranlagen, Shop mit Imbissbude. Geöffnet Mitte März–Ende Okt. 2 Pers., Zelt, Auto 18 €. Warmholzberg 70, ☎ 03941-609308, 📠 570791, www.camping-am-see.de.

• *Restaurants/Cafés* **Parkhotel Unter den Linden (9)** → Hotels

Zum Johannestor (8), kleines, feines Restaurant in einem Fachwerkhaus unweit vom Domplatz. Gute regionale und mediterrane Küche, tolle Weine, schönes Ambiente, idyllischer Innenhofgarten. Di–Sa 11–14/18–23, So 11–14 Uhr. Westendorf 52, ☎ 03941-604643, www.zumjohannestor.de.

Alt Halberstadt (2), rustikales Traditionslokal in drei Fachwerkhäuschen mit alten Stadtansichten an den Wänden. Deutsche Küche (z. B. Kartoffel- und Fischgerichte) zu mittleren Preisen, kleiner Biergarten im Hof. Di–Sa ab 11, So nur bis 16 Uhr. Voigtei 17–19, ☎ 03941-600622.

Brauhaus Heine (6), Gasthof der Villa Heine mit großem Biergarten; zünftige Küche, hausgebrautes Pils und natürlich Halberstädter Würstchen kommen hier auf den Tisch. Tägl. 7–23 Uhr. Große Ringstraße, ☎ 03941-31800.

Gasthaus Am Sommerbad → Baden

Museumskaffee Hirsch (4), jüdisch-osteuropäische Küche mit Latkes (Kartoffelpuffer), Plinsen (Eierkuchen), Pelmeni (Teigtaschen), Kaffee und Kuchen. Di–Do 12–18, Fr/Sa 12–22, So 12–17 Uhr. Bakenstr. 57, ☎ 03941-583238.

Halberstädter Würstchen

1896 beglückte der Halberstädter Wurstfabrikant Friedrich Heine die Welt mit einer Neuheit: Brühwürste in Konservendosen. Über Buchenholz geräuchert, wurden sie haltbar gemacht. Heines Idee war ein Riesengeschäft, schon 1913 eröffnete er die größte Fleischverarbeitungsfabrik Europas. Die Halberstädter Würstchen- und Konservenfabrik gibt es bis heute, mit 400 Mitarbeitern zählt sie zu den größten Arbeitgebern der Region. Werksverkauf in der Großen Ringstraße Mo–Fr 8.30–18, Sa 5–13 Uhr. www.halberstaedter.de.

Aktivitäten/Feste (→ Karte S. 137)

• *Baden* **Freizeit-/Sportzentrum FSZ**, in der Nähe der Spiegelsberge. Erlebnishallenbad Sea Land (Mo–Fr 7.30–22, Sa/So 11–22 Uhr), Sportbecken, große Saunalandschaft. Nette Gaststätte **Am Sommerbad (10)** im früheren Kassenhäuschen; preiswerte, gutbürgerliche Küche, bekannt für Fischspezialitäten (tägl. ab 11 Uhr, ☎ 03941-31800). Gebrüder-Rehse-Str. 12, www.fsz-halberstadt.de.

• *Feste* **Domfestspiele**, Anfang Juni, Theater, Ballett, Oratorien, Sinfonien. ☎ 03941-696540, www.domfest-halberstadt.de.

Ton am Dom, Anfang Juli, Töpfermarkt am Domplatz, Theater in der Liebfrauenkirche, Musik im Dom. www.ton-am-dom.de.

Altstadtfest, Anfang Sept., Jahrmarkt, Ausstellungen, Livemusik. www.altstadtfest-halberstadt.de.

• *Kino* **Zuckerfabrik Kinopark**, Multiplex mit 7 Sälen, ☎ 03941-586616, Gröperstr. 88, www.zuckerfabrik.de.

• *Theater* **Nordharzer Städtebundtheater**, das Drei-Sparten-Theater (Musik, Schauspiel, Ballett) tritt im Großen Haus und in der Kammerbühne (Spiegelstr. 20a) auf. ☎ 03941-696565, www.harztheater.de.

Gotik vom Feinsten – Halberstädter Dom

Sehenswertes

Dom St. Stephan: Erster Anlaufpunkt ist der *Domplatz*, eine lange, von Bäumen umstandene Sandfläche, gesäumt von den früheren Domherrenhäusern. An der schmalen Ostseite erhebt sich der Dom, eine der schönsten gotischen Kirchen Deutschlands, die den Vergleich mit französischen Kathedralen nicht scheuen muss. 1230 wurde mit dem Bau begonnen, die Arbeiten zogen sich bis 1486 hin, weil der romanische Vorgängerbau parallel dazu stückchenweise abgetragen wurde. Das Ergebnis war die 102 m lange, dreischiffige Basilika, die im Hauptschiff eindrucksvolle 27 m emporstrebt. Bis auf die Spitzen der beiden Westtürme, die 1896 neu errichtet wurden, und den Vierungsturm (1945 zerstört) sieht der Dom noch wie im Mittelalter aus, auch Ausstattung und Domschatz sind fast vollständig erhalten.

Gleich hinter dem spätromanischen Hauptportal steht ein romanischer Taufstein aus Rübeländer Marmor (1195). Vom Kreuzrippengewölbe des Langhauses hängt ein bronzener Radleuchter (1516), ein prächtiger spätgotischer Lettner (1505) trennt das Querhaus vom Chor. Über ihm befindet sich eine noch für den Vorgängerbau geschnitzte überlebensgroße Triumphkreuzgruppe von 1220. Erst 1996 wurde im Hinterkopf des Christus eine Reliquie entdeckt. Auch das gotische Chorgestühl von 1400 und die farbigen Glasmalereien im Chorumgang sind Originale.

Mo–Fr 10–17, Sa/So 11–17, Nov.–März jeweils nur bis 16 Uhr. Warm anziehen, im Dom ist es kalt!

Halberstädter Domschatz: Er zählt zu den kostbarsten und mit 650 Stücken zu den größten mittelalterlichen Kirchenschätzen Europas. Seit 2008 werden die Kleinode in angemessener Form präsentiert – in der historischen Domklausur und im Obergeschoss des Kreuzgangs, die südlich an den Dom anschließen. Der Zugang ist in einem puristischen, fast fensterlosen Riegelbau von 2006.

Der Domschatz war stets an seinem Ursprungsort verblieben, auch das macht ihn einzigartig. Bis 1810 waren in Halberstadt katholische und protestantische Domherren gemeinsam im Amt und bewahrten so die liturgischen Geräte, Reliquien und Schmuckstücke vor Bildersturm und Verkauf.

Zu den bedeutendsten Exponaten zählen zwei monumentale, 9 und 10 m lange Wollteppiche aus dem 12. Jh. mit farbkräftigen Bibelmotiven sowie die in der alten Sakristei *(Schatzkammer)* gezeigten Reliquiare: das Tafelreliquiar von 1225 mit einem Splitter vom Kreuz Jesu und Reliquien aller 12 Apostel, eine byzantinische Weihbrotschale (11. Jh.), zwei Reliquiare aus dem 13. Jh. mit dem Zeigefinger des Hl. Nikolaus bzw. mit Schädel und Arm des Hl. Stephanus sowie das Elisabeth-Reliquiar von 1270. Die Reliquien sind teils Beutestücke, die der Halberstädter Bischof *Konrad von Krosigk* während des vierten Kreuzzugs bei der Plünderung Konstantinopels 1204 zusammengeraubt hatte, teils waren sie eine Brautgabe von *Theophanu*, der aus Byzanz stammenden Frau von *Otto II.*

Modern verriegelt:
der Domschatz von Halberstadt

Originell sind die Metallkugeln aus dem 13. Jh., die mit einem heißen Stein gefüllt den Priestern als Handwärmer dienten, sowie der Gießlöwe, ein Gefäß zur Handwaschung aus Bronze (um 1200).

• *Domschatz* April–Okt. Mo–Do 10–17.30, Sa 9–18, So 11–17.30, Nov.–März Di–Sa 10–16, So 11–16 Uhr. Eintritt 8 €. Sehr hilfreich ist der e-guide mit Bildern und Plänen. www.dom-und-domschatz.de.

• *Führungen* April–Okt. tägl. außer Mo 11.30 und 15.30. Nov.–März tägl. außer Mo 11.30 und 14.30 Uhr. ☎ 03941-24237.

Städtisches Museum und Heineanum: An der Nordseite des Doms erzählt das in einem Barockpalais von 1782 untergebrachte Museum die Geschichte der Stadt. Im Erdgeschoss bewegt man sich in mittelalterlichen Zeiten (historisches Stadtmodell) und trifft auf prominente Bürger wie *Friedrich Heine* (1863–1929), den „Würstchenheine" (→ Kasten S. 138). Das Obergeschoss befasst sich mit den Jahrhunderten nach Auflösung des Halberstädter Bistums; sehenswert sind eine Handschuhmacherwerkstatt (19. Jh.), ein Zinnfigurendiorama, das Modell des ersten Halberstädter Bahnhofs sowie eine historische Apotheke von 1800 im Dachgeschoss.

Das nach dem Ornithologen und Sammler *Ferdinand Heine* (1809–94) benannte **Heineanum** befindet sich in einem Seitenflügel. Mit über 18.000 präparierten Tieren, darunter ausgestorbene Arten wie Kaiserspecht und Labradorente, sowie 6000 Gelegen zählt das Haus zu den größten vogelkundlichen Museen in Deutschland. Nur ein Bruchteil der Sammlung kann in den zwei Geschossen gezeigt werden: 286 Vögel der Welt, 160 aus dem Harz, jeweils ein Vogel des Jahres und zwei in Halberstadt gefundene Saurierskelette.

Di–Fr 9–17, Sa/So 10–17 Uhr. Eintritt 5 €, bis 16 J. frei. Domplatz 36, ☎ 03941-551474, www.halberstadt.de.

Gleimhaus: Der Fachwerkbau zwei Häuser weiter (dazwischen die Ruine eines Domherrenhauses) war das Wohnhaus des Dichters, Sammlers und Domsekretärs *Johann Wilhelm Ludwig Gleim* (1719–1803), der mit seinen literarischen Zeitgenossen Goethe, Herder, Bürger, Klopstock, Lessing und Schiller Kontakt pflegte. Sein Nachlass mit Bildern, Grafiken, Handschriften und 10.000 Briefen der berühmten Freunde war so umfassend, dass hier 1862 eines der ersten Literaturmuseen Deutschlands entstehen konnte. Herzstück ist der von Gleim angelegte „Freundschaftstempel" mit 130 Porträts seiner berühmen Kollegen.
Di–Fr 9–16 (Mai–Okt. bis 17), Sa/So 10–16 Uhr. Eintritt 3 €, bis 16 J. frei. Domplatz 31, ✆ 03941-68710, www.gleimhaus.de.

Liebfrauenkirche: Der um 1200 vollendete viertürmige Bau erhebt sich gegenüber dem Dom. Durch das Südportal gelangt man in den schlichten romanischen Innenraum. Bis zur Reformation waren die Wände freskenverziert, heute sind sie weiß getüncht. Auffälligster Schmuck ist das von der Decke hängende mächtige Triumphkreuz (1230). Noch wertvoller sind die lebensgroßen bunten Stuckfiguren von 1210 an den Schranken beiderseits des Chors. An der südlichen thront Maria, an der nördlichen Christus, jeweils von 12 Aposteln umgeben.
Tägl. 10–16 Uhr. Besichtigung der Chorschranken 2 €. Domplatz 46, ✆ 03941-24210, www.liebfrauenkirche-halberstadt.de.

Nördlich schließt an die Kirche der ehemalige Bischofspalast **Petershof** an, der im Zuge der Stadtsanierung zum Sitz der Stadtverwaltung und zur Stadtbibliothek umgebaut wurde.

Altstadt: Die Peterstreppe führt vom Domplatz hinab in die Altstadt, wo am Grudenberg, in der Bakenstraße und ihren Seitengassen Grauer Hof, Rosenwinkel, Judenstraße und in der anschließenden Voigtei Fachwerkhäuser erhalten sind bzw. rekonstruiert wurden oder noch auf ihre Sanierung warten.

Berend-Lehmann-Museum: Im früheren Mikwehaus, dem rituellen Tauchbad, bekommt man einen Einblick in das jüdische Leben von Halberstadt, das durch das Mäzenatentum des Hofjuden *Berend Lehmann* (1661–1730) kräftigen Aufschwung erhielt, bevor es 1938 gewaltsam endete.
Di–Fr 10–17, Sa/So 10–16 Uhr. Eintritt 2 €. Judenstr. 25.

Schraube-Museum: Im Ackerbürgerhaus Voigtei 48 geht es nicht um Werkzeug: Hier kann man die original erhaltene Gründerzeitwohnung der Fabrikantenfamilie Schraube besichtigen.
Di–Fr 14–17, Sa/So 11–16 Uhr. Eintritt 5 € (gilt auch für das Städtische Museum).

Burchardi-Kirche: Nördlich der Altstadt, jenseits der Holtemme, steht ein turmloser, spätromanischer Kirchenbau, der 1208–1810 Teil eines Zisterzienserinnenklosters war und dann verfiel. Nach 1990 notdürftig saniert, erhielt die Kirche eine kleine, neue Orgel, auf der seit 2001 das **längste Musikstück der Welt** erklingt. Gespielt wird das Werk „Organ2/ASLSP" von *John Cage* (1912–92), wobei ASLSP für as slow as possible steht. Bei der Uraufführung 1989 dauerte es 30 Minuten, nun hat man die Partitur auf 639 Jahre hochgerechnet. Diese Zahl ergab sich, weil im Halberstädter Dom 1361 die erste Großorgel der Welt gebaut wurde – also 639 Jahre vor der Jahrtausendwende. Der Schlusspunkt des Stücks soll deshalb 639 Jahre später sein, also 2639. Bis 2010 gab es, meist unter großem Besucherandrang, acht Tonwechsel. Die nächsten sind am 5. August 2011, am 5. Juli 2012, am 5. Okt. 2013 und dann erst wieder am 5. September 2020.
April–Okt. Di–So 11–17, sonst 12–16 Uhr. www.john-cage.halberstadt.de.

St. Martini: Die gotische Bürgerkirche hinter dem Dom prägt mit ihrem ungleichen Turmpaar die Stadtsilhouette. Angeblich ist der eine Turm kürzer, damit der Stadtwächter im anderen einen besseren Ausblick hatte. Die Brücke zwischen den Türmen ist nach Anmeldung zugänglich (📞 03941-551474). Das Innere schmückt ein bronzener Taufkessel (1300), eine geschnitzte Renaissancekanzel (1595), ein prachtvoller Barockaltar (1696) sowie eine der schönsten und klanggewaltigsten Prunkorgeln des 16. Jh. Ein Förderverein bemüht sich um ihre originalgetreue Restaurierung.
Meist Do–Sa 11–12 Uhr. 📞 03941-609519, www.buergerkirche.de.

Innenstadt: Südöstlich des Doms erstreckt sich die auf einer Brachfläche wieder errichtete Innenstadt mit dem Holz- und dem Fischmarkt. Dazwischen steht das neue **Rathaus**, dessen Westfassade und Ratslaube von 1633 unter Verwendung originaler Bauteile rekonstruiert wurden. Auch der 4,5 m hohe *steinerne Roland* von 1433 steht wieder an seinem angestammten Platz.

Belvedere im Park Spiegelsberge

Park Spiegelsberge: Am südlichen Stadtrand erstreckt sich eine 180 m hohe Hügelkette aus Sandstein, die Domdechant *Ernst Ludwig Christoph Spiegel* 1761 aufforsten und in einen englischen Landschaftspark umgestalten ließ. Seit 1771 ist die Anlage öffentlich zugänglich, in den Folgejahren entstanden zahlreiche Parkbauten, darunter die **Eremitage**, der Aussichtsturm **Belvedere** auf der höchsten Erhebung, ein **Mausoleum**, in dem der Parkgründer 1785 beigesetzt wurde, und ein **Jagdschloss** mit Festsaal (heute Restaurant). Sein Renaissanceportal stammt aus dem verfallenen Schloss Gröningen, ebenso ein speziell im Keller verwahrtes Weinfass von 1594. Mit 6 m Höhe, 8,5 m Länge und 145.000 Liter Fassungsvermögen steht es als ältestes **Riesenweinfass** der Welt im Guinnessbuch der Rekorde.

Der frei zugängliche Park ist ein beliebtes Ausflugsziel und lässt sich auf zwei beschilderten Rundwegen (45 und 90 Min.) erkunden. Im Park befindet sich auch der Halberstädter **Tiergarten**, in dem vom Wolf über das Trampeltier bis zum Känguru zahlreiche Arten leben. Tiere zum Anfassen gibt es im Streichelgehege und im Hoppelgarten.

• *Tiergarten* April–Ende Sept. tägl. 9–19, sonst 9–17 Uhr. Eintritt 3 €, 5–14 J. 2 €.

• *Verbindungen* Straßenbahn 2 ab Holzmarkt oder Hbf. bis Herbingstr., dort weiter Mo–Fr alle 60 Min. mit Bus 12 bzw. Sa/So alle 30 Min. mit Straßenbahn 3 bis Kirschallee. Vom Bahnhalt Halberstadt-Spiegelsberge sind es 15 Min. auf dem Spiegelsbergenweg zum Park.

• *Übernachten/Essen* **Jagdschloss Spiegelsberge**, mit herrlichen Blick auf Halberstadt. Verfeinerte internationale Küche (Wild/Fisch 11–15 €), beliebt für Hochzeitsfeiern. 3 Zimmer (DZ 60 €). Di–So ab 11 Uhr. In den Spiegelsbergen 6, 📞 03941-583995, www.jagdschloss-halberstadt.de.

• *Wandern* 3,5 km lange, beschilderte Tour ab Parkplatz Spiegelsberge in die Thekenberge weiter südlich, wo der **Gläserne Mönch**, eine aussichtsreiche Felsklippe, über Treppen bestiegen werden kann.

Welterbe: Fachwerkstadt Quedlinburg

Quedlinburg

ca. 21.500 Einwohner • 122 m

Die Weltkulturerbestadt begeistert mit romantisch-mittelalterlichem Charme. Quedlinburg zählt zu den besterhaltenen Fachwerkstädten Deutschlands, von Kopfsteinpflastergassen durchzogen, von Mauern geschützt und überragt von einer imposanten romanischen Stiftskirche, in der sich die Grablege des ersten deutschen Königspaares befindet.

In der Innenstadt steuert man am besten zunächst den *Marktplatz* mit der Touristinfo an. Er bildet das Zentrum der 994 gegründeten *Altstadt*, östlich schließt die *Neustadt* aus dem 12. Jh. an. Im Südwesten liegt außerhalb der einstigen Stadtmauern der *Schloss*berg und westlich davon der *Münzenberg* mit dem besten Blick über Quedlinburg. Um die Innenstadt legt sich ein Gürtel aus Jugendstil- und Gründerzeitvillen.

Die *Quitilingaburg* auf dem heutigen Schlossberg wird 922 erstmals erwähnt. Als Stammsitz des 919 zum ersten deutschen König gewählten Sachsenherzogs *Heinrich I.* war sie nun Königspfalz, auf der bis ins 12. Jh. viele Hoftage stattfanden. 936 starb Heinrich und wurde in der Pfalzkapelle beigesetzt. Seine Frau *Mathilde* gründete das Quedlinburger Damenstift für hochadelige Töchter, das mit Schenkungen überhäuft wurde. Unterhalb des Schlossbergs entstand eine Kaufmannssiedlung, die 994 Markt-, Münz- und Zollrechte erhielt und 1426 Mitglied der Hanse wurde. Die Äbtissin des Damenstifts misstraute so viel Unabhängigkeit und ließ die Stadt 1477 mit Waffengewalt unterwerfen – die Bürger mussten auf alle Privilegien verzichten. Im Bauernkrieg wurden mehrere Quedlinburger Klöster zerstört, 1802 wurde das Damenstift aufgelöst. Saatgutproduktion und -handel bescherten der Stadt im 18./19. Jh. beträchtlichen Wohlstand. Seit 1994 zählen Altstadt und Schlossberg zum Weltkulturerbe.

Viel wurde in den letzten Jahren in die Infrastruktur um die Stadt am Unterlauf der Bode investiert. Entlang der neuen vierspurigen B 6n ist sie nun für Motorisierte rasch erreichbar. Die Selketalbahn der Harzer Schmalspurbahnen wurde 2006 bis Quedlinburg verlängert, wo Anschluss an die Bahnstrecke Halberstadt-Thale und am Wochenende direkt bis Berlin besteht. Mit einmaligem Umsteigen gelangt man nun von Quedlinburg durch das Selketal direkt auf den Brocken (Do, Fr und Sa sogar unter Dampf; Fahrzeit 5¼ Std.).

*P*raktische *I*nformationen

• *Information*   **Quedlinburg Tourismus**, Stadtplan, Wanderkarten, Unterkunftsvermittlung, Stadtführungen. Mitte April–Mitte Okt./Advent Mo–Fr 9.30–18.30, Sa 9.30–16, So 9.30–15 Uhr, sonst Mo–Fr 9.30–17, Sa 9.30–14 Uhr. 06484 Quedlinburg, Markt 2, ✆ 03946-905624, www.quedlinburg.de.

• *Stadtführung*   Tägl. 14 Uhr. April–Okt. auch Mo, Do, So 10 Uhr. Dauer 90–120 Min., 5 €. Nachtwächterrundgang April–Okt. Mi–Sa 20.30, Dez. Fr/Sa 18 Uhr, 6 €. Treffpunkt Touristinfo.

• *Stadtrundfahrt*   **Bimmelbahn**: 45-Min.-Tour ab Marktplatz, stündl. 10–16 Uhr, im Winter alle 2 Std. 5,50 €, 4–14 J. 2,50 €. ✆ 0172-3743609, www.quedlinburger-bimmelbahn.de.

• *Verbindungen*   **Bahn**: Tägl. 18-mal nach Halberstadt, Magdeburg, Thale. Sa/So je 1- bis 2-mal direkt nach Berlin (Harz-Elbe-Express). www.harz-elbe-express.de.
Der denkmalgeschützte Bahnhof Quedlinburg, ein Neugotikensemble von 1862 ist leider (noch) ein Schandfleck.
Bus: Tägl. 3- bis 13-mal nach Thale via Warnstedt/Teufelsmauer (Linie 9); 3- bis 13-mal nach Ballenstedt (6); 3- bis 9-mal nach Gernrode (31, 10, 31). www.qbus-ballenstedt.de.

HSB Selketalbahn: Tägl. 5-mal via Gernrode und Alexisbad nach Stiege. 3-mal nach Eisfelder Talmühle (1-mal mit Anschluss bis zum Brocken; für die Rückfahrt die Bahnstrecke über Wernigerode wählen). An Sonderterminen verkehrt der **Quedlinburger Brocken-Express** direkt zum Brocken. Tickets im **Dampfladen** am Marktplatz: Mo–Fr 9–13/13.30–18, Sa/So 10–17 Uhr.

• *Parken*   Die Altstadt ist Fußgängerzone, am Rand gibt es Großparkplätze. Tägl. 8–18 Uhr; 30 Min. 0,50 €, Tag 3 €.

• *Einkaufen*   **Wipertihof Quedlinburg**, am Sitz der bekannten Denkmalpflege-Werkstätten lädt die Schaubrennerei **Destilia quitilinga (16)** zur Verkostung von Obst- und Kornbränden ein. Mo–Fr 13–18, Sa 11–16 Uhr. Wipertistr. 1a, www.wipertihof.de.
Kunsthandwerk & Mode (18), Kunstglasmalermeisterin Beate Weiß präsentiert Lampen, Modeschmuck und Leinenmode. Di–Sa 11–18, So 11–16 Uhr. Lange Gasse 26a.
Harzer Naturküche (19), Quedlinburger Brände, Harzer Käse, Fruchtaufstriche, Chutneys, Senf, Tee, Honig, Öle … Mo 10–17, Do–Fr 11–18, Sa 11–17, So 12–17 Uhr. Gildschaft 10, www.harzer-naturkueche.de.
7kunstgalerie (11), Ausstellungen des Künstlervereins 7kunst (Malerei, Objekte, Keramik), der im benachbarten Wordspeicher von 1650 ein Glaskunstmuseum betreibt (nur mit Führung). Di–Fr 11–18, Sa/So 11–16 Uhr. Word 28, ✆ 03946-810653, www. 7kunst.de.
Buch-/Musikalienhandlung Gebecke (12), traditionsreicher Laden (seit 1881) mit antiquarischen und neuen Büchern, Stahl-/Kupferstichen, Schellacks, CDs (Jazz, Swing) und Notenliteratur. Mo–Fr 9–18.30, Sa 9.30–13 Uhr. Pölkenstr. 3, ✆ 03946-2698, www.gebecke.com.
Keramik & Café Im Fachwerk (4), Keramik im Bauhaus- und Landhausstil aus ostdeutschen Werkstätten, kleines Café im Obergeschoss. Di–Sa 11–18, So 13–18 Uhr. Stieg 6. ✆ 03946-2698, www.keramik-cafe.de.
Antiquitäten und Kunsthandel Breitschuh (10), Sachsen-Anhalts größte Kunsthandlung. In dem Fachwerkhaus stapeln sich vom Keller bis zum Dachboden Bilder, Möbel, Schmuck, Silber und Porzellan. Tägl. 10–18 Uhr. Blasiistr. 21, ✆ 03946-3751. www.versteigerungshaus.de.

Übernachten/Essen

•*Hotels/Pensionen* **Romantikhotel Theophano (8)**, am Markt. Familienbetrieb in 350 Jahre altem Fachwerkhaus mit zwei Innenhöfen. 20 stilvolle Zimmer mit Antiquitäten und großteils Himmelbetten. Kein Aufzug. Café im Haus. DZ 89–130 €. Markt 13/14, ☎ 03946-96300, 📠 963036, www.hoteltheophano.de.

**** Schlossmühle (22), Hotel in ruhiger Lage am Fuß des Schlossbergs, 1997 eröffnet. 71 Zimmer in historischem Fachwerkbau und einem modernen Anbau. Sauna. Restaurant mit guter kreativer Küche, Biergarten im Innenhof. Freundlicher Service, großer Parkplatz. DZ 110–150 €. Kaiser-Otto-Str. 28, ☎ 03946-7870, 📠 787419, www.schlossmuehle.de.

*** Domschatz (21), direkt unterhalb des Schlossbergs. Freundliches, sauberes Fachwerkhotel. 15 modern eingerichtete Zimmer. Familiäre Atmosphäre. DZ 70–80 €. Mühlenstr. 20, ☎ 03946-705270, 📠 705271, www.quedlinburg-hoteldomschatz.de.

*** Zum Bär (9), das jüngst geschmackvoll sanierte Traditionshotel (seit 1748) bietet 50 individuelle Zimmer im eleganten Landhausstil. Kein Aufzug. Restaurant und Marktcafé im Haus. DZ 90 €. Markt 8/9, ☎ 03946-7770, 📠 700268, www.hotelzumbaer.de.

*** Hotel am Hoken (5), hinter dem Rathaus. 9 Zimmer und 2 App. mit puristischen Naturholzmöbeln in verwinkeltem, behutsam saniertem Fachwerkbau. DZ 70–98 € je nach Saison, App. 2–4 Pers. 90–140 €. Hoken 3, ☎ 03946-52540, 📠 525424, www.hotel-am-hoken.de.

*** Zum Alten Fritz (7), Pension in einem Fachwerkhaus in der Neustadt. 16 zweckmäßige, rustikale Zimmer, zum Platz hin etwas laut. Freundlicher Service. DZ 65–70 €. Pölkenstr. 18, ☎ 03946-704880, 📠 704881, www.goldener-ring-quedlinburg.de.

•*Ferienwohnungen* Großes Angebot im Zentrum. Adressliste unter www.quedlinburg.de. Eine Empfehlung:

*** Himmel & Hölle (6), 3 romantische, komplett eingerichtete Wohnungen (bis 6 Pers.) in einem hohen, schiefen Fachwerkbau. Bistro im Haus. Liebevolle Betreuung durch die Inhaberfamilie. Fewo 2 Pers. 55 €,

weitere Pers. 10 €. Hölle 5, ℡ 03946-528655, ✉ 528655, www.himmelundhoelle-qlb.de.

• *Jugendherberge* **(1)** im Zentrum. Zehn 4-Bett-Zimmer und eine 10-Betten-Maisonette in einem sanierten Wirtschaftshof von 1661. Du/WC auf Etage. 20 €/Pers. inkl. Bettwäsche und Frühstücksbüffet. Neuendorf 28, ℡ 03946-811703, ✉ 811705, www.jugendherberge-quedlinburg.de.

• *Wohnmobile* **Stellplätze** am Parkplatz Marschlingerhof, am Schlossparkplatz und an den Fischteichen (5 €/Tag).

• *Restaurants/Cafés* **Theophano im Palais Salfeldt (2)**, von Gault Millau prämiertes Restaurant im Speichergewölbe des zum Tagungszentrum ausgebauten Palais. Mediterran inspirierte Küche, gute Weinauswahl. Hauptgericht 13–15 €, 6-Gänge-Menü günstige 49 €. Freundlicher Service. Di–Sa 18–24 Uhr. Kornmarkt 6, ℡ 03946-96300, www.hoteltheophano.de.

Brauhaus Lüdde (13), die einstige Braunbierbrauerei (1876–1966) wurde 1992 als Gasthausbrauerei wieder eröffnet, der alte Brauereihof in eine stilvolle Bierhalle umgestaltet. 4 hausgebraute Biere (z. B Knuttenforz, Pubarschknall), dazu deftige Küche, wie Bierfleisch, Kassler, Bierschmorbraten (8–10 €) und Harzer Brotzeitteller. Flinker Service. Tägl. 11–24, So 11–22 Uhr. Blasiistr. 14, ℡ 03946-705206, www.hotel-brauhaus-luedde.de.

Schloßkrug am Dom (20), dottergelbes Hexenhäuschen am Schlossberg mit gutbürger-

licher Küche. Schön sitzt man auch im Biergarten. Mo Ruhetag. Mai–Okt. 11–22, Nov.–April 11–20 Uhr. Schlossberg 1, ℡ 03946-2838.

Zum Roland (3), Quedlinburgs „Wohnzimmer" erstreckt sich über 7 Fachwerkhäuser – am schönsten sitzt man im letzten Raum mit Straßenblick. Üppige Torten und Kuchen, deftige Harzer Bauernküche, Suppen (4–6 €), Pasta (ca. 9 €), Salate, belegte Fladen und Schnitzel. Tägl. ab 11 Uhr. Breite Straße 2, ℡ 03946-4532.

Himmel & Hölle (6), kleines, liebevoll dekoriertes Bistro mit wenigen Tischen an einer Hausecke unweit vom Marktplatz. Snacks, Flammkuchen, Pasta. Tägl. außer Mo ab 13, Nebensaison ab 17 Uhr. Hölle 5, ℡ 03946-528655.

Café Vincent (17), *die* Käsekuchenbäckerei bietet auf 3 Etagen eines verwinkelten Fachwerkhauses 92 Käsekuchenvarianten – süß, herzhaft, kalt oder warm. Tägl. ab 11 Uhr. Schlossberg 13, ℡ 03946-811970, www.kaesekuchenbaeckerei.de.

Samocca (14), die schicke Kaffeerösterei zwischen Schloss und Altstadt ist ein Lebenshilfe-Café. Di–So 9–19 Uhr. Lange Gasse 30, ℡ 03946-919824.

Café Münzenberg (15), das Lokal mit der besten Aussichtsterrasse der Stadt. Auf den Tisch kommen Flammkuchen (6–8 €), Salate, Suppen im bunten Kochtopf (4,50 €) und Muskuchen. April–Anfang Nov. tägl. außer Do ab 11 Uhr, im März nur Sa/So. Münzenberg I/17, ℡ 03946-907134.

Aktivitäten/Veranstaltungen

- *Kino* **Studiokino Eisenstein**, 50-Plätze-Kino in einem Kulturzentrum. Vorführungen Do und So–Di. Reichenstr. 1, ☎ 03946-2640, www.reichenstrasse.de.
- *Theater* **Theater Quedlinburg**, das Nordharzer Städtebundtheater (Musik, Schauspiel, Ballett) spielt im Marschlinger Hof 17. ☎ 03946-962222, www.harztheater.de.
- *Veranstaltungen* **Kaiserfrühling Quedlinburg**, 1. Teil am Ostersonntag mit Prozession in historischen Gewändern durch die Altstadt; 2. Teil am Pfingstmontag mit großem Stadtfest zur Erinnerung an den Reichstag von 973. www.kaiserfruehling-quedlinburg.de.

Dixieland- und Swingtage, Juni, Konzerte und Brocken-Dixie-Zug in den Harz. www.quedlinburg-swingt.de.

Quedlinburger Musiksommer, Mitte Juni–Mitte Sept., Klassik in der Stiftskirche. www.quedlinburger-musiksommer.de.

Adventsstadt, Weihnachtsmarkt auf dem Markt tägl. 11–20 Uhr, Advent in den Höfen (2./3. Adventwochenende). www.advents stadt.de.

- *Wandern* Quedlinburg ist Endpunkt des **Selketal-Stiegs** → S. 30
- *Wassersport* **Kanuverleih Ditfurt**, M. Reinhardt in Ditfurt (8 km nördl. v. Quedlinburg) verleiht Boote für Touren auf der Bode (20–25 €/Tag). Karl-Marx-Str. 11, ☎ 03946-915155, www.kanuverleih-ditfurt.de.

Sehenswertes

Markt und Rathaus: Im Herzen der Altstadt liegt, von schönen Bürgerhäusern gesäumt, der lang gezogene dreieckige Marktplatz, in den acht Straßen münden. Seine Nordseite flankiert das Rathaus (1310), das 1619 ein prächtiges Renaissanceportal und 1900 einen Anbau an der Rückseite erhielt. Dieser birgt den neugotischen Festsaal mit Historiengemälden (Führungen April–Okt./Dez. Di, Do, Fr 13.30 Uhr. 2,50 €). Besonders fotogen ist das Rathaus im Herbst, wenn sich der wilde Wein an der Fassade dunkelrot färbt.

An der Rathausmauer steht seit 1869 wieder jener steinerne **Roland**, der 1477 nach der gewaltsamen Unterdrückung der Bürgerschaft entfernt worden war. Im Bodenmosaik davor das Stadtwappen mit dem kleinen Wachhund *Quedel*, nach dem der Sage nach die Stadt benannt ist. Am Südende des Markts erinnert ein Denkmal an die Münzenberger Musikanten (→ S. 150).

St. Benedikt: Über die Hoken(gasse) westlich vom Rathaus gelangt man zum Marktkirchhof, in dem die Marktkirche, eine gotische Hallenkirche, aufragt (Ende des 15. Jh.). Ihre kostbarsten Stücke sind ein spätgotischer Flügelaltar mit Pietà, eine hölzerne Kanzel (1595) und der geschnitzte Hochaltar aus der Barockzeit (1700). Eine kleine Ausstellung mit Schautafeln erläutert die Geschichte Quedlinburgs. Tägl. 10–17 Uhr. Turmbesteigung Mo–Sa 11, 12.15, 13, 14 Uhr. Marktkirchhof 1, ☎ 03946-3895.

Kornmarkt: In der Straße nördlich parallel zum Marktkirchhof sind das barocke *Palais Salfeldt* (→ Restaurants), die *Adler- und Ratsapotheke* von 1615 (Nr. 8) und die *Ratswaage* von 1690 (Nr. 7) einen Blick wert.

Breite Straße, Schuhhof und Hölle: Auch die Breite Straße, die östlich vom Rathaus beginnt, ist von schönem Fachwerk gesäumt. Im Gildehaus der Schuhmacher (Nr. 51/52) führt ein schmaler Durchgang in Schuhhof und Hölle, schmale, romantische Gässchen, wo sich einst Werkstätten und Wohnungen der Handwerker befanden (heute teils Ferienwohnungen).

Auch die anderen Seitengassen der Breiten Straße, wie *Stieg, Jüdengasse* und *Bockstraße* zieren viele schöne Fachwerkhäuser.

Neustadt: Von der Breiten Straße gelangt man via *Bockstraße, Zwischen den Städten* und über den Mühlgraben hinweg in die Neustadt, wo einst die Ackerbürger wohnten. Ihr Zentrum bilden der Neustädter Markt und die romanisch-gotische **St. Nikolaikirche** (13./14. Jh.) mit einem markanten, 72 m hohen Turmpaar. Sie erhebt sich inmitten des begrünten, von Fachwerkhäusern umstandenen Neustädter Kirchhofs. Das Gotteshaus ist barock ausgestattet, lediglich der Taufstein stammt aus dem 13. Jh.

Mo–Sa 10–16, Mi bis 19, So 12–16 Uhr. Turmbesteigung 0,50 €. Neustädter Kirchhof.

Stadtmauer: Von der Stadtbefestigung aus dem 12. und 14. Jh. sind noch zahlreiche Abschnitte sowie sieben der einst zwölf Wachtürme erhalten. Nur die Stadttore wurden im 19. Jh. vollständig geschleift. Eine schöne idyllische Gasse an der Stadtmauer ist *Hinter der Mauer* beim Gänsehirtenturm in der Neustadt.

St. Blasii: Die Kirche in der Blasiistraße südlich des Markts bestand schon um 1000, davon zeugt der massige romanische Turm mit den gotischen Zwillingshelmen. 1715 wurde ein barockes Kirchenschiff angebaut und mit rot-weiß-goldenem Kanzelalter (1723) und dunklen Emporen ausgestattet. Der schlicht-elegante Raum wird heute für Konzerte genutzt. www.blasiikirche.de.

Eisenbahn- und Spielzeugmuseum: Wenige Schritte weiter erfreut eine historische Modelleisenbahnsammlung (teils auch in Betrieb), darunter Stücke von Märklin und ausländische Raritäten. Eine Etage höher sind Spielzeug, vor allem Puppen zu bestaunen. Für Kinder gibt es zwei Spielecken.

April–Okt. und Dez. Mo–Sa 10–17, sonst bis 16 Uhr; So 11–16 Uhr. Eintritt 3,70 €, Kind 2,50 €. Blasiistr. 22, ☎ 03946-3751, www.eisenbahn-spielzeug-museum.de.

Fachwerkmuseum: Das windschiefe, weiße Gebäude von 1310 an einer Krümmung der Wordgasse ist ein Ständerbau (→ S. 19) und das älteste Fachwerkhaus im Harz, wenn nicht ganz Deutschlands – der passende Rahmen für das Museum, das auf zwei verwinkelten Geschossen mit Schautafeln und Modellen die Baugeschichte der Altstadt und die Entwicklung der Fachwerkkunst dokumentiert.

April–Okt. tägl. außer Do 10–17, sonst nur bis 16 Uhr. Eintritt 3 €, 6–18 J. 2 €. Wordgasse 3, ☎ 03946-3828.

Im historischen **Adelshof** schräg gegenüber (Wordgasse 4) ist ein Mittelaltermuseum geplant, Teile sind bereits saniert (www.adelshof-quedlinburg.de).

Um den Schlossberg

Am Südende der Hohen Straße verlassen wir die Altstadt, queren die Carl-Ritter-Straße und steigen durch Fachwerkgassen hinauf zum Schlossberg.

Finkenherd: Eine dieser Gassen ist der Finkenherd. An dieser Stelle, damals noch unbebaut, soll 919 den ahnungslosen Sachsenherzog Heinrich beim Vogelfang die Nachricht von seiner Königswahl ereilt haben.

Klopstockhaus: Auf dem leicht abschüssigen Kopfsteinpflasterplatz direkt unterhalb des Schlosses steht das Geburtshaus von *Friedrich Gottlieb Klopstock* (1724–1803), ein ansehnlicher Fachwerkbau von 1560. Das Museum informiert über Leben und Werk des Dichters sowie über andere Persönlichkeiten der Stadt, wie *Dorothea Christiane Erxleben* (1715–62), die erste promovierte Ärztin Deutschlands, *Carl Ritter* (1779–1859), Begründer der wissenschaftlichen Geografie, *Johann Christoph Friedrich GutsMuths* (1759–1839), den ersten deutschen Sportpädagogen, sowie *Wilhelm Steuerwaldt* (1815–71), einen Maler der Romantik.

April–Okt. Mi–So 10–17, Sa/So im Advent 10–16 Uhr. Eintritt 3,50 €, bis 18 J. 2,50 €. Schlossberg 12, ☎ 03946-2610.

Lyonel-Feininger-Galerie: Links vom Klopstockhaus führt ein Durchgang im Fachwerkhaus Schlossberg 11 zu einem modernen Kunstmuseum, das eine große Sammlung von Grafiken und Aquarellen des Deutsch-Amerikaners *Lyonel Feininger* (1871–1956), ein Vertreter der Klassischen Moderne, zeigt. Feininger wurde in New York geboren, lebte ab 1906 in Deutschland und kehrte 1937 in die USA zurück. Auch Werke seiner Zeitgenossen *Paul Klee*, *Emil Nolde* und *Ernst Ludwig Kirchner* sowie Wechselausstellungen sind zu sehen.

April–Okt. tägl. außer Mo 10–17.30, sonst bis 16.30 Uhr. Eintritt 6 €, bis 18 J. 3 €. Schlossberg 11/Finkenherd 5a, ✆ 03946-6895930, www.feininger-galerie.de.

Schlossberg: Eine mit Steinen aus der Bode gepflasterte Rampe führt durch ein Torhaus (13.–17. Jh.) auf den Schlossberg, einen 100 m mal 50 m großen Sandsteinfelsen, der nach Süden und Osten stark abfällt. An seinem Südwestfuß (Mühlenstraße) ist er stark ausgewaschen.

Mai–Okt. 9–22, sonst bis 20 Uhr.

Stiftskirche St. Servatii: Das mit ihrem Turmpaar weithin sichtbare Gotteshaus auf dem Schlossberg ist ein Juwel der Hochromanik. Ihren Ursprung hat es in der 922 errichteten Pfalzkapelle Heinrichs I., die ihm auch als Grablege diente. Die heute dreischiffige, 1129 geweihte Basilika war die Kirche des Quedlinburger Damenstifts. Besonders ihr Innenraum beeindruckt: Hinten eine Westempore für die Äbtissinnen, das Langhaus gliedern abwechselnd ein Pfeiler und zwei Säulen (sog. *sächsischer Stützenwechsel*), deren Kapitelle (vermutlich von italienischen Handwerkern) mit Tiermotiven verziert sind. Der Chor liegt ungewöhnlich hoch, damit die **Krypta**, einziger Rest der Vorgängerkirche mit dem Königsgrab darunter, Platz fand. Nach langer Renovierung ist sie seit 2009 wieder zugänglich. Die Gruft befindet sich ganz im Osten unter einem Gitter. Die Gebeine von Heinrich I. und seiner Mathilde sind allerdings 1070 verbrannt, die Steinsärge zum Teil erhalten. Der halbrunde Raum neben der Gruft *(Confessio)* diente zur Anbetung und Aufbewahrung von Reliquien. Beachtenswert sind auch die Deckenmalereien in der Krypta und die figürlichen Grabplatten der Äbtissinnen an den Wänden – beide stammen aus dem 12. Jh.

Der Schlossberg

Nordöstliches Harzvorland

Breite Steintreppen führen vom Langhaus hinauf in den Chor, der 1320 gotisiert (nur von außen erkennbar) und 1938 reromanisiert wurde. In zwei getrennten Räumen in den Querschiffen ist seit 1993 wieder der **Domschatz** zu sehen. Er kam nach Zahlung eines Finderlohns von 3 Mio. € aus den USA zurück, wohin ihn ein US-Leutnant 1945 als Kriegsbeute verbracht hatte. Über 50 Kunstwerke sind hier versammelt, darunter mit Elfenbein, Gold und Edelsteinen geschmückte Evangeliare und Reliquienkästen aus dem 10. bis 15. Jh., der Elfenbeinkamm Heinrich I. und ein byzantinischer Flakon aus dem 10. Jh. Reste des einst 40 m² großen *Quedlinburger Knüpfteppichs* (um 1200) sind in einer Ausstellung außerhalb der Kirche (oberhalb der Kasse) zu sehen. Der Teppich war ein Geschenk von Äbtissin Agnes II. an den Hl. Servatius, er zeigt Szenen aus der mythologischen Erzählung „Die Hochzeit der Philologia mit Merkur".

April–Okt. Di–Sa 10–18, So 12–18, Nov.–März nur bis 16 Uhr. Letzter Einlass 30 Min. vor Schließung. Kirche/Domschatz 4,50 € (erm. 3 €), inkl. Krypta 6 € (4 €), inkl. Schlossmuseum 7 € (4,50 €), inkl. Krypta/Schlossmuseum 8,50 € (5,50 €). Schlossberg 1, ☏ 03946-709900, www.domschatz quedlinburg.de.

> **Kombi-Tickets**: Das *Schlossbergticket* (7 €) gilt für Stiftskirche, Schlossmuseum, Klopstockhaus oder Ständerbau, die *Kulturkarte* (8,50 €) für die Stiftskirche und alle drei Museen.

Schlossmuseum: Westlich der Stiftskirche schließt ein dreiflügeliges Renaissanceschloss an, das im 16./17. Jh. auf den Grundmauern von Heinrichs Quitilingaburg entstand. Bis 1802 diente es dem weltlichen Damenstift als Residenz, die klassizistisch-barocken Repräsentationsräume, darunter der Audienzsaal, können besichtigt werden. In den unteren Geschossen widmet sich das Museum der regionalen Ur- und Frühgeschichte, es zeigt Grabungsfunde und dokumentiert die Entwicklung des Burgbergs von der Königspfalz zum Damenstift. Eines der größten Exponate ist der „Raubgrafenkasten", ein hölzernes Gefängnis. Im mittelalterlichen Ottonenkeller informiert die Ausstellung „Auf den Spuren der Ottonen" über das Herrschergeschlecht. Ein Raum befasst sich mit der Vereinnahmung der Stiftskirche durch die Nationalsozialisten 1938 als SS-Weihestätte. Reichsführer Heinrich Himmler sah sich als „Reinkarnation" Heinrichs I. und ließ dessen nach Grabungen angeblich wieder entdeckten Gebeine mit großem Pomp beisetzen. 1948 stellten sie sich als Holzbretter heraus.

April–Okt. Di–So 10–18, sonst nur bis 16 Uhr. Eintritt 4 €, Kind 2,50 €. Kombiticket mit Kirche/Domschatz/Krypta 7 € oder Kulturkarte (s. o.). Schlossberg 12, ☏ 03946-905681.

Münzenberg: Allein wegen der Aussicht über die Stadt lohnt der etwas steile Anstieg (von der Wiperti- oder Langenbergstraße aus) auf die Anhöhe gegenüber dem Schlossberg. 450 Jahre lang bis zur Zerstörung im Bauernkrieg 1525 stand auf seiner Kuppe ein Benediktinerinnenkloster. Auf dem verlassenen Areal siedelten danach einfache Leute, die kein Bürgerrecht hatten, etwa Musikanten, Schausteller und Handwerker. Ihnen ist das Denkmal der Münzenberger Musikanten am Marktplatz (→ S. 147) gewidmet. Ihre kleinen Fachwerkhäuser bauten sie zwischen die Mauerreste des Klosters, einige Gebäude fanden im Bereich der Kirche Platz, an die Apsis grenzt heute das Café Münzenberg. Was vom Kloster in den letzten Jahren an Mauern freigelegt wurde, kann besichtigt werden.

Mo–Mi & Fr 10–12/15–17 und 19–21, Sa/So 9–12/14–17 Uhr. Eintritt frei. Münzenberg 16.

Wipertikirche: Die kreuzförmige Basilika aus dem 11./12. Jh. steht inmitten eines stimmungsvollen Friedhofs südwestlich des Schlossbergs. Sie war Teil eines Chorherrenstifts, das um 1540 aufgelöst wurde. Danach diente die Kirche als Scheune. Ab 1954 wurde sie restauriert und dabei das romanische Marienportal des Klosters am Münzenberg in der Südwand eingebaut. Bekannt ist die Kirche für ihre dreischiffige romanische Krypta, die vermutlich noch von 1000 stammt.

April–Okt. Mo–So 10–12/14–17 Uhr. Wipertistraße, ☏ 03946-915082, www.wiperti.de.

Gernrode

ca. 3700 Einwohner • 217 m

Berühmt ist die Kleinstadt am Harzrand für ihre 1000-jährige Stiftskirche, dem ältesten und besterhaltenen Bauwerk der Frühromanik in Deutschland. Und auch eine Riesenkuckucksuhr lockt.

Das Städtchen, 8 km südlich von Quedlinburg am Hang der Ausläufer des Ramberg-Massivs, prägen die weithin sichtbaren Türme der Stiftskirche und das Panoramahotel am Stubenberg, das seit 2004 zum Verkauf steht. Das Klima hier ist mild, das Harzgebirge im Rücken und der Bückeberg im Norden halten Regen und Winde ab. Keimzelle der Stadt war die Burg von *Markgraf Gero* (900–965), der 937 von Otto I. mit der Sächsischen Ostmark belehnt wurde. Nach dem Tod seiner Söhne gründete er auf dem Burgareal ein Damenstift und ließ die Kirche dem Hl. Cyriakus weihen, dessen Armreliquie er von einer Romreise mitgebracht hatte. Rund um das Stift bildete sich das Rodungsdorf *Geronrode*. Nach Auflösung des Stifts 1570 gehörte Gernrode bis 1918 zum Fürstentum Anhalt-Bernburg. Ende des 19. Jh. hielten Fremdenverkehr und Industrie Einzug, Villen und Fabriken entstanden.

• *Information*   **Touristinformation**, Kiosk beim Großparkplatz an der Westeinfahrt. Gratisstadtplan, Wanderkarten. Mo–Fr 10–16 Uhr. 06507 Gernrode, Suderoder Str., ☎ 039485-354, www.stadt-gernrode.de.

• *Verbindungen*   **Bus**: Tägl. 3- bis 9-mal nach Quedlinburg (Linien 31 und 10), 3- bis 12-mal nach Thale via Bad Suderode (10, 17) und nach Harzgerode (32). www.qbus-ballenstedt.de.

> **HSB Selketalbahn**: Tägl. 6-mal nach Quedlinburg und Alexisbad; 3-mal nach Eisfelder Talmühle (1-mal mit Anschluss bis zum Brocken). Im **Dampfladen** im Bhf. Gernrode auch HSB-Souvenirs (tägl. 8.30–11.50/12.20–16 Uhr).

• *Einkaufen*   **Harzer Likörfabrik Rolle**, der Familienbetrieb erzeugt 10 Sorten Spirituosen, Cash-Cow ist der Halbbitterlikör „Ritter Bodo". Mo–Fr 9–18, Sa 9–12 Uhr. Wellbachweg 26 a, www.harzer-likoerfabrik.de.

Harz Schnitzerei, Holzbildhauerei, Restaurierungswerkstatt, Schnitzkurse. Verkauf von Holzspielzeug und Souvenirs, Museumswerkstatt. Mo–Fr 8–18 Uhr. Gernröder Str. 19. www.harz-schnitzerei.de.

Neukauf, Supermarkt an der Durchgangsstraße. Mo–Sa 8–20 Uhr. Jacobsgarten 1.

• *Übernachten/Restaurants*   **Bückemühle**, am nordwestlichen Stadtrand; Pension und historische Gaststätte in einer Mühle von 1700. 10 rustikale Zimmer und gut ausgestattete Ferienwohnungen. Eigene Fischräucherei, die Küche (tägl. 11.30–23

Uhr) ist auf Fisch spezialisiert (Hauptgericht 14–18 €). Schöne Terrasse am Mühlteich. DZ 63 €, Fewo 2 Pers. 45 €. Am Bückeberg 3, ☎ 039485-419, 🖷 61203, www.bueckemuehle.de.

**** Blaues Haus, am westl. Stadtrand. 2 moderne Nichtraucherwohnungen in einer renovierten Villa mit Garten und Terrasse. Fewo 66 m² 2–4 Pers. 40–60 €, Fewo 44 m² 2–3 Pers. 35–50 €. Goethestr. 4a, ☎ 030-3651517, 🖷 0351-8011799, www.ferienwohnung-gernrode.de.

Café Hecht, im Ort. Moderne Ferienwohnung für 2 Pers. mit getrennten Betten (35 €) → Cafés.

• *Camping*   ***** Harz-Camp Bremer Teich**, einsame Lage 5 km südl. mitten im Wald an schönem Badeteich mit Liegewiese und Sandstrand. 160 Stellplätze, 15 einfache Bungalows und Blockhütten, moderne Sanitäranlagen, Minishop. 1 km östlich hält die Selketalbahn (Haltestelle Sternhaus-Ramberg). 2 Pers., Auto, Zelt 18 €. Bremer Dammteich, ☎ 039485-667497, 🖷 50055, www.harz-camp-gernrode.de.

• *Cafés*   **Froschkönig**, östl. der Stiftskirche. Stilvoll dekoriertes Lokal in einer Jugendstilvilla von 1909. Kuchen, Kaffee, Tee und kleine Gerichte. Di–So 13–18 Uhr. Burgstr. 1, ☎ 039485-419.

Café-Konditorei Hecht, mitten im Ort. Hausgemachte Kuchen, Torten, Snacks. Hinterhofgarten. Mo–Fr 7–18, Sa 7–13 Uhr. Marktstr. 14, ☎ 039485-373.

• *Baden*   **Waldbad Osterteich**, idyllischer Stausee an der Selketalbahn am östlichen Ortsrand (Haltestelle Osterteich). Kleiner

Sandstrand, Liegewiese, Imbissbude, Parkplatz. Mitte Mai–Mitte Sept. Zufahrt von
der Ortsmitte über die Osterallee (1 km).
Bremer Teich, 5 km südlich von Gernrode
(→ „Harz-Camp"). Eintritt 2 €.

•*Feste* **Gernröder Osterspiel**, Ostersonntag 6 Uhr in der Stiftskirche. Mittelalterliches Mysterienspiel, das die Auferstehung
Christi nachstellt.

Sehenswertes/Ausflüge

Stiftskirche St. Cyriakus: Der zweitürmige, 959–980 errichtete frühromanische
bzw. ottonische Bau ist noch von Resten der alten Stiftsmauer umgeben. Als best-
erhaltenes Bauwerk dieser Epoche hat die Kirche große kunsthistorische Bedeutung – und auch als Drehort ist sie begehrt, zuletzt für Sönke Wortmanns
Historiendrama „Die Päpstin" (2009).

Die dreischiffige, außen schmucklose Basilika betritt man durch das von zwei kleinen Löwen flankierte Hauptportal am nördlichen Seitenschiff. Im Langhaus fällt
der verzogene Grundriss auf, der den damals noch unerfahrenen Bauleuten „pas-
sierte". Eine Besonderheit sind die Emporen über den Seitenschiffen, die hier erstmals außerhalb von Byzanz realisiert wurden; getragen werden sie abwechselnd
von Pfeilern und Säulen *(rheinischer Stützenwechsel)*. Der Ostchor und die Hallenkrypta darunter entstanden in der ersten Bauphase, der romanische Westchor mit
der dreischiffigen Westkrypta kam erst im 12. Jh. hinzu und schuf so eine
doppelchorige Anlage. Die Fresken stellen im Osten Markgraf Gero, seine Familie,
die Kirchenpatrone und im Westen das Jüngste Gerichte dar. Sie entstanden im
19. Jh., als *Ferdinand von Quast*, Preußens erster Staatskonservator, den ursprünglichen
Zustand der Kirche wieder herstellte – zuvor diente die Kirche 250 Jahre lang als Stall
und Getreidespeicher. Wand- und Deckenfresken, Kanzel, bunte Fenster, den ge-
teilten Orgelprospekt und den Dachreiter erfand er neu, original sind das Hochgrab (1519)
für Markgraf Gero, sein Stifterbild (1500) und der romanische Taufstein (1150).

Bedeutendstes Stück ist das *Heilige Grab* im südlichen Seitenschiff (1060–80), einer
der ältesten Nachbauten der Grabeskapelle von Jerusalem in Deutschland. Vor-
und Hauptkammer sind innen und außen reich mit Stuck verziert. Salzausblühun-
gen hatten diesen geschädigt, weshalb das Bauwerk jetzt in Schutzglas eingehaust
ist. Seit seiner Entstehung war das Heilige Grab Teil eines Passionsspiels. Die
zugehörige Liturgiehandschrift von 1502 wurde in den 1970ern in einem Berliner
Archiv wiederentdeckt und das *Gernröder Osterspiel* 1989 neu belebt (→ Feste).
Vom südlichen Seitenschiff gelangt man in den zweigeschossigen Nordflügel des
Kreuzgangs (12. Jh.), einziger Rest der früheren Klausurgebäude. Vom idyllischen
Garten aus bietet sich ein schöner Blick auf die imposante Kirchensüdseite.

April–Ende Okt. tägl. 9–17, Nov.–Ende März tägl. 15–16 Uhr. Spende 1 €. Führungen
ganzjährig tägl. 15 Uhr (außer Karfreitag und 24. 12.); Dauer 45 Min., Ticket 3 €. ✆ 039485-275,
www.stiftskirche-gernrode.de.

Harzer Kuckucksuhrenfabrik: Ein Glück, dass es sie noch gibt – die 1948 gegründete Fabrik in der Stadtmitte wurde 2009 knapp vor der Insolvenz gerettet. Stand-
und Kuckucksuhren, Regulatoren, Baro- und Thermometer sowie Wetterhäuschen
werden also weiterhin gefertigt. Wahrzeichen und Besuchermagnet ist die 14,50 m
hohe Riesenkuckucksuhr im Hof der Anlage, laut Guinness-Buch die weltgrößte
außerhalb des Schwarzwalds. Zum stündlichen Kuckucksruf schält sich ein
monströses, bewegliches Plüschvieh („Harzmichel") mit Fanfarenklang aus der Tür
– das muss man gesehen haben. Am Eingang zum Hof trifft man auf ein 9,80 m hohes Riesenwetterhaus, das größte weltweit. Und zu guter Letzt zieht in der Bahn-

hofsstr. 16 ein 7,45 m hohes Holzthermometer den Blick auf sich – natürlich das größte der Welt ...

Ausstellung (Eintritt 1 €) und Fabrikverkauf (Kuckucksuhren 130–600 €) tägl. 9–17 Uhr. Lindenstr. 7, ℡ 039485-5430, www.harzer-kuckucksuhren.de.

Alte Elementarschule, Schul- und Stadtmuseum: 200 m nördlich der Kuckucksuhr befand sich in der Cyriakusstraße die nach Wittenberg älteste Grundschule Deutschlands: Sie wurde 1533 eröffnet. Ihr Nachfolgebau aus dem 18. Jh. beherbergt heute ein kleines Museum mit historischem Klassenzimmer und einer Ausstellung zur Stadt- und Schulgeschichte. Eine Mineralienschau würdigt den aus Gernrode stammenden Mineralogen *Carl Friedrich Christian Mohs* (1773–1839), der in Freiberg und Wien lehrte und die bekannte „Mohs-Härteskala" zur Klassifizierung von Mineralien erfand.

Mo–Fr 10–12/14–16.30 Uhr und nach Vereinbarung. Cyriakusstr. 2, ℡ 039485-265, www.elementarschule-gernrode.de.

Museum Anhaltische Harzbahn: Das auf dem Bahnhof Gernrode eingerichtete neue Museum widmet sich der 1887–92 gebauten *Anhaltischen Harzbahn* von Gernrode bis Hasselfelde; heute heißt sie Selketalbahn und hat seit 2006 ihren Ausgangspunkt in Quedlinburg. Zu sehen sind alte Fotos, Schienenstücke, historische Fahrkarten, Waagen, original eingerichtete Werkstätten und landwirtschaftliches Gerät.

Sa 10–18 Uhr. ℡ 039485-61661, www.selketalbahn.de.

Försterblick (339 m): Einen Postkartenblick auf Gernrode und das Harzvorland bietet dieser mit Rastbänken bestückte Aussichtspunkt über dem Stubenberg. Man erreicht ihn nur zu Fuß: entweder vom ehem. Hotel Stubenberg auf dem Selketal-Stieg 500 m steil bergauf – oder vom Parkplatz gegenüber dem *Forsthaus*

Die Stiftskirche von Gernrode

Nordöstliches Harzvorland

Haferfeld (3 km südlich von Gernrode an der Straße nach Mägdesprung) fast eben in Richtung Nordosten (grün markiert) und dann sanft bergab (jeweils 30 Min.).

Mit der Selketalbahn von Gernrode nach Mägdesprung: Die 30-minütige Fahrt auf dem ältesten Abschnitt der Selketalbahn lässt sich gut mit einer Wander- und Radtour kombinieren. Die Strecke steigt zunächst zum Rambergmassiv an und erreicht bei der Haltestelle *Sternhaus Ramberg* (413 m) mitten im Wald ihren Scheitelpunkt. Danach geht es über das steilste Stück der Harzer Schmalspurbahnen hinab nach Mägdesprung (→ S. 185)

• *Wandern* Vom Sternhaus Ramberg geht es über Spiegelshof, Bremer Teich (→ Baden), Bärendenkmal (zur Erinnerung an das letzte im Unterharz erlegte Tier), Rambergstraße, Neuer Teich und Hagental in

10 km nach Gernrode zurück (grün markiert).

• *Radeln* Das Rad fährt gratis mit der Bahn, ab Mägdesprung radelt man entlang des Selketal-Stiegs 30 km nach Gernrode zurück.

Bad Suderode

ca. 1800 Einwohner • 199 m

Wegen seiner Waldlage, dem modernen Kurzentrum und den hübsch restaurierten Villen im Bäderstil zählt das Kalziumsole-Heilbad bei Gernrode zu den schönsten Kurorten Mitteldeutschlands. Nur weiß das kaum jemand.

Beide Orte sind heute praktisch zusammengewachsen, bis 1918 gehörte Gernrode noch zu Anhalt-Bernburg und Suderode zu Preußen. Solequellen verschafften dem „südlichen Rodungsdorf" im 19. Jh. eine Blütezeit, seit 1995 putzt es sich neu heraus.

Bad Suderode zieht sich vom Bahnhof harzeinwärts in ein enger werdendes Tal bis zum modernen Kurzentrum von 1996. Dahinter beginnt der Kurpark, der in den hier von Buchen und Eichen dominierten Harzwald übergeht. Beim Kurzentrum steht seit 1934 das Wahrzeichen des Orts, der Rundtempel des **Behringer-Brunnens** mit salzig schmeckendem Wasser (tägl. 10–12/14–17.30 Uhr). Das **Badehaus** von 1899, ein schöner Fachwerkbau, wurde in die moderne Anlage integriert. Im umliegenden Kurpark starten zahlreiche Wanderwege (→ Wandern), auch der Selketal-Stieg kommt hier durch. Es gibt Kneippbecken, einen Terrassengarten, im Wald talaufwärts einen Gesteinsgarten und das *Haus des Waldes* mit einer kleinen Schau zu Fauna und Flora (Di–Fr 10–12, Di–So 14–16 Uhr). Ältestes Gebäude ist die **Alte Kirche** in der Schulstraße, heute ein Veranstaltungslokal. Grundmauern und Turm stammen noch aus dem 10. Jh., im Inneren sind spätromanische Fresken (13. Jh.) erhalten (Di/Do 14–16 Uhr). Die zahlreichen schön restaurierten Villen aus dem 19. Jh. mit ihren geschnitzten, bunt gestrichenen Holzveranden und Loggien tragen zum Charme Suderodes bei.

Praktische Informationen/Aktivitäten/Feste

•*Information* **Kurzentrum**, Gästeservice im Obergeschoss. Ortspläne und Unterkunftsverzeichnis, sonst aber nur in Kurfragen kompetent. Mo–Fr 7–21, Sa/So 10–21 Uhr. 06507 Bad Suderode, Felsenkellerpromenade 4, ☎ 039485-510, www.bad-suderode.de.

•*Verbindungen* **Bus**: Tägl. 3- bis 9-mal nach Quedlinburg bzw. Friedrichsbrunn, Güntersberge (Linien 31, 10); 3- bis 12-mal nach Gernrode und Thale (10, 17). www.qbus-ballenstedt.de.

HSB Selketalbahn → Gernrode

•*Parken* Parkhaus am Kurzentrum, 30 Min. frei, 2 Std. 1,70 €.

•*Baden/Wellness* **Calciumsolebad/Sauna**, im Freibecken mit Innen- (32 °C) und Außenbecken (28 °C), 3 Saunas. Mo–Do 14–22, Fr–So ab 10 Uhr. Eintritt 10,50 €, bis 14 J.

7 €, 2 Std. (nur Bad) 6/4 €. Großes Spektrum an Kur- und Wellnessanwen-dungen. Adresse s. o. → Information

•*Fest* **Behringer Brunnenfest**, letzter Sa/So im Juni, Handwerkermarkt, Festumzug, Wahl der Brunnenfee.

•*Kur* Die **Kalziumsole-Quelle**, eine der stärksten Europas, verspricht Heilwirkung bei Osteoporose, Gelenks-, Atemwegs- und Hauterkrankungen.

•*Wandern* Ab dem Kurpark 30-minütiger markierter Aufstieg zum **Preußenturm** (321 m), ein hölzerner Aussichtsturm mit Blick hinab zum Ort und bis Quedlinburg. Etwas länger ist man zum **Anhaltischen Salstein** (393 m) unterwegs, ein geländergesicherter Aussichtspunkt auf einem Felsvorsprung über dem Kalten Tal südlich des Kurparks.

Übernachten/Essen

•*Hotels/Pensionen* **★★★★ Kurhotel Bad Suderode**, gegenüber dem Kurzentrum, 1998 im Suderöder Stil neu erbaut, eher nur Drei-Sterne-Standard. 30 helle, saubere Zimmer. Kuranwendungen nicht im Haus, sondern im Kurzentrum. DZ 80–90 €. Schwedderbergstr. 1–3, ☎ 039485-5460, ✉ 546510, www.kurhotel-bad-suderode.de.

Residence Le petit palais, Gründerzeitvilla, 2009 von einem deutsch-belgischen Paar als Hotel-Pension mit 8 trendig-modernen Suiten samt Kochnische eröffnet. Café-Bistro im Haus. Halbpension möglich. Suite 70–80 €. Schwedderbergstr. 23, ☎ 039485-66790, 📠 667901, www.le-petit-palais.info.

Haus Musica, beim Kurpark. Frühstückspension in saniertem Haus; 8 geräumige Appartements bis 4 Pers. mit Kochnische, Balkon oder Terrasse. App. 60–88 €. Schwedderbergstr. 5, ☎ 039485-64205, 📠 64206, www.haus-musica-harz.de.

•*Ferienwohnungen/Camping* ***** Zum Vogelnest**, zentral an der Ortsdurchfahrt. Rustikale, gut ausgestattete Fewo (45 m²) mit ortstypischer Holzveranda. Fewo 2–3 Pers. 30 €, Endreinigung 25 €. Brinkstr. 4, ☎ 039485-610378, www.vogelnest-harz.de.

Harzer Feriengarten & Kur-Camping, auf einer idyllischen Obstgartenwiese mit Teich Richtung Gernrode. 5 neue Bungalows mit 8 zweckmäßig eingerichteten Fewo (2–6 Pers.) mit Kamin und Terrasse sowie 10 Stellplätze mit modernen Sanitäranlagen für Wohnmobile. Fewo (2 Pers.) 51–65 € je nach Ausstattung, weitere Pers. 7 €. Jägerstr. 22, ☎ 039485-62446, 📠 610378, www.harzer-feriengarten.de.

•*Restaurant/Café* **Kurzentrum**, Restaurant (tägl. 11.30–14 Uhr) mit preisgünstiger Harzer und mediterraner Küche; Café-Bistro (tägl. 14.30–18 Uhr) mit hausgemachten Kuchen und Eisbechern. Schöne Terrasse im Kurpark. ☎ 039485-51287.

Bäderarchitektur im Harz

Stecklenberg

ca. 600 Einwohner • 265 m

Das Dörfchen 3 km westlich von Bad Suderode liegt idyllisch zwischen Waldhängen und Streuobstwiesen eingebettet an einer Straßenbiegung am Ausgang des Wurmbachtals. Entstanden ist der Ort aus dem Wirtschaftshof der *Stecklenburg* (11. Jh.), von der Mauerreste auf einer Anhöhe über dem Ort zeugen. Südwestlich gibt es auf einem bewaldeten Ausläufer des Rambergs weitere Ruinen. Sie gehören zur **Lauenburg** (12 Jh.), einer der einst größten Burgen im Harz, die aus Haupt- und Vorburg bestand. Bauherr war Heinrich IV.

•*Verbindungen* **Bahn**: 1,5 km nördl. des Orts Haltestelle Neinstedt an der Linie Halberstadt-Thale.

•*Übernachten* ****** Schloss Stecklenberg**, am nördlichen Ortsrand. 2004 saniertes Jagdschlösschen (19. Jh.) in einem kleinen Park; 7 komfortable, mit Antiquitäten ausgestattete Ferienwohnungen (2–6 Pers.), 3 Zimmer. Aufmerksamer Service. Schlosscafé im Haus. Fewo 2 Pers. 48–58 €, weitere Pers. 7 €, Frühstücksbüffet 7 €/Pers., Endreinigung 20 €. DZ inkl. Frühstück 70 €. Hauptstr. 86, ☎ 03947-779696, www.schloss-stecklenberg.de.

•*Feste* **Osterfeuer**, Karsamstagabend. Mit 34 m Höhe kam es ins Guinness-Buch der Rekorde.

•*Wandern* **Kurze Rundtour zu den Stecklenberger Ruinen** (5 km, 1 Std.). Wegbeschreibung unter www.michael-mueller-verlag.de/deutschland/harz.

Herausragendes Naturdenkmal: die Teufelsmauer bei Neinstedt

Unterharz

Der Unterharz ist idyllischer, sanfter, sonnenverwöhnter als der Oberharz – entlang von Bode und Selke erstreckt er sich in südöstlicher Richtung. Den Flusslauf der Bode kennzeichnen Tropfsteinhöhlen, Stauseen und ein wild-romantisches Felsental flussabwärts. Die Selke bahnt sich den Weg durch verträumte Wiesentäler und wird dabei von einer Schmalspurbahn und einem Wanderweg begleitet.

Der Unterharz fällt vom sanftwelligen Harz-Plateau östlich des Brockens nach Süd-osten hin ab. Statt dunkler Nadelwälder prägen von weiten Wiesen und Feldern ge-säumte Buchen- und Eichenwälder das Bild, dazwischen finden sich Felsformatio-nen, Burgruinen und beschauliche Dörfer.

Der Bergbau hat auch im Unterharz Spuren hinterlassen, auch hier gibt es Schaubergwerke. Andere Sehenswürdigkeiten hat die Natur geschaffen, wie die **Rübeländer Tropfsteinhöhlen**, den **Blauen See**, die imposanten Aussichtsfelsen **Hexentanzplatz** und **Rosstrappe** oberhalb von Thale oder die **Teufelsmauer** bei Neinstedt. Ans tiefe Mittelalter erinnern die **Burg Falkenstein**, die Krypta der **Konradsburg**, die Kirchen von **Harzgerode** und **Trautenstein** oder das Schloss in **Ballenstedt**. Deutlich jünger sind die **Rappbode-Talsperre** mit Deutschlands höchster Staumauer und die Westernstadt Pullman City. Die Wanderung durch das Bodetal zwischen Treseburg und Thale ist ein Klassiker, ebenso wie die Wanderung entlang der Selke, am besten kombiniert mit einer Fahrt mit der dampfenden Selketalbahn.

Auf der Unterharzer Hochfläche

Elbingerode   ca. 5100 Einwohner • 475 m

Die alte Bergbaustadt 16 km südlich von Wernigerode liegt am Nordrand der Unterharzer Hochfläche, wo die B 244 in die B 27 mündet. Seit 2010 ist sie mit zehn
Gemeinden zur *Stadt Oberharz am Brocken* zusammengeschlossen. Wegen der
reichen Erzlager und Kalkvorkommen der Umgebung, dem „Elbingeröder Komplex",
erlebte sie vom 14.–17. Jh. eine Blütezeit, zwei Schaubergwerke erinnern daran.

Die Stadt selbst wurde nach Feuersbrünsten 1753 und 1858 schachbrettartig wieder aufgebaut. Zu sehen gibt es ein paar Fachwerkhäuser, die neugotische
St. Jakobi-Kirche (Mitte April–Mitte Okt. Mo–Mi/Fr 10.30–12/15–18, Sa 15–
18 Uhr) und eine Heimatstube mit vier liebevoll gestalteten Räumen zur Ortsgeschichte (Di 15–17, Do 10–12 Uhr, Eintritt frei).

•*Information* **Touristinformation** in Ortsmitte, unweit der Kreuzung B 244/B 27. Mo–
Fr 9–12.30/13.30–17, im Sommer Sa 10–
13 Uhr. 38875 Elbingerode, Markt 3,
✆ 039454-89487, www.elbingerode.de.

•*Verbindungen* **Bus**: Tägl. 4- bis 15-mal
nach Wernigerode und Rübeland (Linie 258,
265), Blankenburg (258), Hasselfelde (265), 4-
bis 12-mal nach Tanne und Benneckenstein
(262), Mo–Fr je 6-mal nach Schierke (257).
www.hvb-harz.de.

Bahn: Auf der **Rübelandbahn** Blankenburg-
Elbingerode-Rübeland rollt heute nur noch
Güterverkehr (Kalktransport). Seit 2010 gibt
es mehrmals jährlich **Sonderfahrten mit
Dampflok 95027** (Bj. 1923).

•*Camping* **Am Brocken**, nördlich der
Stadtmitte. Ruhiger, sauberer Platz mit 150
Stellflächen in sanft geneigter Waldrandlage; moderne Sanitäranlagen, Spielplatz,
kleiner Badesee nebenan. 2 Pers., Zelt,
Auto 20 €. Schützenring 6, ✆ 039454-42589,
✉ 42589@www.campingambrocken.de.

•*Wintersport* **Drei-Annen-Hohne-Loipe**
(10 km): Rundkurs durch den Hochwald bis
Drei-Annen-Hohne, zurück über Zilierbach-
sperre. **Hornberg-Loipe** (5 km): Panorama-
tour bis Königshütte.

Sehenswertes

Schaubergwerk Erzgrube Büchenberg: In dem Bergwerk 3 km nordöstlich von Elbingerode Richtung Wernigerode (Bus 265) wurde ab dem 16. Jh. und zuletzt 1936–
70 Roteisenerz abgebaut. Die Führung beginnt in der modernen Empfangshalle,
dann geht es bei 8 °C (!) 600 m zu Fuß durch den Stollen. Dabei lernt man den Seil-
bahnkeller mit der originalen Antriebstechnik der einst längsten Industrieseilbahn
Europas kennen (ab 1937 errichtet), mit der Erze über 8,6 km bis zur Bahnverladung
nördlich von Wernigerode transportiert wurden. Man bestaunt Erzaufschlüsse und
kann beim Höllenlärm der Bohrgeräte die harte Arbeit der Bergleute nachvollziehen.

•*Führungen* Ganzjährig 10, 12, 14 Uhr (16
Uhr bei Bedarf), Dauer 75–90 Min. Eintritt
6 €, bis 16 J. 4 €, Kombikarte mit einer
Rübeländer Tropfsteinhöhle 12/7,50 €. Büchenberg 2, ✆ 039454-42200. www.schau
bergwerk-buechenberg.de.

•*Wandern* **Bergbaulehrpfad**: Rundweg
(7 km) ab dem Schaubergwerk vorbei an
Zechengebäuden, alten Tagebaulöchern
(Pingen) und Schachthalden.

Besucherbergwerk Drei Kronen & Ehrt: 2 km östlich von Elbingerode Richtung
Rübeland (Bus 265) trifft man auf das 1990 stillgelegte Schwefelkiesbergwerk *Einheit*. Seit dem 9./10. Jh. wurden hier Brauneisen- und Manganerze abgebaut, 1871
entdeckte man in tieferen, älteren Kalkschichten Pyrit (Schwefelkies), der nach
1945 ausschließlich abgebaut wurde – es war das einzige Vorkommen in der DDR.
Seit 1993 ist es ein Besucherbergwerk: Mit einer wackeligen Grubenbahn (Kinder
erst ab 5 J.) geht es 800 m in den Berg, drinnen sind alte Bergbaumaschinen teils in

Unterharz

Aktion zu bestaunen. Im Hauptgebäude ist eine umfangreiche Mineraliensammlung sehen, die auch den in 350 m Tiefe geborgenen *Harzer Blutstein* enthält – ein mit Roteisen durchsetztes Lavagestein, das zu Schmuck geschliffen wird (Stücke im Shop erhältlich).

Führungen Mo–Fr 11, 13 Uhr, Dauer 90 Min. Eintritt 9 €, bis 16 J. 4 €. Mühlental 13, ✆ 039454-42910, www.dreikronenundehrt.de.

Aussichtspunkt Tagebau Felswerke: Waren die Erzlager riesig, aber von schlechter Qualität, so ist der Elbingeröder Kalkstein einer der besten Deutschlands und wird bis heute in mehreren Werken gewonnen, verarbeitet und mit der Rübelandbahn abtransportiert. Der Blick von der Bruchkante in den 1 km² weiten und 60 m tiefen *Tagebau Elbingerode* ist beeindruckend, über die geologische Entstehung der Kalklagerstätte informieren Schautafeln.

Anfahrt Von der B 27 in Ortsmitte über Tor- und Susenburger Straße ca. 1,5 km nach Süden.

Königshütte   ca. 700 Einwohner • 430 m

Der beschauliche Ort an der B 27, 4 km südwestlich von Elbingerode entstand 1936 aus den Hüttenorten *Königshof* und *Rothehütte* und hat daher kein geschlossenes Ortsbild. Beide Eisenhütten waren vom 15. bis ins 19. Jh. in Betrieb und wurden dann abgetragen. Letzter Rest ist der von einem Hüttengraben gespeiste **Königshütter Wasserfall** in Rothehütte (unweit der Bahnunterführung), der über eine 20 m hohe Steilwand rinnt (lauschiger Rastplatz).

Im *Ortsteil Königshof* vereinen sich die im Brockengebiet entspringende Warme Bode und die Kalte Bode zur **Bode**. Gleich am östlichen Ortsrand wird sie in der **Talsperre Königshütte** erstmals gestaut. Der 1956 angelegte Stausee ist ein Überleitungsbecken des *Bodetalsperrensystems* (→ Kasten S. 162). Sein Wasser wird durch einen 1,8 km langen Stollen in den Rappbodestausee geleitet. Auf einer breiten, autofreien Straße kann der 2,2 km lange und bis zu 150 m breite See zu Fuß (Gehzeit 1½ Std.) oder per Rad umrundet und seine 108 m lange, 18 m hohe Staumauer passiert werden. Baden ist verboten, geangelt wird vom 1. 4. bis 31. 12. nach Forelle, Karpfen, Hecht und Barsch.

Südöstlich über dem Bode-Zusammenfluss erheben sich einige Wälle und Bergfriedreste der aus dem 13./14. Jh. stammenden **Königsburg**; sie schützte einst die an der Bode verlaufende Grenze des Bistums Halberstadt, aber aber nicht – wie auf der veralteten Infotafel zu lesen – ein Nachfolgebau der kaiserlichen Jagdpfalz Bodfeld. Vom Parkplatz am Ortsende Richtung Tanne führt ein markierter Weg über ein Bodewehr und am anderen Ufer zur Ruine Königsburg hinauf (Gehzeit 15 Min.), von der sich über die Hochfläche hinweg ein toller Brockenblick bietet.

Bus: nur Mo–Fr 10-mal tägl. nach Elbingerode, Wernigerode, Braunlage, Schierke (Linie 257). www.hvb-harz.de. **Angelkarten** → Talsperre Mandelholz, Hotel Grüne Tanne.

Folgt man der Kalten Bode von Königshütte entlang der B 27 flussaufwärts Richtung *Elend* (→ S. 124), erreicht man die landschaftlich schöne **Talsperre Mandelholz**, eine weitere Vorsperre des Bodetalsystems. Der von einem rund 2 km langen Erddamm gestaute See kann zu Fuß umrundet werden (markierter Wanderweg am Südufer, Wiesenpfad am Nordufer). Trotz Verbot ist im Hochsommer hier reger Badebetrieb – dem Wunsch nach einer Freigabe kam der Talsperrenbetrieb (noch) nicht nach.

•*Verbindungen* → Königshütte
•*Übernachten/Essen* **Grüne Tanne**, gepflegtes Traditionsgasthaus an der B 27 unweit der Talsperre Mandelholz. 20 Zimmer,

moderner Wellnessbereich mit Sauna und Dampfbad. Ausgezeichnete Speisen, die hübsch angerichtet in der gemütlich-rustikalen Gaststube oder im Wintergarten serviert werden. Tolle Weinkarte; viele Kunst- und Kulturveranstaltungen. DZ 65–80 € je nach Aufenthaltsdauer. 38875 Mandelholz 1, ☏ 039454-460, ✉ 46155, www.mandelholz.eu.

Angeln in der Talsperre von 1. 4. bis 31. 12. erlaubt, mit Glück zieht man riesige Hechte an Land. Lizenz in der „Grünen Tanne".

Höhlenort Rübeland

ca. 1600 Einwohner • 380 m

Untertags kommt Leben in den kleinen Ort im Bodetal, wenn die Besucher-karawanen zu den beiden berühmten Tropfsteinhöhlen anrollen.

Die Bode, parallel die B 27 und die Rübelandbahn, dazu links und rechts ein, zwei Häuserzeilen, dahinter steile bewaldete Talflanken – das ist Rübeland. Wichtig ist die Bodebrücke, sie verbindet die Baumanns- und die von einem Bärendenkmal bewachte Hermannshöhle, die sich mitten im Ort an der linken bzw. rechten Talseite befinden. Sie zählen zu den meistbesuchten Höhlen Deutschlands. Beide haben ihre eigenen Reize, weshalb sich ein Kombiticket lohnt. Wer wirklich nur eine besuchen mag, sollte vielleicht die Hermannshöhle wählen.

•*Verbindungen* **Bus**: Tägl. 5- bis 9-mal nach Elbingerode und Blankenburg (Linie 258), 5- bis 13-mal nach Wernigerode und Hasselfelde (265). www.hvb-harz.de.
Bahn → Elbingerode

•*Parken* An den Ortseingängen (400 m entfernt) gratis, bei den Höhlen wenige kostenpflichtige Parkplätze.

•*Übernachten/Essen* **Bodetal**, in Ortsmitte. Restaurant-Pension in einem großen, älteren Haus im Harzer Stil; 10 nette Zimmer. Tägl. geöffnetes Restaurant mit deftiger Küche (Pfannengericht 8–13 €). DZ 60–70 €. Blankenburger Str. 39, ☏ 039454-40170, ✉ 40173.
Grünes Haus am Gramsegrund, Hexenhaus am Hexenstieg, im Bergdorf Neuwerk 3 km östl. von Rübeland. 2005 sanierte Ferienhäuser in sonniger, steiler Hanglage; im Grünen Haus 3 gemütlich eingerichtete Fewo (36/55/100 m²), im Hexenhaus eine 95 m²-Wohnung über zwei Etagen. Sauna, großer Grillgarten. Fewo 2 Pers. 40–60 €, weitere Pers. 10 €, Endreinigung 20–30 €. Oberdorf 8, ☏ 039454-42445, www.das-gruene-haus.com.
Eiscafé Nr. 1, gegenüber der Hermannshöhle. Kaffee, Kuchen, Windbeutel, Waffelspezialitäten und selbst gemachtes Eis, das auch als „Pizza" oder „Steak" serviert wird. Im Dachgeschoss zwei moderne Zimmer. DZ 50–60 €. Blankenburger Str. 27, 039454-49252, www.numero-1.de.

•*Baden* **Freibad Bodeperle**, moderne Anlage mit 25 m-Becken, Rutschen und Spielbecken. Ende Mai–Sept. 10–18/20 Uhr. Eintritt 3 €, Kind 1,50 €. Blankenburger Str. 6, www.spassbad.ruebeland.com.

In der Baumannshöhle

Sehenswertes

Baumannshöhle: Sie gilt als die älteste Schauhöhle der Welt – bereits 1646 fanden hier Führungen statt. Ihr Name erinnert an den Bergknappen Friedrich Baumann, der 1536 auf der Suche nach Eisenerz die großen Hohlräume im Karst entdeckte.

Ausgewaschen wurden sie vor rund 500.000 Jahren durch Seitenarme der Bode. Einsickerndes Niederschlagswasser bildet seither Tropfsteine – von der Decke hängende Stalaktiten und von unten nach oben wachsende Stalagmiten.

Vom modernisierten Empfangsgebäude aus den 1920ern gelangt man über einen Eingangsstollen steil bergauf in die 1,9 km lange und ganzjährig 8 °C kalte Höhle. 600 m sind als Schaubereich mit Wegen und 300 Stufen erschlossen. Erster Höhepunkt der Führung ist der *Goethesaal*, der größte Hohlraum im Berg mit dem künstlichen Wolfgangsee und einer Naturbühne, auf der regelmäßig Aufführungen stattfinden. Goethe selbst war 1777, 1783 und 1784 hier. Vorbei an den Sinterformationen *Hamburger Wappen* und dem 1 m hohen *Mönch*, steigt man hinauf zur *Schildkrötenschlucht*. Die folgende *Palmengrotte* und *Säulenhalle* – die schönsten Höhlenabschnitte – faszinieren mit reichem Tropfsteinschmuck. Lichtspiele lassen hier Märchenfiguren entstehen. Durch spärlich mit Tropfsteinen verzierte Gänge erreicht man den *Bärenfriedhof*, ein Knochenfeld mit Höhlenbärenskelett. Über einen Stollen geht es hoch oberhalb des Empfangsgebäudes wieder ans Tageslicht.

•*Führungen* Tägl. 9–16.30, Juli/Aug. bis 17.30. Nov.–Jan. nur bis 15.30 Uhr. Führungen alle 30 Min. (Dauer 50 Min.). Eintritt 7 €, 4–16 J. 4,50 €, Familie 20 €. Kombikarte (beide Höhlen oder eine Höhle mit Schaubergwerk Büchenberg (→ Elbingerode) 12 €, 4–16 J. 7,50 €, Familie 32 €. www.harzer-hoehlen.de.

•*Veranstaltungen* Höhlenfestspiele/Theater, ganzjährig, aufgeführt werden die Kult-Comedy „Caveman", Märchen des Harzer Bergtheaters Thale, des Freien Theaters Harz sowie Programme des AndersWelt Theaters. Tickets: ☏ 039454-49132. www.harzer-hoehlenfestspiele.eu.

Hermannshöhle: Die kaum 500 m entfernte Höhle wurde 1866 bei Straßenbauarbeiten entdeckt. Mit 2800 m Länge ist sie ein Drittel größer als die Baumannshöhle, mit 8 °C gleich kalt. Namenspatron war Hermann Grotrian, der die Höhle ab 1874 erforschte. 1890 wurde sie mit elektrischem Licht ausgestattet und für Besucher geöffnet. Der 800 m lange Führungsweg macht sie zu einer der drei längsten begehbaren Höhlen Deutschlands.

Vom Eingangsgebäude geht es zunächst in die *Untere Schwemmhöhle* mit zahlreichen Tropfsteinen, dann hinauf zum *Hohen Punkt*. Hier sind es von der Decke bis zum tief unten plätschernden Höhlenbach imposante 40 m. Kurz darauf kommt man zum 80 cm tiefen *Olmensee*, in dem die einzigen Grottenolme *(Proteus anguinus)* Deutschlands leben. Die albinofarbenen, blinden, bis zu 30 cm langen Schwanzlurche, die wie Urzeittiere aussehen, stammen aus istrischen Karstgewässern und wurden 1932 und 1956 hier ausgesetzt. Sie gehören zu den am meisten bedrohten Tierarten Europas – mit Glück kann man hier paar erspähen. Treppen führen nun hinab zur engen *Schlucht* mit kerzenförmigen Stalaktiten, darunter die 3,5 m hohe 8000-jährige Säule. Durch einen künstlichen Stollen erreicht man die *Fledermausschlucht* und dann den Höhepunkt der Höhle, die *Kristallkammer*: Aus einem Wasserbecken kristallisierte ein Rasen blumenkohlförmiger, blütenweißer Calciten aus, den man etwa in Augenhöhe studieren kann. Zum Schluss begegnet man auch in der Hermannshöhle einem Höhlenbärenskelett. Ein kurzer Stollen bringt unweit des Eingangs wieder ans Tageslicht.

Jan.–März Winterpause, Öffnungszeiten und Preise wie Baumannshöhle.

Hoher Kleef (306 m): Eine schöne Aussicht über Rübeland und die Tagebaulandschaft bis hin zum Brocken ist der Lohn für den kurzen und steilen Aufstieg zum Holzpavillon auf dem Felsen oberhalb des Rübeländer Bahnhofs (15–20 Min.). Start ist am Parkplatz der Hermannshöhle, dann kurz flussaufwärts und schließlich links über Serpentinen bergan.

Blauer See: Das viel bestaunte, knalltürkise Gewässer liegt 2 km nordwestlich von Rübeland an der B 27 Richtung Hüttenrode. Ein stillgelegter Kalksteinbruch füllte sich mit Grundwasser, das wegen des hohen Kalkgehalts bei der Lichtbrechung alle Farben außer den blau-türkisen Teil absorbiert und diesen dann zurückwirft – aber nur im Frühjahr. Danach bilden sich Algen und der See wird grün. Ein kurzer Weg führt um ihn herum, trotz Verbots ist er als Badeteich beliebt.

Parken/Verbindung Parkplatz vor der dritten Bahnunterführung Richtung Hüttenrode, dann noch 300 m zu Fuß. Oder mit Bus 258 bis Rübeland/Neuwerk, dann 300 m zu Fuß.

Rappbode-Talsperre

Auf halbem Weg zwischen Rübeland und Hasselfelde überquert man die 415 m lange Staumauer der Rappbode-Talsperre, mit 106 m Deutschlands höchste Staumauer (den Europa-Rekord hält übrigens die 285 m hohe Grande Dixence im Schweizer Wallis). Sie staut Rappbode und Hassel zu einem etwa 8 km langen, stark verästelten, von dichten Wäldern umstandenen See. Man muss zugeben, hier wurde von Menschenhand eine reizvolle Szenerie geschaffen. Schade, dass dem Besucher außer der Landschaftsbetrachtung von der Staumauer und zwei *Aussichtspunkten* (s. u.) aus wenig bleibt: Das Wasser dient der Trinkwassergewinnung, Baden und Wassersport sind verboten, Wanderwege am Seeufer fehlen. Anders ist das an der Talsperre Wendefurth (s. u.) direkt unterhalb der Staumauer.

Deutschlands höchste Staumauer

Aussichts- und Infoplatz Harzer Urania: Vom gebührenpflichtigen, mit Fress- und Ramschbuden gesäumten Parkplatz (tägl. 8–18 Uhr, mind. 2 €) westlich des Straßentunnels erreicht man in wenigen Gehminuten den Aussichtsplatz oberhalb der Talsperre. Er gewährt den besten Blick auf die imposante Staumauer, rechts breitet sich der Rappbode-Stausee aus, links tief unten der Stausee Wendefurth. Von April bis Okt. erhält man von kompetenten Leuten und auf Schautafeln Informationen über das Talsperrensystem.

Wer zu Fuß auf die Staumauer möchte, muss beim Infoplatz parken oder aus dem Bus steigen und durch den Straßentunnel gehen.

April–Okt. tägl. ab 9.30 Uhr bis Dämmerung. Eintritt 2 €, Kind 1 €. Bus 265. www.harzer-urania-wernigerode.de.

Aussichtspunkt Rotestein (503 m): Idyllischer und landschaftlich reizvoller ist der am Südufer der Rappbode-Talsperre gelegene Aussichtsbalkon, der eine grandiose Fernsicht über den See hinweg zum Brocken bietet. Die *Präzeptorklippe* im Vordergrund, eine kleine Insel im See, war früher ein Berggipfel.

Anfahrt/Wandern Der 1 km lange Wanderweg (Gehzeit 20 Min.) ist ab dem Parkplatz Harzköhlerei Stemberghaus (→ S. 166) beschildert.

Hochwasserschutz & Trinkwasserreservoir – Stauseen an der Bode

Die **Rappbode-Talsperre** ist zentraler Teil eines Stauanlagensystems im oberen Bodetal, das aus weiteren fünf Sperren besteht: **zwei Vorsperren** an den Zuflüssen Hassel (bei Hasselfelde) und Rappbode (bei Trautenstein), die bodeaufwärts gelegene **Talsperre Königshütte** (→ S. 158), deren Wasser über einen Stollen in den Rappbode-Stausee geleitet wird, und die dem Hochwasserschutz dienende **Mandelholztalsperre** (→ S. 158) sowie die nachgeschaltete **Talsperre Wendefurth** (→ unten), deren Stausee an die Staumauer der Rappbode-Talsperre heranreicht.

Der Bau des Talsperrensystems wurde in den späten 1920ern nach verheerenden Hochwässern an der Bode, die sogar Quedlinburg unter Wasser setzten, beschlossen. Um nicht zahlreiche Siedlungen überfluten zu müssen, wurden mehrere Staumauern geplant und die Bauarbeiten 1938 begonnen. Die durch den Zweiten Weltkrieg 1942 beendeten Arbeiten nahm die DDR in den 1950ern wieder auf und stellte die sechs Talsperren bis 1966 fertig. Seither ist das Bodetal vor Hochwässern geschützt, das Harzvorland mit Energie und Halberstadt, Halle (Saale), Magdeburg und Leipzig mit Trinkwasser versorgt. An den Seen ist daher mit Ausnahme der Talsperre Wendefurth Wassersport und Baden verboten. Rundwanderwege um die Seen gibt es bei den Talsperren Rappbode (→ Tour 13), Hassel (→ S. 164) und Königshütte (→ S. 158).

Wendefurth   ca. 60 Einwohner • 338 m

Der Weiler entstand an einer Bodefurt zwischen Hasselfelde und Blankenburg. Bedrohlich ragt über den wenigen Häusern die 320 m lange Mauer der **Talsperre Wendefurth** 43,5 m hoch auf. Ein kleiner Rastplatz an ihrem Fuß ist mit ausgedienten Maschinen und einem Lapidarium bestückt.

Die Talsperre, in der die Bode gestaut wird, ist nur Vorratsbecken für das Pumpspeicherkraftwerk und kein Trinkwasserreservoir, daher ist Bootfahren und Angeln erlaubt. Seit 1977 besteht im See zudem eine Forellenzucht. Saison ist von April/Mai bis Oktober; dann hat ein Bootsverleih geöffnet, es gibt Führungen durchs Innere der Staumauer und die Wanderer am Harzer-Hexen-Stieg machen wieder Station. Ganzjährig gibt es den *Talsperrenblick* von einem Aussichtspunkt nördlich oberhalb der Staumauer.

• *Verbindungen* **Bus 265**: Tägl. 5- bis 13-mal nach Wernigerode und Hasselfelde. www.hvb-harz.de.

• *Parken* bis zu 1 €/Std.

• *Bootsverleih* **Wendefurther Bootsverleih**, direkt im Stausee (Wegweiser an der B 81); Tret-, Ruder-, Paddel- und Angelboote (30 Min. 4–6 €). Floßfahrten Mi 11, Do 15, Anfang Mai– Ende Okt. tägl. ab 9 Uhr. ✆ 0171-4082972, www.wendefurther-bootsverleih.de.

• *Einkaufen* **Fischzucht Wendefurth**, frische und hausgeräucherte Regenbogen- und Lachsforellen, Fischbrötchen. Tägl. 8– 20 Uhr im Gasthaus „Zum Fischer" (s. u.).

• *Übernachten/Essen* **Hotel-Garni zum Stausee**, kleines Gästehaus unweit der Staumauer mit 4 tadellosen Zimmern. DZ 50–56 €. Am Stausee 1a, ✆ 039456-41014, 📠 41015, www.hotel-zum-stausee.de.

Gasthaus zum Fischer, unweit der Staumauer, aber ohne Seeblick. Große Auswahl an Fischgerichten aus eigener Zucht im See (12–19 €), dazu Schnitzel, Steaks und Riesenwindbeutel. Tägl. 11–20 Uhr. Am Stausee 2, 039456-945, www.zum-fischer.de.

Hotel zur Bode, älteres Haus an der B 81 mit Speisesälen im 1980er-Jahre-Stil. Harzer Küche zu mittleren Preisen, Bodetalforellen oder Wildgerichte. 5 schlichte Zimmer. DZ 50–60 €. Blankenburger Str. 1, ☎ 039456-915. www.zur-bode.de.

Schwimmende Gaststätte Zum Hecht, von Mai bis Okt. kann man in dieser Holzbaracke neben dem Bootsverleih „mitten im Wasser" speisen. Spezialität sind frisch geräucherte Forellen.

•*Angeln* Barsch, Forelle, Karpfen, Schleie und Hecht gehen im Wendefurther Stausee ins Netz. Angelkarten beim Bootsverleih.

•*Talsperrenführungen* ab 8 Pers., Dauer 1½ Std. Auf dem Weg durch die Kontrollgänge erfährt man Wissenswertes über die Staumauer und ihre Überwachung, es folgt ein Film über das Talsperrensystem. Treffpunkt im Infozentrum an der Staumauer. April–Ende Okt. Mi 14, Sa 11 Uhr. Ticket 3 €. ☎ 03944-9420. www.talsperren-lsa.de.

Hasselfelde   ca. 2900 Einwohner • 455 m

Das von einer weiten, aussichtsreichen Hochfläche umgebene Städtchen liegt zentral im Harz, mit Anschluss an die Schmalspurbahn und direkt am Hexen-Stieg. Dank mehrerer Ferienparks ist es ein beliebtes Urlaubsziel.

In Hasselfelde kreuzt die Nord-Süd-Achse B 81 die Harzhochstraße B 242, die das Gebirge von West nach Ost durchquert. Direkt im Stadtzentrum treffen die beiden verkehrsgeplagten Straßen aufeinander, trotzdem ist Hasselfelde ein „Luftkurort". Lange hält man sich hier ohnehin nicht auf, denn fünf Feuersbrünste haben im Lauf der Geschichte alle Mittelalterbauten vernichtet. Entwickelt hatte sich der Ort aus der gleichnamigen königlichen Jagdpfalz der Ottonen (10. Jh.). Der Wiederaufbau nach dem letzten Stadtbrand 1893 erfolgte schachbrettförmig mit breiten Straßen, an denen sich bunte, holzverschalte Häuser reihen. Einen Blick wert ist die am Markt gelegene backsteinerne *St. Antoniuskirche*, die 1851 nach Plänen eines Schinkel-Schülers klassizistisch erbaut wurde, Altar und Kanzel sind neugotisch (tägl. außer Mo 10–18 Uhr).

Abgesehen vom eintönigen Stadtbild hat Hasselfelde viel Unterhaltsames zu bieten: mit der Schmalspurbahn zum Brocken und nach Quedlinburg, Wandertouren zu

Unterharz

Ausflugsziel von Hasselfelde: die Harzköhlerei Stemberghaus

Talsperren und Aussichtspunkten, ein Waldseebad, Loipen im Winter – und dabei
fast immer den Brocken im Blick.

Praktische Informationen

•*Information* **Haus des Gastes**, auffälliges
rostbraunes Haus an der Ortsdurchfahrt.

> **HSB Selketalbahn**: Tägl. 2-mal via
> Stiege und Alexisbad nach Qued-
> linburg; 2-mal via Stiege und Eisfel-
> der Talmühle (jeweils Umsteigen)
> zur Harzquerbahn und weiter zum
> Brocken.

Mai–Okt. Mo–Fr 9–17, Sa 10–12, sonst Mo–
Fr 9–16 Uhr. Gut bestücktes Büro, Wanderkarten, Unterkunftsvermittlung, gute Website. 38899 Hasselfelde. Breite Str. 17,
✆ 039459-71369, www.hasselfelde.de.
•*Verbindungen* **Bus**: Tägl. 4- bis 8-mal
nach Blankenburg (Linie 261), 5- bis 13-mal
nach Rübeland und Wernigerode (265).
www.hvb-harz.de.
•*Einkaufen* Netto am östl. Stadtrand an
der B 242/B 81. Mo–Fr 8–20, Sa 7–20 Uhr.
Nordhäuser Str. 4.

Übernachten/Essen

•*Hotels/Pensionen* ***S **Zur Krone**, im Ort.
Zu DDR-Zeiten ein Ferienheim, wurde das
Gebäude 2000 vom früheren Eigentümer als
Wellnesshotel (klingt toller als es ist) neu
eröffnet. 22 Zimmer, kleines Hallenbad, Sauna, Solarium. Restaurant mit Harzer Küche
(Fr–Mo). DZ 70 €. Breite Str. 22, ✆ 039459-
73980, ✆ 739855, www.krone-harz.de.
*** **Hagenmühle**, unweit der Hasselvorsperre. Alte Wassermühle in schöner, einsamer Lage mit Brockenblick; Leihräder,
Reitstall. Die 16 Zimmer sind etwas abge-
wohnt, Service und Essen mittelmäßig. DZ
75–85 €. Hagenstr. 6, ✆ 039459-70050, ✆ 71336,
www.hotel-hagenmuehle.de.
Alte Straßenmeisterei, die frühere Straßenmeisterei an der B 242 Richtung Stiege ist
heute eine Pension mit 5 schlicht-moder-
nen Zimmern. Halbpension möglich. DZ 56–
64 €. Stieger Str. 18, ✆ 039459-70444, ✆ 73701,
www.alte-strassenmeisterei.de.
•*Ferienhäuser* *** **Naturerlebnisdorf Blau-
vogel**, im Ortsteil Rotacker beim Waldseebad. Autofreier, kinderfreundlicher

Ferienpark aus den 1990ern, der an Stelle
eines Ferienlagers entstand. 32 gut ausgestattete Doppelblockhäuser (bis 6 Pers.)
mit Terrasse. Waschmaschine, Dampfbad, Sauna und Solarium im Ge-
meinschaftshaus. Leihräder, Brötchenservice, Restaurant „Rebentisch" mit Harzer
Küche. Buchbar ab 3 Nächten. Mehrere
Vermieter (www.hasselfelde.de), u. a.
H & P Touristik Bonn. 4 Pers. 350–650 €/
Woche je nach Saison. ✆ 0228-919000,
✆ 0228-2436865, www.hptouristik.de.
Auch die Blockhäuser der Ferienparks **Har-
zienda** und **Hagenmühle** an der Hagen-
straße zwischen Ort und Hasselvorsperre
werden von verschiedenen Vermietern angeboten: www.hasselfelde.de.
Hochharz an der Westernstadt, 80 neue,
zweckmäßig eingerichtete Ferienhäuser für
2–6 Pers. (70 m², Terrasse, Parkplatz) im
nüchternen Reihenhausstil neben Pullman
City. 70–90 €/Tag, Bettwäsche extra. Am
Rosentale 2, ✆ 039459-7300, ✆ 73010,
www.ferienpark-westernstadt.de.

Aktivitäten

•*Baden* **Waldseebad**, 1,5 km außerhalb
Richtung Nordhausen. Der schöne See zwi-
schen B 81 und dem Waldrand wird von
Quellwasser gespeist. Sprungturm, Liege-
und Spielwiese, Kiosk. Gebührenfreier
Parkplatz, Bus 261. Mai–Ende Sept. tägl. 9–
20 Uhr. Eintritt 2 €. ✆ 039459-7129.
•*Radeln* 6 km langer, asphaltierter Radweg
(Harzweg) durch Feld und Flur bis Trauten-

stein, auch für Inline-Skates.
•*Wandern* Dichtes, wenig sorgfältig mar-
kiertes Wegenetz, Wanderkarte daher
unbedingt erforderlich.
Rundweg Hasselvorsperre: Rundtour
(6 km) um den idyllischen Stausee, der zum
Talsperrensystem Bodetal (→ Kasten S. 162)
zählt. Ausgangspunkt ist das Hotel Hagenmühle (s. o.). Schlecht markiert, aber kaum

zu verfehlen – es geht immer am Ufer entlang und in der Mitte über die 21 m hohe, 140 m lange Staumauer (→ Karte S. 166).

• *Wintersport* **Loipe Hasselfelde** (4 km); **Loipe Carlshaus** (21 km, Rundkurs ab Bahnhof bis Trautenstein). Skiverleih (8 €/Tag) in der Touristinfo.

Sehenswertes/Ausflüge

Heimatstube und Blumenau-Museum: Die Exponate in der Heimatstube im Haus des Gastes geben einen Einblick in das Leben im Harz um 1900. Das Blumenau-Museum im Nebenraum (sowie ein Gedenkstein beim Bahnhof) erinnern an den aus Hasselfelde stammenden Apotheker *Hermann Blumenau* (1819–99), der mit siebzehn deutschen Auswanderern 1850 in Südbrasilien die Kolonie Blumenau gründete. Daraus entwickelte sich die gleichnamige 300.000-Einwohner-Stadt, in der bis heute vieles an Deutschland erinnert.

Mai–Okt. Mo–Fr 9–17, Sa 10–12, sonst Mo–Fr 9–16 Uhr. Eintritt 1,50 €, bis 6 J. frei. www.blumenau-gesellschaft.de.

Pullman City – in the middle of the Harz

Pullman City Harz: 2 km nördlich von Hasselfelde beginnt der Wilde Westen. Auf einem 100.000 m² großen Areal entstand hinter hohen Palisaden der Nachbau einer Westernstadt des 19. Jh., der vor allem Westernfreaks, Biker, Familien mit Kindern und Wanderreiter anzieht: Man kann das *Sheriff Office*, das *Old West Museum* zur Besiedlungsgeschichte Amerikas, ein *Schmiede-* und *Feuerwehrmuseum* sowie eine Ausstellung zur indianischen Kultur besichtigen, aufwendige Wild-West-Shows erleben, Lassokünstler bewundern, Ponyreiten, in einem Teich nach Gold schürfen und im *Big Moose Saloon* Countrymusic live genießen. Einschlägig sind auch die Restaurants (Steakhouse, Tex-Mex-Küche) und Shops (Lederwaren, indianische Kunst, Westernmode, Country Music). Wer länger bleiben möchte, kann authentisch nächtigen – mit eigenem Schlafsack in Blockhütten oder im Fort (10 €/Pers.), in Ranchhäusern mit Bad und Kochnische (20 €/Pers.) oder im Grand Silver Star Hotel an der Main Street (DZ 70 €). Für Wanderreiter gibt es Stallungen.

April–Ende Okt. tägl. 10–1 Uhr. Eintritt 13 €, Kind 1,31 m bis 16 J. 9 €, Kind 4 J. bis 1,30 m 6 €. Mo & Fr halber Eintritt, Fr/Sa ab 18 Uhr 3 €, sonntags zahlen Familien 30 €. Freier Eintritt für Geburtstagskinder, Wanderreiter und „Authentiker" (keine Krankheit, sondern Cowboys und Indianer in Originalkostüm). Auch Mehrtageskarten. Am Rosentale 1, ✆ 039459-7310, www.westernstadt-im-harz.de.

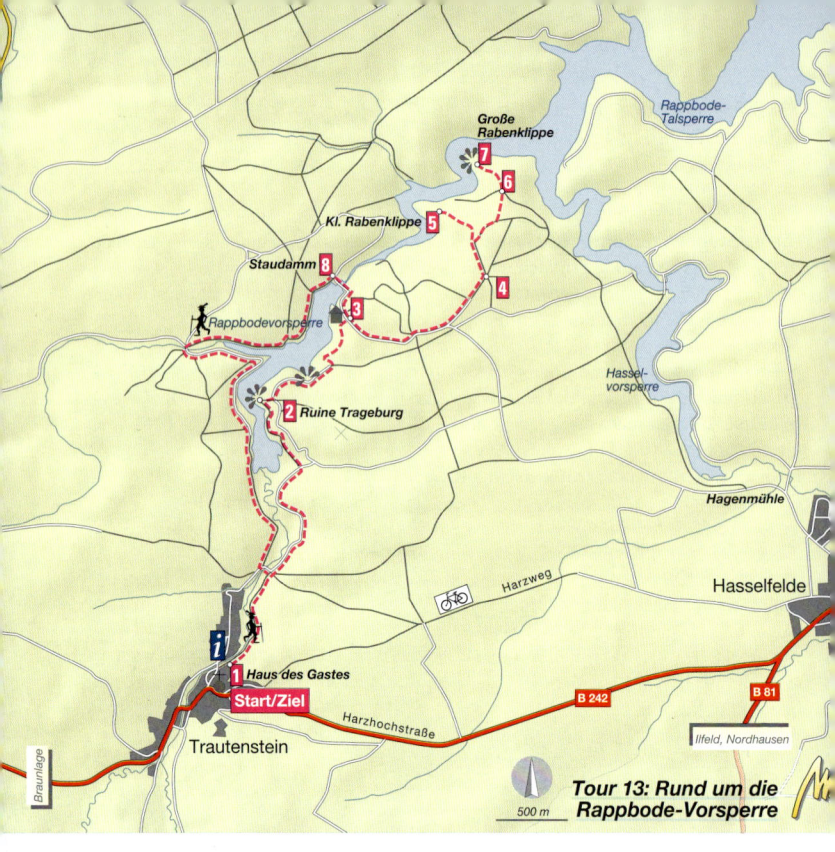

Tour 13: Rund um die
Rappbode-Vorsperre

Harzköhlerei Stemberghaus: 5 km nördlich von Hasselfelde befindet sich an der B 81, mitten im Wald, eine der letzten Köhlereien im Harz. Dieses einst wichtige Handwerk erzeugte die für die Eisenverhüttung nötige Holzkohle. Ganze Wälder wurden dafür abgeholzt und in kegelförmigen, aus Holzscheiten aufgebauten und mit Erde abgedichteten Meilern verkohlt. Am Stemberghaus sind von April bis Ende Oktober ständig Meiler für die Holzkohleerzeugung in Betrieb. Ein ganzjährig geöffnetes **Köhlereimuseum** gibt in einem Freibereich und zwei Räumen Einblick in das harte Leben der Köhler, die noch bis ins 20. Jh. monatelang in ihren zeltförmigen Hütten *(Köten)* im Wald hausten. Als „Telefon" diente die *Hillebille*, ein Buchen- oder Ahornbrett, das mit einem Klöppel geschlagen wurde.

Daneben produziert die Harzköhlerei in modernen Stahlkesseln (sog. Retorten) alljährlich 150–200 Tonnen Holzkohle aus wertlosem Restholz und verkauft sie säckeweise im angeschlossenen Köhlerladen.

April–Okt. tägl. 9–18, Nov.–März tägl. 10–17 Uhr. Eintritt 1,50 €, bis 6 J. frei. Stembergshaus 1, ☎ 039459-72254, www.harzkoehlerei.de.

•*Verbindungen* Bus 261 ab Hasselfelde.

•*Wandern* Vom Kurpark Hasselfelde führt der mit einem Dutzend Infotafeln versehene **Köhlerlehrpfad** (6 km) hierher. Unweit

der Köhlerei befindet sich der **Aussichtspunkt Rotestein** → S. 161.

•*Essen* **Köhlerrast**, rustikale Gaststätte neben der Köhlerei mit Bockwurst, Kesselgulasch, Schmalzbrot, Harzer Käse und „flüssiger" Holzkohle. Bikertreff.

Karlshaushöhe (626 m) **mit Carlsturm**: Der 50 m hohe Stahlfachwerkturm südwestlich von Hasselfelde, der den Harzer Schmalspurbahnen als Funksender dient, ist mit seiner Aussichtsplattform ein lohnendes Wanderziel. 1981–89 war die Karlshaushöhe militärisches Sperrgebiet mit einem der teuersten Aufklärungssysteme der Sowjets. Ab Bahnhof Hasselfelde führt ein gelb markierter, 6,5 km langer Wanderweg zum Turm. Der mit 3 km kürzeste Weg beginnt am Parkplatz Radeweghaus an der B 81 südlich von Hasselfelde.

In **Stiege**, südöstlich von Hasselfelde, beginnt das **Selketal** (→ S. 178).

Trautenstein   ca. 600 Einwohner

Das Harzer Dorf im idyllischen oberen Rappbodetal, 5 km westlich von Hasselfelde, besaß im 11.–17. Jh. sieben Eisenerzgruben. Seit 1961 reicht die südwestliche **Vorsperre** des Rappbode-Stausees bis an den Ortsrand. Mit ihren felsigen Ufern ist sie ein schönes Wanderziel (→ Tour 13). Sehenswert ist die 1701 erbaute barocke **Fachwerkkirche** (tägl. 10–17 Uhr), die eine mit Wolken und Sternen bemalte Tonnendecke, eine hufeisenförmige Empore und eine Orgel von 1834 schmückt. Das Taufbecken ist ein Harzer Eisenguss von 1830. Die Kirche steht in der Dorfmitte am *Drudenstein*, oberhalb des gleichnamigen Hotels. Dieser Felsen war eine heidnische Kultstätte, die dem Ort den Namen gab.

• *Information* **Haus des Gastes/Dorfgemeinschaftshaus**, beim Dorfbrunnen von der B 242 abbiegen. Unterkunftsvermittlung, Rad-, Ski- und Rodelverleih. Mo–Mi 8.30–15, Do 8.30–16.30, Fr 8.30–12 Uhr. Schützenstr. 11, ☎ 039459-73787, www.trautenstein.de.
• *Verbindungen* **Bus 26**: Tägl. 4- bis 8-mal nach Hasselfelde. www.hvb-harz.de.

• *Parken* gratis beim Haus des Gastes.
• *Baden* **Naturfreibad** mit großer Liegewiese 1 km südlich im Dammbachtal – als „Ersatz", weil im Stausee Badeverbot herrscht.
• *Wandern* Weg TT 8 führt über 6,2 km durch das Dammbachtal zum **Carlsturm** (→ Hasselfelde/Ausflüge).

Tour 13: Rund um die Rappbode-Vorsperre

Länge: 13 km, Gehzeit 3½ Std. Mittelschwer. **Der Weg:** Am Ufer und oberhalb des Stausees entlang mit schönen Tiefblicken von der Trageburg und den Rabenklippen.

Beschreibung: Ab dem Haus des Gastes in Trautenstein (**1**, 453 m) folgen wir den Wegweisern zur Trageburg und kommen bald ans Ostufer der **Rappbode-Vorsperre**. Ein kurzer Steilanstieg führt auf einen Sporn über den Stausee zu den kaum erkennbaren Grundmauern der **Trageburg** (**2**, 470 m), heute ein sonniger Rastplatz; sie sicherte einst eine Furt durch die Rappbode. Oberhalb des Sees wandern wir im lichten Wald 20 Min. weiter und erreichen kurz nach einer Aussichtsbank eine Forststraße (**3**, Unterstand, Infotafel). Auf dieser rechts bergauf, bei der nächsten Gabelung Richtung Kleine Rabenklippen und kurz

darauf (**4**) auf einem Stichweg nach links und mit Brockenblick zur **Kleinen Rabenklippe** (**5**), einer überwucherten Felskanzel über dem See. Zurück und auf halbem Weg zwischen (4) und (5) links am Rand eines Kahlschlags (schlecht markiert) weiter bis zu einer Wegespinne (**6**), wo wir dem Wegweiser **Wilder Rabenstein** 300 m nach links folgen. Dieser, auch **Große Rabenklippe** genannt, bietet einen tollen Tiefblick auf den See (**7**). Wir gehen auf unserem Hinweg zurück bis (3) und folgen der Forststraße bergab bis zum **Staudamm (8)**, den wir überqueren. Auf der anderen Seite geht es nach links und in 60 Min. zu unserem Ausgangspunkt zurück. Der Weg führt am Seeufer entlang, meist auf breiter Straße, zwischendurch auch auf einem schönen Pfad.

Unterharz

Das Bodetal

169 km lang ist die Bode, deren Quellflüsse im Brockengebiet entspringen, sich in Königshütte (→ S. 158) vereinen und den Stausee Wendefurth durchfließen. Danach folgt der bekannteste Flussabschnitt: 15 wildromantische Kilometer von **Altenbrak** über Treseburg bis **Thale**, wo sich die Bode in zahlreichen Mäandern bis zu 280 m tief in den Granit des Rambergs gegraben und eindrucksvolle Kessel und Stromschnellen gebildet hat. Für Goethe war es das „gewaltigste Felsental nördlich der Alpen" (und der Geheimrat war viel herumgekommen). In den 1937 unter Naturschutz gestellten Schluchten leben seltene Tiere und Pflanzen – Wildkatze, Feuersalamander, Wanderfalke, Wasseramsel sowie Alpenaster, Rasensteinbrech und Hirschzunge. Die Nordroute des Harzer Hexen-Stiegs durchquert dieses Paradies ab Wendefurth meist auf ufernahen Pfaden. Den letzten Abschnitt vor Thale, den „Grand Canyon des Harzes", muss man gesehen haben! (→ Tour 14)
Information www.bodetal.de.

Altenbrak   ca. 350 Einwohner • 340 m

„Die Perle des Bodetals" liegt östlich des Rappbode-Stausees und zieht sich rund 2 km am engen, bewaldeten Flusstal entlang. Stolz des Dörfchens sind die Freilichtbühne, die hölzerne Bergkirche (1901) und der Besuch von *Theodor Fontane* 1884, an den mehrfach erinnert wird. Touristisch von Interesse sind die sonnige Bergschwimmbad, die 500 Gästebetten, die Forellenzucht an der 1729–1878 betriebenen Ludwigshütte und schöne Wanderziele, wie die Aussichtspunkte **Schöneburg** (440 m) und **Böser Kleef** (450 m) südwestlich bzw. nordöstlich oberhalb des Tals (steile 25-Min.-Anstiege), die Harzköhlerei Stemberghaus (→ S. 166), die man bergauf durch das Große Mühlental erreicht (5 km, 1 Std. Gehzeit) und die Ausflugsgaststätten Windenhütte und Todtenrode (s. u.). Ein zentraler Wanderwegweiser findet sich am Parkplatz bei der unteren Bodebrücke.

• *Information* **Touristinformation** an der Ortsdurchfahrt, mit Heimatstube und Puppenausstellung (Eintritt 1,80 €). Mo–Mi 8–12/12.30–15.30, Do 8–12/12.30–17, Fr 8–13; Mai–Okt. auch Sa 9.30–11.30 Uhr. 06502 Altenbrak, Unterdorf 5, ☏ 039456-205, www.bodetal.de.

• *Verbindungen* **Bus 263**: Tägl. 4- bis 11-mal nach Blankenburg. www.hvb-harz.de.

• *Einkaufen* **Forellenzucht Bodetal Zordel**, die 1990 von Hans Zordel aus dem Schwarzwald gegründete Zucht zählt zu den modernsten Deutschlands. Fischverkauf (frisch/geräuchert) und Fischimbiss. Nov.–März tägl. 8–17, April–Okt. tägl. 7–19 Uhr. Ludwigshütte 1, ☏ 039456-381.

• *Hotels/Pensionen* **Haus Bergeshöh**, Pension in steiler Hanglage über dem Dorf, gehört zum Hotel-Restaurant des Harzer Jodelmeisters. 13 moderne, individuelle Zimmer, Restaurant, wenige Parkplätze. Nebenan ist die *Harzer Bergsauna* (Mo–Fr 15–23, Sa/So ab 12 Uhr; Mondscheinsauna

bis 2 Uhr früh; Tageskarte 9,50 €). DZ 70 €. Hohlweg 3, ☏ 039456-56690, ☏ 039456-566950, www.haus-bergeshoeh.de.

Jagdschloss Windenhütte, südl. von Altenbrak auf einer abgelegenen Waldlichtung. Jagdschloss der Braunschweiger Herzöge, 1911–18 herzoglicher Sommersitz, 1949–89 ein Ferienheim, heute ein gemütliches Hotel. Café-Restaurant im Tiroler Stil (tägl.). 9 Zimmer mit hellen Vollholzmöbeln. Absolute Ruhelage, abends läuft das Wild vorbei. Von Altenbrak 5 km zu Fuß/mit Rad, mit dem Auto Anfahrt von der B 81 oder der Straße zwischen Treseburg und Allrode. DZ 70 €. Schloßweg 1, ☏ 039456-233, ☏ 285, www.jagdschloss-windenhuette.de.

Zum Alten Forsthaus Todtenrode, 3 km nördlich von Altenbrak (Abzweig beim Hasenteich). Neuer Waldgasthof im Fachwerkstil, gemütlich-rustikale Gaststube samt offenem Kamin. Spezialitäten sind Spanferkel, Wildgerichte und Würste aus eigener Schlachtung. 5 schöne Zimmer, eines mit Him-

Treseburg im romantischen Bodetal

melbett. DZ 70–90 €. Todtenrode, ☏ 039456-56788, ✎ 56889, www.todtenrode.de.

•*Ferienwohnungen* **Haus Wilde**, direkt am Fluss. 2 gut ausgestattete Wohnungen (je 60 m²) mit Balkon bzw. Terrasse. Fewo 2–6 Pers. 45–55 €, Bettwäsche extra, Endreinigung 30 €. Rolandseck 3, ☏ 039456-369, ✎ 56710, www.harzurlaub-bodetal.de.

**** **Bode-Insel-Haus**, am Flussufer. 2000 erbauter Bungalow für 2–4 Pers. im modernen Landhausstil. Großer Garten, Solarium. Fewo 21–28 €/Pers., Bettwäsche extra, Endreinigung 40 €. St. Ritter 3, ☏ 039456-224, ✎ 41024, www.bode-insel-haus.de.vu.

Weitere Angebote unter www.bodetal.de.

•*Restaurants* → Hotels/Pensionen

•*Angeln* → Treseburg. Die Forellenzucht hat auch einen Angelteich.

•*Baden* **Bergschwimmbad**, moderne, jüngst sanierte Anlage in schöner Waldrandlage mit sonniger Liegewiese. Mai–Sept. tägl. 10–19 Uhr. Eintritt 2,50 €.

Harzer Bergsauna → Haus Bergeshöh

•*Veranstaltungen* **Waldbühne Altenbrak**, Juli–Sept., Open-air-Aufführungen von Märchen, Musik, Theater; 1300 Sitzplätze. Auskünfte in der Touristinfo.

Harzer Jodlerwettstreit, 1. So im Sept., auf der Waldbühne.

Treseburg

ca. 100 Einwohner • 423 m

Der idyllische Ort 3 km flussabwärts von Altenbrak verstreut seine Handvoll Häuser in einem Talkessel an einer Bode-Schlinge. Von der namensgebenden Burg aus dem 10. Jh. ist nichts erhalten, aus ihren Steinen bauten sich im 16. Jh. Bergleute ihre ersten Häuser. Im Ortszentrum befindet sich die **Bodebrücke** mit Wanderparkplatz (tägl. 8–20 Uhr, 12 Std. 2,50 €), die gelbe **Holzkirche** (1877) und die Touristinformation. Richtung Allrode gibt es an Stelle des einstigen Freibads einen Kurpark, Richtung Altenbrak die idyllische **Bodefurt** mit malerischen Natursteinvillen sowie ein mit über 700 Exponaten bestücktes privates **Uhrenmuseum**.

Museum: Tägl. 9–17 Uhr, Eintritt 3 €, bis 10 J. 2 €. Ortsstr. 11, ☏ 039459-56732.

Bei der Bodebrücke sind zahlreiche Wanderziele ausgewiesen. Abgesehen von der „Grand Canyon Tour" nach Thale (2. Teil von Tour 14) lohnen der steile Anstieg zum Aussichtspunkt **Weißer Hirsch** (Gehzeit 30 Min.), der Bodeweg am Flussufer bis Altenbrak (4 km, 1 Std.) und der Aussichtspunkt **Wilhelmsblick**, zu dem man zunächst 1 km an der L 93 Richtung Thale geht, bis links ein Stollen den Höhenrücken durchquert. Auf der anderen Seite fließt wieder die mäandernde Bode. Über Treppen geht es hinauf zum Aussichtspunkt mit Blick auf die „zwei" Flüsse.

• *Information* **Touristinformation** bei der Bodebrücke. Mo–Mi 8.30–12/13–14.30, Do 9–12/13–17, Fr 9–12 Uhr. 06502 Treseburg, Ortsstr. 24, ✆ 039459-223, www.bodetal.de.

• *Verbindungen* **Bus**: Tägl. 4-bis 11-mal nach Blankenburg (Linie 263). www.hvb-harz.de. 4- bis 7-mal nach Thale via Friedrichsbrunn (18). www.qbus-ballenstedt.de. **Wanderbus** „Der Bodetaler" (264) Mai–Ende Okt. tägl. 4-mal nach Rosstrappe und Thale.

• *Übernachten/Essen* ***** Hotel Forelle**, direkt an der Bodebrücke. Ältestes Gasthaus im Bodetal (1837), gutbürgerliche „Fischerstube" (tägl. 10–23 Uhr) mit preisgünstigen, exzellenten Forellengerichten, die Kartoffeln sind ein Gedicht. Aufmerksamer Service. 32 moderne, zweckmäßige Zimmer. Sauna, sehr gutes Frühstücksbüffet. DZ 75–90 €. Ortsstr. 28, ✆ 039456-5640, ✉ 56444, www.hotel-forelle.de.

*** Hotel Bodeblick, um 1890 errichtetes Schlösschen nahe der Bodefurt am bewaldeten Flussufer (Zugang über Fußgängerbrücke). Freundliches Haus, 16 Zimmer mit hellen, rustikalen Vollholzmöbeln. Sauna, Solarium, Harzer Küche (Hauptgericht 8–14 €). DZ 65–85 €. An der Halde 1, ✆ 039456-5610, ✉ 56194, www.hotel-bodeblick-treseburg.de. Rund ein Dutzend **Ferienhäuser** und **Ferienwohnungen** unter www.bodetal.de.

• *Angeln* Fliegenfischen zwischen Wendefurth und Treseburg ist außerhalb der Ortsgebiete von 1. 4. bis 15. 9. erlaubt. Angelkarten im Hotel Forelle, in der Forellenzucht Zordel (→ Altenbrak) und bei den Gemeindebüros (20 €/Tag, 80 €/Woche).

Thale

ca. 15.300 Einwohner • 156 m

Hexen, Teufel und Götter allerorten – Thale pflegt seinen Titel als Mythenstadt. Doch allein die gewaltige Bodetalschlucht ist einen Besuch wert. Seilbahnen, Funparks und Spielplätze bieten zudem viel Familienunterhaltung.

Das „Tor zum Bodetal" liegt dicht am nördlichen Harzrand, wo die Bode das Gebirge verlässt. Die hohen Felsen am Talausgang waren schon in der Vorgeschichte bebaut, seinen Ursprung aber hat Thale in dem 825 am Bodeufer gegründeten Kloster Wendhusen. Später ein bedeutender Standort der Eisenverhüttung, avancierte Thale dank seiner Heilquellen im 19. Jh. zum beliebten Kurbad mit imposanter Naturkulisse. *Theodor Fontane* schrieb hier seinen Roman „Cecile", von den Felsen Hexentanzplatz und Rosstrappe ließen sich *Goethe* und *Friedrich Gottfried Klopstock* („Ode an die Roßtrappe") literarisch inspirieren.

Viel hat sich in letzter Zeit in Thale getan. Die Seilbahnen zu den Aussichtsfelsen wurden erneuert, hochwertige Unterkünfte eröffnet, das Marketing modernisiert, Erlebnisparks und ein Mythenweg geschaffen. Und auch die radonhaltige Heilquelle wird in der neuen Bodetal-Therme ab Mitte 2011 wieder genutzt.

Thale steigt entlang der Bode sanft bis zum Felsdurchbruch zwischen Hexentanzplatz und Rosstrappe an. Oben liegt die *Oberstadt* mit dem Kurpark und mehreren Hotels, östlich davon die *Unterstadt*. Die *Altstadt* befindet sich 2,5 km südwestlich, jenseits der Bahnlinie, am anderen Bodeufer; doch außer den Resten von Kloster Wendhusen und einem Campingplatz hat sie nichts zu bieten.

Praktische Informationen

• *Information* **Thale Information**, Kiosk gegenüber dem Bahnhof im Kurpark. Viel Prospektmaterial, Unterkunftsvermittlung, Erlebnis- und Wanderführungen, Wanderkarten. Informative Website. Mai–Okt. Mo–Fr 9–17, Sa/So 9–15 Uhr, Nov.–April nur Mo–Fr. 06502 Thale, Bahnhofstr. 3, ✆ 03947-2597, www.thale.de.

• *Verbindungen* **Bahn**: Tägl. 18-mal nach Quedlinburg und via Halberstadt nach Magdeburg. Sa/So je 1- bis 2-mal direkt nach Berlin (Harz-Elbe-Express). Die Haltestelle *Thale Hbf.* ist ideal für Kurpark, Oberstadt und Bodetal, *Thale-Musestieg* für die Altstadt.

Bus: Tägl. 3- bis 13-mal nach Quedlinburg via Warnstedt/Teufelsmauer (Linie 9), nach Gernrode und Ballenstedt (17), nach Quedlinburg via Alexisbad und Gernrode (32), nach Treseburg (18), www.qbus-ballenstedt.de. Nach Blankenburg und Wernigerode (253), www.hvb-harz.de.

Wanderbus 264, „Der Bodetaler", Mai–Ende Okt. tägl. 4-mal zwischen Thale, Rosstrappe und Treseburg.

•*Parken* Der „Parkplatz Seilbahnen" (Wegweiser) am Ende der W.-Rathenaustraße ist gebührenfrei.

•*Einkaufen* Alle Ketten sind vertreten, z. B. Rewe in Rathausnähe, Mo–Sa 7–21 Uhr.

Übernachten/Essen

Online-Buchung: www.thale.de. Zu Walpurgis und Silvester ca. 30 % Aufschlag. Wer Kurtaxe (1,80 €) zahlt, erhält das Bodetal-Ticket, das als „Harzer Urlaubs-Ticket" (HATIX, S. 31) gilt und in Museen, Restaurants und Shops Ermäßigung gewährt.

•*Hotels/Pensionen* *** **Hotel Villa Alice**, liebevoll restaurierte Jugendstilvilla in der Oberstadt. 7 nette Zimmer mit efeugrünen Landhausmöbeln, etwas kleine Bäder. Freundliche, familiäre Atmosphäre. Sauna und Whirlpool. Kleines Restaurant im stilvollen Salon mit Steakspezialitäten, Gratins und Crêpes. DZ 75 €. Walpurgisstr. 26, ℡ 03947-400640, ℡ 4006422, www.hotel-alice.de.

*** **Berghotel Rosstrappe**, oberhalb der Stadt. 2007 wieder eröffnetes Hotel am Parkplatz Rosstrappe, bestehend aus Restauranttrakt (traditionelle „Jägerstube", gute Küche) und getrenntem Bettentrakt mit 27 kleinen, modernen Zimmern. Trotz Touristenrummel ruhige Lage, ideal für Wanderer. DZ 72 €. Rosstrappe 1, ℡ 03947-3011, ℡ 47338, www.berghotel-rosstrappe.de.

Alte Backstube, im Villenviertel der Oberstadt. 8 gemütliche Zimmer mit hellen Vollholzmöbeln. Restaurant mit Harzer Küche (Mo, Mi–Fr ab 17.30, Sa/So ab 11.30 Uhr). DZ 68 €. Rudolf-Breitscheid-Str. 15, ℡ 03947-772490, ℡ 77249099. www.hotelaltebackstube.de.

*** **Hoffmanns Gästehaus**, Hotel-Garni in der östlichen Unterstadt. Sanierte Fabrikantenvilla von 1878 mit Garten und 12 modernen Zimmern bzw. Studios. DZ 65–70 €. Musestieg 4, ℡ 03947-41040, ℡ 410425, www.hoffmanns-gaestehaus.de.

•*Ferienwohnungen* **** **Ferienpark Bodetal**, moderne Anlage am Kurpark, ideal für Familien und Wanderer. 9 Ferienhäuser mit je 2 komplett ausgestatteten Appartements (2–6 Pers.) mit Balkon/Terrasse; 6 Zimmer. Das zentrale Gast- und Logierhaus „Villa Hubertus" dient als Restaurant-Café mit Biergarten (tägl. 8–22 Uhr), nahebei ist ein Swimmingpool (Mai–Sept.) samt Kinderspielplatz. DZ 75–90 €, Fewo 4 Pers. 55–75 €/Tag. Hubertusstr. 9–11, ℡ 03947-77660, ℡ 776699, www.ferienpark-bodetal.de.

**** **Asgard**, 10 moderne, helle, sehr gut ausgestattete Fewo (2–6 Pers.) in denkmalgeschütztem Backsteinbau an der Stadtausfahrt Richtung Gernrode. Fewo 2–4 Pers. 45–120 €, Endreinigung 20 €. Neinstedter Str. 6, ℡ 03947-77843-0, ℡ 7784329, www.thale-ferienwohnungen.de.

•*Jugendherberge* Das frühere Erholungsheim in Waldrandlage am Ausgang des Bodetals ist seit 1996 eine Herberge mit 201 Betten, die auf 2- bis 6-Bett-Zimmer aufgeteilt sind, teils mit Du/WC, teils mit Fließwasser. 17 €/Pers. inkl. Frühstücksbüffet, mit Du/WC 6,50 € Zuschlag. Waldkater 1, ℡ 03946-2881, ℡ 91653, www.jugendherberge-thale.de.

•*Camping* **** **Klostercamping Thale**, 2007 eröffneter, baumbestandener Platz in der Altstadt zwischen Bode und Kloster Wendhusen. 150 Stellplätze, moderne Sanitärgebäude, Spielplätze, Minigolf, Leihräder. Dazu 3 Blockhütten (2–3 Pers.). 2 Pers., Auto, Zelt 20 €, Hütte 30 €/Tag, Endreinigung 10 €. Wendhusenstr. 3, ℡ 03947-63185, www.klostercamping-thale.de.

•*Restaurants/Cafés* Neben den Hotelrestaurants sind zu empfehlen:

Gasthaus Königsruhe, Traditionslokal (seit 1856) am Hirschgrund direkt im Bodetal. Rustikale Gaststube und einer der 100 schönsten Biergärten Deutschlands. Nur zu Fuß erreichbar (ca. 25 Min.). Harzer Küche mit Wild- und Fischgerichten, Fr/Sa frisch geräucherte Forellenfilets, z. B. mit Frischkäsefüllung und Salat (12 €). Hirschgrund 1, ℡ 039484-2726, www.koenigsruhe.de.

Eisvilla Thale, am Kurpark mit ausgefallenen Eissorten (Schoko-Chili, Ananas-Grüner Pfeffer), Kuchen und Torten. Schöne Terrasse. Im Sommer tägl. 12–19 Uhr. Hubertusstr. 7a.

Unterharz

•*Angeln* Fliegenfischen ist in der Bode ab der Jugendherberge flussabwärts erlaubt.

•*Baden* **Sommerbad Thale**, schöne Anlage an der Ortseinfahrt mit drei Becken. Derzeit geschlossen. Blankenburger Str. ☎ 03947-2732.

Bodetal-Therme, die hufeisenförmige Anlage auf einem früheren Brauereiareal an der Parkstraße wird 2011 wieder eröffnet, www.bodetal-therme.info.

•*Reiten* **Felsenmühle**, Reitsportverein 2 km östlich von Thale, bietet Reitkurse und Reitferien sowie Boxen für Gastpferde an. Neinstedter Str. 23, ☎ 03947-2723, www.reitsportverein-felsenmuehle.de.

•*Kinder* **Waldkletterpark Thale**, über einem Bode-Nebenarm bei den Talstationen. Mehrere Parcours, darunter einer für Kinder ab 5 J., sowie eine 60 m-Seilbahn. Mai–Sept. tägl. 9–20 Uhr, April/Sept./Okt. Di–Fr ab 13, Sa/So 9 Uhr bis Sonnenuntergang. 2-Std. 15 €, bis 12 J. 9 €. ☎ 0176-96609538, www.kletterwald-ost.de.

Minigolf, unterhalb der Kabinenbahn. 2,50 €/Spiel, Kind 1,50 €. Ostern–Okt. tägl. 10–18 Uhr.

Bau-Spiel-Haus, größter Indoor-Spielplatz im Harz – ideal für unter 10-Jährige; u. a. Riesenrutsche, Kletterturm, Trampolin, Megasandkiste, Softballkanonen und Spielbau-

stelle. Di–So 10–19 Uhr, in den Ferien täglich. Eintritt 4 €, Kind 5 €, ab 17 Uhr 3,50 €. Otto-Schönemark-Str. 1, ☎ 03947-778899, www.hexenhaus-thale.de.

Harzbob/Tierpark → Hexentanzplatz (s. u.).

Funparks (Trampolin, Miniautos, Karussell, Kinderbagger, Luna Loop) und **Tollhaus** unweit der Talstationen. Ostern–Okt. tägl. 10–18 Uhr, Tollhaus gratis.

•*Kino* **Central-Theater**, nostalgisches Einsaal-Kino mit 160 Plätzen. Bahnhofstr. 5, ☎ 03947-779900.

•*Veranstaltungen* **Walpurgisnacht**, 30. 4., die spektakulärste Feier im Harz mit 10.000 Besuchern. Mehrere Bühnen zwischen Rathaus- und Hexentanzplatz, Laser-Event „Faust-Saga", Feuerspucker, Seiltänzer, Höhenfeuerwerk, Kostümprämierung und Fressbuden. Eintritt inkl. Seilbahn/Bus 16 €, 14–17 J. 8 €. www.harzer-walpurgisnacht.de. ☎ 03947-2324.

Harzer Bergtheater, Mai–Sept. Sommerfestspiele mit Oper, Operette, Musical, Schauspiel, Kinder- und Jugendtheater, Gastkonzerte. ☎ 03947-2324, www.harzer-bergtheater.de.

Klubhaus Thale, das umgebaute Kurhaus ist heute das wichtigste Veranstaltungslokal der Stadt. Walpurgisstr. 37, ☎ 03947-2324, www.klubhaus-thale.de.

Sehenswertes

Hexentanzplatz (454 m): Thales Hauptattraktion sind die beiden exponierten Felsplateaus am Ausgang des Bodetals mit jährlich mehr als einer halben Million Besuchern. Der höhere (vom Ort aus links) ist der Hexentanzplatz, der mit touristischen Einrichtungen zugepflastert ist: im Süden Souvenirs, Hexenpuppen, Imbissbuden, Restaurants, ein Berghotel, Aussichtsterrassen mit Blick ins Bodetal und hinüber zur Rosstrappe, die Allwetter-Rodelbahn *Harzbob* und ein ganzjährig geöffneter *Tierpark* mit über 70 heimischen Tierarten (Bären, Wölfe, Wildkatzen, Luchse, Auerhühner ...); im Norden die *Walpurgishalle* im altgermanischen Blockhausstil von 1901, inkl. Opferstein und Monumentalbilder mit Szenen aus Goethes „Faust", sowie die Naturbühne des *Harzer Bergtheaters*, ein Amphitheater mit 1350 Sitzplätzen und Blick ins Harzvorland (→ Veranstaltungen).

Vom Ort aus führt eine **Kabinenbahn** mit Vierergondeln und ein steiler Serpentinenweg (2,8 km ab Hubertusbrücke, Gehzeit 1 Std.) nach oben. Man kann auch eine 2,5 km lange Straße auch hinauf fahren und zahlt oben 4 € Parkgebühr. Unweit des Großparkplatzes ist der 1996 errichtete *Hexenring* von *Jochen Müller* ein beliebtes Fotomotiv: Überlebensgroß wachen der bronzene Teufel und sein Verbündeter, ein Mischwesen aus Schwein, Nagetier und Drachen, über einem Steinkreis, den eine nackte Hexe zu schließen versucht.

Am Hexentanzplatz

Am nahen „Wandertreff Hexentanzplatz" sind Wanderziele gelistet.

Kabinenbahn: Ostern–Okt. tägl. 9.30–18 Uhr, Weihnachtsferien/Feb. bis Ostern tägl. 10–16 Uhr, Jan nur Sa/So. Einfache Fahrt 3 €, 4–14 J. 2 €, Familie 8,50 €. Hin- und Rückfahrt 4,50/3/13 €. ☎ 03947-2500, www.seilbahnen-thale.de.

Harzbob: Im Wald geht es bis zu 40 km/h schnell über 9 Kurven und 4 Sprünge 1 km bergab – und von unten automatisch wieder nach oben. Zeiten wie Kabinenbahn. Fahrt 2 €, 4–14 J. 1,50 €. Mehrfahrtenkarten.

Tierpark: Feb.–Okt. tägl. 9–17, Juni–Aug. 9–19, Nov.–Jan. 10–16 Uhr. Eintritt 4 €, 2–12 J. 2,50 €, Familie 7 €. ☎ 03947-2880, www.tierpark-thale.de.

Walpurgishalle: Mai–Sept. tägl. 10–18 Uhr. Eintritt 2 €, 2–12 J. 1 €.

Rosstrappe (403 m): 50 m niedriger als der Hexentanzplatz, aber spektakulärer. Den sagenumwobenen Granitfelsen erklimmt man vom Tal aus mit einem Sessellift, zu Fuß über den steilen Präsidentenweg (3,6 km, Gehzeit 1 Std.), der die *Bülowhöhe*, eine aussichtsreiche Felskanzel mit Wetterfahne, passiert – oder hinten herum mit dem Auto über eine 5 km lange Straße (Parkplatz hier kostenlos). Alle drei Wege enden nahe vom Berghotel Rosstrappe (→ Hotels).

Im **Sagenpavillon** an der Sessellift-Bergstation dreht sich alles um die Rosstrappen-Sage (→ Kasten S. 174). Der damit verbundene Hufabdruck, der tatsächlich ein verwitterter alter Schalenstein sein dürfte, befindet sich an der schmalen, aussichtsreichen Südspitze des Rosstrappe-Felsens, von dem man eindrucksvolle Tiefblicke ins Bodetal genießt. Man erreicht ihn nur zu Fuß über einen mit protzigem Stahlgeländer gesicherten, ebenen, aber steinigen Weg (20 Min. ab Berghotel). Aufmerksamen werden die Quarzadern, die den Granitfelsen unterwegs durchziehen, nicht entgehen. Auf halbem Weg zweigt die **Schurre** ab, ein 1864 angelegter teils gepflasterter Steig, der sich in 18 Kehren durch ein Geröllfeld ins Bodetal hinab windet (Gehzeit 1 Std.). Starkregen lässt den Weg im Geröll oft abrutschen (niederdt. *schurren*), daher der Name. Von Thale auf dem Präsidentenweg zur Rosstrappe und hinunter über die Schurre ergibt eine schöne zweistündige Wanderung.

Sessellift: Betrieb wie Kabinenbahn. Einfache Fahrt 2,50 €, 4–14 J. 1,50 €, Familie 7,50 €. Hin- und Rückfahrt 3,50/2/10 €.
Sagenpavillon: Bei Sesselliftbetrieb Schlüssel bei der Bergstation erhältlich. Eintritt

1 €, Kind 0,50 €.
Downhill Rosstrappe: 2 km lange Mountainbike-Abfahrt, Start unweit vom Berghotel, Ziel beim Großparkplatz im Tal, hinauf geht's samt Bike mit dem Sessellift.

Von Teufeln, Hexen und bösen Rittern

Um die beiden berühmten Felsen am Tor zum Bodetal ranken sich viele Sagen – vor allen zur **Rosstrappe**. Brunhilde, die schöne Prinzessin, floh auf ihrem Pferd vor dem bösen Ritter Bodo, der ihr nachsetzte. Kreuz und quer jagten sie durch den Wald um den Hexentanzplatz, als sich vor Brunhilde plötzlich ein tiefes Tal auftat. Sie gab ihrem Pferd die Sporen und setzte mit einem gewaltigen Sprung auf die Felsen an der anderen Talseite. Beim

Sagenumwobener Fußabdruck

Aufprall hinterließ ihr Ross einen tiefen Hufabdruck im Stein – die Rosstrappe. Ritter Bodo hingegen stürzte hinab in die Tiefe und gab damit dem Fluss Bode seinen Namen. Die Königskrone, die Brunhilde beim Sprung verlor, ist seither im Bodekessel verborgen, wo sie noch immer von Bodo bewacht wird ...

Der **Hexentanzplatz** soll seinen Namen von den Hexen erhalten haben, die sich hier im Mittelalter zum Hexensabbat versammelten, einem nächtlichen Geheimtreffen mit dem Teufel, dem sie sich in wilden Orgien hingaben. Dieser verlieh ihnen danach das Hexenmal. Der Hexensabbat fand regelmäßig alle drei Monate statt, am Vorabend des 2. Februar (Maria Lichtmess), des 1. Mai (Walpurgisnacht), des 1. August und des 1. November (Allerheiligen). Die Hexen kamen dabei auf Besen, Heugabeln oder anderem Fluggerät angereist. Doch möglicherweise waren es gar keine Hexen, sondern die Sachsen, die im 9./10 Jh. nach Einführung des neuen christlichen Glaubens durch die Franken in der Walpurgisnacht zu ihrer alten Kultstätte auf das Plateau stiegen, um dort ihre alten Bräuche zu zelebrieren. Um die fränkischen Wachen zu überlisten, bewaffneten sie sich mit Besen und Heugabeln und schwärzten wie die Wilddiebe ihre Gesichter. Die christlichen Wächter erschraken und erzählten fortan vom bösen Treiben der Hexen und Teufel in den Wäldern.

Hüttenmuseum Thale: Das Museum in einer Hammerschmiede am Bodeufer zeigt die Entwicklung der Thalenser Blechhütte von 1686 bis zum heutigen Industriebetrieb. Anschaulich sind die Modelle: Stahlöfen, eine riesige Blockwalzstraße von 1911 zur Blecherzeugung sowie Pressen und Öfen zur Herstellung emaillierter Gefäße und Pressteile aus Eisenpulver. Um 1900 war Emaillegeschirr aus Thale europaweit bekannt. Die *Schunk Sintermetalltechnik* (rund 330 Mitarbeiter) betreibt die Pulvermetallurgie in Thale bis heute, die *Thaletec GmbH* fertigt emaillierte Großbehälter für die Chemieindustrie.

Mai–Okt. Di–Fr 9–17, Sa/So 10–18, Nov.–April Di–So 9–17 Uhr. Eintritt 2 €, Kind 1 €. W.-Rathenau-Str. 1, ✆ 03947-72256, www.huettenmuseum-thale.de.

Kurpark und Mythenweg: Das auch Friedenspark genannte Grünareal zwischen Bahnhof und Hubertusstraße ist das Zentrum der Oberstadt. An seiner Südseite erhebt sich die neugotische *St. Petri-Kirche* (1906), östlich steht das sanierungsbedürftige *Hotel Zehnpfund*, in dem Theodor Fontane gerne weilte und es zum Schauplatz seines Romans „Cécile" (1887) machte.

Das achtbeinige Metallpferd *Sleipnir* (2005) und die steinernen Schicksalsgöttinnen *Nornen* (2008) gehören zum neuen **Mythenweg**, der mit modernen Skulpturen die Talstation der Kabinenbahn mit dem Kloster Wendhusen verbindet. Wer den Hufeisensymbolen im Boden folgt, trifft vor dem Neuen Rathaus auf den von Zwergen flankierten Götterkönig Wotan, der aus dem *Brunnen der Weisheit* trinkt. Das Werk zeigt klar die Handschrift von Bildhauer *Jochen Müller* (→ Hexentanzplatz). Er schuf auch die kleine Teufelsfigur *Thalix* 100 m westlich am Kreisverkehr, die nicht Teil des Mythenwegs, aber Maskottchen der Stadt ist.

Die Thale Information bietet einen Gratisflyer und Führungen zum Mythenweg an.

Kloster Wendhusen: Das 825 gegründete und 1540 aufgelöste Kloster war eines der ersten Damenstifte in Nord- und Mitteldeutschland. Vom ursprünglichen Bau blieb das um 1190 errichtete mächtige Westwerk der Stiftskirche St. Pusinna erhalten (darin eine seltene Säule mit Pilzkapitell), das im 16. Jh. zu einem Wohnturm ausgebaut und 1786 um ein Herrenhaus erweitert wurde. Turm und Herrenhaus mit einer Ausstellung zur Klostergeschichte können besichtigt werden.

Mi–So 14–17 Uhr. Eintritt 1,50 €. Wendhusenstr. 7, ✆ 03947-778563, www.nag-history.de.

Tour 14: Rundtour durch den „Grand Canyon" des Harzes

Länge: 15 km, Gehzeit 4 Std. Mittelschwer.
Der Weg: Der Klassiker durch die großartige Bodeschlucht – vom Hexentanzplatz über die bewaldeten Höhen nach Treseburg und zurück.

Beschreibung: Los geht's beim Wanderwegweiser am Hexentanzplatz (**1**, 451 m). Wir folgen dem Schild „Treseburg" (roter Punkt) und wandern an der Rückseite des Tierparks vorbei. Nach 20 Min. lohnt der 200 m-Abstecher rechts zur **La-Viereshöhe**, einer Felskanzel mit Aussicht. Wieder zurück erreichen wir bald einen Rastplatz mit Köhlerhütte, einer sog. Köte (**2**); auf ebenen Forststraßen geht es nun durch lichte Wälder. Nach 30 Min. passieren wir das **Pfeil-Denkmal**, das mit einer kapitalen Hirschfigur dem Förster F. Pfeil gedenkt, 15 Min. später erreichen

wir bei einem Unterstand die **Hagedornstraße (3)**. Dort rechts weiter, halten wir uns beim Wegweiser nach 10 Min. Richtung **Aussichtspunkt Weißer Hirsch**, den wir kurz darauf erreichen (**4**, toller Tiefblick nach Treseburg). Nun steil auf einem Pfad durch Buchen- und Eichenwald bergab in das 150 m unterhalb gelegene **Treseburg**. Beim Hotel Luppbode kommen wir auf eine Asphaltstraße, gehen auf dieser rechts und vor der Bodebrücke wieder rechts (**5**).

Nun beginnt der beliebte Weg durch das Bodetal nach Thale, dem auch der Hexen-Stieg folgt. Zunächst geht es 90 Min. unspektakulär durch Laubwald die Bode entlang, vorbei an der **Sonnenklippe** (Rastbank) und dem ge-

Unterharz

Tour 14: Rundtour zum „Grand Canyon" des Harzes

ländergesicherten **Taschengrund (6)**. Dann erreichen wir bergauf die bis zu 200 m hohen Felswände, die mit Geländer gesichert den Bodekessel umstehen **(7)**. In den Südhängen steigen wir steil hinab zum **Bodekessel**, der schmalsten Stelle des Flusslaufs, mit seinen ausgewaschenen Strudeltöpfen. Über die **Teufelsbrücke** wechseln wir ans andere Ufer, wo die Schurre (s. o.) links

hinauf zur Rosstrappe abzweigt. Wir bleiben im Tal, wandern auf Stegen oberhalb der Bode zwischen Felsen bis zum **Gasthaus Königsruhe** (s. o.) im Hirschgrund **(8)** mit der steinernen Jungfernbrücke. Vorbei am Goethefelsen sind es noch 25 Min. bis zur Talstation der Seilbahn zum Hexentanzplatz, dem Ziel unserer Tour **(9)**.

Umgebung von Thale

Teufelsmauer Neinstedt – Weddersleben: Nordöstlich von Thale ragen zwischen Neinstedt und Weddersleben auf etwa 2 km Länge abermals die Sandsteinfelsen der Teufelsmauer (→ S. 13 und 132) bis zu 20 m senkrecht aus dem Boden. Hier bilden sie die spektakulären Formationen *Königstein*, *Mittelsteine* und die etwas niedrigeren

Windkraftanlage anno 1855

Papensteine. Um ihren Abbruch als Baumaterial zu verhindern, stehen sie seit 1852 unter Schutz. Ein Wanderweg führt an den Felsen vorbei, um die sich fast mediterrane Sandböden und Trockenrasen legen. Eine Plattform an den Mittelsteinen bietet schöne Ausblicke ins Harzvorland. Als Filmkulisse dienten sie in Til Schweigers Mittelalter-Parodie *„1½ Ritter"* (2008) und im Mystery-Pest-Thriller *„Black Death"* (2010).
  Anfahrt Vom Parkplatz unmittelbar nördlich der Neinstedter Bodebrücke erreicht man die Teufelsmauer in 10 Gehminuten.

Holländermühle Warnstedt: An der Straße zwischen Weddersleben und Warnstedt 3 km nördlich von Thale ragt weithin sichtbar auf einem kahlen Hügel eine Windmühle von 1855 auf – vor allem abends ein fotogener Fleck. Auch sie ist im Film *1½ Ritter* zu sehen.

Friedrichsbrunn   ca. 1000 Einwohner • 533 m

Reizvoll ist die Fahrt von Thale auf der L 240 Richtung Süden. Die Straße steigt zum Hochplateau zwischen Bode- und Selketal an, dem Granitmassiv des *Rambergs*, wo man auf den höchstgelegenen Ort im Unterharz trifft, ein beschauliches Straßendorf. Sein Name geht auf Preußenkönig *Friedrich den Großen* zurück, der 1754 bei einer Reise durch sein Land an den *Rambergquellen* (heute am östlichen Ortsrand in Stein gefasst) gerastet haben soll. 1775 ließ er hier eine Waldkolonie mit 50 Familien aus dem benachbarten Ausland – Braunschweig und Anhalt – gründen. Das ärmliche Dorf erschloss sich 1860 mit der Produktion von Spazierstöcken eine neue Erwerbsquelle, bald stieg es zum Hauptlieferanten Berlins für die in Mode gekommenen Weihnachtsbäume auf. Seit dem 19. Jh. ist Friedrichsbrunn ein beliebter Sommerfrischeort, zu DDR-Zeiten kamen massenhaft Urlauber an den schneesicheren Wintersportplatz. Das **Heimat- und Skimuseum** in der ältesten Pension im Ort erinnert mit zahlreichen Skimodellen daran. Heute herrscht hier eher Idylle. Bei Schnee gibt es Loipen und Schlittenhunderennen, Naturdenkmäler locken in die Wälder rundum (→ Wandern).

Museum Di–Fr 10–12/14–17, 1. und 3. Sa/So im Monat 14–17 Uhr. Hauptstr. 111.

•*Information* **Touristinformation**, bei der letzten Recherche viele veraltete Prospekte. Mo/Di und Do/Fr 9–13/14–17, Mi 9–13, Sa 9–12 Uhr. 06507 Friedrichsbrunn, Hauptstr. 33a, ✆ 039487-288, www.friedrichsbrunn.de.

•*Verbindungen* **Bus**: Tägl. 4- bis 8-mal nach Thale (Linie 18), 5- bis 11-mal nach Quedlinburg, Gernrode bzw. Güntersberge (31). www.qbus-ballenstedt.de.

•*Hotels* **Harzresidenz**, etwas abseits in Waldrandlage. Freundliches Nichtraucherhotel, 18 moderne, zweckmäßige Zimmer. Sauna, Restaurant mit Wintergarten (Hauptgericht 8–13 €). DZ 70–80 €. Infang 4, ✆ 039487-7474, ✆ 747422, www.harzresidenz-friedrichsbrunn.de.

•*Ferienwohnungen* **Haus Wiesengrund**, zweigeschossiges Appartementhaus mitten im Ort; 12 moderne Fewo (2–4 Pers.) mit kleiner Küche, teils mit Balkon. Sauna, Solarium im Haus, Leihräder. Fewo 2 Pers. 50 €, weitere Pers. 10 €. Waldstr. 4b, ✆ 039487-749271, ✆ 749271, www.wiesengrund-harz.de.

Ferienpark Merkelbach, 2 km südlich des Orts mitten im Wald. Das einstige Kinderferienlager besitzt 21 moderne, sehr gut ausgestattete Blockhäuser mit Terrasse (2–14 Pers.). Im angeblich größten Blockhausrestaurant der Welt (400 Plätze) wird deftige Küche (Hauptgericht ca. 9 €) serviert. Nahebei gibt es zwei Angelteiche und ein Elchgehege. Fr–So, So–Fr und wochenweise buchbar. Fewo 2 Pers. 160–250 €/Woche, Fewo 4 Pers. 230–430 €. Am Bergrat Müllerteich, ✆ 039487-7530, ✆ 75371, www.ostharz.de.

•*Restaurants* im Hotel Harzresidenz und im Ferienpark.

Hanolds Bräustübl, in einem Haus von 1774 an der Ortsdurchfahrt. Bekannt für seine 50 Schnitzelgerichte (7–12 € je nach Größe), aber auch Wild, Fisch und Salatteller. Tägl. außer Mi 11–14/17–23 Uhr. Hauptstr. 35, ✆ 039487-340, www.hanolds-friedrichsbrunn.de.

•*Baden* **Badeweiher im Kurpark**, mit Liegewiese und Spielplatz. Nebenan ein Gradierpavillon zur Inhalation solehaltiger Luft.

•*Wandern* Beliebtes Ziel ist die **Hohle Eiche** – 900 Jahre, dürr und im Inneren Platz für 4 Personen. Sie steht am Wander-/Radweg (rot markiert) nach Allrode, der schräg gegenüber der Touristinfo beginnt (6 km, Gehzeit 1½ Std.). Dabei passiert man auch die alte **Adlereiche** sowie die **Echowiese**, die man lauthals testen sollte.

Die **Viktorshöhe** (581 m), höchste Erhebung des Rambergs, war einst beliebtes Ausflugsziel mit Aussichtsturm und Ferienheim, heute sind die Bauten Ruinen. Unweit davon stehen die Naturdenkmäler **Große und Kleine Teufelsmühle**, zwei Granitformationen. Vom **Bergrat-Müller-Teich** (→ Ferienpark) ist man am schnellsten dort (30 Min.)

•*Wintersport* 8 km Loipe am Ramberg.

•*Veranstaltung* **Schlittenhunderennen**, Jan. & Feb., 100 Starter aus dem In- und Ausland.

Das Selketal

Die Selke entspringt zwischen Stiege und Güntersberge und durchfließt bis Harzgerode zunächst ein sanft gewelltes Wiesental. Danach beginnt der landschaftlich schönste Abschnitt von Alexisbad über Mägdesprung bis Selkemühle und weiter an der Burg Falkenstein vorbei bis Meisdorf, wo die Selke den Harz verlässt und ihren Lauf durch das Vorland antritt, um 30 km nördlich in die Bode zu münden. Von Stiege bis Meisdorf folgt die heute zu den Harzer Schmalspurbahnen gehörende, 1887–92 gebaute *Selketalbahn* dem Fluss, der 72 km lange *Selketal-Stieg* begleitet ihn als Wanderweg von Stiege bis Meisdorf, verlässt ihn dann und endet in Quedlinburg.

Information www.selketalinfo.de, www.selketal-harz.de, www.selketalbahn.de.

Stiege   ca. 1100 Einwohner • 490 m

Der Luftkurort und Ausgangspunkt des Selketal-Stiegs liegt an der Harzhochstraße B 242, 4 km südöstlich von Hasselfelde, zwischen zwei alten Bergbauteichen. Der größere ist der **Stieger See** (direkt an der B 242), der zum Baden, Rudern

(Bootsverleih) und Eislaufen genutzt wird. Ein Spazierweg führt rundum. Sein Nordufer überragt **Schloss Stiege**, ein massiger Bau mit rundem Turm, der im 12./13. Jh. zum Schutz der umliegenden Bergwerke erbaut wurde. Seit 2005 gibt es niederländische Schlossbesitzer, die eine Jugendherberge und Wohnungen einrichten wollen (www.freewebs.com/schloss-stiege). Die holzverschalte, nur zu Konzerten geöffnete **Kirche Zur Hilfe Gottes** (1711) rechts vom Schloss hat einen frei stehenden roten Glockenturm in Form eines Tempels (1830).

Südlich der Ortsmitte liegt der *Obere Teich* und nahebei der **Bahnhof Stiege**, der unter Eisenbahnfreunden für die kleinste Wendeschleife Europas bekannt ist. Hier zweigt von der *Selketalbahn* die Verbindung nach Eisfelder Talmühle zur *Harzquerbahn* ab.

●*Information* **Touristinformation** im schönen Holzchalet am Stieger See. Mo–Fr 9–12/13–16, Sa 9–12 Uhr. 38899 Stiege, Teichstr. 2c, ✆ 039459-71229, www.stiege-harz.de.

●*Verbindungen* **Bus 265**: Tägl. 5- bis 13-mal nach Hasselfelde, Rübeland und Wernigerode. www.hvb-harz.de.

> **HSB Selketalbahn**: Tägl. 2- bis 5-mal via Alexisbad nach Quedlinburg; 5-mal via Eisfelder Talmühle (Umsteigen) zur Harzquerbahn, 3- bis 4-mal nach Hasselfelde.

●*Übernachten/Essen* **Haus am See**, direkt am Ufer des Stieger Sees. 14 einfach ausgestattete Appartements. Einfaches Restaurant. App. 4–6 Pers. 43–88 €. Lange Str. 2, ✆ 039459-7480, ✉ 74850, www. hausamsee-stiege.de.

Camping & Gästehaus Domäne Stiege, ein Pferdehof in einsamer Lage 2 km nördlich Richtung Hasselfelde. 17 Zimmer mit 2 bis 6 Betten sowie Campingplatz auf einem baumbestandenen Wiesengelände mit 60 Stellplätzen und modernen Sanitäranlagen (Mitte April–Ende Okt.). Zimmer ca. 23 €/Pers.; Camping 2 Pers., Zelt, Auto 20 €. ✆ 039459-70333, ✉ 70366, www.domaene-stiege.de.

In Stiege beginnt das Selketal

Albrechtshaus: 5,5 km südöstlich von Stiege. Hier sollte aus dem einst prächtigen Sanatoriumsbau von 1897 ein Luxusresort mit 300 Betten entstehen. Der Investor ging pleite, das Areal oberhalb der Bahnlinie mitsamt einer 1905 gebauten **Stabkirche** verkommt zur gespenstischen Ruine.

Güntersberge   ca. 900 Einwohner • 412 m

Entlang der B 242, die mitten durch den lang gestreckten Ort führt, reihen sich alle Attraktionen: Am westlichen Ende ein kleiner **Bergsee**, in dem seit 1752 die Selke gestaut wird. Früherer diente er der Wasserversorgung der nahen Berg- und Hammerwerke, heute ist er Lösch-, Bade- und Ruderteich; der Rundwanderweg lohnt nicht. In der Ortsmitte folgen Fachwerkhäuser, darunter das grau-weiße **Alte Rathaus** (1726), das alle Stadtbrände überstand.

Unterharz

Weiter östlich befindet sich in einem historischen Fachwerkhaus das originelle **Mausefallen- und Kuriositäten-Museum.** 1997 wurde es vom Sammler-Ehepaar Knepper eröffnet, das auch persönlich durchs Haus führt – zunächst zu den rund 400 teils grausamen Geräten, mit denen kleine Nager um die Ecke gebracht werden: Selbstschussapparate, Minigalgen und Wasserrutschen in den Tod ... Daneben erfreut eine „Galerie der stillen Örtchen" mit historischen Klostühlen, Nachttöpfen, Flohfallen, Reiseklos mitsamt einer Sammlung nostalgischer Haushaltsgeräte.

Museum Sa/So 14–18 Uhr und nach Anmeldung. Eintritt 2,50 €. Klausstr. 138, ✆ 039488-430, www.mausefallenmuseum.de.

• *Information* **Touristinformation** im Alten Rathaus direkt an der B 242. Mo–Fr 8.30–15 Uhr. 06507 Güntersberge, Marktstr. 52, ✆ 039488-79373, www.guentersberge-harz.de.

• *Verbindungen* **Bus 31**: Tägl. 6- bis 12-mal via Gernrode nach Quedlinburg. www.qbus-ballenstedt.de.

Selketalbahn: Verbindungen wie → Stiege

• *Einkaufen* Rewe, beim Bahnhof. Mo–Fr 8–20, Sa 8–16 Uhr. Klausstr. 138.

• *Bootsverleih/Angeln* Ruderbootverleih Mai–Okt. Angel-Infos in der „Schmunzelstube" am Bergsee, ✆ 039488-515.

• *Übernachten/Essen* ***** Berghotel Glück Auf**, auf dem Heimberg östl. des Orts.

Was es hier wohl zu sehen gibt?

Schlichter, zweigeschossiger Komplex in ruhiger Lage. 45 Zimmer. Fahrrad-/Skiverleih, Wildgehege, Panoramarestaurant „Selketal" mit gutbürgerlicher Küche. DZ 72 €, viele Pauschalen. Heimberg 15, ✆ 039488-301, 📧 406, www.berghotel-guentersberge.de.

Gaststätte Zum Bahnhof, im historischen, 2008 umgebauten Selketalbahnhof. Großzügiges Restaurant (tägl. außer Do 11–22 Uhr) mit Harzer Küche, Spezialität sind hausgemachte Sülze und Kuchen. Auch Biergarten. 2 schlicht-moderne Zimmer im Obergeschoss. DZ 55–60 €. Bahnhofstr. 1, ✆ 039459-709001, 📧 305, www.bahnhof-guentersberge.de.

• *Ferienwohnungen* **Harzschlösschen**, in Ortsmitte. Schön renovierter Fachwerkbau von 1684 mit 2 sehr gut ausgestatteten Fewo (2–6 Pers.). Großer Garten, Spielplatz. Fewo 2 Pers. 40 €, 4 Pers. 56 €, weitere Pers. 7 €; buchbar ab 3 Nächten. Neustadt 72, ✆ 0172-2955501, 039488-284, www.traum-ferienwohnungen.de.

**** Kinder-/Jugenderholungszentrum KiEZ, größte Ferienanlage im sachsen-anhaltischen Teil des Harz, geeignet für Kinder-/Schulgruppen und Familien. Die 480 Betten verteilen sich auf 4 Gästehäuser (2007 modernisiert), Fewo in 2 Ferienhäusern bzw. Gästebungalows (je 8 Betten) und 24 Blockhütten (1996 erbaut). Mehrere Gaststätten, viele Sportangebote. 4-Bett-Zimmer mit Halbpension 50–80 €. Stolberger Weg 36, ✆ 039488-762304, 📧 274, www.kiez-harz.de.

• *Café* **Eiscafé am Bergsee**, beliebter (Biker-)Rastplatz mit Sonnenterrasse an der B 242. Hausgemachtes Eis, Kuchen. März–Okt. tägl., sonst Sa/So 14–17 Uhr. Burgstr. 164, ✆ 039488-79347.

• *Wandern* Ein 30 Min.-Spaziergang führt am Südufer des Bergsees zum idyllischen Picknickplatz am **Katzsohlteich**.

Entlang des Selketal-Stiegs erreicht man nach 6 km die **Grube Glasebach** (s. u.).

Während Selketalbahn und -stieg von Güntersberge direkt am Fluss nach Straßberg führen, fährt der Straßennutzer über **Siptenfelde** und hat dort Gelegenheit, die *St. Paulus-Kirche* zu besuchen: ein seltener, achteckiger Holzständerbau (1682) mit frei stehendem Glockenstuhl (1837) und reich verzierten Grabmälern am Kirchhof.

Straßberg   ca. 800 Einwohner • 399 m

Das Dorf liegt auf einer Hochebene südlich oberhalb der Selke. In der Ortsmitte hat sich etwas Fachwerk erhalten und im Schatten der Dorflinde die hübsche *Kirche St. Christophorus* (1744), ein Bruchsteinbau mit Fachwerktürmchen.

Vom 15.–18. Jh. war Straßberg das Zentrum des Unterharzer Bergbaus, seine Spuren sind in Form von Halden, Stolleneingängen und Industrieruinen sichtbar. Die reichen Erträge sind dem 15 km langen *Straßberg-Neudorfer Gangzug* zu verdanken, der mit Erzmineralen sowie Fluorit (Flussspat), Quarz und Calcit gefüllt ist. Er unterquert die Selke, die hier Jahrhunderte lang die Grenze zwischen der Grafschaft Stolberg (später Preußen) und dem Herzogtum Anhalt-Bernburg bildete. Die Verteilung der Gruben auf beide Herrschaften belebte die Konkurrenz. Im frühen 18. Jh. ließ der aus Clausthal stammende Bergwerksdirektor *Christian Zacharias Koch* das seit 1610 bestehende **Unterharzer Teich- und Grabensystem** massiv erweitern: 21 Teiche, 47 km Gräben und 10,5 km Stollen sorgten, wie im Oberharz, für die Wasserversorgung der Gruben. Beim Blick auf die Landkarte fällt noch heute die Vielzahl an Teichen um Straßberg auf (→ Wandern).

Hauptattraktion ist das **Bergwerksmuseum Grube Glasebach**, 1,5 km östlich des Orts. Die Übertageanlagen rund um den Förderturm (1976) sind im Originalzustand der 1950er-Jahre zu besichtigen. Die DDR hatte 1956–82 den Flussspatabbau wieder aufgenommen, da Fluorit als Zugabe in der Metallindustrie nötig war. Vier Ausstellungsräume informieren darüber. Die eigentliche Grube wurde 1995 als Schaubergwerk geöffnet und zeigt den bis 1805 betriebenen Erzabbau. Die Untertage-Führung (60 Min., ab 4 Pers., Kinder erst ab 5 J.) beginnt in der Radstube mit dem rekonstruierten 9,5 m großen Wasserrad, das Pumpen, Aufzüge und Förderanlagen antrieb. Mit Schutzkleidung und Helm geht es dann in den Stollen und im Hauptschacht 40 m tief in die Sohlen aus dem 18./19. Jh. hinab. Unterwegs sieht man historische Geräte, Werkzeuge und an den Stollenwänden farbenprächtige Sinterungen.

April–Okt. Di–Do 10–16, Sa/So 10–17 Uhr. Eintritt 6 €, bis 16 J. 3 €, Familie 15 €. Nur Übertagebereich 2 €. Glasebacher Weg, ℘ 039489-226. www.grubeglasebach.de.

• *Verbindungen* **Bus**: Tägl. 4- bis 10-mal nach Güntersberge und Harzgerode (Linie 33); Sa/So je 2-mal nach Stolberg (38). www.qbus-ballenstedt.de.
HSB Selketalbahn → Stiege; nächster Haltepunkt beim Bergwerksmuseum ist Straßberg-Glasebach.

• *Essen* **Bergschänke**, schlichte Traditionsgaststätte in einem Fachwerkhaus unweit der Bahnlinie. Fisch, Wild, Steaks um 10 €. Tägl. außer Di ab 11 Uhr. ℘ 039489-345, www.bergschaenke-strassberg.de.

• *Baden* ist erlaubt im **Treuen Nachbarteich** (3 km südlich, Parkplatz in Teichnähe), im **Gräfingründer Teich** (romantische Wald-

lage, Fußweg ab einem Parkplatz an der Straße Auerberg-Breitenstein) und im **Birnbaumteich** (8 km südöstlich bei Neudorf). Alle anderen Teichen dienen der Trinkwasserversorgung der Fischzucht.

• *Wandern* **Bergbaulehrpfad**, mit gelbem Punkt markierter Rundweg (14 km, Gehzeit 4½ Std., Wanderkarte empfohlen). Ausgangspunkt ist die Bergschänke, es geht an Hüttteplatz, Bärlochsmühle und Grube Glasebach vorbei und via Ortsmitte südwärts, wo man auf den *Maliniusteich*, den *Rieschengraben* und den *Frankenteich* trifft; um letzteren herum geht es zum *Kiliansteich*.

Unterharz

Silberhütte   ca. 800 Einwohner • 360 m

Von den namensgebenden Hüttenwerken 4 km selkeabwärts hinter Straßberg sind nur mehr Ruinen übrig. Einzig die 1790 eröffnete Pulvermühle, in der Schwarzpulver für Sprengungen im Bergbau erzeugt wurde, hat überlebt. Seit 1893 stellte sie als *Pyrotechnik Silberhütte* Feuerwerksartikel her, heute produziert sie militärische Pyrotechnik, Munition und Airbag-Komponenten. Mit 240 Beschäftigen ist sie einer der größeren Arbeitgeber der Region.

Der **Unterharzer Waldhof** direkt am Selketalbahnhof informiert v. a. Schulklassen über Wald und Bergbau. Das großzügige Areal mit ausgestellten Gerätschaften ist frei zugänglich (http://waldhof.harzgerode.de).

• *Verbindungen* **Bus** → Straßberg **Harzer Schmalspurbahnen** → Stiege
• *Übernachten/Camping*   *** **Ferienpark Birnbaumteich**, 3 km südl. von Silberhütte bei Neudorf in Waldrandlage an einem Bergbauteich (heute Bade-/Angelteich). Ferien-blockhäuser (2–6 Pers.) mit Küche und Terrasse sowie Campingplatz. Spielplätze, Bootsverleih. Ferienhaus 4 Pers. ca. 50 €, Bettwäsche extra. 2 Pers., Zelt, Auto 20 €. 06493 Neudorf im Harz, ☎ 039484-6243, ✆ 40100, www.ferienpark-birnbaumteich.de.

Harzgerode   ca. 4200 Einwohner • 395 m

Der kleine historische Ortskern, geografisch der Mittelpunkt des Unterharzes, strahlt mit kopfsteingepflastertem Marktplatz, Marienkirche und Schloss sympathisches Kleinstadtflair aus.

Vom Selketal winden sich die B 242 und eine Nebenstrecke der Selketalbahn in einem kurzen Steilanstieg auf die Hochfläche hinauf, die Harzgerode umgibt. Der Ort entstand, wie der Name verrät, zur Zeit der großen Rodungen im 10. Jh. 1538 wurde Harzgerode zur freien Bergstadt, um den umliegenden Silberbergbau zu för-

Der Turm der Marienkirche überragt den Marktplatz in Harzgerode

dern. 1635–1709 residierte hier eine Nebenlinie des Fürstenhauses Anhalt, deshalb verfügt der Ort auch über ein Schloss und eine prächtige Kirche. Nach dem Versiegen der Silbergruben um 1900 wurden Metall- und Holzverarbeitung neue Erwerbsquellen. Heute ist das Städtchen ein wichtiger Wirtschaftsstandort im Unterharz. Größter Arbeitgeber ist die Druckgießerei der *Trimet Aluminium AG*, die mit 380 Mitarbeitern Teile für die Autoindustrie fertigt.

Praktische Informationen

•*Information* **Stadtinformation**, freundliches Büro links neben dem Rathaus. Unterkunftsvermittlung, kostenloser Ortsplan, Wanderkarten. Mo–Fr 9–16, Di bis 18, Sa 10–14 Uhr. 06493 Harzgerode, Marktplatz 2, ✆ 039484-32421, www.harzgerode.de.
•*Verbindungen* **Bus**: Tägl. 4- bis 10-mal nach Quedlinburg via Alexisbad und Gernrode (Linie 32), ebenso oft nach Ballenstedt (8) und Straßberg (33). Sa/So je 2-mal nach Stolberg (38). www.qbus-ballenstedt.de.

HSB Selketalbahn: Tägl. 4-mal nach → Alexisbad.
•*Parken* Vom Kreisverkehr an der B 242 Richtung Mägdesprung, nach 200 m Gratisparkplatz.
•*Einkaufen* **Wochenmarkt** Di 8–12 Uhr am Marktplatz. **Rewe** beim Bahnhof. Mo–Sa 7–21 Uhr, Schlossberg 5a. **Neukauf** im Einkaufspark an der Stolberger Straße. Mo–Fr 7.30–20, Sa 7.30–18 Uhr.

Übernachten/Essen

•*Hotels/Pensionen* **Hotels** → Alexisbad **Pension Wolfshof**, beim Schloss. 5 schlichte Zimmer im alten, roten Fachwerkhaus. Frühstück im hauseigenen Café „Zur schönen Nüßlerin". DZ 44–52 € je nach Aufenthaltsdauer. Schlossstr. 2, ✆ 039484-2204, ✉ 2463, www.harzer-pension.de.
•*Ferienwohnungen* **Hohmeyer**, 300 m westl. des Bahnhofs. 2 moderne Fewo; die 52 m² große (2–3 Pers.) ist mit einfacher Küche, die 105 m² große (bis 8 Pers.) sehr komfortabel ausgestattet. Fewo 2 Pers. 30 €, 2–8 Pers. 44–80 €. Bettwäsche extra, Endreinigung 20–30 €. Alexisbader

Str. 9, ✆ 0163-3402129, ✉ 61373, www.harzwohnung.de.
•*Restaurants* **Marktklause**, schräg gegenüber dem Rathaus. Regionale Küche, Kuchen und Kaffee zu günstigen Preisen. Tägl. außer So 9–22 Uhr. Markt 10, ✆ 039484-747250.
Gasthaus zur Harzbahn, rustikales Lokal im historischen Bahnhof mit Hausmannskost. ✆ 039484-42666, www.gasthaus-zur-harzbahn.de.
Fleischerei Wölfer, Frühstück und günstige Mittagsteller mit Hausmannskost. Tägl. außer So 8–14.30 Uhr. Oberstr. 14.

Aktivitäten/Veranstaltungen

•*Baden* **Freizeitbad Albertine**, große, moderne Anlage südlich des Kreisverkehrs. Mehrere Becken, Riesenrutsche, Minigolf, große Liegewiese. Mai–Ende Sept. tägl. 10–19, Fr/Sa bis 20 Uhr. Eintritt 4 €. Neudorfer Weg, ✆ 039484-42001.
•*Wintersport* Bei Schnee werden 21 km

Loipen gespurt. **Naturrodelbahn** Richtung Alexisbad – mit 700 m ist sie die längste im Unterharz.
•*Veranstaltungen* **Harzgeröder Klippenlauf**, 1. So im Juni, mehrere Strecken von 1 bis 16 km. www.klippenlauf.de. Auskunft auch in der Touristinfo.

Sehenswertes

Harzgerodes historisches Zentrum liegt zwischen Grabenweg (ehem. Stadtmauerverlauf) und Bahnhof, den Mittelpunkt bildet der Marktplatz.

Marktplatz: seit 2001 erneuert und geschmückt mit einem modernen Brunnen, der die örtlichen Erzgänge symbolisiert. Aus den umstehenden Häusern sticht das *Rathaus* hervor; sein steingemauertes Erdgeschoss stammt von 1639, die rot-weißen Fachwerkgeschosse samt Türmchen und Erker wurden erst 1901 aufgesetzt.

St. Marien: Ihr wuchtiger rechteckiger Turm aus dem 12. Jh., der hinter der niedrigen Häuserzeile im Osten des Markplatzes aufragt, zählt zu den ältesten Bauten,
bis 1945 diente er auch als Stadt- und Wachturm. Das Gotteshaus mit Platz für 700
Personen (vom Marktplatz über den Durchgang im rosa Fachwerkhaus zu erreichen) wurde 1696–98 unter *Fürst Wilhelm von Anhalt-Bernburg-Harzgerode* errichtet, alle Vorgängerbauten wurden durch Stadtbrände zerstört. Beeindruckend
ist die barocke, in Weiß gehaltene **Innenausstattung** im Stil einer Hofkirche: Hinter
dem Altar erhebt sich der zweigeschossige *Fürstenstuhl* mit einer Loge für die Fürs-
tenfamilie, das Gesims zieren Fürstenporträts. Drei Emporen umfassen den Kir-
chenraum, ihre Brüstungen schmücken Wappengemälde, allegorische Darstellun-
gen und Bergbauszenen aus dem 17. Jh. Seit 2009 ist auch die **Fürstengruft** unter
dem Kirchturm wieder zugänglich. Neben zwei mumifizierten Prinzessinnen sind
hier der Bauherr und seine erste Ehefrau in vergoldeten Sarkophagen bestattet.
Mo/Mi/Sa 10–15, Di/Do 10–16, So 10–13 Uhr, Fr geschlossen. Turmbesteigung zur Tür-
merstube nach Anmeldung (1,50 €). Markt 6, ✆ 039484-2334.

Schloss Harzgerode: Der bescheidene Bau (16. Jh.) westlich des Marktplatzes war
im 17. Jh. Fürstenresidenz. Das Hauptgebäude, ein Rundturm und Wehrgänge rei-
hen sich um einen Innenhof, der im Sommer zur Openair-Bühne wird. Im zweiten
Obergeschoss des Ostflügels darf man den Festsaal mit einem Parkettboden aus 18
Harzer Holzarten, das Kaminzimmer (einst fürstliches Schlafgemach) und einen
Raum zur Geschichte des Ortsteils Alexisbad besichtigen. Im Wehrgang sind 50
Kunstgussobjekte aus der Eisenhütte Mägdesprung zu sehen. Im ersten Geschoss
sind Exponate aus der Stadtgeschichte und Handwerksgerät zu sehen.
Di–Fr 10–12/13–16, Sa/So 11–16 Uhr. Eintritt 1,50 €, Kind 0,50 €. Schlossplatz 3, ✆ 039484-42106.

Alexisbad und Mägdesprung   ca. 70 Einwohner

Die beiden Harzgeröder Ortsteile – der eine einst ein berühmtes Kurbad, der andere ein bekannter Industrieort – liegen im landschaftlich reizvollsten Teil des
Selketals direkt am Fluss, der sich hier in vielen Windungen zwischen steile, bewaldete Felshänge zwängt. Die Orte bestehen nur aus wenigen Häusern, und ehe man
sich's versieht, ist man auf der B 185 vorbeigefahren.

Das 4 km von Harzgerode entfernte **Alexisbad** war der erste Bade- und Kurort im
Harz. 1810 wurde er von *Fürst Alexius Friedrich von Anhalt-Bernburg* gegründet,
nachdem sich das Wasser in den alten Bergwerksstollen als jod- und eisenhaltig erwiesen hatte. *Karl Friedrich Schinkel* plante die Kuranlage, ein schmuckes Bieder-
meier-Ensemble mit repräsentativem Badehaus, Hotels und Promenadewegen. Da
für einen klassischen Kurpark im Tal kein Platz war, bestückte man die Talhänge
rundum mit Denkmälern und Aussichtspunkten. Zu den prominenten Kurgästen
zählten Komponist *Carl Maria von Weber* und der Schriftsteller *Hans Christian
Andersen*. Auch der *Verein Deutscher Ingenieure (VDI)*, der heute 136.000 Mitglie-
der hat, wurde hier 1856 gegründet. *Dieses* Alexisbad existiert aber nur mehr auf
Fotos oder Gemälden (→ Schloss Harzgerode). Nach 1945 wurde ein Teil der alten
Bauten durch Ferienheime im Plattenbaustil ersetzt, andere, wie das Reichsbahn
Erholungsheim, sind heute vom Verfall bedroht. Nur das kleine Teehaus am Selke-
ufer, ein überkuppelter ockerfarbener Bau von 1815, wurde als **Petruskapelle** saniert und wird für Gottesdienste (Sa 16.30 Uhr) und Konzerte (Do 19 Uhr, Auskunft im Hotel Morada) genutzt. Erhalten blieb auch das Kurhotel Försterling von
1890, heute Stammhaus des *Resorts Habichtstein* (→ Hotels). Diesem gegenüber

liegt der **Bahnhof Alexisbad**, der früher für die „Doppelausfahrten" von Dampfloks bekannt war. Immer noch lohnenswert sind die Spazier- und Wanderwege um Alexisbad (→ Tour 15).

In **Mägdesprung**, 4 km selkeabwärts unter dem gleichnamigen Felsen, befand sich seit 1646 ein Hüttenwerk zur Verarbeitung von Eisenerz aus den Harzgeröder Gruben. Als *Herzögliche Eisenhütte Mägdesprung* erlebte es 1820–1910 mit der Herstellung von Kunstgussarbeiten eine Blütezeit. Ihre Skulpturen, Kleindenkmäler und Reliefs finden sich nicht nur in der Umgebung (z. B. auf Tour 15), sie waren deutschlandweit gefragt. Ab 1829 kam eine Maschinenfabrik (heute Museum, s. u.) hinzu. Nach 1945 wurden nur noch Gas- und Kochgeräte hergestellt, 1991 war auch damit Schluss. Das einstige *Verwaltungsgebäude* an der Selkebrücke verfällt, Schrottdiebe haben die Turmuhr abmontiert. Die *Alte Fabrik* (1828) gegenüber kann gelegentlich besucht werden, z. B. am Tag des offenen Denkmals

Museum Carlswerk

In der *Neuen Maschinenfabrik*, einem sehenswerten backsteinernen Industriebau des 19. Jh., wurde 2002 das **Museum Carlswerk** eingerichtet. Im original erhaltenen Erdgeschoss sind Werkzeugmaschinen samt Holzkran von 1890 zu sehen, im Obergeschoss eine Ausstellung zur örtlichen Industriegeschichte. Vom eigentlichen Carlswerk nebenan (1927 erbaut) blieben nach dem Abriss 1982 nur Mauerteile und der Schornstein erhalten.
  Mitte März–Mitte Nov. tägl. 10–16 Uhr, Spende willkommen. www.carlswerk.harzgerode.de.

Das Logo der *Eisenhütte Mägdesprung* war ein Obelisk nach dem Vorbild des 1812 unterhalb des Bahnhofs aufgestellten 16 m hohen Kunstgusses. 1976 wurde dieser verschrottet, nur der Unterbau und sein Stumpf sind noch zu sehen. Bis 2012 soll er mit Spenden rekonstruiert werden. Bis dahin ist die gusseiserne Plastik *Der besiegte Hirsch* (1865) gegenüber der Bushaltestelle das örtliche Wahrzeichen.

• *Verbindungen* **Bus**: Tägl. 4- bis 10-mal nach Harzgerode und Quedlinburg (Linie 32). Sa/So je 2-mal nach Stolberg (38) www.qbus-ballenstedt.de.

HSB Selketalbahn: Haltestellen in Alexisbad, Drahtzug und Mägdesprung. Tägl. 5-mal nach Quedlinburg; 3-mal nach Eisfelder Talmühle an der Harzquerbahn, 4-mal Harzgerode.

• *Hotels/Pensionen* **** **Habichtstein Resort Alexisbad**, gegenüber Bhf. Alexisbad. Im *** Stammhaus, einem Jahrhundertwendehotel von 1890, 66 ältere, dunkle Zimmer, im 2005 erbauten Trakt „Vitalterrassen" 28 moderne Superiorzimmer und ein Spa (Pool, Saunas). Das etwas entfernte **** Cavalierhaus bietet 10 gediegene Zimmer, die **** Berghäuser im Wald oberhalb Appartements für 2–4 Pers. DZ 84–124 € je nach Kategorie, viele Pauschalen. 06493 Alexisbad, Kreisstr. 4–6, ☎ 039484-780, ✆ 78380, www.habichtstein.de.

*** **Morada Hotel Alexisbad**, von außen unattraktive Hochhausanlage mit 166 funktionell-modernen Zimmern, Schwimmbad, Sauna, Kegelbahn, Fitnessraum, Restaurant und Bar. DZ 74–90 €. 06493 Alexisbad, Kreisstr. 10, ℡ 039484-980, 🖷 982888, www.morada.de.

*** **Pension Felsterrasse**, 500 m nördl. vom Bhf. Alexisbad direkt an der B 185. 7 nette Zimmer (zwei mit Himmelbett) in saniertem historischen Gästehaus. DZ 60–70 €. 06493 Alexisbad, Kreisstr. 15, ℡ 039484-72230, 🖷 7259, www.alexisbad.de.

● *Restaurants/Cafés* **Selkestube**, im „Stammhaus" des Habichtstein → Hotels. Gute Regionalküche aus eigener Metzgerei (Carpaccio vom Harzer Höhenvieh 9,50 €, Forelle, Wildgulasch mit Beilagen ca. 13,50 €). Große Auswahl an hausgemachten Torten und Kuchen, Brotzeitgerichte.

Museums-Café im Cavalierhaus (→ Hotels, Habichtstein), dem einstigen herzoglichen Gästehaus. Nur Sa/So 13–18 Uhr.

Café Felsterrasse → Hotels. Kleines, schlichtes Café mit hausgemachten Kuchen; sonnige Dachterrasse. Ostern–Okt. tägl. 13–18 Uhr, sonst nur Sa-Mi.

Tour 15: Klippenweg von Alexisbad nach Mägdesprung

Länge: 7 km, Gehzeit 2 Std. Leicht.

Der Weg: Oberhalb des engen Selketals geht es auf bequemen Wegen im Wald von einem schönen Aussichtspunkt zum nächsten.

Beschreibung: Vom Bhf. Alexisbad (**1**, 315 m) geht es zunächst 300 m südlich entlang der B 185 bis zur Infotafel Selketal-Stieg. Hier folgen wir dem Pfeil zur Verlobungsurne (blauer Punkt), queren auf einer Holzbrücke die Selke und erreichen die B 242. Parallel zu dieser links weiter, der Pfad steigt im Wald allmählich bergauf. An einer Weggabelung (**2**) links, nach zwei Kehren biegen wir weiter oben in eine Forststraße ein. Nach 200 m haben wir die **Verlobungsurne** auf dem Habichtstein erreicht (schöner Talblick). Wir befinden uns nun auf dem sog. Klippenweg, der relativ eben am Hang oberhalb der Selke verläuft. 200 m weiter treffen wir auf das **Birkenhäuschen** (**3**), einen aussichtsreichen Unterstand aus Birkenholz. 600 m weiter biegen wir von der Forststraße links ab zum Aussichtspunkt **Friedensdenkmal**. 30 Min. sind es von hier zum Luisentempel, zunächst auf einem Waldpfad, dann auf einer Forststraße, auf der wir die Harzgeröder Naturrodelbahn queren (**4**), und zum Schluss wieder auf einem Pfad. Der **Luisentempel** (1823), ein Rundtempel mit in der Eisenhütte Mägdesprung gegossenen Säulen, erhebt sich in einem Eichenwald auf einem Felsplateau über der Selke (**5**). Nach dem Tempel geht es rechts bergab. Wir münden in den **Pionierweg**, dem wir rechts bergauf folgen. 15 Min. später geht es im **Pioniertunnel** durch die Felswand (**6**), weitere 15 Min. später gelangen wir zur **Köthener Hütte** (**7**), ein Unterstand von 1897 mit Glockentürmchen und schöner Aussicht. Nun weiter Richtung Mägdetrappe, zunächst 1 km auf der Forststraße, dann noch 100 m im Wald links bergab. An der **Mägdetrappe** (**8**) erinnert ein gusseisernes Kreuz an den Gründer von Alexisbad. Auf steilem Pfad geht es nun bergab bis zur Asphaltstraße und an dieser geradeaus bis zum Bahnhalt Mägdesprung (**9**). Die Selketalbahn bringt uns zurück nach Alexisbad (letzte Fahrt 18.18 Uhr).

Selkemühle

Weil das untere Selketal Jagdrevier der Anhaltiner Fürsten war, verlässt die Selketalbahn hinter Mägdesprung das Flusstal in Richtung Gernrode (→ S. 151). Wer der Selke folgen will, zweigt in Mägdesprung von der B 185 Richtung Selkemühle ab. Über 5 km führt eine schmale, kurvige Straße am Fluss entlang (→ Wandern), passiert das *Carlswerk* (s. o.) und die vier Ortsteile **Friedrichsham-**

mer I bis IV, deren Namen von früheren Hammerwerke herrühren. Wo sich das Tal wieder weitet, erreicht man die **Selkemühle** (Parkplatz, Ausflugslokal). Ab hier geht es nur noch zu Fuß oder mit dem Rad weiter, z. B. zur 8 km entfernten Burg Falkenstein (s. u.), an Wochenenden ein beliebtes Ziel.

Auf dem bewaldeten *Großen Hausberg* (398 m) südlich oberhalb der Selkemühle steht die Ruine von **Burg Anhalt** (steiler Aufstieg, 20 Min.). Sie wurde ab 1140 unter den Askaniern aus Ziegelsteinen errichtet (→ Kasten S. 191), besaß drei Toranlagen, 500 m lange Mauern und zählte einst zu den größten Burgen im Harz. Von ihr leitet sich der Name für das Herzogshaus und das Land Anhalt ab. Nach 700 Jahren Verfall sind nur der Stumpf des Bergfrieds und von Bergulmen und Feldahorn überwucherte Grundmauern und Gräben übrig. Infotafeln geben eine Idee vom einstigen Aussehen, die Aussicht von oben ist bescheiden.

•*Verbindungen* **Bus 15**: Sa/So 2-mal tägl. Mägdesprung–Selkemühle und zurück. www.qbus-ballenstedt.de.

•*Übernachten/Essen* *** **Landhaus Selkemühle**, 2009 wieder eröffnetes Ausflugslokal in idyllischer Lage. Gemütliche Gaststube und Waldbiergarten. Regionale Küche (Brotzeit mit Harzer Käse, Wild, Forelle). 15 Zimmer, DZ 60 €. 06493 Mägdesprung, ☎ 039484-2341, 🖷 74718.

Imbiss & Backstube, einfache Wanderstation (überdachte Sitzgruppe) am IV. Hammer. Hausgemachte Kuchen, Suppen, belegtes Holzofenbrot. April–Okt. tägl. 10–19 Uhr. Im Hammerwerk von 1786 werden auch zwei nette **Ferienwohnungen** vermietet (39 m², 2–4 Pers., 36–55 €) 06493 Mägdesprung, IV Friedrichshammer, ☎/🖷 039484-2715, www.harz-ferienwohnungen.com.

•*Wandern* Romantisch ist der 5,5 km lange Weg von **Mägdesprung** bis **Selkemühle**:

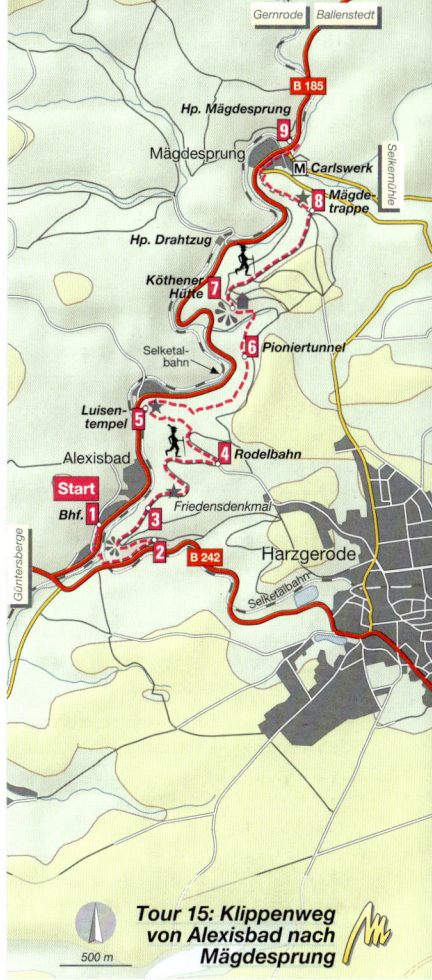

Tour 15: Klippenweg von Alexisbad nach Mägdesprung

500 m

Links neben dem Carlswerk auf der Schöne-Brücke über die Selke, dann durch den engsten Abschnitt des Flusstals, später durch weite Wiesen. Unterwegs bietet sich an der Mündung des Schiebecksbachs ein kurzer Abstecher zum Eingang des **Herzog-Alexis-Erbstollen** mit einem klassizistisches Portal von 1848 an, ebenfalls ein Kunstguss aus Mägdesprung.

Folgt man der B 185 hinter Mägdesprung Richtung Norden, gelangt man über die wellige Hochfläche des Ramberg-Massivs bis an den nördlichen Harzrand und über eine Geländestufe hinab nach **Ballenstedt** (→ S. 190).

Bollwerk über dem Selketal: Burg Falkenstein

Burg Falkenstein

Die eindrucksvolle Anlage auf einem 134 m hohen Felssporn über dem Selketal ist die besterhaltene Mittelalterburg im Harz.

Von dem guten Dutzend deutschen Burgen und Ruinen namens Falkenstein ist sie die schönste. Ihr Bau wurde um 1115 von den *Herren von Konradsburg* (→ S. 194) begonnen, die sich später *Grafen vom Falkenstein* nannten und 1334 ausstarben. 1437 gelangte die Burg an die *Grafen von der Asseburg*, die sie im Renaissancestil erweiterten und den Bergfried auf 33 m erhöhten. Als die Asseburger im 18. Jh. ihr neues Barockschloss Meisdorf bezogen, begann die Burg zu verfallen. Im 19. Jh. wurde sie als Jagdschloss wiederbelebt, seit 1946 ist sie nach der Enteignung der Asseburger ein Museum. In den letzten Jahren wurde der mittelalterliche Original-zustand der Burg weitgehend wiederhergestellt.

Zur Burg gelangt man von der Selkemühle aus auf einem Wanderweg (8 km) oder von der Meisdorfer Seite nach einem etwa 20-minütigen Fußmarsch oder mit der Bimmelbahn (→ Parken/Zugang).

Man nähert sich im Wald und steht dann unvermittelt vor der 4 m dicken und 17 m hohen, nahezu fensterlosen Schildmauer unterhalb des Bergfrieds. Spitzwink-lig wie ein Schiffsbug sollte sie Wurfgeschosse ablenken. Durch das *1. Burgtor* betritt man die Vorburg, von der noch Mauerreste und ein Wehrturm (WC) zeu-gen. Durch das mit Fachwerkaufsatz versehene *2. Tor* geht es in den zweiten, durch das imposante *Krumme Tor* in den dritten Zwinger. Hier befindet sich die Kasse und der begrünte Hof mit den sehenswerten Falknereivorführungen (30 Min.). Noch zwei Tore und zwei kurze Zwinger (im unteren befinden sich die Käfige der Greifvögel, im oberen eine einfache Gaststätte) sind zu passieren, bis man durch das *6. Tor* die Kernburg betritt.

Den engen Innenhof mit 20 m tiefer Zisterne umschließen drei Türme und Gebäudeflügel mit schönem Fachwerk. In den unteren Stockwerken sind Lagerkeller und eine alte Küche zu sehen, in den oberen (Zugang durch Renaissance-Turm) Möbel, Gemälde, Jagdwaffen, eine Schau zu Baugeschichte, Ausschnitte von hier gedrehten DDR-Märchenfilmen sowie die Burgkapelle (1495). Im 2. Obergeschoss befinden sich die prächtigsten Räume: der *Rittersaal* mit gedeckter Tafel, die *Große Kammer* (1601) und *Grüne Stube* mit Kamin, *Fräuleinzimmer*, *Schwarzes Zimmer* und der *Kleine Salon* (17. Jh.) mit einem Pleyel-Hammerflügel. Im Bergfried steigt man hinab zum Angstloch mit Blick ins Verlies bzw. hinauf zur Aussichtsplattform (selten zugänglich). Ein Raum ist dem „Sachsenspiegel" von Ritter *Eike von Repgow* gewidmet. Der Sachsenspiegel ist das bedeutendste und zugleich erste deutschsprachige Rechtsbuch des Mittelalters. Es entstand zwischen 1220 und 1235, ist in über 400 Handschriften überliefert und beschrieb das bis dahin nur mündlich überlieferte Gewohnheitsrecht der Sachsen. In manchen Gegenden war der Sachsenspiegel bis Ende des 19. Jh. Rechtsgrundlage.

•*Burg* April–Okt. tägl. 10–18, Nov.–März tägl. außer Mo 10–16.30 Uhr. Falknereivorführung März–Okt. Mo–Fr 11 und 15, Sa/So 11, 14, 16 Uhr. Führungen (ab 8 Pers.) 14, Sa/So 13, 14.45 Uhr. Eintritt inkl. Falknerei 4,50 €, 6–16 J. 2,70 €, Familie 11 €; Nov.–März je 0,50 € weniger. Führung plus 2 €. ✆ 034743-535590, www.burg-falkenstein.de.

•*Information* **Touristinformation** auf dem Großparkplatz Gartenhaus, tägl. 10–16 Uhr.

•*Parken/Zugang* Ab **Selkemühle** (Gratisparkplatz) über den Selketal- und den steilen Eselsstieg (8 km), ab **Gasthaus Falken** südl. von Meisdorf (Gratisparkplatz) über den Eselsstieg (1,1 km); ab **Großparkplatz Gartenhaus** (8–17 Uhr, Gebühr 1,50 €) 3 km südlich von Meisdorf (2 km). Von Gartenhaus verkehrt auch stündlich die **Falkensteiner Bimmelbahn**; Ticket 2,50 €, Kind 1,50 €, hin & zurück 4/2 €.

•*Wandern* Einen tollen Blick auf die Burg hat man von der **Ackeburg** (333 m), einem Aussichtspunkt nördlich oberhalb der Selke. Der Weg dorthin beginnt beim Gasthaus Falken im Selketal. Man quert die Selke, steigt im Wald hinauf bis zur Einmündung in eine Forststraße (Understand), wandert auf dieser links weiter und bei einem weiteren Unterstand wieder links zur Selkesicht (Gehzeit 1 Std.).

•*Feste* **Minneturnier**, Juni, Sängerwettstreit. ✆ 05671-925355, www.minnesang.com. **Mittelalterliches Burgfest**, Anfang Okt., mit Händler, Gauklern und Scharlatanen. **Adventmarkt**, 1. Sa/So im Advent.

Landschaftspark Degenershausen → S. 195

Unterharz

Meisdorf
ca. 1100 Einwohner • 185 m

Am „Tor zum Selketal" verlässt der Fluss das enge, von Laubwäldern gesäumte Wiesental und beginnt seinen Unterlauf durch das Harzvorland. Eine Besonderheit des 1184 erstmals erwähnten Orts sind die auf allen Seiten von Gebäuden bzw. Mauern umschlossenen Ringbauernhöfe (andernorts Vierseithöfe genannt). Bestes Beispiel ist der mit allerlei Gerätschaften bestückte **Meisdorfer Museumshof** (Mo–Fr 9–17, Sa 10–16 Uhr, Markt 1). Er steht im Ortskern gegenüber der *Kirche*, deren Inneres eine barocke Grafenloge ziert. Am westlichen Ortsrand befindet sich in einer Parkanlage mit Damwildgehege das barocke **Schloss Meisdorf** (heute Hotel), das die *Grafen zu Asseburg* ab 1796 errichten ließen, als ihnen Burg Falkenstein zu unbequem geworden war. Folgt man gegenüber vom Schloss dem Selketal-Stieg 200 m in Richtung Burg Falkenstein, trifft man auf das einstige **Mausoleum** der Grafen. Der neugotische Backsteinbau von 1834 ist heute das Zuhause von rund 400 Zwerg-, Mops-, Fransen- und Langohrfledermäusen.

• *PLZ* 06543 Falkenstein/Harz

• *Verbindungen* **Bus 318**: Tägl. 7- bis 14-mal nach Ballenstedt, Gernrode, Quedlinburg. www.qbus-ballenstedt.de.

• *Übernachten* ****** Parkhotel Schloss Meisdorf**, das barocke Schloss (s. o.) diente in DDR-Zeit als Ferienheim, heute führt es die niederländische VanderValk-Gruppe als Hotel. 72 Zimmer verteilen sich auf mehrere Gebäude: Die Economy-Zimmer sind spartanisch, Schloss-Flair gibt es nur in den Suiten. Freundlicher Service, Hallenbad, Sauna und Ruheräume wurden jüngst renoviert. Eigener Golfplatz. DZ 79–119 €, Suite 129–159 €, günstige Online-Angebote. Allee 5, ✆ 034743-980, 📠 98222, www.vanderfalk.de.

• *Jugendherberge* **Falkenstein**, 3 km abseits im Selketal, zwischen Meisdorf und Burg Falkenstein in schöner grüner Lage, ansonsten ein aufgefrischter Plattenbau. 101 Betten in 2- bis 6-Bett-Zimmern mit Etagendusche/-WC. Ideal für Selketal-Stieg-Wanderer. 20,50 €/Pers. inkl. Frühstück. Falkensteiner Weg 2b, ✆ 034743-8257, 📠 92540, www.jugendherberge-falkenstein.de.

• *Golf* **Golfclub Schloss Meisdorf**, landschaftlich reizvoller 18-Loch-Platz – gern als „schönster Sachsen-Anhalts" bezeichnet, was bei nur einem Mitbewerber nicht schwer ist. Green Fee 40–50 €. Petersberger Trift 33, ✆ 034743-98450, www.golfclub-schloss-meisdorf.de.

> **„Rettet das Selketal"**
> Nach dem verheerenden Selkehochwasser 1994 plant Sachsen-Anhalt zwischen Meisdorf und Falkenstein einen 15 m hohen Damm für ein Rückhaltebecken. Naturschutzverbände und Bürgerinitiativen haben sich zur Rettung des Selketals formiert und alternative Hochwasserschutzmaßnahmen ohne Damm ausarbeiten lassen. Das Land hält bis jetzt an seinem Plan fest. www.rettet-das-selketal.de.

Ballenstedt

ca. 7600 Einwohner • 236 m

Die „Wiege Anhalts" am hügeligen Nordrand des Unterharz ist ein gut erhaltenes Beispiel einer barocken Kleinresidenz mit Schloss, Schlosstheater, Schlosspark und Schlossallee.

Die Kleinstadt ist Stammsitz der Grafen von Ballenstedt, die auch als Askanier und vor allem als Fürsten bzw. Herzöge von Anhalt bekannt sind (→ Kasten). Erstmals urkundlich erwähnt wird sie 1030, 1543 erhält sie das Stadtrecht. Prägend war die Zeit von 1650 bis 1863, als Ballenstedt erst Sommersitz, dann Residenz der Herzöge von Anhalt-Bernburg war: Fürst *Friedrich-Albrecht* (1735–96), sein Sohn *Alexius Friedrich* (1767–1834), der Gründer von Alexisbad, und sein Enkel *Alexander Carl*, mit dem die Linie 1863 ausstarb, hielten hier Hof. Damals entstand die heutige Oberstadt mit ihren repräsentativen Barockbauten und dem Schlosspark. Die unterhalb gelegene Alt- bzw. Unterstadt ist ein verschlafenes Dorf mit Ackerbürgerhäusern und Stadtmauerresten. 1945–90 zur eintönigen Industriestadt verkommen, setzt Ballenstedt heute wieder auf Kultur und Tourismus.

Praktische Informationen/Aktivitäten

• *Information* **Touristinformation**, gut sortiertes, modernes Büro im kleinen Backsteinhaus am unteren Ende der Schlossallee. Mo/Di, Do/Fr 9–17, Mi 9–12, Sa 9–13 Uhr. 06493 Ballenstedt, Anhaltiner Platz 11, ✆ 039482-263, www.ballenstedt-information.de.

• *Verbindungen* **Bus**: Tägl. 5- bis 15-mal nach Quedlinburg (Linie 6), 3- bis 10-mal nach Alexisbad und Harzgerode (8), nach Gernrode und Thale (17). www.qbus-ballenstedt.de.

• *Parken* Großparkplatz (gratis) an der Südseite des Schlosses.

• *Einkaufen* **Schlosspapier**, Buch- und Papierwerkstatt im Südflügel des Schlosses. Designerin Dagmar Naumann bietet handgeschöpftes Büttenpapier, Schmuckkarten, Briefpapier sowie Kurse an. Mi/Do 9–12/14–18 Uhr. ✆ 039483-81483.

Entlang der B 185 reihen sich **Supermärkte**, Rewe/Aldi am westlichen, Netto am östlichen Ortsausgang. Jeweils Mo–Sa 7–20, teils bis 22 Uhr.

•*Radverleih* **Meyer**, an der Ortsdurchfahrt. Touren- und Trekkingräder 10 €/Tag, 37 €/Woche. Poststr. 61, ✆ 039483-97826, www.

fahrradverleih-meyer.de.

•*Baden* Die kleinen Stauseen **Kunstteich** und **Dachsteich** liegen am südlichen Stadtrand idyllisch im Wald, haben baumbestandene Ufer und wenig Liegefläche.

•*Wandern* Direkt durch den Schlosspark führt der **Selketal-Stieg**.

Holz oder nicht Holz – auf den Spuren des Namens Anhalt

Wer nach dem Ursprung des Namens Anhalt sucht, muss sich ins 9./10. Jh. zurückbegeben, als sich im Nordostharz das schwäbische Adelsgeschlecht der Askanier niederließ. Ihr erster namhafter Vertreter war *Graf Esico von Ballenstedt* (990–1060), dessen Burg erstmals um das Jahr 1030 erwähnt wird. Esicos Enkel *Otto I., der Reiche,* wandelte Burg Ballenstedt in ein Kloster um und errichtete stattdessen auf einer 7 km entfernten Anhöhe eine neue Burg (→ S. 187) ganz aus Ziegeln – *ane holt*, ohne Holz; daraus wurde der Name Anhalt, der den Askaniern fortan als Titel diente. Ottos Sohn *Albrecht I. von Ballenstedt*, genannt *Albrecht, der Bär* (ca. 1100–1170), weitete sein Herrschaftsgebiet beträchtlich aus, indem er die Mark Brandenburg eroberte und ihr erster Markgraf wurde. Im Erbfall teilten die Askanier die Herrschaft stets unter allen Söhnen auf, was die Stellung des Geschlechts im Deutschen Reich schwächte. 1863 gelang es der Linie *Anhalt-Dessau*, alle anhaltischen Länder zum Herzogtum Anhalt zu vereinen und bis 1918 zu regieren. Bis 1934 existierte das Land als Freistaat, danach als Land Anhalt. Seit 1990 lebt der historische Name in der Bezeichnung des Bundeslands Sachsen-Anhalt weiter.

*Ü*bernachten/*E*ssen

•*Hotels/Pensionen* **★★★★ Schlosshotel Großer Gasthof**, fürstliches Gästehaus am Schlossplatz, 1997 in historischer Form neu erbaut, innen etwas protzig. 50 preisgünstige, elegante Zimmer, die nach hinten sind sehr ruhig. Großes Hallenbad, Sauna, Dampfbad, freundliches Personal. Punkteabzug gibt es für das Frühstücksbuffet und die Küche in den Restaurants „Fürst Victor" oder „Victoria Luise". DZ 99–109 €, Suite bis 139 €. Günstige Online-Angebote. Schlossplatz 1, ✆ 039483-510, ✆ 51222, www.vandervalk.de.

Pension am Markt, mitten in der Altstadt. Familiäre, preisgünstige Pension in einem alten Fachwerkhaus; 13 moderne, etwas kleine Zimmer, rustikaler Frühstücksraum. DZ 60 €. Alter Markt 8, ✆ 039483-53538, ✆ 53551, www.pension-ballenstedt.de.

•*Ferienwohnungen* **★★★★ Residenz Jacobs**, am Schlossplatz. Familie Jacobs hat in dem historischen Haus 5 stilvolle, moderne Wohnungen (2–6 Pers.) eingerichtet, 4 haben Balkon bzw. Terrasse. Früh-

stück im „Großen Gasthof" gegenüber buchbar. Fewo 2 Pers. 70 €, 4 Pers. 99–109 €, weitere Pers. 10 €. Allee 36, ✆ 039483-97538, ✆ 97537, www.residenz-jacobs.de.

•*Restaurants/Cafés* **Schlossrestaurant Remter**, der herzogliche Weinkeller im Untergeschoss des Schlosses ist heute ein rustikales Restaurant mit Mittelalterambiente. Terrasse mit Schlossparkblick. Regionale Küche, Hauptgericht 7–16 €. Di–So ab 11 Uhr. Schlossplatz 3, ✆ 039483-97660.

Restaurant Bernburg, bodenständiges Lokal in einem Fachwerkhaus (18. Jh.) an der Schlossallee. Küche zu mittleren Preisen, Service manchmal überfordert. Biergarten hinter dem Haus. Mo–Sa ab 11.30, So nur bis 14 Uhr. Allee 44, ✆ 039483-97003.

Cafeteria Marstall, in den Marstall von 1810 ist ein Altenheim eingezogen, dessen Café für alle geöffnet ist. Zwischen alten Pferdeboxen genießt man hausgemachte Kuchen, Torten und Eis. Tägl. 13–18, Mai–Aug. Sa/So ab 11 Uhr. ✆ 039483-53279.

Unterharz

Sehenswertes

Erster Anlaufpunkt ist der **Schlossplatz**, den in barock-klassizistischer Eintracht das *Stadtmuseum*, das neu aufgebaute fürstliche *Gästehaus* von 1733 (heute Schlosshotel) und das *Schlosstheater* flankieren. Ein Kopfsteinpflasterweg verbindet ihn mit dem oberhalb gelegenen *Schloss*. Bergab führt eine 1,2 km lange, schnurgerade Kastanienallee in die Altstadt. Im oberen Abschnitt wird sie von barocken Palais gesäumt, in denen einst die Hofbeamten wohnten. Südlich des Schlossplatzes trifft man auf prächtige Villen vom Ende des 19. Jh., etwa das „Städtische Badehaus" von 1907/08 (Lindenallee 1a).

Schloss Ballenstedt:
Blick zurück in die Kastanienallee

Stadtmuseum: Das Heimat- und Volkskundemuseum im schlichten Barockpalais (1756) am Schlossplatz widmet sich besonders der Residenzzeit Ballenstedts. Zu dieser zählt auch der Hofmaler, Schriftsteller und Kammerherr *Wilhelm von Kügelgen* (1802–67), dessen bis heute gern gelesene „Jugenderinnerungen eines alten Mannes" einen Einblick in die Frühromantik und das Leben am Hof vermitteln. Darüber hinaus sind bäuerliche Wohnkultur des 19. Jh. und landwirtschaftliche Geräte zu sehen.
Mai–Okt. Di–Fr 10–16, Sa/So 10–12/14–17, Nov.–April nur bis 16 Uhr. Eintritt 3 €, Kind 1,50 €. Allee 37, ✆ 039483-8866.

Schlosstheater: Das frühklassizistische Theater von 1788 ist die älteste bespielte Bühne Sachsen-Anhalts und eine der ältesten Deutschlands. Im 19. Jh. gaben sich hier berühmte Musiker die Klinke bzw. den Dirigierstab in die Hand: *Albert Lortzing* leitete 1846 eine Aufführung seiner Oper „Undine", *Franz Liszt* gestaltete 1852 das Anhalt-Bernburgische Musikfest. Heute wird das Theater, dessen Zuschauerraum mit doppelter Hufeisenempore und 360 Sitzplätzen noch original erhalten ist, für Gastspiele genutzt.
Führungen nach Anmeldung bei der Touristinformation. Ticket 3 €.

Schloss Ballenstedt: Durch einen Torbogen (schöner Blick zurück!) geht es in den Hof des Schlosses hinauf, das bis 1945 Wohnsitz der Familie Anhalt war. Die dreiflügelige dottergelbe Barockanlage wurde im frühen 18. Jh. an Stelle eines im 12. Jh. von den Grafen von Ballenstedt gegründeten Klosters errichtet. Von diesem blieben das wuchtige romanische Westwerk (heute der zinnenbekrönte Schlossturm) und die Ostkrypta (nicht zugänglich) erhalten. Wo einst die Klosterkirche St. Pankratius und Abundus stand, erhebt sich heute der Nordflügel mit der Freitreppe. Die darin befindliche barocke Schlosskirche mit protestantischen Emporen ist eine beliebte Hochzeitskirche.

Im noch nicht fertig sanierten Nordflügel gibt das **cinema-museum** mit seltenen filmhistorischen Geräten, Filmraritäten, Kameras und Plakaten Einblick in 100 Jahre Kino- und Filmgeschichte. Die Ausstellung **Die frühen Askanier** im Südflügel erläutert anhand bebilderter Schautafeln und Modelle die Geschichte des Fürstengeschlechts. Die Galerie im Südflügel zeigt wechselnde Kunstausstellungen. Durch ein Drehkreuz (1 €) gelangt man in den romanischen Schlossturm, wo sich die alte Nicolaikapelle mit der Grabstätte *Albrechts des Bären* und seiner Frau Sophie befindet. In den oberen Turmgeschossen gibt es Informationen zur Straße der Romanik, präparierte Vögel, Muffelwild und eine verstaubte Hexenstube.

Tägl. außer Mo 10–16 Uhr. *cinema-museum:* Eintritt 2 €, bis 12 J. 1 €. ✆ 039483-979590, www.cinema-ballenstedt.com. *Frühe Askanier:* Eintritt 1 €, bis 12 J. 0,50 €. ✆ 039483-53220.

Schlosspark: Der 29 ha große Park erstreckt sich westlich und nördlich unterhalb des Schlosses. Der Teil rund um Schloss- und Glockenteich ist ein englischer Landschaftspark, der allmählich in den Harzwald übergeht. Südlicher Endpunkt der Sichtachse zum Schloss ist das **Jagdschloss Röhrkopf** (1770), das Prinz Eduard von Anhalt, der heutige Chef des Hauses Anhalt, im Jahr 2000 zurückkaufte. Den Teil zwischen Schloss und Bundesstraße gestaltete der königlich-preußische Gartendirektor *Peter J. Lenné* 1858–63 im Stil italienischer Villengärten. Zentrales Element ist eine terrassenförmige Wasserachse mit fünf Bassins, darunter das bekannte Lindwurmbassin, dessen Drache (ein Kunstguss aus Mägdesprung) das Wasser bis zu 16 m in die Höhe speit. Von der obersten Terrasse führt ein Durchgang im Nordflügel in den Schlosshof.

Er speit stundenlang Wasser

Unterharz

In der **Schlossmühle**, eine Schmiede von 1785 in Parkmitte, befinden sich heute Galerie und Atelier der Künstler *Esther Brockhaus* und *Marcus Hennig*, die hier Matineen organisieren (www.bildhauerei-schlossmuehle.de).

Lindwurm-Fontäne bis 8 m: Mai–Okt. tägl. 11–17, Sa/So 10–18 Uhr. 16 m-Fontäne: Sa/So 14–14.15/15–15.15 Uhr.

Altstadt: Am unteren Ende der Allee beginnt die dörfliche Altstadt mit einer bescheidenen Fußgängerzone, östlich schließt der historische Ortskern an. Schönste Ecke ist der *Alte Markt* mit dem Fachwerkbau des Alten Rathauses von 1683 (griechisches Restaurant), dem Marktturm von 1543 und der nahen spätgotischen *Nikolaikirche* (1326).

Gegensteine

2 km nördlich von Ballenstedt (Wegweiser an der B 185, Parkplatz direkt unterhalb der Steine) ragen inmitten von Streuobstwiesen und Trockenrasen die östlichsten Ausläufer der Teufelsmauer (→ S. 13 und 132) auf, die 300 m voneinander entfernten

Sandsteinformationen *Kleiner* und *Großer Gegenstein*. Letzteren kann man über eine Felstreppe besteigen, seinen „Gipfel" (schöne Rundumsicht) ziert ein Gedenkkreuz.

Roseburg

Auf einer Hügelkuppe 3 km westlich in Richtung Rieder (entlang des Selketal-Stiegs auch zu Fuß erreichbar) baute sich der Berliner Architekt *Bernhard Sehring* 1907–25 seinen Alterssitz: eine romantische Burganlage mit mittelalterlichen Elementen (Wohnturm, Torhaus, Georgsturm und Söller), umfriedet von einer 1,6 km langen Zinnenmauer, dazu ein Mausoleum mit Aussichtsturm und eine Parkanlage mit Wasserkaskade, Volieren, Puttenallee, exotischen Gehölzen und Obstgarten. 1933 machte er die Roseburg öffentlich zugänglich. Bis 2010 wurde das baufällige Areal gründlich saniert, heute ist es wieder ein attraktives Ausflugsziel. Das *Roseburg-Café* und *Im Burggraben* sorgen für das leibliche Wohl der Besucher.

April–Okt. tägl. 9–18, sonst 10–17 Uhr. Eintritt 3 €, bis 16 J. frei. www.roseburg-harz.de.

Konradsburg

Ein Kleinod der *Straße der Romanik* findet man auf einer geschichtsträchtigen Anhöhe 11 km östlich von Ballenstedt (Wegweiser an der B 185). Ab dem 10. Jh. befand sich hier die Stammburg der Konradsburger. Als das Geschlecht auf Burg Fal-

kenstein (→ S. 188) übersiedelte, wurde die Anlage in ein Kloster umgewandelt. 1200 kam eine wuchtige Kirche hinzu, von der Chor, Querschiff und die Hallenkrypta, ein spätromanisches Meisterwerk mit gedrehten Säulen und reich verzierten Kapitellen, erhalten sind (Besichtigung nur mit Führung). 1712–1945 war hier ein landwirtschaftliches Gut, die Krypta diente als Schweinestall. Ein Verein kümmert sich heute um die Sanierung. In den zwei erhaltenen Flügeln der einstigen Klausur hat er ein kleines Museum mit Rauchküche, Gesindestube sowie ein kleines Galerie-Café eingerichtet (Sa/So 14–18 Uhr). Interessant ist auch, was sich in dem Fachwerkhaus in der Hofmitte verbirgt: ein 45 m tiefer Brunnen mit einem Eseltretrad. Bei den Führungen dürfen die Besucher den Esel spielen.

April–Okt. tägl. 10–17, Sa/So 10–18 Uhr; Nov.–März jeweils eine Stunde kürzer. Für Führungen (Spende) an der Information melden. ℡ 034743-92564, www.konradsburg.com.

Turmwindmühle Endorf: Der Verein Konradsburg organisiert Führungen in der in Sichtweite gelegenen schön sanierten Mühle von 1857 (Telefon → Konradsburg).

Romanische Konradsburg

Was vom Bergbau im Mansfelder Land übrig blieb

Mansfelder Land

Im Osten endet der Harz im Mansfelder Land. Zunächst noch eine bewaldete Hügellandschaft, geht sie rasch in eine Ebene über, in der markante Spitzkegelhalden an den bis 1990 betriebenen Kupferbergbau erinnern. Als Sohn eines Bergmanns kam hier Martin Luther zur Welt.

Das Mansfelder Land deckt sich etwa mit der Herrschaft der Grafen von Mansfeld, die hier 1000–1780 herrschten. Die Mansfelder und die Sangerhäuser Mulde zwischen Hettstedt, Mansfeld, Eisleben und Sangerhausen waren über acht Jahrhunderte Deutschlands ergiebigstes Kupferschieferareal. Da die kupferhaltige Schicht nur 30 bis 40 cm dick war, fiel viel taubes Gestein an, das zu Hunderten von Halden aufgeschüttet wurde. Die älteren sind meist flach und längst bewachsen, die jüngeren noch deutlich zu erkennen. Am auffälligsten sind die drei bis zu 153 m hohen Spitzkegelhalden bei Volkstedt, Augsdorf und Hübitz zwischen Hettstedt und Eisleben, die sog. *Pyramiden des Mansfelder Landes*, sowie die *Hohe Linde* bei Sangerhausen. Im Mansfeld-Museum in **Hettstedt** und im 300 m tiefen Röhrigschacht in **Wettelrode** kann man sich über die regionale Bergbaugeschichte am besten informieren. Die Erinnerung an Martin Luther wird in **Eisleben** und **Mansfeld** hochgehalten, die beide den Zusatz Lutherstadt tragen. **Sangerhausen** schließlich lockt mit einem riesigen Rosenpark.

www.kupferspuren.eu bietet Daten und Fakten zur Industriegeschichte der Region.

Mansfelder Bergland

Landschaftspark Degenershausen: Der 12 ha große sanierte Park liegt 10 km südöstlich von Ballenstedt und 2 km vom Großparkplatz Gartenhaus entfernt (→ Burg Falkenstein). 1835 wurde er als Park eines Landguts mit (1987 abgetragenem) Herrenhaus angelegt und 1924 im englischen Stil mit 175 seltenen Gehölzen (z. B. japanischer Schnurbaum, Gurkenmagnolie) und Schaugarten umgestaltet. Kinderwagentaugliche Spazierwege durchziehen das Areal, dessen Wahrzeichen ein Obelisk zu Ehren des Parkgründers *Johann C. Degener* ist.

April–Ende Sept. tägl. 8–19, sonst 9–17 Uhr. Eintritt frei.

•*Übernachten/Essen* **Zum Forsthaus**, Café-Garten & Pension gegenüber vom Parkeingang. Liebevoll gepflegtes Haus mit Garten. Snacks, Eisbecher und hausgemachte Kuchen. Im Sommer tägl. au-

ßer Di ab 14.30, Winter nur Sa/So ab 13.30 Uhr. Auch ein DZ wird vermietet (70 €). 06543 Falkenstein, Degenershausen 2, ✆ 034743-61437.

Fachwerkkirche Wieserode: Das Dorf 3 km östlich von Degenershausen lohnt einen Abstecher wegen seiner hübschen Kirche von 1617, die zu den ältesten der Region zählt.

Burgruine Arnstein: Inmitten der sanftwelligen Felderlandschaft östlich von Wieserode (zwischen Harkerode und Sylda) ragt auf einem Höhenrücken ein mehrgeschossiger Palas mit Turm auf; es sind die imposanten Reste der um 1130 erbauten Burg Arnstein. Zu ihren zahlreichen Besitzern zählten die Mansfelder Grafen und die Freiherren Knigge (die mit dem Benimm-Buch). Das Gelände ist frei zugänglich. Vom Parkplatz an der L 227 führt ein Fußweg hinauf zur Ruine, von oben hat man einen weiten Ausblick.

Gottfried-August-Bürger-Museum in Molmerswende: Im Süden des Berglands, 5 km vor der B 242, steht in Molmerswende direkt neben der Kirche das Geburtshaus des Dichters *Gottfried August Bürger* (1747–94), heute ein Museum – Schwerpunkt ist das Thema Münchhausen. Bürger hatte die in London erschienenen Lügenerzählungen übersetzt und 1786 zu *Des Freyherrn von Münchhausen wunderbare Reisen* erweitert. Sie sind heute die bekannteste Version der Münchhausiaden.
Di–Fr 10–16, Sa 13–16, So 10–12 Uhr. Hauptstr. 14, ✆ 034779-20580, www.gottfried-august-buerger-molmerswende.de.

Hettstedt   ca. 14.900 Einwohner • 147 m

Hettstedt ist die „Wiege" des Mansfelder Kupferschieferbergbaus. Die Stadt besitzt eine kopfsteingepflasterte, gründlich sanierte Altstadt mit Resten mittelalterlicher Befestigungsmauern.

Am Nordrand des Mansfelder Landes, wo die Wipper den Harz verlässt, liegt Hettstedt zu beiden Seiten des Flusses. Bis vor kurzem führte die B 180 noch mitten durch die Stadt, seit 2009 verläuft sie endlich in weitem Bogen links herum. Hettstedt war Ausgangspunkt des Mansfelder Bergbaus, hier lagen die kupferhaltigen Schichten direkt an der Oberfläche. Die Legende erzählt, dass die Goslarer Bergknappen *Nappian* und *Neuke* 1199 am Kupferberg (heute östlicher Altstadtrand) das Erz entdeckten. Mit dem Ort ging es fortan rasant bergauf, 1430–39 wurde er mit einer Mauer befestigt. Teile davon sind bis heute erhalten, auch einige der im 16. Jh. hinzugefügten Türme und Tore, wie der spitze *Zuckerhutturm* (heute Kunstgalerie), das mächtige *Brückentor* (1556) an der Wipperbrücke und das *Saigertor* (1535) mit einer Zwiebelhaube aus der Barockzeit. Es ist ein Wahrzeichen der Stadt neben dem hohen Turm der spätgotischen *St. Jakobi-Kirche* (15. Jh.).

Schwächelte der Kupferabbau im 16./17. Jh., brachte der Einsatz der Dampfmaschine (→ unten) eine zweite Blütezeit. Seit dem 19. Jh. war Hettstedt ein bedeutender Industriestandort, bis die Kupfervorräte 1969 erschöpft waren. Mit der Schließung der kupferverarbeitenden Betriebe 1989 verloren 20.000 Menschen ihre Arbeit, die Einwohnerzahl sank um ein Drittel. International erfolgreich ist weiterhin die von mittelständischen Unternehmen getragene Nichteisenmetallurgie (z. B. *MKM Mansfelder Kupfer und Messing GmbH, Mansfelder Aluminiumwerk*).

•*Information* **Stadtinformation**, Mo–Fr 8.30–12, Mo/Mi 13–15, Di bis 16, Do bis 17, Fr bis 12 Uhr. 06333 Hettstedt, Markt 1–3, ✆ 03476-812192, www.hettstedt.de.

•*Verbindungen* **Bahn**: Tägl. 6-mal nach Sangerhausen.

•*Essen* **Ratskeller**, im Erdgeschoss des Rathauses. Gutbürgerliche Küche, Mittagsteller unter 5 €. Terrasse am Marktplatz. Tägl. 11–23 Uhr. Markt 1–3, ✆ 03476-201700, www.ratskeller-hettstedt.de.

Sehenswertes

Mansfeld-Museum: Die Bergbaugeschichte des Mansfelder Landes steht im Mittelpunkt dieses Technikmuseums. Es befindet sich in einem Barockschlösschen am Rand einer staubigen Industriezone im Stadtteil Burgörner-Altdorf (3 km südl. Richtung Mansfeld). „Humboldtschlösschen" wird es auch genannt, da *Wilhelm von Humboldt* (1767–1835) hier seine ersten Ehejahre mit der Tochter des Hauses verbrachte. Nach der Kasse im Erdgeschoss führt eine kunstvolle, Barocktreppe in die Ausstellungsräume in den Obergeschossen, wo Bergmannstracht und -werkzeug, Lagepläne, Bergwerksmodelle, eine Mineralien- und Fossiliensammlung sowie Infotafeln zu Humboldts Schaffen zu sehen sind.

Ausgestattet mit einer Mappe voller Gerätebeschreibungen kann man dann im weitläufigen Freiareal des Museums unzählige historische Maschinen aus dem Bergbau- und Hüttenbetrieb (Hämmer, Öfen, Bohrgeräte, Grubenbahnen usw.) sowie nachgebaute Werkstätten und Stollen begutachten.

Prunkstück des Museums ist der Nachbau der ersten in Deutschland gebauten *Dampfmaschine Wattscher Bauart*, die in einer Führung erläutert wird. Da der Kauf einer originalen „Feuermaschine" aus Birmingham zu teuer gekommen wäre, entsandte Preußen zwei Mansfelder Bergbauingenieure nach England, um die Maschine genau zu erkunden und in Hettstedt nachzubauen, was nach einigen Fehlversuchen 1785 auch gelang – Industriespionage im vorindustriellen Zeitalter sozusagen.

•*Museum* Mi–Fr 10–16, 1. und 3. Sa im Monat 12–16, 1./3. So 10–16 Uhr. Eintritt 3 €. Schloßstr. 7, ✆ 03476-200753, www.mansfeldmuseum-hettstedt.de.

•*Veranstaltungen* **Modell-Dampftage**, vorletzter Sa/So im Aug.; zu sehen sind dampfbetriebene Geräte vom Radio bis zum Schiffsmodell.

Schaubergwerk in Wetterode (→ S. 208): Wie menschenunwürdig der Kupferschieferabbau in der Praxis war, lässt sich in diesem Schaubergwerk gut nacherleben.

Novalis-Museum in Wiederstedt: Im Schloss Oberwiederstedt, 3 km nordöstlich von Hettstedt, kam 1772 der Dichter, Jurist und Bergbauingenieur *Georg Philipp Friedrich von Hardenberg* zur Welt, der sich *Novalis* nannte. Obwohl er bereits mit 28 Jahren an Tuberkulose starb, zählt er zu den bedeutendsten Vertretern der deutschen Frühromantik. Im Schloss gibt es eine Forschungsstätte und ein Museum mit dem einzigen erhaltenen Porträt des Dichters.

Tägl. außer Mo 10–16 Uhr (läuten). Eintritt 2,50 €, Kind 1,50 €. 06333 Wiederstedt, Schäfergasse 6, ✆ 03476-852722, www.schloss-oberwiederstedt.de.

Mansfeld Lutherstadt
ca. 3300 Einwohner • 255 m

Der Ort im Tal der Wipper südöstlich von Hettstedt verrät es im Namen: Hier lebten die Grafen, nach denen die Region benannt ist, aber auch *Martin Luther*. Der 1483 im nahen Eisleben geborene Luther zog mit den Eltern als Einjähriger nach Mansfeld und blieb 13 Jahre. Vom **Elternhaus Luther**, einem stattlichen Vierseithof (Lutherstr. 26), existiert nur noch das Wirtschaftsgebäude. Grabungen förderten

Mansfelder Land

2003 den Lutherschen Familienmüll zu Tage, darunter Scherben edlen Geschirrs, die das Bild vom armen Bergmannssohn ins Wanken brachten. Die Exponate wurden als Ausstellung „Fundsache Luther" in Deutschland herumgereicht und sollen hier bis spätestens 2017 nach der Sanierung des Elternhauses dauerhaft gezeigt werden. Im Vorgängerbau der schönen **St. Georgskirche** (1498) diente Luther als Ministrant, den zentralen Lutherplatz schmückt ein imposanter Lutherbrunnen (1913).

Schloss Mansfeld

Auf einem steilen Felssporn hoch über der Stadt thront das mit Mauern und Bastionen bewehrte **Schloss Mansfeld** (10 Gehminuten). Eine erste Festung entstand im 10. Jh., um 1050 werden die Grafen *Mansfeld* erstmals erwähnt. Nach einer Erbteilung in die Linien Vorder-, Mittel- und Hinterort im 16. Jh. wurden auf dem Felsen drei Renaissanceschlösser nebeneinander erbaut. Mittel- und Hinterort sind heute romantisch überwucherte Ruinen. Vorderort wurde 1856 großteils durch ein neugotisches Schloss ersetzt (heute Begegnungsstätte der Evang. Kirche, Unterkunft auf Anfrage), nur die sehenswerte spätgotische Schlosskirche (15. Jh.) blieb erhalten. Unter einem Kreuzrippengewölbe birgt sie einen Flügelaltar aus der Werkstatt Lucas Cranachs d. Ä. und ein Sakramentshäuschen (1537). Ruinen und Schloss können von außen besichtigt werden (Spende 1 €), Kirchenführungen gibt es von Juni bis Sept. Sa 14 Uhr (✆ 034782-20201, www.schloss-mansfeld.de).

•*Information* **Stadtinformation**, Mo–Fr 9–12/13–15.30 Uhr. 06343 Mansfeld, Junghuhnstr. 2, ✆ 034782-90342, www.mansfeld.eu.
•*Verbindungen* **Bahn** (Wipperliese): Tägl. 8-mal nach Klostermansfeld bzw. Wippra. Die Bahn überquert am nördlichen Stadtrand Wipper und B 86 auf dem imposanten, 250 m langen **Hasselbach-Viadukt**, eine

Stahlkonstruktion von 1918.
Bus 431: Mo–Fr je 6-mal nach Hettstedt. www.vgs-suedharzlinie.de.
•*Übernachten* ***** Pension Schlossblick**, in Ortsmitte. 4 moderne Zimmer mit Balkon und Schlossblick in einem sanierten Altgebäude. DZ 60–70 €. Junghuhnstr. 4, ✆ 0162-4151634, www.mansfeld-pension.de. •

Klostermansfeld   ca. 2500 Einwohner • 249 m

Für Romanik- und Eisenbahnfans ist der 4 km östlich von Mansfeld gelegene und wegen der Straßenkreuzung und der Abraumhalde mitten im Zentrum wenig attraktive Ort einen Stopp wert: Die romanische **Klosterkirche St. Marien**, letzter Rest eines 1040 gegründeten Benediktinerstifts, besitzt einen stimmungsvollen Innenraum mit Säulen und Pfeilern im Stützenwechsel sowie reich ornamentierten Kapitellen. Die Bilderbuchkulisse fand als Hochzeitskirche Eingang in Til Schweigers „1½ Ritter"-Klamauk.

•*Kirche* Führungen (1,50 €) auf Anfrage im Pfarramt. Mo–Fr 9–12/13–15 Uhr. 06308 Klostermansfeld, Kirchstr. 2, ✆ 034772-25250. www.ev-kloster-kirche.de.

•*Verbindungen* **Bahn**: Bahnhof an der Südausfahrt Richtung Helbra. Tägl. 8-mal nach Sangerhausen bzw. Magdeburg.

Wipperliese: Der DB-Bahnhof Klostermansfeld ist Ausgangspunkt dieser 20 km langen Nebenbahnstrecke durch das Tal der Wipper nach Wippra. Tägl. Fahrten im Zweistundentakt (www.wipperliese.de).
Mansfelder Bergwerksbahn: Die z. T. dampfbetriebene Museumsbahn mit Spurweite 750 mm startet 50 m vom DB-Bahnhof Klostermansfeld entfernt in Bhf. Benndorf. Sie ist der letzte Rest des einst 50 km langen Bergwerksbahnnetzes und fährt Mitte Mai–Mitte Okt. jeden Sa ab 15 Uhr bis Hettstedt Eduardschacht und zurück (10 km/35 Min.). ✆ 034772-27640 (Mo–Fr 7–15 Uhr), www.bergwerksbahn.de.

Wippra
ca. 1600 Einwohner • 320 m

Der Luftkurort 15 km westlich von Mansfeld liegt von Wäldern umgeben in abgeschiedener Idylle. Mit der Regionalbahn *Wipperliese* (s. o.) erreicht man ihn durch das romantische **Wippertal**, Motorisierte reisen von Mansfeld über die B 242 an. Wo links hoch über dem Tal das neugotische Märchenschloss **Rammelburg** in Sicht kommt, zweigt links von der B 242 die Straße nach Wippra ab. Das Schloss steht leer und ist nicht zu besichtigen.

In der Ortsmitte gibt es einiges an Fachwerk, auch am barocken Turm der **St. Marien-Kirche**, die 1000 Jahre alt ist und einen spätgotischen Flügelaltar (1480) besitzt. Bekannt ist Wippra für die seit 1480 bestehende **Museums- und Traditionsbrauerei**, die heute als Familienbetrieb das „Original Wippraer Bier" braut (→ Führungen). Beliebt ist auch die 1000 m lange, kurvenreiche Sommerrodelbahn im Wolfstal (Mitte März–Ende Okt. tägl. 10–18 Uhr, Fahrt 2 €).

Eine staubige Straße (teils mit Betonplatten) führt von Wippra 7 km flussaufwärts bis zur 1952 errichteten **Talsperre Wippra**, die das Flüsschen zu einem reizvollen See staut. Ursprünglicher Zweck war die Versorgung der Mansfelder Minen mit Brauchwasser, heute dient die Talsperre dem Hochwasserschutz, der trotzdem nicht immer gelingt. Talabwärts soll daher ein umstrittenes Rückhaltebecken entstehen. Ein 5,8 km langer, markierter Rundweg um den Stausee führt zu schönen, etwas abschüssigen Badestellen. Interessierte können die Staumauer von innen besichtigen (3 €/Pers.; Anmeldung ✆ 034651-3820, www.talsperren-lsa.de).

WiSel-Card: Die günstige Tageskarte berechtigt zur Nutzung der **Q-Bus-Linie 32**, der **Selketal-bahn** zwischen Quedlinburg und Harzgerode, der **Wipperliese** zwischen Klostermansfeld und Wippra sowie des **Südharzbus VGS 498** zwischen Sangerhausen und Wippra. Gültig ist sie Sa/So/Feiertage von 0 bis 3 Uhr des Folgetags. *WiSelCard normal* 10 €, *WiSelCard groß* 19 € (2 Erw. & bis zu 3 Kinder). Die WiSelCard ist bei Bahn und Bus erhältlich. www.wiselcard.de.

•*Verbindungen* **Bahn** (Wipperliese): Tägl. 8-mal nach Klostermansfeld.
Bus 498: Tägl. 6-mal nach Sangerhausen. www.vgs-suedharzlinie.de.
•*Führungen* Die **Brauerei Wippra** bietet nach Voranmeldung Führungen durch das historische Sudhaus inkl. Verkostung (45 Min., 7,50 €) und eintägigem Braukurs (55 €). Bottchenbachstr. 1, ✆ 034775-20205, www.wippraer-bier.de.
•*Übernachten/Essen* **Wippraer Hof**, in Ortsmitte. Hotel-Restaurant in einem Fachwerkbau; 13 schlichte Zimmer. Restaurant mit Wildspezialitäten. Di Ruhetag. DZ 60 €. Anger 8, 06526 Wippra, ✆ 034775-710, 📠 71132.

Mansfelder Land

Mühlencafé, in einem Fachwerkbau unweit der Kreuzung in Ortsmitte. Bodenständige Küche, tolle Torten und Kuchen. Im Sommer netter Biergarten. Tägl. geöffnet. Poststr. 8,

034775-21704, www.muehlencafe-wippra.de.
• *Baden* **Wippertalbad**, Waldfreibad nahe der Ortsmitte, Minigolf. Mitte Mai–Ende Aug. tägl. 10–19 Uhr.

Lutherstadt Eisleben   ca. 24.000 Einwohner • 114 m

Hier kam Martin Luther zur Welt, hier starb er 1546. Sein Geburtshaus und Sterbehaus zählen heute zum Weltkulturerbe. Bis zum Luther-Jahr 2017, dem 500. Jahrestag seiner berühmten 95 Thesen, hat die alte Bergbaustadt noch viel vor.

Früher lebte Eisleben, das seit dem 12. Jh. im Besitz der Mansfelder Grafen war, vom Kupferbergbau. Blütezeiten waren das 15. bis 17. und das 19. Jh., erst 1990 wurde der Abbau eingestellt. Heute setzt man auf die Anziehungskraft der Luthergedenkstätten, die anders als jene in Wittenberg weit weniger bekannt sind. Um dem abzuhelfen, wurden viele Projekte angestoßen. Eines davon ist das Projekt „Lutherstadtumbau", das nicht sanierte Bauten und die in den 1980ern durch Abriss entstandenen Brachflächen in der historischen Altstadt etwa durch Kunstinstallationen wiederbeleben will (www.lutherstadtumbau.de). Größter Arbeitgeber Eislebens ist die *Klemme AG* mit 900 Mitarbeitern. Sie stellt – kaum zu übersehen an der B 180 südöstlich der Stadt – tiefgekühlte Backwaren her.

*P*raktische *I*nformationen

• *Information* **Touristinformation** im neuen Besucherzentrum gegenüber dem Luther-Geburtshaus. Mo–Fr 10–18 (Di nur bis 17), Sa 10–13 Uhr. 06295 Lutherstadt Eisleben, Hallesche Str. 4, 03475-602634, www.eisleben.eu; www.luther-eisleben.de.
• *Stadtführung* April–Ende Okt. tägl. 14 Uhr, Treffpunkt Rathaus. Dauer 1–1½ Std. 5 €/Pers.
• *Verbindungen* **Bahn**: Bahnhof 15 Gehminuten südl. der Altstadt. Tägl. 8-mal via Sangerhausen nach Kassel bzw. Halle/Saale; 16-mal via Sangerhausen nach Nordhausen (DB-Regionalbahn).
Bus: Tägl. 4- bis 18-mal nach Hettstedt (Linie 409) und Klostermansfeld (372). www.vgs-suedharzlinie.de.
Stadtverkehr: Die Linien 31 bis 34 verbinden Mo–Fr 6–18 Uhr mehrmals stündl. Bahnhof

und Markt. www.vgs-suedharzlinie.de.
• *Einkaufen* **Wochenmarkt**, Di/Do 8–16/17 Uhr auf dem Marktplatz. **Netto**, Mo–Sa 7–20 Uhr. Freistr. 100 (östl. vom Markt).
• *Veranstaltungen* **Weihnachtsmarkt**, 2.–4. Adventssonntag am Marktplatz. Auch Konzerte. www.eisleber-weihnachtsmarkt.de.

Eisleber Wiesenmarkt: Mit fast 500 Jahren Tradition, 500.000 Besuchern und 350 Schaustellern ist die *Eisleber Wiese* das „Oktoberfest des Ostens" und Mitteldeutschlands größtes Volksfest. Beginn: 3. Fr im Sept. mit Festumzug, Ende 4 Tage später mit Riesenfeuerwerk. www.wiesenmarkt.de.

*Ü*bernachten/*E*ssen

Online-Buchung unter www.eisleben-tourist.de.
• *Hotels/Pensionen* *** **Graf zu Mansfeld**, am Marktplatz. Liebevoll renoviertes Traditionshotel in einem Palais aus dem 16. Jh. 50 individuell eingerichtete romantische Zimmer. Tolles Frühstücksbuffet. Aufzug, Sauna, Solarium, kostenloser Parkplatz. Restaurant unter altem Gewölbe mit

internationaler Küche (Mo–Fr 17–23, Sa/So 7–23 Uhr). DZ 85–95 €. Markt 56, 03475-250722, 250723, www.hotel-eisleben.de.
*** **deckert's Hotel & Restaurant**, die einstige Gerichtslaube ist heute ein kleines freundliches Hotel mit 15 modernen Zimmern, gutem Frühstücksbuffet und sehr

Im Zentrum von Eisleben: der berühmteste Sohn der Stadt

gutem Restaurant (Hauptgericht 10–16 €). Leider an einer stark befahrenen Kreuzung gelegen. DZ 67 €. Friedensstr. 2, ☎ 03475-6690, ✉ 03475-6699221, www.deckerts-hotel.de.

*** Hotel am Katharinenstift, direkt in der Altstadt (gegenüber der Bergschule). Seit 2009 betreibt Deckert auch dieses schmucke Hotel-Garni mit 19 modern-eleganten Zimmern. DZ 75 €. Sangerhäuser Str. 12/13, ☎ 03475-632670, www.deckerts-hotel.de.

***S An der Klosterpforte, im Kloster Helfta, 3 km südöstl. an der B 80 Richtung Halle. VCH-Hotel in ruhiger Lage. 33 moderne Zimmer und 11 Appartements in einem Neubau. Modern-elegantes Restaurant Benedikt (tägl. 18–23 Uhr) mit kreativer Küche (Hauptg. 9–25 €). Rustikale Klosterschänke (tägl. 12–22 Uhr) mit eigener Brauerei, günstige Hausmannskost. Großer Biergarten. DZ 95 €. Lindenstr. 34a, ☎ 03475-71440, ✉ 7144100, www.klosterpforte.com.

Morgenstern, an der B 80 östlich der Altstadt. Einfache, günstige Pension mit 7 Zimmern; das Frühstück wird in der hauseigenen Café-Bäckerei serviert. DZ 45 €. Hallesche Str. 18, ☎ 03475-602822 oder 681974, www.pension-morgenstern.homepage.t-online.de.

◆*Restaurants/Cafés* Graf zu Mansfeld, deckert's, An der Klosterpforte → Hotels

Lutherschenke, mit „Speis und Trank wie zu Luthers Zeiten", lockt die Wirtsstube neben Luthers Geburtshaus. Die deftige Küche ist aber die unserer Zeit, mittelalterlich geht es nur beim „Luthergelage" zu (nach Reservierung ab 15 Pers.). Mo–Fr 11–14.30/17.30–24, Sa/So 11–14.30 Uhr. Lutherstr. 19, ☎ 03475-614775, www.lutherschenke-eisleben.de.

Fellini, Signore Micchia serviert in seinem Ristorante-Pizzeria-Eiscafé Pasta (6–10 €), Gratins (um 8 €), 25 Pizzavarianten (5–7 €) und Fischgerichte (19–23 €). Schön ist es an lauen Sommerabenden im Biergarten beim Knappenbrunnen. Tägl. 11–23 Uhr. Sangerhäuser Str. 10, ☎ 03475-748015.

Eis-Café Madeira, im Sommer sitzt man direkt am Platz und genießt Eis und Kuchen. April–Sept. Mo–Fr 9–18, Sa/So 13–18 Uhr, sonst nur Mo–Fr. Markt 49, ☎ 03475-680057.

Mansfelder Land

Sehenswertes

Luther Geburtshaus-Ensemble: Luthers Geburtshaus, schon 1693 zur Gedenkstätte umgestaltet, ist damit eines der ältesten Museen Deutschlands. 2007 wurde es nach Sanierung und Anbau eines Ausstellungshauses in preisgekrönter moderner Architektur neu eröffnet. Unter dem Titel „Von daher bin ich – Martin Luther und

Eisleben" sind in 13 Räumen über 250 Exponate zu sehen. Die interessante Schau beginnt im Neubau und widmet sich zunächst Eisleben (samt historischem Stadtmodell), Luthers Eltern, den Mansfelder Grafen, dem Bergbau um 1500 und der Frömmigkeit in der Familie. Im Stockwerk darüber werden Luthers Taufe und seine Familie thematisiert. Dann gelangt man in das historische Geburtshaus, das 1689 nach einem Stadtbrand wieder errichtet wurde. Im Erdgeschoss wurden drei Räume der Wohnung der Familie nachgebaut, den „Schönen Saal" im Obergeschoss schmücken Fürstenbilder.

April–Okt. tägl. 10–18, Nov.–März Di–So 10–17 Uhr. Eintritt 4 €, Familie 10 €. Lutherstr. 15, ☏ 03475-7147814, www.martinluther.de.

Luthers Taufkirche: In Sichtweite von Luthers Geburtshaus befindet sich die spätgotische **St. Petri-Pauli-Kirche**, in der Martin Luther am 11. November 1483 getauft wurde. Der (zu schön renovierte) Taufstein steht unter einer Messingschale geschützt im Chor der hellen, geräumigen Hallenkirche. Beachtenswert sind auch das Netzrippengewölbe und der spätgotische Schnitzaltar. Die Kirche soll bis 2017 zu einem „Internationalen ökumenischen Taufzentrum" umgebaut werden. Der von einer markanten Renaissancehaube gekrönte *Petriturm* kann bis zur Türmerwohnung bestiegen werden; von oben bietet sich ein toller Ausblick (Mai–Okt. Do 12 Uhr, 2 €).

Mai–Okt. Mo–Sa 10–12/14–16, So 11–16 Uhr, Nov.–April auf Anfrage. Petrikirchplatz 22, ☏ 03475-602229.

Marktplatz: Über die Lutherstraße erreicht man den schmucken Marktplatz. Kopfsteingepflastert und mit Bier- und Kaffeegärten bestückt, ist er die gute Stube der Stadt. In seiner Mitte ragt das bronzene **Luther-Denkmal** auf, das 1883 zum 400. Geburtstag des Reformators aufgestellt wurde. In seiner linken Hand hält der überlebensgroße Luther die Bibel, in der rechten die päpstliche Bannbulle. Reliefs mit Szenen aus seinem Leben zieren den Granitsockel. Das spätgotische **Rathaus** (16. Jh.) am oberen Ende des Platzes wendet diesem die 1874 mit einem Vorbau ergänzte Schmalseite zu, das Hauptportal mit überdachter Freitreppe befindet sich rechts. Von den Stadtsitzen der drei Mansfelder Grafenlinien im Bereich des Marktplatzes sind noch Schloss Mittelort (Nr. 34, heute Mohrenapotheke) und Schloss Hinterort (Nr. 58, bis 1992 Verwaltungssitz des Mansfelder Bergbaus) erhalten.

St. Andreas: Der wuchtige Nordturm hinter dem Rathaus gehört zur ältesten Pfarrkirche der Stadt. Im 13. Jh. errichtet und nach dem Stadtbrand 1490 als dreischiffige, gotische Hallenkirche wieder aufgebaut, birgt sie einen geschnitzten, spätgotischen Flügelaltar und einige Grabmäler, darunter die prächtige Renaissancetumba links vorne für den letzten katholischen Grafen *Hoyer VI. von Mansfeld-Vorderort.* Bronzebüsten erinnern an Philipp Melanchthon und Martin Luther, der hier von der Kanzel 1546 seine letzte Predigt hielt (→ Kasten S. 203).

Mai–Okt. Mo–Sa 10–12 und 14–16, So 10–13 und 14–16 Uhr. Orgelkonzert Di 12–12.20 Uhr. Nov.–April Führungen auf Anfrage. Andreaskirchplatz, ☏ 03475-602229.

Museum „Luthers Sterbehaus: In dem zweigeschossigen Gebäude mit dem hohen Dach ist Luther nicht gestorben, sondern ein paar Meter unterhalb im Haus Markt 56 (heute Hotel). Ein Chronist verwechselte im 18. Jh. die beiden Bauten, die Vater und Sohn gehörten, die Stadt erwarb das falsche und richtete 1894 darin eine Gedenkstätte ein, deren Schätze das originale Bahrtuch von Luthers Sarg und Luthers Totenmaske sind. Bis voraussichtlich Mitte 2012 ist das „Sterbehaus" geschlossen, es wird mit modernen Anbauten zu einem Museumsquartier erweitert.

Derzeit geschlossen. Andreasplatz 7, ☏ 03947-72256, www.martinluther.de.

„Mein Vaterland war Eisleben" – das Leben des Dr. Martin Luther

Der Kupferbergbau in Eisleben lockte Ende des 15. Jh. junge Leute in die Stadt, darunter auch *Hans Luder*, der sich mit seiner Frau Margaretha in der heutigen Lutherstraße niederließ. Das Paar kam aus dem Thüringischen, Hans entstammte einer Bauernfamilie, Margaretha war wohl aus bürgerlichem Haus. Beide waren 24 Jahre alt, als am 10. November 1483 in Eisleben ihr zweiter Sohn geboren wurde. Tags darauf wurde er in der nahen St. Petri-Pauli-Kirche auf den Namen des Tagesheiligen Martin getauft. Im Sommer 1484 zog die Familie ins 10 km entfernte Mansfeld (→ S. 197), wo sich Hans Luder als Hüttenmeister eine Existenz aufbaute. Sohn Martin verbrachte mit seinen acht Geschwistern die Kindheit in Mansfeld und ging dort von 1488 bis 1496 zur Schule. 1497 wechselte er an die Domschule in Magdeburg, 1498 an die St. Georg-Pfarrschule in Eisenach. 1505 trat er in das

Augustiner-Eremitenkloster in Erfurt ein, wurde 1507 zum Priester geweiht und erhielt 1512 als Doktor der Theologie einen Lehrstuhl in Wittenberg. 1517 heftete er seine 95 Thesen gegen den Ablasshandel angeblich per Anschlag an die Schlosskirche, eine Aktion, die die Reformation auslöste. 1521 mit dem Kirchenbann belegt, versteckte er sich für ein Jahr auf der Wartburg und heiratete 1525 die entlaufene Nonne *Katharina von Bora*. Vehement wandte er sich gegen den drohenden Bauernaufstand und unternahm eine Predigtreise durch den Harz, die wenig fruchtete.

Zeit seines Lebens verlor Luther nie die Beziehung zu seiner Geburtsstadt und war häufig Gast der Grafen von Mansfeld. *Graf Albrecht VII. von Mansfeld-Hinterort* war ein enger Freund und glühender Verfechter der Reformation, und führte in seiner Grafschaft bereits 1525 die evangelische Lehre ein. Weil die Grafen von Mansfeld-Vorderort Katholiken blieben, kam es mehrfach zu Streitigkeiten, bei denen Luther oft schlichtend eingriff.

Schon seit 300 Jahren ein Museum: Luthers Geburtshaus

So reiste er im Januar 1546 schwer krank nach Eisleben, um eine Versöhnung herbeizuführen, was nach mühsamen Verhandlungen gelang. Am 16. Februar hielt Luther seine letzte Predigt in der St. Andreaskirche, musste sie aber wegen eines Schwächeanfalls abbrechen. In der abendlichen Tischrunde verkündete er: „Wenn ich wieder heim gen Wittenberg komm, sollte ich mich alsdann in den Sarg legen und den Maden einen feisten Doctor zu essen geben." Am 18. Februar 1546 kurz vor drei Uhr früh starb er im Haus Markt 56. Sein Leichnam wurde in der St. Andreaskirche aufgebahrt und in der Schlosskirche zu Wittenberg beigesetzt.

Kanzel und Kassettendecke in der St.-Annen-Kirche

Knappenbrunnen und Alte Bergschule: Westlich vom Andreasplatz, wo sich die Sangerhäuser Straße zu einem hübschen Platz weitet, erinnern der Knappenbrunnen (1983) und der Barockbau der alten Bergschule an Eislebens Vergangenheit als Bergbaustadt. Hier wurden von 1798 bis 1844 junge Grubenbeamte technisch ausgebildet. Das Gebäude ging aus dem 1229 von den Mansfelder Grafen gestifteten St. Katharinen-Hospital hervor, einem Altersheim für Bergleute und deren Witwen. Heute nutzt die Stadtverwaltung den Bau.

St.-Annen-Kirche: Die Sangerhäuser Straße führt in die 1511 als Bergarbeiterstadt gegründete *Neustadt*, wo sich (nicht nur wegen des schönen Stadtblicks) ein Besuch der alten Bergmanns- und zugleich ersten evangelischen Kirche des Mansfelder Landes lohnt. 1513–1608 wurde an ihr gebaut, das Ergebnis war eine der schönsten Renaissancekirchen Deutschlands mit bemalter Holzkassettendecke und einer von einem gehörnten Moses getragenen Kanzel (1608). Ein einzigartiges Juwel ist die *Eisleber Steinbilderbibel* (1585) in der Brüstung des Chorgestühls – die 29 Sandsteinreliefs zeigen Szenen aus dem Alten Testament.

 Mai–Okt. Mo–Sa 10–16 Uhr, sonst klingeln. Annenkirchplatz 2, ☎ 03475-604115.

An der Ecke Annengasse/Breiter Weg steht das sanierungsbedürftige einstige **Neustädter Rathaus** (1571–89) – und diesem gegenüber die Bergmannsfigur „Kamerad Martin" (1590), die wie ein Roland Rechtssymbol der Neustadt war.

Der Lutherweg in Eisleben

Der Weg verbindet die Luther-Orte in Eisleben vom Geburtshaus bis zur St. Annen-Kirche durch Installationen und Land-Art-Objekte, die auf Brachflächen oder an leer stehenden Räumen errichtet wurden. Seit 2010 kann man mittels Audioguide eine einstündige Führung zu den 12 Stationen unternehmen. Der Guide wird in der Touristinfo verliehen (2 Std. 3 €).

Kloster St. Marien zu Helfta: Das 1229 von den Mansfelder Grafen gestiftete Zisterzienserinnenkloster 3 km südöstlich von Eisleben galt im 13. Jh. als „Krone der deutschen Frauenklöster". Hier wirkten die drei Mystikerinnen *Mechthild von Magdeburg* (1207–82), *Mechthild von Hackeborn* (1241–99) und *Gertrud die Große von Helfta* (1256–1303), hoch gebildete Ordensfrauen, die ihre Visionen in Schriften und Versen festhielten.

Nach der Aufhebung 1542 verfiel das Kloster. Ab 1998 wurde es wieder aufgebaut, die erhaltenen historischen Mauern wurden dabei durch zeitgenössische Bauten ergänzt. 1999 bildete sich ein neuer Konvent, der heute ein gutes Dutzend Zisterzienserinnen umfasst. Zu der weitläufigen Anlage mit Gärten und Teichen gehört u. a. ein Bildungs- und Exerzitienhaus, ein Hotel-Restaurant (→ Hotels) sowie ein Alters- und Pflegeheim.

Klosterkirche tagsüber geöffnet. Lindenstr. 36, ℡ 03475-711500, www.kloster-helfta.de.

Sangerhausen ca. 28.000 Einwohner • 154 m

Die frühere Bergbaustadt an der Südostecke des Harz ist bekannt für ihr Mammut und das Europa-Rosarium, die größte Rosensammlung der Welt.

Die Kreisstadt des Landkreises Mansfeld-Südharz leidet nach dem Ende des Bergbaus unter großer Arbeitslosigkeit, die Einwohnerzahl schrumpft. Immerhin überstand die *MIFA Mitteldeutsche Fahrradwerke AG* die Wende und fertigt im Südwesten der Stadt alljährlich noch an die 600.000 Klapp- und Billigfahrräder; die MIFA soll Deutschlands größter Fahrradhersteller sein.

Als fränkische Rodungssiedlung entstand Sangerhausen schon im 6. Jh.: *Sanger* bedeutet absengen, brandroden. 1194 zur Stadt geworden, brachte der Silber- und Kupferbergbau vom 14. bis zum 19. Jh. Wohlstand. Nach jahrzehntelanger Unterbrechung wurde er 1951 nochmals aufgenommen, 1990 war endgültig Schluss. Was blieb, ist die weithin sichtbare riesige Abraumhalde *Hohe Linde* im Norden der Stadt. Im beschaulichen Stadtkern haben sich einige historische Bauten erhalten, darunter drei schöne Kirchen. Hauptattraktion ist das *Europa-Rosarium* südöstlich der Altstadt, das Sangerhausen die offizielle Bezeichnung Rosenstadt eintrug.

*P*raktische *I*nformationen/*A*ktivitäten/*F*este

• *Information* **Touristinformation**, Vermittlung von Unterkünften, Stadt-, Kirchen- und Rosariumsführungen. Mo–Fr 9–18, Sa 10–14, Juli/Aug. auch So 10–14 Uhr. 06526 Sangerhausen, Markt 18, ℡ 03464-515336, www.sangerhausen-tourist.de.

• *Verbindungen* **Bahn**: Tägl. 8-mal nach Halle, Kassel, Magdeburg. 16-mal nach Nordhausen und Eisleben (DB-Regio). Vom Bhf. mit Linie 51 oder 52 zum Markt bzw. Rosarium.

• *Stadtführungen* Juni–Aug. Sa 10 Uhr, Dauer 2 Std., Eintritt 2,50 €. Treffpunkt Touristinfo.

• *Parken* In der Innenstadt Mo–Fr bis zu 1 €/Std. Am Westrand der Altstadt Parkplatz „Mühlendamm" (beschildert) Mo–Fr 3 Std., Sa/So ganztägig kostenlos.

• *Baden* Kunstteich Wettelrode (s. u.)

• *Feste* **Berg- und Rosenfest**, Ende Juni, Höhepunkt der Rosenfestwochen mit Klassik, Jazz, Theater im Rosarium; Wahl der Rosenkönigin.

Nacht der 1000 Lichter, Mitte Aug., Tanz, Musik und mitternächtliches Feuerwerk im Rosarium.

Kobermännchenfest, Anfang Sept., Altstadtfest mit Partymeile.

• *Kino* **Central Filmtheater**, 3 Säle in der Altstadt. Kornmarkt 10, ℡ 03464-342303, www.cinestar.de.

Mansfelder Land

Übernachten

2 Marktblick
4 Am Rosarium
5 Rosenhotel

Essen & Trinken

1 Kolditz
3 Ratskeller

Sangerhausen

150 m

Übernachten/Essen

• *Hotels/Pensionen* ***S **Rosenhotel (5)**, an der Autobahnabfahrt A 38 Sangerhausen Süd. Preisgünstiges, sauberes Hotel für Motorisierte. Zweigeschossiger Block mit 40 modernen Zimmern. Restaurant mit Biergarten, Bowling-Bahn, Parkplatz. DZ 44 €. Juri-Gagarin-Str. 31, ☎ 03464-544644, ✆ 544933, www.rosenhotel.net.

Pension Marktblick (2), direkt am verkehrsberuhigten Marktplatz. 10 renovierte, schöne Zimmer in einem Bürgerhaus von 1589 (oberhalb der Touristinfo). Freundliche Gastgeberin. Anreise 14–17 Uhr; Parkplatz trotz Altstadtlage. DZ 65–70 €. Markt 18, ☎ 03464-544166, ✆ 544167, www.pension_marktblick.info.

*** **Am Rosarium (4)**, Hotel-Pension in ruhiger Lage in einer Siedlung gegenüber dem Rosariumseingang. 16 zweckmäßige Zimmer, gutes Frühstücksbüffet. DZ 70 €. Finkenstr. 24, ☎ 03464-578273, ✆ 571511, www.hotel-am-rosarium.de.

• *Restaurants/Cafés* **Ratskeller (3)**, gutbürgerliche Küche zu mittleren Preisen im historischen Rathausgewölbe (15. Jh.). Jeden 1. und 3. So im Monat All-you-can-eat-Buffet. Tägl. 11–23 Uhr. Markt 1, ☎ 03464-579290, www.ratskeller-sangerhausen.de.

Konditorei Kaffeehaus Kolditz (1), seit 1888 Wiener Kaffeehaus mit nostalgisch angestaubtem Charme. Nur Mo–Fr 9–18 Uhr. Bahnhofstr. 44, www.konditorei-kaffehaus-kolditz.de.

Sehenswertes

Marktplatz: Der weite, kopfsteingepflasterte Platz ist Mittelpunkt der Altstadt. Im Osten begrenzt ihn die Rückseite des spätgotischen **Alten Rathauses** (1437), rechts davon erhebt sich das dreigeschossige **Neue Schloss** (16./17. Jh.), ein Renaissancebau und einst Residenz der Herzöge von Sachsen-Weißenfels (heute Amtsgericht). Im Treppenaufgang des Westflügels steht die Steinfigur des *Kobermännchens*, dem das Altstadtfest gewidmet ist. Im Südwesten des von schönen Fassaden gesäumten Platzes ragt der achteckige, 61 m hohe und fast 2 m nach Westen geneigte Turm der **Jacobikirche** auf. Der „schiefe Jacob" mit seiner vergoldeten Mondkugel an der Uhr ist das Wahrzeichen der Stadt. Die dreischiffige Hallenkirche (1457–1542) ist spätgotisch, besitzt ein Netzgewölbe im Chor (das Kirchenschiff hat nur eine bescheidene Flachdecke), einen Flügelaltar (14. Jh.) und eine Renaissancekanzel (1593), die eine Petrus-Figur in Bergmannstracht trägt. Die prächtige Orgel fertigte der Silbermann-Schüler *Lukas Hildebrandt* 1728.

Mai–Ende Okt. Mo–Sa 10–12, Mo–So 14–16 Uhr. www.jacobigemeinde-sangerhausen.de.

St. Ulrici: Älter als die Jacobikirche ist die Ulrichkirche 300 m weiter östlich, die am spitzen, gotischen Vierungsturm leicht auszumachen ist. Die dreischiffige Basilika wurde um 1125 erbaut, ihr Stil orientiert sich an burgundischen Vorbildern. Von außen etwas langweilig, gibt sich das Kirchenschiff stimmungsvoll-romanisch mit wuchtigen, viereckigen Pfeilern und Rundbogenarkaden und mit Tier- und Weintraubenreliefs verzierten Kapitellen. Bemerkenswert sind die Grabmale aus dem 16. Jh.

Mai–Ende Okt. Mo–Sa 10–12, Mo–So 14–16, Nov.–April Mo–Fr 10–16 Uhr nach Voranmeldung. ☏ 0160-91654017, www.ulrichgemeinde.de.

Spengler-Museum: Das 1952 eröffnete Heimatmuseum, das erste von der DDR erbaute Museum, verfügt über ein echtes Prachtstück: Das Skelett eines 500.000–700.000 Jahre alten Steppenmammuts, das der passionierte Sammler und Heimatforscher *Gustav Adolf Spengler* 1931 in einer nahen Kiesgrube

Am Marktplatz von Sangerhausen

entdeckte und zwei Jahre lang ausgraben ließ. Ausgestellt ist es in einem eigens angebauten Mammutsaal. Im Erdgeschoss werden Geologie, Flora und Fauna der Region und im Obergeschoss die Stadt- und Regionalgeschichte von der Steinzeit bis zur Wende vorgestellt. Zu sehen ist u. a. ein Stadtmodell von 1750, ein Zunftladen sowie DDR-Nostalgica. Wechselausstellungen erinnern an den in Sangerhausen geborenen Regisseur und Schriftsteller *Einar Schleef* (1944–2001).

Di–So 13–17 Uhr. Eintritt 2 €, 6–18 J. 1,50 €. Bahnhofstr. 33, ☏ 03464-573048, www.spenglermuseum.de.

Europa-Rosarium: 60.000 Rosensträucher und 8300 Sorten auf 12,5 Hektar Fläche – 100.000 Besucher kommen alljährlich, um die größte Rosensammlung der Welt zu genießen. Begonnen hatte alles 1903 mit einem kleinen Rosarium für alte, vom Aussterben bedrohte Sorten. Heute ist es ein riesiger, zur Stadt hin leicht abfallender Rosenpark, der mit Kunstobjekten, Teichen, Tiergehegen, Freilichtbühne, dem Café-Restaurant „Zur Schwarzen Rose", Eispavillons und Imbissbuden bestückt ist und auch ein Alpinum umfasst. Der Besuch lohnt besonders zur Blütezeit ab Ende Mai bis Juli, auch wenn dann Busladungen an Rosenfreunden herangekarrt werden

und sich der Eintrittspreis fast verdoppelt. Raritäten sind die Sträucher der violett-dunkelroten „Schwarzen Rose" *(Nigrette)* und jene der eher unscheinbaren „Grünen Rose" *(Viridiflora)*.

•*Rosarium* April–Ende Okt. tägl. 10–18, Mai/Sept. tägl. 8–19, Juni–Aug. tägl. 8–20 Uhr. Eintritt (Vor-/Nachsaison bzw. Blütezeit) 5 bzw. 8 €, 6–18 J. 1,50/3 €, Familie 10/16 €, Abendkarte 3/4 €. Kostenloser Lageplan an der Kasse. Kombi-Tickets: mit Röhrigschacht (s. u.) 12/14 €, Kind 6/7 €, mit Kyffhäuser-Denkmal (→ S. 212) 9/12 €. Großer Pflanzenshop für Hobbygärtner. Am Rosengarten 2a (Haupteingang), ✆ 03464-58980, www.europa-rosarium.de.

•*Führungen* Juni/Juli tägl. 11 Uhr, Dauer 2 Std./2,50 €. Treffpunkt beim Haupteingang.

•*Verbindung/Anfahrt* Für Motorisierte eigene Abfahrt „Rosarium" an der B 86.

Stadtbahn, Minizug zwischen Markt und Haupteingang. Mi–Sa 11–17 Uhr stündlich. Ticket 3 €.

Zu Fuß (20 Min.) ab Markt via Ulrichstraße, Riestedter Str. und Beyernaumburgerstr.

Im Europa-Rosarium mit Blick zur „Zugspitze des Südharzes"

Halde Hohe Linde: Der 150 m hohe Kegel im Stadtnorden besteht aus mehr als 20 Mio. Tonnen taubem Gestein; es ist der Abraum aus dem 686 m tiefen Schacht Sangerhausen (1944–90 als Thomas-Müntzer-Schacht in Betrieb), der mit einer 1 km langen Seilbahn herangefördert wurde. Die Hohe Linde ist heute ein Industriedenkmal, eigenmächtiges Erklimmen ist verboten. Ein- bis zweimal jährlich lädt das Bergbaumuseum Röhrigschacht (s. u.) zur Besteigung der „Zugspitze des Südharzes" (Ticket 1 €, Kinder erst ab 6 J., ✆ 03464-587816).

Ausflüge

Schaubergwerk Röhrigschacht in Wettelrode: Nervenkitzel kommt auf beim Besuch des Bergwerks an der L 231, 7 km nördlich von Sangerhausen. In einem originalen Förderkorb geht es in dunkler, wackeliger Fahrt – ausgestattet mit Helm, Schutzkleidung und Taschenlampe – 283 m senkrecht in den Röhrigschacht. Dieser wurde 1871–76 gegraben („abgeteuft") und bis 1992 genutzt. Unten angekommen, fährt man mit der Grubenbahn noch 1 km tief in den Berg, bevor es zu Fuß vorbei an Schautafeln, Modellen und betriebsfähigen Maschinen weitergeht.

Unvorstellbar mühsam war der bis in die 1920er-Jahre bäuchlings vorgenommene Abbau der nur 50 cm dicken Kupferschieferschicht – Schiefhälse wurden die Kumpels daher genannt. Arbeitserleichternd, aber ohrenbetäubend laut war dann der durch Maschinen und einer heulenden Wettermaschine unterstützte Bergbau im späteren 20. Jh. Die Führer, selbst einst Bergleute im Sangerhäuser Revier, klären in der unterhaltsamen 70-minütigen Führung manchen Bergmannsspruch auf oder lassen den Besucher buchstäblich im Dunkeln stehen. Zum Schluss geht es mit dem Förderkorb wieder nach oben.

In der Übertageanlage, deren Förderge-rüst von 1888 zu den ältesten in Betrieb befindlichen Europas zählt, gibt es ein **Bergbaumuseum** mit Ausstellungen zur Geologie und Mineralogie, zur Ausrüstung des Bergmanns und Großgeräten im Freibereich.

*Im Röhrigschacht:
Bergbau hautnah nacherleben*

•*Röhrigschacht/Museum* Mai–Sept. Mi-So 9.30–17 Uhr. Seilfahrtzeiten 10, 11.15, 12.30, 13.45, 15 Uhr, letzter Einlass Übertage-Museum 16 Uhr. Eintritt 10 €, 5–14 J. 5 €, Familie 25 €; nur Übertage-Museum 2,50/1,50 €. Kinder- und Sonderführungen nach Anmeldung. Wettelrode, ✆ 03464-587816, www.roehrigschacht.de.

•*Wandern/Baden* **Bergbaulehrpfad**: Der 4 km lange Weg teilt sich in 2 Rundwege und führt an bis zu 10 m tiefen Tagebaurestlöchern (Pingen), Halden und dem idyllischen **Kunstteich Wettelrode** vorbei; er wurde 1729 als Stausee für die Wasserräder im Bergwerk angelegt und ist heute ein beliebtes Freibad mit Ruderbootverleih (Mitte Mai–Ende Aug. Mo–Fr 11–19, Sa/So 10–19 Uhr, Eintritt 2 €).

•*Essen* **Waldcafé/Restaurant Am Kunst-teich**, beliebtes rustikales Lokal mit Terrasse. Tägl. ab 11 Uhr. ✆ 03464-587428.

Moltkewarte bei Lengefeld: Den bewaldeten Höhenrücken des Schlößchenkopfs (310 m) zwischen Sangerhausen und Lengefeld (Abzweigung von der Straße nach Wettelrode) ziert seit 1903 eine steinerne Aussichtswarte. Der 26 m hohe, 1903 aus Rogenstein (fischeiförmige Kalkkügelchen) erbaute Turm bietet eine Aussicht bis zum Kyffhäuser.
  April–Sept. bei Schönwetter Sa/So 14–18 Uhr. Markierte Wanderwege ab Lengefeld (ca. 30 Min.) oder ab Bhf. Sangerhausen (1½ Std.).

Grillenberg: Das 9 km nördlich an der L 230 Richtung Wippra gelegene 330-Einwohner-Dorf zieht sich ein reizvolles Tal entlang und verfügt über die schmucke Dorfkirche St. Nikolas (13. Jh.), ein beliebtes Waldbad (Harzstr. 70) und die **Ruine Grillenburg**. Ihre wenigen dunkelroten Mauerreste erreicht man in 10 Gehminuten ab dem Parkplatz „Schlossberg" (100 m schräg gegenüber der Kirche).

•*Übernachten/Essen* **Harzer Erlebnishof**, früher das Gästehaus des Mansfelder Kombinats, heute ein Landhotel mit modern-funktionellen Zimmern und rustikalen Blockhäusern. Restaurant tägl. außer Mo ab 11 Uhr; Sauna, Bowlingbahn. DZ 70–80 €. Grillenberg, Hühnerberg 1, ✆ 03464-5800, ✆ 580100, www.harzererlebnishof.de.

Mansfelder Land

Stolberg - eine Perle im Südharz

Südharz und westlicher Harzrand

Dichte Laubwälder, weite Wiesen, lange Bergrücken und helle Karstfelsen prägen das Land an den Harzrändern im Süden und Westen. Dazwischen trifft man auf malerische Burgruinen, Fachwerkstädtchen und nostalgische Kurorte. Einen Besuch unbedingt wert sind die Stadt Stolberg, das Kloster Walkenried und das Kyffhäuser-Denkmal.

Drei Bundesländer haben Anteil an der Region, und sie bieten zahlreiche Schönheiten. Im Uhrzeigersinn beginnt es mit Sachsen-Anhalt im Südosten – hier wartet **Stolberg**, eine Fachwerkstadt wie aus dem Bilderbuch. Thüringen lockt mit dem **Kyffhäuser Gebirge**, das sich parallel zum Südrand des Harzes hinzieht und über ein monumentales Denkmal sowie Europas einzige Anhydrithöhle verfügt. Im **Thüringer Südharz** finden sich idyllische Fachwerkorte und alte Burgruinen. Schließlich kommt Niedersachsen und gleich zu Beginn **Kloster Walkenried** mit seinem neuen Museum in den Resten eines der ältesten deutschen Zisterzienserklöster. Von den anschließenden Kurorten ist **Bad Lauterberg** der lebhafteste – es ist Einfallstor von Westen Richtung Oberharz, seine Umgebung durchzieht ein dichtes Wanderwegenetz. Die Kreisstadt **Osterode** beeindruckt mit einem historischen Fachwerkensemble, und **Bad Grund** hat mit seinem Höhlenerlebniszentrum ein interessantes Ausflugsziel geschaffen.

Questenberg   ca. 260 Einwohner • 188 m

Der stille Ort 20 km westlich von Sangerhausen schmiegt sich in einen verkarsteten Felsenkessel am Ufer der Nasse. Ein unscheinbarer Platz an der Durchgangsstraße bildet den Ortskern, an der Dorflinde lehnt ein bunt bemalter hölzerner Roland (19. Jh.), das Symbol niederer Gerichtsbarkeit. Oberhalb erhebt sich die kleine Fachwerkkirche Mariä Geburt mit fünfeckigem Chorturm und einem Halseisen an der Kirchhofmauer. Dahinter beginnt der steile 20-minütige Aufstieg zu den im Wald gelegenen wenigen Turm- und Ringmauerteilen der Questenburg (13. Jh.). Lohnenswerter ist der Weg gegenüber auf den 100 m den Ort überragenden Karstfelsen *Questenberg*. Man folgt dem Karstwanderwegweiser, an Gletschertöpfen vorbei steil zum Gipfel (15 Min.), den die auf einem 10 m hohen entrindeten Eichenstamm befestigte „Queste" ziert. Dieser riesige Kranz aus Buchen- und Birkenreisig mit Quasten und Büscheln wird als Sonnensymbol gedeutet und alljährlich zum *Questenfest* erneuert (siehe gleichnamigen Kastentext). Die botanisch bemerkenswerte Heide auf dem Felsen sowie der schöne Tiefblick in den Ort belohnen den Aufstieg zusätzlich.

• *Verbindungen* **Bus 493**: Mo–Fr je 4-mal nach Bennungen an der Bahnstrecke Kassel-Nordhausen-Eisleben. www.svg-suedharzlinie.de.

• *Übernachten/Essen* **Zur Queste**, Gasthaus an der Ortsdurchfahrt. Gemütlich-rustikales Wirtshaus, deftige regionale Kost und Fisch aus dem Nassetal. Hauptgericht kaum über 10 €. Tägl. außer Do 11–23 Uhr. 06536 Questenberg, Dorfstr. 9, ☎ 034651-2792.

**** Fünf Linden, 3 km südl. von Questenberg. Kleines Land- und Wellnesshotel in der denkmalgeschützten alten Schule und einem Neubau. 30 moderne Zimmer und Suiten. Restaurant mit guter regionaler Küche (Hauptgericht 12–20 €). DZ 80 €, Suite 120 €. 06536 Wickerode, Schulplatz 94, ☎ 034651-350, 🖂 35101, www.hotel-fuenf-linden.de.

Gut Drebsdorf, schön renovierter Fachwerkhof 9 km südöstlich. Familiengeführte Reit- und Ferienanlage mit Pferdezucht. 40 Betten in Mehrbettzimmern sowie 5 moderne Fewo (2–6 Pers.). Gäste sind v. a. Kinder-/Schulgruppen und pferdebegeisterte Familien. Reitunterricht, Pferdeboxen, viele Veranstaltungen. Fewo 2 Pers. 30–40 €. 06528 Drebsdorf, Gutshof 35, ☎ 034656-5600, 🖂 56017, www.gut-drebsdorf.de.

• *Wandern* Questenberg liegt am 250 km langen **Karstwanderweg** (S. 30). Vom Ort aus sind in kurzen Touren zwei Karstphänomene zu erreichen: Die **Dinsterbachschwinde** 1 km östl. nahe der Straße Richtung Hainrode, wo der Dinsterbach plötzlich in einer hohen Felswand (Achtung lose Felsbrocken!) verschwindet. Und der an einem Steilhang gelegene **Bauerngraben**, ein periodisch gefüllter, 15 m tiefer See (3,6 km Richtung Westen, rot markiert). Motorisierte können auch 1 km südlich von Agnesdorf Richtung Roßla parken und von dort 1 km zum Bauerngraben gehen.

> **Questenfest:** Das an Pfingsten gefeierte Fest geht vermutlich auf einen altgermanischen Sonnwendkult zurück. Es beginnt am Pfingstmontag um 3.30 Uhr, wenn der halbe Ort und eine Blaskapelle auf den Questenberg ziehen, die Queste abnehmen, verbrennen und mit einem Choral den Sonnenaufgang begrüßen. Nach einem Frühschoppen im Dorf wird am Nachmittag eine neu geschmückte Queste angebracht.

Alter Stolberg, Karsthöhle Heimkehle: „Deutschlands größte Gipsschauhöhle" erfährt man bereits an der L 236 zwischen Uftrungen und Rottleberode, bevor man auf schnurgerader Stichstraße auf den bewaldeten Karsthöhenzug des *Alten Stolbergs* (358 m) zufährt. Nicht zu übersehen ist rechter Hand die Anlage der *Knauf Gipswerke* mit einem riesigen Tagebau im Rücken. Schon zu DDR-Zeiten war dies die größte regionale Gipsabbaustätte, heute werden hier Gipsbauplatten und Produkte für die Zementindustrie erzeugt.

Die 2 km lange Gipshöhle Heimkehle *("Geheimer Keller")*, 1357 erstmals erwähnt und 1920 für Besucher erschlossen, gehört mit der professionell vermarkteten Barbarossahöhle im Kyffhäuser (→ S. 213) und der Kalkberghöhle von Bad Segeberg zu den einzigen Karstschauhöhlen Deutschlands. 750 m an Tunnels, künstlichen

Stollen und Hallen durchschreitet man in der 6–8 °C kalten Heimkehle im Rahmen der 45-minütigen Führung. Ursprünglich war die Höhle wassergefüllt und wurde mit Booten befahren. Ab 1943 mussten bis zu 1500 Häftlinge des KZ Mittelbau Dora (→ S. 226) die Höhle zu einer unterirdischen Flugzeugfabrik für die Junkerswerke Dessau ausbauen, wobei die Seen zubetoniert und Lkw-breite Tunnels angelegt wurden. 1946 versuchten die Alliierten die Anlagen zu zerstören, was teilweise gelang. Noch heute soll in Nebengrotten Rüstungsmaterial versteckt sein. Gedenkstätten erinnern an die hier und in den Todesmärschen nach der Räumung zu Tode gekommenen Häftlinge. Der (rollstuhlgeeignete) Rundweg durch die Heimkehle führt vorbei an zwei kristallklaren Seen. Größter Hohlraum ist der 22 m hohe *Dom*, der mit einer Lasershow präsentiert wird.

•*Karsthöhle* Tägl. außer Mo: Mai–Okt. 10–17, Nov.–April 10–16 Uhr. Führungszeiten meist stündl. bis eine Stunde vor Schließung. Eintritt 4,50 €, Kind 3–6 J. 2 €. Heimkehle 1, ℡ 034653-305, www.hoehle-heimkehle.de.
•*Parken* Parkplatz tägl. 8–18 Uhr. 30 Min. 0,50 €, 8 Std. 4 €. Kein Wechselgeld.

•*Essen* **Zur Höhle Heimkehle**, gemütliches, freundliches Restaurant beim Höhlenausgang mit ambitionierten Wirtsleuten. Verfeinerte Regionalküche, Wildgerichte, großer Biergarten, Tägl. außer Mo 11–18 Uhr. Heimkehle 2, ℡ 034653-727396, www.restaurant-heimkehle.de.

Kyffhäuser

Wer im Südharz unterwegs ist, kommt um den Kyffhäuser, ein rund 19 km langer Höhenzug südlich parallel zum Harzrand, nicht herum: Das hoch aufragende Kyffhäuser-Denkmal am nordöstlichen Bergsporn (457 m) und die großen Wegweiser im Tal machen neugierig, weshalb der Kyffhäuser hier kurz vorgestellt wird – eigentlich hat das Gebirge mit dem Harz nichts mehr zu tun.

Information www.kyffhaeuser-tourismus.de.

Die 5 km lange Strecke der B 85 von **Kelbra** auf den Kyffhäuser ist mit 36 Kehren ein Magnet für Motorradfahrer. Im Sommer herrscht Massenandrang, und trotz Kontrollen kommt es immer wieder zu schweren Unfällen. Wer auf Youtube klickt, den graut's, wie Biker mit ihren Kyffhäuserrennfahrten prahlen.

Kyffhäuser-Denkmal: Am Bergkamm angekommen, sind es links noch 2 km zu den beiden Großparkplätzen unterhalb des Kyffhäuser-Denkmals, dann noch gut 10 Min. zu Fuß bergauf zur Kasse. Mit dem Ticket darf man das Denkmal und die Reste der Oberburg mit Barbarossaturm besichtigen. Die gesamte Anlage war einst die *Reichsburg Kyffhausen*, eine der größten Mittelalterburgen, die unter Friedrich I. Barbarossa im 12. Jh. vollendet wurde. Sie bestand aus Ober-, Mittel- und Unterburg und war von einer hohen Ringmauer umgeben. Zwei Drittel der Oberburg wurden 1890 abgetragen, um darauf das klotzige *Kaiser-Wilhelm-Denkmal* in Form eines 81 m hohen Turms zu errichten. An seiner nach Osten gewandten Schauseite sitzt unten der aus dem Fels gemeißelte, 6,5 m große Barbarossa, der eben aus seinem unterirdischen Schlaf erwacht ist und sich am Barte krault. Über ihm das monumentale 11 m hohe Reiterstandbild von Kaiser Wilhelm I. Das neue Deutsche Kaiserreich als legitimer Nachfolger des Heiligen Römischen Reiches Deutscher Nation – so soll es gedeutet werden. Auf dem Turm ruht eine 6,6 m hohe steinerne Kaiserkrone, zu der man über 247 Stufen aufsteigen kann. Von oben genießt man eine schöne Rundumsicht samt Brocken bis zum Thüringer Wald. Ausstellungen zu beiden Seiten der Kuppelhalle im Turmsockel zeigen die Geschichte des drittgrößten Denkmals in Deutschland.

Blick von der Oberburg auf das Kyffhäuser-Denkmal

Zwischen Denkmal und Resten der **Oberburg** befindet sich der angeblich tiefste *Burgbrunnen* der Welt. Ein Video zeigt eine Kamerafahrt – 176 m geht es in die Tiefe. Für 50 Cent pro Stück darf man Steine vom Automaten (!) hineinwerfen. Neben dem *Bistro am Turm* informiert ein kleiner Museumsraum über die ehemalige Reichsburg und die Barbarossasage, nach der der Kaiser mit seinen Getreuen im Inneren des Kyffhäusers schläft. Auch der Bergfried der Oberburg kann bestiegen werden.

Zurück am Platz vor der Kasse, sollte man östlich herum zu den Parkplätzen zurückkehren – durch die **Mittelburg**, von der nur wenig erhalten ist, sowie die sehenswertere **Unterburg**; ihre in den 1930ern aufwendig restaurierten Mauern sind noch haushoch.

April–Okt. tägl. 9.30–18, Nov.–März tägl. 10–17 Uhr. Einlass bis 30 Min. vorher. Eintritt 6 €, Kind 6–18 J. 3 €. ✆ 034651-2780, www.kyffhaeuser-denkmal.de.

•*Essen/Übernachten* **Burghof Kyffhäuser**, historische Gaststätte (1891) am zweiten Großparkplatz. Thüringer Küche, allen voran Bratwürste und Klöße. April–Ende Okt. sowie 25.–30. 12. tägl. 9–19 Uhr. 6 renovierte, individuell eingerichtete Zimmer mit Balkon. DZ 60–100 €. Steinthaleben/Kyffhäuser, ✆ 034651-45222, ✎ 45410, www.burghof-kyffhaeuser.de.

•*Parken* Tägl. 8–20 Uhr; bis 3 Std. 2 €, ab 3 Std. 3 €.

•*Veranstaltungen* **Kyffhäuser-Berglauf**, Mitte April; Marathon, Halbmarathon, 6 und 14 km ab Bad Frankenhausen. www.kyffhaeuser-berglauf.de.

Kyffhäuser Turmtreppenlauf, Mitte Juni, wie schnell schafft man die 247 Stufen?

Tourenwagen Bergrennen, August, 3,6 km von Kelbra auf den Kyffhäuser.

Barbarossahöhle: Europas einzige Schauhöhle im Anhydritgestein befindet sich (gut ausgeschildert) im stark verkarsteten und daher unbewaldeten Südwesten des Kyffhäuser. Bergleute waren auf der Suche nach Kupferschiefer 1865 auf die Hohlräume gestoßen.

Südharz und westlicher Harzrand

Vom modernen Eingangsgebäude geht es durch den 160 m langen Stollen in die ganzjährig etwa 8 °C kalte Höhle. Die Führung startet im 38 m breiten, imposanten *Empfangssaal*, wo die geologischen Besonderheiten der Höhle erläutert werden. Vorbei an der *Neptungrotte* mit zwei grün schimmernden, kristallklaren Seen erreicht man den schönsten Raum, die *Gerberei*, die ihren Namen von den 1 m langen einzigartigen Gipslappen hat, die wie Felle von der Decke hängen. Sie entstehen, indem sich Anhydrit durch die hohe Luftfeuchtigkeit (98 %) zu Gips verwandelt, dabei sein Volumen verdoppelt und sich dann von der Decke schält. Eine Besonderheit sind auch die aus reinem weißen Gips bestehenden Maserungen im Gestein: wellenförmiger *Schlangengips* und faustgroße *Alabasteraugen*. Im *Tanzsaal* steht der Thron von Kaiser Barbarossa, der in einem unterirdischen Schloss im Kyffhäuser schlafen soll. Über einen Stollen geht es oberhalb des Höhleneingangs wieder ans Tageslicht.

April–Ende Okt. tägl. 10–17, Nov.–Ende März tägl. außer Mo 10–16 Uhr. Führungen mind. jede volle Stunde. Eintritt 7,50 €, bis 16 J. 4 €, Familie 21 €. Rottleben, Mühlen 6, ✆ 034671-5450, www.hoehle.de.

•*Essen* **Barbarossahöhle**, Gaststätte neben dem Höhleneingang mit Thüringer Küche und kastanienbestandenem Biergarten. Tägl. ab 10.30 Uhr, Nov.–März Mo Ruhetag. ✆ 034671-62581.

Panoramamuseum Bad Frankenhausen: Am Südhang des Kyffhäuser wurde am 15. Mai 1525 die entscheidende Schlacht des deutschen Bauernkriegs geschlagen. 6000 Aufständische wurden dabei niedergemetzelt, ihr Anführer *Thomas Müntzer* gefangen genommen und hingerichtet (→ Kasten S. 218). 1976 erhielt der Leipziger Maler *Werner Tübke* (1929–2004) von der DDR den Auftrag für ein Panoramagemälde; was er von 1983 bis 1987 schuf, ist ein monumentales Rundbild, das zwar *Frühbürgerliche Revolution in Deutschland* heißt, den Bildbogen aber weiter spannt und den Umbruch vom Spätmittelalter in die Neuzeit in vielen Facetten darstellt. Allein das Ausmaß ist beeindruckend: 14 m hoch, 123 m lang, gespickt mit detailreichen Szenen und über 3000 farbenprächtigen Figuren. Der eigens dafür errichtete Rundbau am Schlachtenberg oberhalb von Bad Frankenhausen wurde 1989 als Panoramamuseum eröffnet.

In den Führungen werden die wichtigsten Szenen und die bekanntesten Figuren (Martin Luther, Albrecht Dürer ...) erläutert. Wer ein Fernglas dabei hat, kann die Details erkennen. Unterhalb des Panoramasaals sind weitere Werke von Tübke und Sonderausstellungen zu sehen. Das Studiokino zeigt in der Hochsaison (sonst nach Voranmeldung) Dokumentationen wie die interessante „Schlacht am Bild" (20 Min.; 1 €), die erläutert, wie Tübke mit wenigen Helfern in kaum vier Jahren das gigantische Ölgemälde schuf.

April–Ende Okt. Di–So 10–18, Nov.–Ende März Di–So 10–17, Juli/Aug. zusätzlich Mo 13–18 Uhr. Laufend Führungen. Eintritt 5 €, 6–14 J. 2 €. Am Schlachtberg 9, ✆ 034671-6190, www.panorama-museum.de.

•*Parken* Di–So 9–18, Juli/Aug. auch Mo 13–18 Uhr. 1 €/Tag. Kein Wechselgeld.

Rundbau für Tübkes Riesengemälde

Stolberg

ca. 1300 Einwohner • 340 m

Das idyllische Südharzstädtchen zeigt sich wie ein Freilichtmuseum: Fast 400 Fachwerkhäuser reihen sich entlang dreier mittelalterlicher Straßen, die am historischen Marktplatz aufeinandertreffen, darüber thronen Kirche und ein mächtiges Schloss. Komplett wird das Bilderbuchensemble durch die reizvolle hügelige Wald- und Wiesenlandschaft.

Die einstige Residenzstadt der Grafen zu Stolberg liegt an jener Stelle, wo sich die tiefen Flusstäler von Thyra, Lude und Wilde vereinen. 1993 wurde Stolberg als bisher einziger Ort in Deutschland für sein mittelalterliches Stadtbild mit dem Titel „historische Europastadt" geadelt. Von Kriegen oder Bränden großteils verschont, konnte sich die im Mittelalter blühende Handwerks- und Handelsstadt ihre Fachwerkkunst – 18 Häuser wurden noch vor 1530 erbaut – erhalten. Schon im 19. Jh. war Stolberg ein beliebtes Touristenziel. An diese Zeit versucht man heute anzuknüpfen und renoviert tatkräftig die Schätze der Stadt. Obwohl die neue Südharzautobahn A 38 nur 15 km entfernt ist, verirren sich überraschend wenige Urlauber hierher. Bevorzugt zieht es Holländer nach Stolberg, die an ihre Wurzeln zurückkehren. Im Schloss kam *Juliana zu Stolberg* (1506–80) zur Welt, die über ihre Söhne Wilhelm I. und Johann Graf VI. die Stammmutter der Oranier ist. Beatrix, die heutige Königin der Niederlande, ist eine direkte Nachfahrin.

Praktische Informationen

•*Information* **Harz-Informations-Zentrum**, rechts vom Rathaus. Unterkunftsvermittlung, Stadt- und Schlossführungen, Wanderkarten, Rodelverleih. Mo–Fr 9–12.30/13–17, Sa/So 10–12/13–15 Uhr. 06547 Stolberg, Markt 2, ✆ 034654-454 und 19433, www.stadtstolberg.de.

•*Stadtführungen* Sa/Feiertage 9.45 Uhr ab Bahnhof, So 14 Uhr ab Markt (1½ Std., 2,50 €).

•*Einkaufen* **Friwi**, Knabbereien aus Stolberg (seit 1891; nach Zwangspause ab 1972 seit 1992 wieder in Familienbesitz). Spekulatius, Stollen, Lebkuchen. Di–Sa 9–18, So/Mo 11–18 Uhr. Niedergasse 21, www.friwi.de.

Typisch Harz, Laden im Gasthaus Kupfer mit Stolberger Lerchen (→ Essen), Harzer Schnäpsen und Likören. Ein Tipp ist der „Stolberger Fresssack" mit Lerchen und Friwi-Gebäck. Kaltes Tal 3.

Hollandse Winkel, „holländischer Laden"

eines holländisch-deutschen Paares im alten Kino. Zwei Dutzend Käsesorten, Matjes, Fisch, Gewürze, Lakritze. Fr–So 11–19 Uhr. Niedergasse 45a.

•*Verbindungen* **Bahn** *(Thyraliesel)*: 2001 reaktivierte Strecke nach Berga-Kelbra (an der Linie Kassel-Nordhausen-Eisleben). Nur Sa/So 5-mal tägl., Direktzüge aus Leipzig oder Magdeburg. Bahnhof 1 km südlich vom Marktplatz. www.insa.de.

Bus: Mo–Fr je 12-mal nach Berga-Kelbra (Linie 495); www.vgs-suedharzlinie.de. Sa/So je 3-mal nach Quedlinburg via Güntersberge und Gernrode (31); Sa/So je 2-mal nach Straßberg und Harzgerode (38), www.qbus-ballenstedt.de.

•*Parken* Parkverbot in der ganzen Stadt! Großparkplätze an den Ortsrändern (500–800 m entfernt), wenige Stellplätze zentral am Saigerturm (0,50 €/30 Min.).

Übernachten/Essen

•*Hotels* ****ˢ **Schindelbruch**, stilvolles, 2008 saniertes Wellnessresort in einsamer Waldlage am Fuß des Auerbergs, 7,5 km nordöstlich. Ideal für Ruhesuchende und Naturliebhaber. 78 Zimmer verteilen sich auf Hotel, „Landresidenz" und zwei rusti-

kale Blockhütten (Jägerhaus). Kleines Hallenbad, Saunadorf. Zwei Restaurants. DZ 130–180 € (Hotel), 120–140 € (Landresidenz), 100–120 € (Jägerhaus), viele Wellness-Pauschalen. Schindelbruch 1, ✆ 034654-8080, ✆ 808458, www.schindelbruch.de.

***S Stolberger Hof**, am Marktplatz; gemütliches Hotel in einem Fachwerkhaus mit modernem Anbau. 26 Zimmer im Landhausstil, großzügiges Hallenbad mit Sauna und Whirlpool. Restaurant, Café und Gewölbekeller. Aufzug. DZ 94–108 €, Superior bis 124 € je nach Saison. Am Markt 6, ☎ 034654-320, ☏ 437, www.stolberger-hof.de.

*** **Hotel zum Kanzler**, am Markt; preisgünstiges, bei Busgruppen beliebtes Fachwerkhotel; 44 funktionelle, saubere Zimmer – nach vorne Rathausblick, aber auch Verkehrslärm. Junges, freundliches Team. Frühstücksbuffet mit Wartesaalcharme. Parkplätze im Hof. Kein Aufzug. Im „Gästehaus zur Post" gegenüber gibt es 7 großzügige, moderne App. unter altem Gebälk. DZ/App. 62–72 €. Markt 8, ☎ 034654-205, ☏ 315, www.zum-kanzler.de.

*** **Weißes Roß**, beim Marktplatz; einfaches Hotel-Garni in einem Fachwerkhaus. 13 geräumige, zweckmäßig eingerichtete Zimmer. Die frühere rustikale Gasthausstube dient als Frühstücksraum. Parkplätze im Hof. DZ 50–58 € je nach Aufenthaltsdauer. Rittergasse 5, ☎ 034654-403, ☏ 602, www.weisses-ross-stolberg.de.

•*Ferienwohnungen* **** **Haus Krug**, in Ortsmitte; 2 renovierte, komplett ausgestattete Fewo in einem Fachwerkhaus, eine im EG mit Terrasse für 2–4 Pers., eine im OG mit Balkon für 4–6 Pers. Fewo 2 Pers. 45–50 €, weitere Pers. 5 €, Endreinigung 20 €. Ritterg. 15, ☎ 0170-6615294, ☏ 0180-5976300077, www.urlaub-in-stolberg.de.

Haus Thyra, in einer historischen Villa in Waldrandlage südlich oberhalb des Orts. 7 moderne, gut ausgestattete Wohnungen (30–70 m²). Fewo 2 Pers. 30–50 €, weitere Pers. 5 €, Endreinigung 12,50 €. ☎ 034654-85678, ☏ 85679, www.hausthyra.de.

Stolberger Lerchen: Eine Delikatesse des Orts, die man am besten zu Grünkohl und Salzkartoffeln verspeist. Keine Sorge, es handelt sich nicht um Singvögel, sondern um dünne, geräucherte Schweinswürste, die beim Braten einen Pfeifton ähnlich dem Gesang der Lerchen abgeben und so zu ihrem Namen kamen.

•*Restaurants* **Waldrestaurant**, rustikales Restaurant im → Hotel Schindelbruch. Sehr gute regionale Küche, z. B. Rehkeule mit Spätzle (16 €) oder Kartoffel-Nudeln mit Waldpilzen (13 €). Tägl. 12–16/18–22 Uhr.

Stolberger Hof → Hotels; das Restaurant serviert deftige deutsche Kost – viel Fleisch (auch Stolberger Lerchen), wenig Vegetarisches. Hauptgericht 9–16 €. Biergarten am Marktplatz. Tägl. 11–23 Uhr, Küche mittags und abends.

Gasthof Kupfer, prächtiger Fachwerkbau am Markt Richtung Auerberg. Rustikale Gaststube, kleiner Hinterhofgarten. Ein Vorbesitzer erfand im 19. Jh. die „Stolberger Lerchen", die heutigen Besitzer, Fam. Hübner vom → Hotel zum Kanzler, stellen nach altem Rezept her. Auch Wild- und Fischgerichte. Tägl. außer Mo. Markt 23, ☎ 034654-422, www.gasthof-kupfer.de.

•*Cafés* **Café Hohenzollern**, im plüschigen Kaffeehaus des → Stolberger Hofs gibt es Kaffeespezialitäten und Torten von Friwi.

Friwi-Café, der Keksbäcker unterhält in seinem Stammhaus neben der Alten Münze ein rustikales Café mit köstlichen Torten aus eigener Herstellung. Di–Sa 9–18, So/Mo 11–18 Uhr. Niedergasse 21.

*A*ktivitäten/*F*este

•*Baden* **Freizeitbad Thyra Grotte**, am südl. Ortsrand; modernes Erlebnishallenbad (29 °C) mit Außenbecken, Rutschen und großem Saunabereich. Tageskarte 15,40 €, bis 16 J. 10,30 €. Auch Karten für 1 oder 3 Std. So–Do 10–21, Fr/Sa bis 22 Uhr. Thyratal 5a, ☎ 034654-92110.

Waldbad, idyllischer früherer Bergteich im Ludetal, 500 m talaufwärts hinter d. Rittertor.

•*Kutschfahrt* Fahrt in der rekonstruierten Postkutsche von 1850 ab der „Alten Posthalterei", Niedergasse 5. Nach Voranmeldung für 6–8 Pers., inkl. Kutscherschmaus

65 €/Pers. www.posthalterei-stolberg.de.

•*Wandern* 14 markierte Terrainkurwege führen um den Ort, ein Wanderplan ist nötig (bei der Information erhältlich). Schön sind der **Obere** und **Untere Bandweg** (beschildert), die den Ort aussichtsreich umrunden.

•*Feste* **Waldfest am Josephskreuz**, Ende Juli, Traditionsfest mit Kunsthandwerk, Harzer Brauchtum, Jagdhörnern und Jodlern.

Stolberger Lerchenfest, 2. Sa/So im Aug., historischer Handwerkermarkt mit Musik.

Fachwerk am Stolberger Marktplatz

Sehenswertes/Ausflüge

Marktplatz und Rathaus: Stolbergs gute Stube ist der Marktplatz. Drei Gassen (die leider oft schneller als mit den erlaubten 30 km/h befahren werden) münden in ihn ein. Gesäumt ist der Platz von Biergärten, zwei Traditionshotels, dem runden **Saigerturm** (13. Jh.) der einstigen Stadtbefestigung und dem dreigeschossigen **Rathaus** von 1454. Seine Fassade zieren Zunftzeichen und eine 1724 gemalte Sonnenuhr mit dem Stadtwappen. Das Rathaus hat im Inneren keine Treppen. Sie entfielen zugunsten größerer Lagerflächen, als das Gebäude noch den Stolberger Händlern gehörte. Bis heute wechselt man die Stockwerke über die Außentreppe, auf der man auch zu Kirche und Schloss hinaufsteigt.

Vor dem Rathaus steht seit 1989 das moderne **Thomas-Müntzer-Denkmal** von *Klaus F. Messerschmidt*, geschaffen zum 500. Geburtstag des Bauernführers. Die vier Säulen sind Abgüsse der hölzernen, mit Heiligenfiguren verzierten Eckpfeiler aus Müntzers 1851 abgebranntem Geburtshaus, das sich unweit südlich in der Niedergasse 2 befand (Gedenktafel).

Museum Alte Münze: Stolbergs schönstes Fachwerkhaus (in der Niedergasse südlich des Marktplatzes) wurde 1535 im Renaissancestil mit prächtigem Erker erbaut, seit 2004 beherbergt es das sehenswerte Museum. Die Münzprägung hat in Stolberg seit dem 13. Jh. Tradition, das Silber wurde in den umliegenden Bergwerken gewonnen. Museales Prunkstück ist die einzige in Mitteleuropa erhaltene Münzwerkstätte des 18. Jh. mit Balancier, Rändelmaschine und Stanze (im Erdgeschoss). Jeden 1. So im Monat, am 1. Januar und bei Stadtfesten wird hier geprägt, ansonsten zeigt ein Film, wie es geht und warum der Münzerlehrling ein buntes Schellenkostüm tragen musste. Im 1. Obergeschoss werden einige der 1500 bekannten Stolberger Münzen und die bis 1801 tätigen Münzmeister vorgestellt.

Ein Stockwerk höher sieht man geschnitzte Ecksäulen einer typischen Stolberger Bohlenstube und lernt die ältesten Häuser und Handwerke des Orts kennen. Ein Raum ist *Thomas Müntzer* (→ Kasten) gewidmet.

Mi–So 10–12.30/13–17 Uhr. Eintritt 2 €, 6–15 J. 1,50 €. Niedergasse 19, ✆ 034654-85960, www.stolberger-museen.de.

Thomas Müntzer, Revolutionär und Bauernführer (1489–1525)

Der in Stolberg geborene Handwerkersohn lernte nach Studium und Priesterweihe um 1519 in Wittenberg Martin Luther kennen, dessen Lehren er sich zunächst voller Bewunderung anschloss. Doch bald wurde Thomas Müntzer radikaler und predigte nicht nur gegen Papst und Ablasshandel, sondern auch gegen Fürsten und Adel. Seine Gottesdienste, in denen er für Liturgie und Kirchenlieder die deutsche Sprache einführte, zogen die Massen an, was die Obrigkeit zusehends beunruhigte. In seiner berühmten Fürstenpredigt 1524 prangerte er soziale Missstände und den Reformunwillen des Adels an und rief die Fürsten auf, sich auf die Seite des Volkes zu stellen. Da hatte sich Luther längst von ihm distanziert und begonnen, vor dem „aufrührerischen Geist" zu warnen. Müntzer fand in den aufständischen Bauern neue Verbündete im Kampf um soziale Gerechtigkeit und wurde deren charismatische Leitfigur. Im Mai 1525 führte er sie bei Frankenhausen in die Schlacht gegen die Fürsten – und in eine vernichtende Niederlage. Müntzer wurde gefangen genommen, gefoltert und wenige Tage später enthauptet. Bis heute ist seine Person umstritten. Als Kämpfer gegen die Feudalherrschaft wurde er in der DDR mit Straßen und Plätzen geehrt. Der Zusatz „Thomas-Müntzer-Stadt" für seine Geburtsstadt Stolberg wurde nach der Wende wieder gestrichen.

Museum Kleines Bürgerhaus: In dem spätgotischen Handwerkerhaus von 1450 lässt sich nachvollziehen, wie kleine Handwerker im 17.–19. Jh. lebten: Im Erdgeschoss eine kleine Schusterwerkstatt und eine Rauchküche, im Obergeschoss ein Schlafraum und eine aus dem Jahr 1470 stammende Bohlenstube.

April–Okt. Di–So 10–12/13–17 Uhr, sonst nur Sa/So. Eintritt 2 €, 6–15 J. 1,50 €. Rittergasse 14, ✆ 034654-85955, www.stolberger-museen.de.

Die **Rittergasse** zieht sich vom Marktplatz nordwärts, wo sie am letzten erhaltenen Stadttor endet, dem **Rittertor** (1347). Ein paar Schritte weiter trifft man auf den Fachwerkbau „Chalet Waldfrieden". Das heutige Hotel wurde 1810 im Auftrag der Stolberger Grafen als Schützenhaus nach Plänen von *Karl-Friedrich Schinkel* gebaut. Es beherbergt das 250 Exponate umfassende **Café-Maschinen-Museum.**

Mi–So 14–17 Uhr, Eintritt frei.

St. Martini: Die dreischiffige spätgotische Basilika oberhalb des Rathauses wurde im 14. Jh. erbaut, ihr romanischer Turm ist 150 Jahre älter und Rest eines Vorgängerbaus. Im schlichten Inneren setzt die Barockorgel von 1703 einen Farbtupfer. 1525 predigte Martin Luther hier gegen die aufständischen Bauern.

Di–So 13.30–16 Uhr. Schlossberg 10, ✆ 034654-10309.

Stolberger Schloss: Zu Fuß (entweder steil über die Treppen rechts neben dem Rathaus oder bequemer ab Gasthof Kupfer über die Schlossbergstraße) gelangt man zu dem auf einem Bergsporn stehenden frühbarocken Schloss, das 1201–1945 den Grafen und späteren Fürsten Stolberg-Stolberg als Residenz diente. Danach war es ein Ferienheim, wurde 1990 an einen Investor verscherbelt, der Pleite ging, und verfiel. Seit 2002 gehört es der Deutschen Stiftung Denkmalschutz, die es aufwendig saniert. Zwei Drittel des dreiflügeligen Baus sind inzwischen fertig, darunter der Südtrakt *(Fürstenflügel)* mit den Repräsentationsräumen. Besondere Beachtung verdient das barocke *Treppenhaus* (1709) mit restaurierten Fresken und der klassizistische *Rote Salon* nach einem Entwurf von *Karl-Friedrich Schinkel.* 2009 wurde die mit Fürstenloge und Emporen versehene *Kapelle* im mittelalterlichen Wohnturm eingeweiht. Empfehlenswert sind die Führungen freitagabends, bei der man Interessantes zur Sanierung erfährt und sonst nicht zugängliche Räume zu sehen bekommt.

Auch ein Ausstellungspavillon auf der **Schlossterrasse** informiert über die Sanierung. Unweit davon wurde 2006 anlässlich des 500. Geburtstags von *Juliana zu Stolberg* eine Bronzeskulptur enthüllt, die sie als junges Mädchen zeigt.

Mi–Fr 11–16, Sa/So 11–17 Uhr, Eintritt Spende. Jeden Fr ab 20 Uhr Abendführung (3 €). ✆ 034654-858880, www.stolberger-schloss.de.

Café Schlossterrasse, Provisorium auf der Schlossterrasse mit Friwi-Torten und -Keksen. Ostern–Okt. tägl. 11–18 Uhr.

Lutherbuche: Südwestlich am Hang oberhalb des Markts soll Luther bei seinem Besuch zu Ostern 1525 gerastet und bei dem schönen Ausblick Stolberg mit einem Vogel verglichen haben: Das Schloss sei der Kopf, der Markt der Rumpf, die beiden Gassen die Flügel und die Niedergasse der Schwanz. Luthers Worte gelten 500 Jahre später immer noch.

Wandern 20 Min. ab Ecke Niedergasse/Stubengasse (Wegweiser).

Großer Auerberg mit Josephskreuz: 5 km von Stolberg entfernt steht auf dem Großen Auerberg (580 m) das größte eiserne Doppelkreuz der Welt. Die schöne türkise Stahlfachwerkkonstruktion ist 38 m hoch, 123 t schwer und wird von 100.000 Nieten zusammengehalten. Der sieben Jahre ältere Eiffelturm war gewiss Inspiration. 1896 ersetzte es ein durch Blitzschlag zerstörtes hölzernes Doppelkreuz, das 1834 im Auftrag von *Graf Joseph zu Stolberg* nach Plänen von *Karl-Friedrich Schinkel* errichtet worden war. Von der Aussichtsplattform an der Spitze schweift der Blick bei gutem Wetter über weite Waldlandschaften zu Brocken, Wurmberg und Kyffhäuser, auch die Kirche in Schwenda (s. u.) ist zu sehen. Allein der Aufstieg durch das filigrane Gerüst (200 Stufen) ist den Weg wert.

April–Okt. tägl. 10–18, Sa/So bis 19. Nov.– März tägl. 10–16 Uhr. Eintritt 2 €, Kind 1,50 €.
•*Anfahrt/Parken* Von Stolberg 8 km Richtung Harzgerode bis zur Kreuzung am

Sehenswertes Josephskreuz

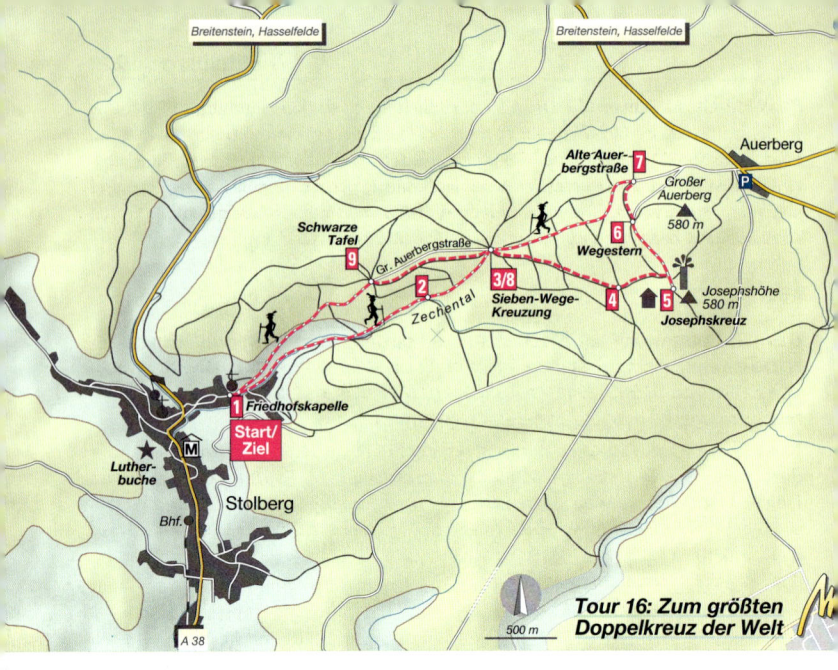

Auerberg

P

Alte Auer-
bergstraße **7**

Großer
Auerberg
580 m

Schwarze
Tafel
9

Gr. Auerbergstraße

6

Wegestern

Josephshöhe
580 m

2

Zechental

3/8

Sieben-Wege-
Kreuzung

4

5

Josephskreuz

1 Friedhofskapelle

**Start/
Ziel**

M

Luther-
buche

Stolberg

Bhf.

A 38

*Tour 16: Zum größten
Doppelkreuz der Welt*

500 m

Forsthaus (Großparkplatz), ab hier 20 Min. zu Fuß entlang der mit Volksliedtexten versehenen „Straße der Lieder".

• *Essen* **Bergstüb'l am Josephskreuz**, Ausflugsgasthaus mit rustikaler Kachelofenstube und Biergarten. Regionale Küche, Sa/So wird gegrillt. Der Höhenlage entsprechende Preise. Ostern–Ende Okt. tägl. 9–19, sonst Di–So 9–18 Uhr; Nov. geschlossen. ☎ 034654-476, www.bergstuebl-josephskreuz.de.

Tour 16: Zum größten Doppelkreuz der Welt

Länge: 8 km, Gehzeit 2 Std. Leicht.
Der Weg: Einfache Waldwanderung von Stolberg zum beeindruckenden stählernen Aussichtsturm auf dem Großen Auerberg.

Beschreibung: Wir starten an der hübschen Friedhofskapelle am östlichen Ortsende von Stolberg (**1**, 328 m). Auf der Asphaltstraße geht es zunächst geradeaus ins **Zechental** (Markierung rotes X), wo seit 794 rund ein Jahrtausend lang Eisen, Kupfer und Silber abgebaut wurden. Nach 30 Min. zweigen wir links in einen breiten Waldweg ab (**2**) und steigen 15 Min. steil zur **Sieben-Wege-Kreuzung** (**3**, 450 m) hinauf, wo es gleich rechts Richtung „Josephskreuz" (rotes X) weitergeht. Nach 15 Min. biegt bei einer Rastbank halblinks etwas versteckt ein Hohlweg ab (**4**). Wir folgen ihm steil bergauf und erreichen eine Asphaltstraße Auf dieser rechts stehen wir nach 3 Min. vor dem **Josephskreuz** (**5**, 560 m). Zurück gehen wir zunächst die Straße 500 m bergab (erheben auf der „Straße der Lieder" vielleicht die Stimme), zweigen am **Wegestern** (**6**) links auf einen breiten Waldweg Richtung Stolberg und treffen nach 5 Min. auf die **Alte Auerbergstraße** (**7**). Auf dieser wandern wir links bis zur **Sieben-Wege-Kreuzung** (**8** = **3**), wo wir vor dem Holzunterstand dem Wegweiser „Zechental/Stolberg Markt" folgen. Durch lichten Wald kürzen wir ein Stück der unbequemen Straße ab und erreichen sie nach 15 Min. wieder bei der **Schwarzen Tafel** (**9**). Links geht es zum Startpunkt zurück.

Barockkirche in Schwenda: Die 4,5 km südlich vom Großen Auerberg in Richtung Roßla inmitten des 600-Einwohner-Dorfs stehende Kirche *St. Cyriaki und Nicolai* ist ein Kleinod. Der Bau wurde 1736–38 nach dem Vorbild der Dresdner Frauenkirche errichtet, hat im Inneren zwei umlaufende Emporen, einen Kanzelaltar und acht Sandsteinsäulen, die das hölzerne, 1938 bemalte Kuppelgewölbe tragen (Besichtigung nach Voranmeldung, ✆ 034658-21527 oder 21319).

Nordhausen
ca. 44.000 Einwohner • 185 m

Das „Thüringer Tor zum Harz" hat in seiner über tausendjährigen Geschichte viel erlebt: blühende Jahre als Freie Reichsstadt, die nahezu gänzliche Zerstörung 1945, einen misslungenen Wiederaufbau und eine ambitionierte Neugestaltung in jüngster Vergangenheit.

Nordhausen ist ein Verkehrsknotenpunkt am Südharzrand: In der **Unterstadt** trifft die den Harz überquerende B 4 auf die Landesstraße von Nordhessen nach Halle. Unweit davon sind zwei Bahnhöfe: Der *Harzquerbahnhof* (Bhf. Nordhausen Nord), ein Jugendstilbau (1913), ist südlicher Ausgangspunkt der Harzquerbahn. Einmal täglich fährt ein Dampfzug direkt auf den Brocken. Vom ebenfalls historischen *Hauptbahnhof* (1869) fahren die Züge nach Kassel, Halle und Erfurt. Die *Bahnhofstraße*, Shoppingmeile der Stadt, führt nordwärts hinauf Richtung **Altstadt**, die teils über Treppen erreicht wird. Nördlich schließt die **Oberstadt** mit ihrem Villenbezirk an. 2004 war die Thüringer Landesgartenschau Anlass für die Neugestaltung der **Stadtmitte** zwischen Unterstadt und Altstadt. Zunächst wurde das Petersbergviertel revitalisiert, weitere Projekte stehen an. Ziel ist es, der Stadt eine neue Mitte zu geben, die sie durch den Wiederaufbau nach 1949 verloren hatte, der historische Pläne missachtete und breite Schneisen in die Innenstadt schlug. Die einstige Fachwerkstadt wurde von der DDR auf Industriestadt getrimmt, in der Spirituosen (VEB Nordbrand), Zigaretten (VEB Tabak), Bagger, Motoren und Maschinen gefertigt wurden. Die Kornbrennerei und Maschinenbaubetriebe (u. a. *Schachtbau Nordhausen*, *Nobas Baumaschinen*) haben die Wende überlebt und sind heute wirtschaftliches Rückgrat der Stadt.

927 taucht Nordhausen erstmals in einer Urkunde auf, als Name einer

Nordhäuser Roland

Burgsiedlung, die König Heinrich I. seiner Gattin Mathilde schenkte. Mathilde gründete wie in Quedlinburg neben der Burg ein Stift, den Vorläufer des heutigen Doms. Stauferkaiser Friedrich II. erhob Nordhausen 1220 zur Freien Reichsstadt, 1403 wurde der wichtige Handelsplatz Mitglied der Hanse. 1507 erwähnt die Chronik erstmals die Branntweinproduktion. Die Nazis vertrieben die Nordhäuser Judengemeinde und brannten die Synagoge 1938 nieder. Und es kam noch schlimmer. Ein britischer Luftangriff zerstörte im April 1945 80 % der Stadt, fast 9000 Menschen verloren das Leben. Nordhausen büßte dafür, dass sich vor den Stadtgrenzen das → *KZ Mittelbau Dora* mit seiner Rüstungsfabrik befand.

*P*raktische *I*nformationen/*A*ktivitäten/*F*este

•*Information* **Touristinformation** im Bahnhof. Unterkunftsvermittlung, HSB-Tickets, Stadtführungen. Mo–Fr 8–18, Sa/So 9–13.30 Uhr. 99734 Nordhausen, Bahnhofsplatz 6, ☎ 03631-902154, www.nordhausen-tourist.de, www.nordhausen.de.
Zweigstelle im Rathaus, Mo–Fr 9–18, Sa 10–14 Uhr. Markt 1, ☎ 03631-696797.
•*Verbindungen* **Bahn**: Tägl. 16-mal via Sangerhausen nach Halle, 8-mal nach Kassel-Wilhelmshöhe, 16-mal nach Erfurt. 7- bis 15-mal mit Straßenbahn Nr. 10 auf dem HSB-Gleis bis Ilfeld.

HSB Harzquerbahn: Tägl. 6-mal nach Eisfelder Talmühle (dort 2-mal Anschluss bis zum Brocken bzw. Wernigerode). Tägl. 1-mal mit dem Dampfzug auf den Brocken und zurück.
Combino Duo (Linie 10): Die Kombination aus Eisen- und Straßenbahn, die mit Strom und mit Diesel fahren kann, verkehrt alle 1 bis 2 Std. zwischen Ilfeld und Nordhausen und nutzt dafür die Gleise der HSB.

Stadtverkehr: Straßenbahn Nr. 1, alle 15–20 Min. vom Bahnhof über das Rathaus bis in die Oberstadt, Ticket 1 €. www.verkehrsbetriebe-nordhausen.de.

•*Parken* Innenstadt: 30 Min. 0,50 €, maximal 4 Std.; oder Parkscheibe bis 2 Std.
•*Einkaufen* **Südharzgalerie**, Einkaufscenter mit 50 Shops (Herkules-Supermarkt) in der Bahnhofstraße. Mo–Mi 9–19, Do/Fr 9–20, Sa 9–18 Uhr.
•*Baden* **Badehaus**, Jugendstilbad von 1907, 2001 saniert und zum Erlebnisbad erweitert. 3 Becken, große Saunalandschaft. Tageskarte 10 €, 6–14 J. 6,50 €, 1,5-Std.-Karte 5/3 €. Mo–Fr 8–22, Sa/So 9–22 Uhr. Grimmelallee 40, ☎ 03631-47990, www.badehaus-nordhausen.de
•*Feste* **Rolandsfest**, Mitte Juni, größtes Volksfest in der Region (seit 1955).
Lichterfest, letzter Sa im Aug., Musik, Lasershow und 15.000 Kerzen auf dem Petersberg.
Altstadtfest, Aug., 1. Sa/So, viele Livebühnen. www.altstadtfest-nordhausen.de.
•*Kino* **Filmpalast Neue Zeit**, modernes Kinocenter hinter der Fassade eines DDR-Lichtspielhauses von 1954. Töpferstr. 1, ☎ 03431-694900, www.cinestar.de.
•*Zoo* **Nordhäuser Zoo**, direkt an der B 4, mit Freigehege, Reptilienhaus, Streichelzoo und Spielplatz. 50 Tierarten, darunter Affen, Leguane, Waschbären, Esel, Schildkröten, Krokodile. Eintritt 7 €, 4–14 J. 4 €, Familie 18 €. Tägl. 10–18 Uhr. Hallesche Str. 18/20, ☎ 03631-902428, www.zoo-nordhausen.de.

*Ü*bernachten/*E*ssen

•*Hotels* *** **Handelshof (6)**, in der Fußgängerzone beim Bahnhof. Einfaches, modernes Hotel-Garni. 43 Zimmer, Frühstücksbuffet mit Aussicht über die Stadt. Gratisparkplätze. DZ 70 €. Bahnhofstr. 12–13, ☎ 03631-6250, ✆ 625100, handelshof-ndh@t-online.de.
An der Allee (1), das frühere „Hotel Stadtpark" liegt an der B 4 am nördlichen Stadtrand beim Stadion. 30 Zimmer, rustikales

Restaurant (Di Ruhetag). DZ 53–73 €. Parkallee 8a, ☎ 03631-982175, ✆ 982104, www.am-stadtpark-nordhausen.de.
•*Restaurants* **Ristorante Pizzeria Rustica (4)**, am Eingang zur Altstadt. Gute italienische Küche, große Portionen, günstige Preise (Pizze ca. 9 €). Netter Biergarten. Tägl. geöffnet. Barfüßerstr. 36, ☎ 03631-994180, www.ristorante-rustica.de.

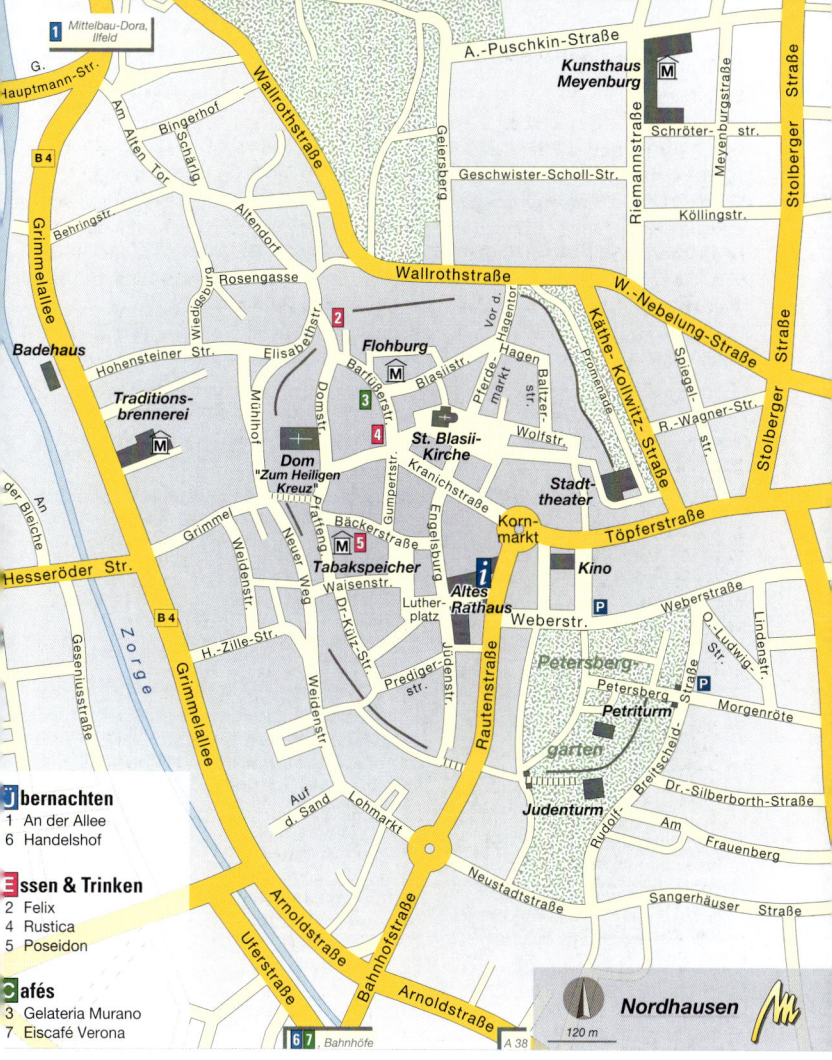

Nordhausen

120 m

Poseidon (5), griechisches Restaurant neben dem Tabakspeicher, Biergarten im schönen Museumshof. Große Portionen, z. B. Lammspieß mit Zaziki (12,50 €), Gyros (8,50 €). Tägl. 11.30–15/17.30–24 Uhr. Bäckerstr. 20, ✆ 03631-992187.

Felix (2), Café-Restaurant-Bar, trendiges Lokal in einem entkernten Fachwerkhaus in der Altstadt. Studentische Atmosphäre, man kommt zum Kaffee, auf Cocktails oder zum Mittagsteller. Im Biergarten lässt sich die bisweilen längere Wartezeit schön überbrücken. So 10–14 Uhr Brunch (8,90 €), Di HavanaNight (Cuba Libre 2,90 €). So–Do 10–0 Uhr, Fr/Sa 10–2 Uhr. Barfüßerstr. 12–13, ✆ 03631-602200, www.felix-nordhausen.de.

•*Cafés* **Gelateria Murano (3)**, beliebtes Café in der Fußgängerzone. Kaffee und Kuchen, weithin bekannte Eisspezialitäten und Milk-Shakes. Barfüßerstr. 29.

Eiscafé Verona (7), in der Fußgängerzone beim Bahnhof. Eifert mit Gelateria Murano um das beste Eis der Stadt. Bahnhofstr. 8a.

Sehenswertes

Altes Rathaus und Nordhäuser Roland: Der 1608–10 erbaute, 1952 rekonstruierte Renaissancebau mit dem zentralen Treppenturm steht in der Stadtmitte am Markt 1 (Straßenbahnhalt). Direkt davor steht der rot bemalte Roland, das Wahrzeichen der Stadt. Er ist aus wetterfestem Kunstharz, das weniger farbenfrohe hölzerne Original von 1717 ist im Vestibül des *Neuen Rathauses* (1937) gegenüber zu sehen (Mo–Do 8.30–15, Fr 8.30–12 Uhr). Bei der Touristinformation erinnert eine steinerne Stele an die 8800 Opfer des britischen Luftangriffs 1945.

Kornmarkt/Kranichstraße: Das Plattenbau-Wohnviertel direkt hinter dem Rathaus wurde 2009 komplett neu gestaltet. Östlich des Kornmarkts steht das schmucke neoklassizistische **Theater** von 1917 (www.theater-nordhausen.de). Nördlich davon erstreckt sich an der alten Stadtmauer die **Promenade**, ein Park mit Neptunbrunnen. Der **Blasii-Kirchplatz** westlich des Kornmarkts soll als „Tor zur Nordhäuser Altstadt" neu bebaut werden.

Kirche und Pfarrhaus St. Blasii: Markenzeichen des größten evangelischen Gotteshauses der Stadt sind die schiefen Türme, deren ungleiche Höhe 1634 ein Blitzschlag verursachte. Die dreischiffige spätgotische Kirche (14./15. Jh.) ist wegen der steinernen Renaissancekanzel einen Blick wert (Sa/So 10–12/14.30–16.30 Uhr). Das Pfarrhaus von 1713 am Beginn der Barfüßerstraße ist eines der schönsten Fachwerkhäuser der Stadt.

In der kleinen Nordhäuser Altstadt

Museum Flohburg: Im nahen Eckhaus Barfüßerstr. 6, ein gotischer Fachwerkbau, wohnten in früherer Zeit 80 Menschen – sozusagen wie die Flöhe, daher der Name. In Zukunft soll es das Stadthistorische Museum beherbergen, noch fehlt der geplante Anbau an der Rückseite.

Dom Zum Heiligen Kreuz: Von der Barfüßerstraße gelangt man links über die Domstraße zum frisch renovierten katholischen Dom, dessen Ursprung das 961 von Mathilde gegründete Stift ist (s. o., Geschichte). Aus romanischer Zeit erhalten sind Reste des Kreuzgangs, die unteren Turmmauern und die Krypta (um 1130). Über dieser entstand 1267 ein frühgotischer Chor mit wertvollem Chorgestühl aus Eichenholz (14. Jh.), an den Längsseiten stehen lebensgroß sechs Stifterfiguren aus bemaltem Sandstein (1280). Das spätgotische Langhaus kam 200 Jahre später hinzu. Tägl. 9–16 Uhr. Domstr. 5, www.dom-nordhausen.de.

Museum Tabakspeicher: Das sehenswerte Museum in der Bäckerstraße südlich des Doms widmet sich Handwerk, Handel und Industrie. Untergebracht ist es im einstigen Lager einer Kautabakfabrik aus dem 18. Jh. und einer rekonstruierten Scheune, beides schöne Fachwerkbauten. Ersteres zeigt historischen Hausrat, archäologische Funde sowie Schuhmacher-, Schneider- und Kürschnerwerkstätten. In der Scheune werden die Nordhäuser Gewerbe Kautabak und Kornbrennerei vorgestellt, danach Post, Fernmeldetechnik und Kino; zuletzt illustriert eine historische Schmiede nochmals die Themen Handwerk und Industrie.

Tägl. außer Mo 10–17 Uhr. Eintritt 2 €, bis 16 J. frei. Bäckerstr. 20.

Petersberggarten: Zurück beim Rathaus, lohnt ein Abstecher entlang von Töpfer- oder Rautenstraße zum Petersberggarten (teils noch als Landesgartenschaugelände LGS beschildert). Das Viertel, das von 1945 bis 2004 Brachfläche war, ist heute eine grüne Insel: Von den Terrassengärten und vom *Petri-Turm* einer im Krieg zerstörten Kirche genießt man schöne Ausblicke bis zum Kyffhäuser. Entlang der imposanten Stadtmauerreste mit dem Judenturm von 1480 lässt es sich gut flanieren. Es gibt Spielplätze, einen Kletterfelsen (März–Okt. Di/Fr 13–18, Ferien tägl. 14–19 Uhr) und Platz für Openair-Events.

März–Okt. 9–21, sonst 9–18 Uhr. Eingänge in der Breitscheid- und Rautenstraße.

Kunsthaus Meyenburg: In der prachtvollen, von einem Park umsäumten Jugendstilvilla der Oberstadt sind jährlich sechs Sonderausstellungen regionaler und internationaler Kunst zu sehen.

Di–So 10–17 Uhr. Eintritt 2 €, bis 16 J. frei. Alexander-Puschkin-Str. 31, ☎ 03631-881091, www.kunsthaus-meyenburg.de.

Nordhäuser Traditionsbrennerei: 1507 wird die Herstellung von Kornbranntwein erstmals urkundlich erwähnt. Ab dem 18. Jh. war sie nur mehr unter städtischer Kontrolle erlaubt, was für hohe Qualität und den guten Ruf des Nordhäuser Korns sorgte. Von den einst 100 Brennereien blieben nach Krieg und DDR-Verstaatlichung nur die *Echte Nordhäuser Spirituosen GmbH* und die *Nordbrand GmbH* übrig, beide wurden 2006 von Deutschlands größtem Sekthersteller *Rotkäppchen-Mumm* aufgekauft.

Die frühere Produktionsstätte von *Nordhäuser* in der Unterstadt, direkt an der B 4, ist heute Erlebnismuseum und Schaubrennerei – ein bildschönes, um einen Innenhof samt 30 m hohem Schornstein gruppiertes Fachwerk- und Backsteinensemble aus dem frühen 20. Jh. Brennraum und Büro des Brennherrn sind noch im originalen Jugendstil erhalten. Die Führung vermittelt Wissenswertes über das Kornbrennen, vom Getreidemahlen über das Maischen bis zum Reifen im Eichenfass und Befüllen der Korbflaschen. Zum Schluss gibt es natürlich eine Kostprobe.

Mo–Sa 10–16 Uhr, Führungen jeweils 14 Uhr. Eintritt 4 €, bis 16 J. 1 €. Grimmelallee 11, ☎ 03631-994970, www.traditionsbrennerei.de.

KZ-Gedenkstätte Mittelbau-Dora (→ Geschichte, Kasten S. 226): Das zweisprachig beschilderte Lagergelände liegt am Südostende des Kohnstein-Massivs, das mittlerweile vom Anhydrit-Tagebau ziemlich aufgezehrt ist. An der Einfahrt erinnert ein Viehwaggon der Reichsbahn an die Gefangenentransporte, 500 m weiter folgt links die Rampe des *Lagerbahnhofs*, wo die Häftlinge ankamen und Raketen abtransportiert wurden. Gleise führten einst direkt in die *Stollen A* und *B*, die sich rechts der Straße im Kohnstein befinden. Stollen A ist heute im Rahmen von Führungen zugänglich. Dabei sieht man die Schlafstollen sowie Bau- und Produktionsteile. 500 m weiter befand sich der SS-Bereich mit Kommandantur und Wachequartieren. Bis hierher ist die Zufahrt gestattet (Parkplätze). Auf den Hügel links wurde 2005 ein moderner, hellgrauer Quader platziert, in dem die **Besucherinformation** und eine **Dauerausstellung** untergebracht sind; sie informiert umfassend über die Geschichte des KZs, stellt Biografien von Opfern und Tätern vor und räumt mit dem Mythos der geheimen Raketenfabrik auf. Allein die Blickachse zwischen der Stadt und dem Lager wirft die Frage auf, wie hier Massensterben und Zwangsarbeit geheim geblieben sein sollen.

Südharz und westlicher Harzrand

Auf den SS-Bereich folgt das einst durch Stacheldraht abgetrennte *Häftlingslager*, das sich rund um den *Appellplatz* erstreckte. Eine Schmalspurbahn verband es mit dem Lagerbahnhof. Von Unterkunftsbaracken, Lagerküche, Gefängnis, Hinrichtungsstätte und Wirtschaftsgebäuden sind nur mehr Fundamente vorhanden. Erhalten blieb das 1944 errichtete *Krematorium*, vor dem ein Gedenkplatz mit Figurengruppe (1964, *Jürgen von Woyski*) an die Opfer erinnert.

•*Besucherinformation* März–Okt. tägl. außer Mo 10–18, Nov.–März bis 16 Uhr; Weihnachten/Neujahr geschlossen. Außenanlagen tägl. bis Dämmerung geöffnet. Kohnsteinweg 20, ☎ 03631-49580, www.dora.de.

•*Audioguide* Bebilderte Führung durch Ausstellung und Lager, Ausleihe (4 € + Pfand) in der Besucherinformation.

•*Stollenführungen* Di–Fr 11, 14, Sa/So 11, 13, 15, April–Sept. auch 16 Uhr. Treffpunkt Museum. Dauer 90 Min. Kostenlos.

•*Anfahrt/Verbindung* 6 km nordwestl. von Nordhausen, unweit der B 4 Richtung Braunlage. **Bahn**: Die Haltestellen Nordhausen-Krimderode oder Niedersachswerfen der Harzquerbahn sind jeweils 20 Gehmin. entfernt, Züge halten 7-mal tägl.

KZ Mittelbau Dora – größte unterirdische Rüstungsfabrik des Zweiten Weltkriegs

Im Sommer 1943 stand Deutschland fast vier Jahre im Krieg, die Schlacht von Stalingrad war verloren. Die letzte Hoffnung auf den „Endsieg" nährten Raketen als Massenvernichtungswaffen, die in Peenemünde auf Usedom in der Ostsee produziert wurden – bis ein britischer Luftangriff die dortige „Heeresversuchsanstalt" im August 1943 zerstörte. Das Trio Hitler, Himmler, Speer beschloss deshalb, die Raketenproduktion unter Tage zu verlagern.

Da im Kohnstein bei Nordhausen seit 1917 bestehende Hohlräume zur Gewinnung von Anhydrit ab 1936 für ein Materiallager der Wehrmacht erweitert worden waren, fiel die Wahl auf den Südharz. Vom nahen KZ Buchenwald wurden 10.000 Häftlinge in die Stollen, ins „Außenlager Dora", verlegt, um diese zur unterirdischen Produktionsstätte für Raketen, sog. *Vergeltungswaffen 2 (V 2)*, und *Flugbomben (V 1)* auszubauen. Die unmenschlichen Lebensbedingungen in den 8 °C kalten Stollen, in denen auch geschlafen wurde, überlebten viele nicht. 1944 wurde daher ein oberirdisches Barackenlager gebaut, der gesamte Komplex wurde zum selbstständigen *Konzentrationslager Mittelbau*, das in den umliegenden Orten weitere 40 Außenlager betrieb. Es zählte rund 60.000 Häftlinge – Zwangsarbeiter und Kriegsgefangene – wovon ein Drittel an Hunger, Entkräftung oder Lungenkrankheiten starb. Anfang 1945 waren die mit Bahngleisen versehenen Stollen auf 20 km Länge vorangetrieben. Im April befahl die SS die Räumung des Lagers und schickte die Häftlinge in Güter- und Viehwaggons oder auf Todesmarsch in andere KZ. Kurz danach befreite die US-Armee die verbliebenen Insassen und beschlagnahmte Bauteile und Konstruktionspläne. Den Rest holten sich die Sowjets, bevor sie die Stolleneingänge 1947 sprengten und ein Mahnmal errichteten. 2006 wurde die Gedenkstätte (→ oben) neu gestaltet.

Thüringer Südharz

Etwa in der Mitte des südlichen Harzrands zwängt sich Thüringen als Dreieck zwischen Sachsen-Anhalt und Niedersachsen in das Mittelgebirge hinein. Für viele Reisende ist es nur ein kurzer Abschnitt auf der B 4, der wichtigsten Nord-Süd-Route über den Harz. Doch ein Stopp lohnt sich, denn die zunächst sanft hügelige und zum Oberharz dann ansteigende Landschaft hält einige Attraktionen bereit, wie die Burgruine Hohnstein, Fachwerk in Neustadt, ein Schaubergwerk in Ilfeld, den Poppenberg (601 m) als Wanderziel und die Harzer Schmalspurbahn.

Neustadt im Südharz   ca. 1200 Einwohner • 280 m

Das von einer Stadtmauer geschützte Städtchen liegt zu Füßen einer der schönsten Burgruinen im Harz.

Im nördlichsten Zipfel von Thüringen trifft man 11 km nordöstlich von Nordhausen auf den idyllisch am hügeligen Waldrand gelegenen Luftkurort. 1387 erstmals erwähnt, setzt Neustadt seit Mitte des 19. Jh. auf sein Klima. Das schöne 1887 eröffnete Sanatorium ist heute Fachklinik für Lungenkrankheiten und größter Arbeitgeber im Ort.

Das schmucke **Alte Stadttor** (1412) führt von Süden in die Altstadt, die sich mit Fachwerkhäusern entlang der schnurgeraden *Burgstraße* erstreckt. An ihrem Südende liegt der Kirchplatz und die bruchsteingemauerte **St. Georg-Kirche** (1685), mit Emporen und einem barocken Taufengel von 1700. Unweit davon steht an der Hausecke des Ratskellers der 3 m hohe, bunt bemalte hölzerne **Neustädter Roland**. Als Gerichtsbarkeitssymbol wurde er 1485 aufgestellt, der heutige stammt von 1730. Im Norden mündet die Burgstraße in den kleinen **Kurpark** mit Gondelteich (Bootsverleih, Imbiss) und dem einstigen Herrenhaus der Fürsten Stolberg aus dem 18. Jh., das dringend auf Sanierung wartet.

Renoviert zeigt sich hingegen die **Burgruine Hohnstein**, die auf einem bewaldeten Bergsporn 140 m über dem Ort thront (Aufstieg vom Gondelteich oder ab Parkplatz Waldbad; jeweils 15 Gehmin.). Drei Jahrhunderte lang bis ins 15. Jh. war sie Stammsitz der Grafen von Hohnstein. Nach deren Aussterben erweiterten die Stolberger Grafen die Burg zu einem prächtigen Renaissanceschloss, das 1627 im Dreißigjährigen Krieg niederbrannte; doch die Reste sind eindrucksvoll und daher ein beliebtes Ausflugsziel.

Unter-, Mittel- und Oberburg (frei zugänglich) erstrecken sich über 200 m Länge auf einem Porphyritfelsen, dessen dunkelrotes Gestein als Baumaterial verwendet wurde. Gips aus der Umgebung diente als Fugenmörtel, der rot-weiße Kontrast macht die Anlage besonders fotogen. Schon beim *ersten Tor* beeindruckt die mächtige Bastion, das *zweite* trägt das Hohnsteiner Wappen. Im unteren Burghof befindet sich die Burggaststätte (s. u.) und der einst 80 m tiefe Brunnen. Durch das erhaltene *fünfte Tor* erreicht man den Innenhof der Mittelburg mit ihrem imposanten *Renaissance-Treppenturm*, der früher die kürzeste Verbindung zur Oberburg war. Stufen führen schließlich durch Tor Nr. 6 zu den Resten der *Oberburg*. Der über eine Wendeltreppe begehbare Stumpf des *Bergfrieds* bietet schöne Ausblicke.

• *Information* **Neustadt-Information**, im Gemeindebüro. Mo–Fr 9–13, Mo/Do 14–16, Di 14–18, Sa 9–11 Uhr. 99762 Neustadt, Burgstr. 48, ✆ 036331-46277, www.neustadt-harz.de.

• *Verbindungen* **Bus 23**: Mo–Fr 15-mal tägl. nach Niedersachswerfen Ost, dort An-

Das Alte Stadttor in Neustadt

schluss an die Busse von/nach Nordhausen bzw. zur Harzquerbahn. www.verkehrs betriebe-nordhausen.de.

• *Parken*   Großparkplatz mit WC an der Ortsumfahrung gegenüber dem Stadttor.

• *Übernachten/Essen*   **** **Neustädter Hof**, in Ortsmitte. Fachwerkhotel mit 50 rustikalen Zimmern, eher älteres Publikum, das den Lift im Haus schätzt. Gutbürgerliches Restaurant mit Terrasse, Winter- und Biergarten, Hauptgericht um 12 € (tägl. 8–21 Uhr). DZ 80–90 €, Golfpauschalen buchbar. Burgstr. 17, ✆ 036331-30912, ✉ 30916, www.neustädter-hof.de.

**** **Haus Ibe**, der Bauernhof mitten im Ort bietet 4 nette Zimmer, 7 Ferienwohnungen und ein Hofcafé. DZ 36–45 € je nach Aufenthaltsdauer, Fewo ab 35 €. Burgstr. 28, ✆ 036331-30252, www.pension-ibe.de.

Birgit's Hof- und Gartencafé, das Café gehört zur Pension Ibe. Aufgetischt wird selbst gebackener Kuchen oder Würste aus eigener Schweinehaltung, beliebt sind die Harzer Grillabende. Do–Mo ab 14 Uhr.

Burggasthof Ruine Hohnstein, so schön wie hier sitzt und isst man in keiner anderen Burg im Harz: Das Hexenhäuschen von 1908 im unteren Burghof mit Ritterzimmer, Jägerstube und Kachelofen wurde 2001 saniert, von der Terrasse blickt man bis zum Kyffhäuser. Modern zubereitete Harzer Kost mit viel Salat und Gemüse, kleine Gerichte, Kuchen und Eisbecher. Tägl. außer Mo 11–22 Uhr. ✆ 036331-49049, www.burghohnstein.de.

• *Camping*   **Am Waldbad**, 110 Stellplätze auf baumloser Wiese beim Waldbad. Gut ausgestattet, moderne Sanitärbereiche, Miniladen, Imbissstube. 2 Pers., Auto, Zelt, ca. 22 €. An der Burg 3, ✆ 036331-479891, ✉ 479892, www.neustadt-harz-camping.de.

• *Baden*   **Waldbad Neustadt**, nostalgisches Freibad unterhalb der Burgruine mit erfrischenden Wassertemperaturen. Guter Kuchen im Kiosk „Waldbadeck" (Zutritt für alle). Mai–Sept. tägl. 11–19 Uhr.

• *Golf*   **Golfpark Neustadt**, 6-Loch-Übungsanlage und Driving Range am Südrand des Orts. Stieger Str. 18, ✆ 03631-471710, www.golfpark-neustadt.de.

Ruine Ebersburg: Von der auf einem Felssporn bei Hermannsacker thronenden Burg (6 km südöstlich von Neustadt) sind Ringmauerreste, eine imposante romanische Toranlage und der 20 m hohe Stumpf des Bergfrieds erhalten. Ein Verein (www.

ebersburg-harz.de) bemüht sich seit 2005 vorbildlich um die Erhaltung der Burg. Der Besuch lohnt sich.

•*Anfahrt/Wandern* In Hermannsacker den Pfeilen zum Gasthof „Zur Sägemühle" (s. u.) mit großem Parkplatz folgen. Ab dort kurzer Anstieg zur frei zugänglichen Ruine. Beschilderter Wanderweg ab dem Lönspark in Neustadt (3 km, 45 Min.).

•*Übernachten/Essen* **Zur Sägemühle**, Ausflugslokal am Waldrand (seit 1574) mit gutbürgerlicher Küche. Di–So ab 11 Uhr. 3 DZ (50 €). Breitensteiner Str. 2, ☎ 03631-469184, www.harzlogierhaus.de.

Ilfeld

ca. 3000 Einwohner • 240 m

Das Städtchen an der B 4 liegt 10 km nördlich von Nordhausen, wo der Behre-Fluss sein enges Tal verlässt. Die verkehrsgünstige Lage, Fachwerk, Felsformationen, Wanderziele, zwei Schaubergwerke und die hier „Quirl" genannte Harzquerbahn, die täglich auf den Brocken dampft, sorgen für regen Gästestrom. Zu diesem trägt auch die *Neanderklinik Harzwald* im Ortskern bei, eine Klinik mit Pflegeheim, die in den neugotischen Gebäuden des einstigen Prämonstratenserklosters Ilfeld (1189) eingerichtet ist. Im 17. Jh. erlangte es als Klosterschule Bekanntheit Das älteste Gemäuer von Ilfeld ist die **Ruine Ilburg** (um 1100) auf dem bewaldeten Burgberg mitten im Ort, die aber den Weg nicht lohnt. Von den beiden Ortskirchen ist weniger der neugotische Backsteinbau von **St. Georg Marien** (1868) als die malerische **Wehrkirche St. Jacobi** (1680) im südöstlichen Ortsteil *Wiegersdorf* beachtenswert. Ihr Wehrturm mit Fachwerkaufsatz aus der Mitte des 13. Jh. besitzt noch eine „Einzeigeruhr".

An Ilfelds Zeit als Industrieort (16.–19. Jh.) erinnern zwei Schaubergwerke. Das **Kupferbergwerk Lange Wand** befindet sich am südlichen Ortseingang und war ohne großen Erfolg bis 1860 in Betrieb. Führungen in den Stollen, bei denen Erzgänge und die Abbaumethoden im 18./19. Jh. gezeigt werden, gibt es nur nach Voranmeldung (→ Information). Nebenan liegt das **Naturdenkmal Lange Wand**, eine 50 m lange, nackte Felswand. Mit Hilfe der Infotafeln kann man in ihrem Schichtenprofil die Entstehung des Harzes nachvollziehen.

Ab dem Wanderparkplatz unweit der Neanderklinik (Bahnhalt) ist der **Gänseschnabel** (335 m) ausgeschildert. Die aussichtsreiche kleine Felsnadel, der Sage nach eine versteinerte Gänsemagd, erreicht man nach halbstündigem Anstieg. Ein Stück weiter steil bergauf trifft man auf die **Ilfelder Wetterfahne**, die seit 1872 den Herzberggipfel (490 m, schöner Ausblick) ziert.

Der nordwestlich gelegene Ilfelder Ortsteil **Sophienhof**, ein 543 m hoch gelegenes idyllisches Bergdörfchen (60 Einw.), besitzt einen Halt an der Schmalspurbahn. Erholung und Wandern sind hier angesagt, im Winter liegt viel Schnee.

•*Information* **Südharztouristik**, an der B 4 im rot-weißen Fachwerkhaus von 1712.

Viele Prospekte, Wanderkarten, Unterkunftsvermittlung. Mo–Fr 9–12.30/13.30–16, Di/Do bis 18 Uhr. Das kleine **Heimatmuseum** öffnet Di–Do 14–16 Uhr. 99768 Ilfeld, Ilgerstr. 51, ☎ 036331-32033, www.ilfeld.de.

HSB Harzquerbahn: 3 Bahnhöfe und 5 Bedarfshaltestellen im Ortsgebiet. Tägl. 6-mal nach Nordhausen bzw. Eisfelder Talmühle (dort 2-mal Anschluss bis zum Brocken bzw. Wernigerode). Tägl. 1-mal mit dem Dampfzug auf den Brocken und zurück (26 €).

•*Verbindungen* **Straßenbahn Linie 10**: alle 1–2 Std. nach Nordhausen.

•*Übernachten/Essen* *** **Hotel zur Tanne**, modernes Gebäude mit Glasanbau an der Ortsdurchfahrt, seit 2009 unter neuer, junger Leitung. 18 moderne, geräumige Zimmer, teils mit Balkon. Sauna, Whirlpool. Restaurant *Ilger Stube* mit guter regionaler

Küche. DZ 65 €. Ilgerstr. 8, ☎ 036331-50580, ✆ 505820, www.zur-tanne-ilfeld.de.

Am Kloster, kleines Hotel im neugotischen einstigen Schulgebäude des Klosters; 17 Zimmer. DZ 62 €. Neanderplatz 6, ☎ 036331-366, ✆ 36777, www.harzhotel-kloster.de.

Brauner Hirsch, im Ortsteil Sophienhof. Ausflugsgasthof und kleine Ferienanlage. Die rustikale Gaststätte (tägl. bis 21 Uhr) ist für Wildspezialitäten bekannt, es gibt auch ein rustikal-modernes Eiscafé. 10 holzverschalte Zimmer, 5 moderne, komplett ausgestattete Ferienwohnungen. Sauna, Solarium. DZ 36–52 € je nach Aufenthaltsdauer, Fewo 2 Pers. 30 €, weitere Pers. 7 €. Dorfstr. 42, ☎ 036331-48144, ✆ 48144, www.braunerhirsch-sophienhof.de.

Ziegenalm, auf dem Hof am Dorfrand von Sophienhof dreht sich vieles um die Ziege, dazu gibt es Lämmer, Tiroler Graukühe, Schweine und Damwild. Der Hofladen verkauft die Produkte (Ziegenkäse, Wurst, Obst, Säfte …), in der Almstube werden sie u. a. zu Sülze, Ragout, Rostbratwurst und Kuchen verarbeitet und serviert. Unser Tipp: Ziegeneis. Do 12–18, Sa/So 10–18, Ostern–Okt. auch Mi/Fr 12–18 Uhr.

4 komplett ausgestattete moderne Fewo (2–6 Pers.). Fewo für 2 Pers. 40 €, weitere Pers. 5 €, Endreinigung 20 €. ☎ 036331-48235, ☎ 0180-3663388-46475, www.ziegenalm.de.

•*Baden* **Waldbad**, solarbeheiztes Freibad am nördlichen Ortsrand. Mai–Sept. tägl. 10–19 Uhr. Eigener Bahnhalt.

Tour 17: Ilfelder Rundtour

Länge: 18 km, Gehzeit 4½ Std. Mittelschwer.

Der Weg: Nach Aufstieg zum Aussichtsturm auf dem Poppenberg geht es auf Forstwegen zur idyllischen Talsperre Neustadt. Zurück über die eindrucksvolle Burgruine Hohnstein.

Beschreibung: Wir starten am Bhf. Ilfeld (**1**, 257 m), gehen neben der Bahn südwärts, dann links über die Gleise und die Hohnsteiner Straße entlang (Wegweiser Poppenturm), bis links die **Neue Marktstraße** abbiegt. Auf ihr geht es an den Waldrand (**2**) und auf einer Forststraße weiter, bis wir rechts in den Pfad „Poppenberg über Falkenstein" einbiegen (326 m). Gut beschildert geht es 45 Min. stets steiler werdend im Wald bergauf zum Aussichtsfelsen **Falkenstein** (**3**, 551 m), 15 Min. später erreichen wir den bewaldeten Gipfel des **Poppenbergs** (**4**, 601 m), den seit 1894 ein 33 m hoher Aussichtsturm, ein Mini-Eiffelturm, markiert (frei zugänglich).

Nun folgen wir dem blauen Kreuz Richtung Hufhaus/Talsperre. Es geht bergab, an einem Forststraßenkreisverkehr links (**5**), vor dem **Hotel Hufhaus** (**6**) rechts und 100 m später wieder rechts. Nun geradeaus weiter, steigen wir nach Querung einer Forststraße (**7**) kurz steil bergauf und kreuzen die Alte Poststraße/Kaiserweg (**8**). 15 Min. später orientieren wir uns am Wegweiser Neustadt (**9**) und wandern am Westufer der

Hufhaus
Hufhaus 6
7
Alte Poststraße
8
Alte Poststraße
9
5
4
Poppenberg
601 m
3
Falkenstein
551 m
Großer Lienberg
395 m
Talsperre Neustadt
Staumauer
10
Alte Poststraße
Burgruine
Hohnstein
11
P 12
Neustadt
500 m
Tour 17:
Ilfelder Rundtour

Neustädter Talsperre (als Trinkwasserreservoir unzugänglich) bis zur 1904 erbauten Staumauer mit den markanten Türmchen **(10**, Rastplatz). 3 km sind es nun noch auf einem beschilderten Waldweg bis zur sehenswerten **Burgruine Hohnstein (11**, → S. 227). Wir verlassen diese über die Burgstraße, passieren bald das nostalgische **Waldbad** und folgen ab dem Waldbad-Parkplatz **(12)** den Wegweisern nach Ilfeld. Am Waldrand und über aussichtsreiche Wiesen halten wir uns stets geradeaus und erreichen nach ca. 45 Min. wieder Ilfeld.

Besucherbergwerk Rabensteiner Stollen: Das Bergwerk im nördlichen Ilfelder Ortsteil **Netzkater** (neben der HSB-Haltestelle) ist ein touristisches Glanzlicht im Südharz – es ist die einzige Steinkohlenzeche unter den Harzer Bergwerken (Abbau 1737–1946). Die original erhaltenen Stollen sind für Besucher geöffnet, seit 2009 fährt man mit einer Grubenbahn ein. Beim Rundgang unter Tage sieht der behelmte Besucher letzte Reste der Steinkohle, Fossilien, historische Arbeitsorte in kaum halbmeterhohen Stollen; er erlebt Druckluftbohrgeräte in Aktion und Augenblicke in völliger Dunkelheit. Im Übertagebereich kann man Grubenloks, Förderwagen, Bunkerlader und andere Maschinen begutachten und in einer Abraumhalde nach Fossilien suchen.

April–Okt. tägl. außer Mo 10–17, Nov.–
März Di/So 10.30 und 12 Uhr; Weihnachten
und Winterferien tägl. außer Mo 10–16 Uhr.
Eintritt 8,50 €, 3–17 J. 4,50 €. Ilfeld-Netz-
kater, ✆ 036331-48153, www.rabensteiner-
stollen.de.

•*Anfahrt/Verbindung* Anfahrt von der B 81,
die in Netzkater von der B 4 abzweigt.
Bahn: Die HSB hält in Netzkater alle 1-2 Std.
•*Essen* **Gaststätte Zur Harzbahn**, im
Bahnhofsgebäude. Di–So 9.30–17.30 Uhr.
✆ 036331-48141.

Steinmühlental bei Rothesütte: Ein Kleinod ist dieses eher unbekannte Tal südöstl.
von Rothesütte, das von 1945 bis 1998 nicht zugänglich war. Nach etwa 2 km An-
marsch auf einer Forststraße verengt es sich und wird von seltsam geformten Felsen flankiert. Manche sehen darin behauene Kultköpfe wie jene auf der Osterinsel.
Am besten kommen sie zur Geltung, wenn die Bäume kein Laub tragen.

Südwestharz

„Die Harzer Sonnenseite" – unter diesem Motto präsentieren sich die niedersächsi-
schen Orte. Wie aufgefädelt reihen sie sich am südwestlichen Harzrand entlang, am
Ausgang reizvoller Bergtäler, die zum Mittelgebirge hin ansteigen und zum Wandern,
Mountainbiken und zum Wintersport einladen. Der Tourismus setzt vor allem auf
Wellness und Baden. Neben fünf großen Badelandschaften im Umkreis von 15 km,
vom Thermalbad bis zum Erlebnisbad, gibt es zahlreiche Stau- und Naturseen.
Information www.die-harzer-sonnenseite.de.

Kloster Walkenried

**Das Zisterzienserkloster zählte im Mittelalter zu den reichsten Abteien
Norddeutschlands. Davon zeugen die mächtigen Ruinen der einstigen Klosterkirche und das gut erhaltene Klausurgebäude, das seit 2006 ein modernes Museum beherbergt.**

Die 1127 von *Adelheid von Walkenried* gestiftete Abtei war Deutschlands drittes
Zisterzienserkloster. Der abgeschiedene Platz am Ufer der Wieda im Harzwald war
geradezu prädestiniert für den 1098 im Burgund gegründeten Reformorden. 1137
wurde in Walkenried die erste Kirche geweiht, ab Mitte des 12. Jh. begannen die
Mönche mit der Trockenlegung der Sümpfe zwischen Kyffhäuser und Südharz, mit
Waldrodungen, dem Bergbau am Rammelsberg bei Goslar und der Anlage von 60
Fischteichen. Diese Aktivitäten sowie umfangreiche Schenkungen brachten Reichtum. Zur Blütezeit Ende des 13. Jh. beteten und arbeiteten hier an die 100 Mönche
und 200 Laienbrüder. Damals wurde auch der imposante, 92 m lange gotische Neubau der Klosterkirche eingeweiht, um 1330 war der Klausurbereich vollendet. Bald
aber kam der Niedergang: Der Bergbau war in der Krise, die Pest raffte die Menschen dahin, im Konvent, der nun nur noch 12 Mönche zählte, häuften sich Schulden
– Bergwerke und Ländereien mussten verkauft werden. Zerstörungen im Bauernkrieg und die Reformation folgten. 1648 wurde das Kloster aufgelöst und die verfallende Klosterkirche 150 Jahre lang als Steinbruch genutzt. An den heute frei zugänglichen Mauerresten von Westfassade, Seiten- und Mittelschiffswand, die aus der grünen
Wiese emporragen, lässt sich die einstige Größe der Klosterkirche noch erahnen.

Das sehenswerte multimediale **ZisterzienserMuseum** wurde 2006 in den erhalte-
nen Klausurgebäuden eingerichtet. Der Audioguide-Rundgang startet im gotischen
Kreuzgang, der für seinen zweischiffigen, von einem Rippengewölbe überspannten
Nordflügel („doppelter Kreuzgang") berühmt ist. Er diente den Mönchen als Lese-

gang und bildet heute den stilvollen Rahmen für Konzerte. Nach dem *Kapitelsaal*, der seit 1570 als evangelische Kirche dient, und dem *Scriptorium* mit benachbarter Büßerzelle gelangt man in das *Abteigebäude* mit Bauteilen der gotischen Kirche und dem einstigen Chorgestühl. Eine Stahltreppe führt in das Obergeschoss und das frühere *Dormitorium*, den Schlafsaal der Mönche. Hier zieht das moderne Ausstellungskonzept alle Register: Mit Hilfe von Installationen, leuchtenden Würfeln und Monitoren wird die wirtschaftliche Geschichte des Klosters erzählt – Walkenried als „weißer Konzern" (Anspielung an die Farbe der Mönchskutte) samt Jahresbericht in Powerpoint-Präsentation.

Alle 20 Minuten ertönt Glockengeläut, es wird dunkel und der Besucher nach der Ordensregel „ora et labora" (bete und arbeite) wie einst die Mönche zum Gebet gerufen. Schon deshalb lohnt es, Zeit für den Museumsbesuch mitzubringen. Der Rundgang endet im Kreuzgang beim *Brunnenhaus*.

Tägl. außer Mo 10–17 Uhr. Eintritt inkl. Audioguide 5 €, erm. 4 €, Familie 13 €. Steinweg 4a, ✆ 05525-9599064, www.kloster-walkenried.de.

• *Führungen* Ostern–Dez. tägl. 11.30 und 14 Uhr, Dauer 60 Min., Führung 2 €, aber nicht viel informativer als der Audioguide.

• *Kinder* Hinter den sog. „Kinderklappen" im Museum verbergen sich zusätzliche kindgerechte Erklärungen.

• *Verbindungen* **Bahn** (Südharzstrecke): Tägl. 12-mal nach Herzberg, Northeim bzw. Nordhausen. Bahnhof 600 m vom Kloster entfernt.

• *Essen* **Kloster-Café**, altbackenes Lokal mit Mittagstisch und hausgemachten Kuchen neben der Museumskasse. Kleiner Kaffeegarten. Tägl. außer Mo 10–17 Uhr. ✆ 05525-209879.

• *Veranstaltungen* **Kreuzgangkonzerte**, Mai–Okt., rund 15 Orchester- oder Solistenkonzerte (Klassik bis Jazz) internat. Interpreten. Beginn 18 bzw. 20 Uhr. Tickets ab 19 €, Verkauf: ✆ 0180-3055250.

Klostermarkt, letzter Sa/So im Sept., 30 Klöster aus Mittel- und Osteuropa stellen ihre Produkte aus. Eintritt 3 €.

Beeindruckende Reste eines großen Klosters

Wanderung um die klösterlichen Fischteiche (ca. 5 km): Vom Klostervorplatz zunächst dem Grenzweg (Wegweiser) folgen, der sich nach Überqueren der Bahngleise mit dem Karstwanderweg vereinigt. Rechts weiter, am Südufer des *Röse*- und *Höll-Teichs* vorbei, steigt der *Höllsteinklippenweg* kurz steil an zu einem Aussichtspunkt auf dem 40 m hohen Höllsteinmassiv (Klosterblick). Weiter an der Felskante gelangt man zur 850 Jahre alten *Sachseneiche*, biegt rechts ab und spaziert am Nordufer der Teichlandschaft bis zum Bahnhof Walkenried, hinter dem es entlang der L 603 und des schilfbewachsenen *Andreasteichs* zum Höll-Teich zurückgeht.

Zorge: Von Walkenried führt das waldreiche enge Zorgetal nordwärts in das Brockengebiet Richtung Hohegeiß (→ S. 96). Nach 7 km ist das lang gezogene Straßendorf Zorge (1100 Einw.) erreicht, seit dem 13. Jh. ein wichtiger Standort der Eisenverarbeitung. In der *Zorger Maschinenfabrik* wurden 1842 erstmals in Deutschland Dampflokomotiven gefertigt. Heute ist Zorge ein geruhsamer Luftkurort mit Wanderwegen und einem schönen Waldschwimmbad (im vorderen Kunzental Richtung Hohegeiß, im Sommer tägl. 10–19 Uhr) sowie Sitz einer bekannten Spirituosenmanufaktur.

•*Information* **Touristinformation** in der Ortsmitte, die sich am Nordende von Zorge befindet, in einem Gebäude aus dem 16. Jh., in dem auch das **Heimatmuseum** (Sa/So 10–12 Uhr) residiert. Mo/Di und Fr 9.30–12/14.30–17, Do/Sa 9.30–12, So 10–11 Uhr. 37449 Zorge, Am Kurpark, ℘ 05586-962991, www.zorgeharz.de.

•*Einkaufen* **Spirituosenmanufaktur Hammerschmiede**, an der Ortsdurchfahrt. Produktion/Verkauf von Likören, Obstbränden, Wodka und Single Malt Whisky. Klassiker ist der Kräuterlikör Schmiedefeuer. Führungen mit Kurzfilm und Verkostung. Mo–Fr 9–17, Sa 9–13 Uhr. Elsbach 11a, ℘ 05586-8282, www.hammerschmiede.de.

•*Essen* **Kleine Kommode**, romantisches, im Flohmarktstil dekoriertes Restaurant-Bistro in einem Fachwerkhaus an der Ortsdurchfahrt. Serviert wird französisch inspirierte Küche, von Soupe à l'oignon bis Fruits de mér (Suppen 5 €, Hauptgericht 15–20 €). Kochkurse. Mi–So ab 17, Sa/So auch 11–14 Uhr. Taubentalstr. 17, ℘ 05586-1694, www.kleinekommode.de.

Bad Sachsa   ca. 7800 Einwohner • 310 m

Die beschauliche Kurstadt an den bewaldeten Ausläufern des 659 m hohen Ravensbergs wurde Mitte des 19. Jh. wegen der guten Luft und der sonnigen Lage vom Adel und der Kaufmannschaft als Sommerfrische entdeckt – hübsche Jugendstilvillen und Bürgerhäuser erinnern daran. Seit den 1960ern gesellten sich damals topmoderne, heute unansehnliche Betonbauten hinzu, vom Kurhaus bis zur Konzertmuschel im Kurpark. Als Alterssitz ist Bad Sachsa bis heute begehrt, die Blütezeit als Kurort aber ist vorbei. Anziehungspunkte sind das Wintersportzentrum am Ravensberg und das Erlebnisbad *Salztal-Paradies*. Daneben stehen viele Betriebe leer oder zum Verkauf, und Bad Sachsa übt sich in touristischer Neuorientierung. Die Richtung gibt das Aushängeschild des Orts vor, das Fünf-Sterne-Spa-Resort *Romantischer Winkel*.

*P*raktische *I*nformationen

•*Information* **Touristinformation** im Betonklotz des Gesundheitszentrums. Unterkunftsvermittlung, Kurinfos. Nationalpark-Infostelle. Mo–Fr 9–17, Sa 10–14 Uhr. 37441 Bad Sachsa, Am Kurpark 6, ℘ 05523-474990, www.bad-sachsa-urlaub.de.

•*Verbindungen* **Bahn**: Bahnhof 2,5 km südwestl. der Ortsmitte. Tägl. 12-mal nach Herzberg, Northeim bzw. Nordhausen (Südharzstrecke).
Bus: Tägl. 3- bis 19-mal nach Walkenried, Hohegeiß und Braunlage (Linie 470), 12- bis 18-mal nach Herzberg und Nordhausen

(357), 2- bis 11-mal (außer So) nach Bad Lauterberg (471), www.vsninfo.de.

> Kostenlose **Fahrrad-Mitnahme** in den Bussen des VSN (Verkehrsverband Süd-Niedersachsen).

•*Radverleih* **Zweirad-Shop Eisnach**, Verleih von Trekking-, Mountain- und Citybikes (6 €/Tag). Mo–Fr 9–17, Sa 9–13 Uhr. Uffeplatz 3–4, ℘ 05523-2157.

*Ü*bernachten/*E*ssen

Kostenlos buchen unter ℘ 0800-5887894 und online unter www.bad-sachsa-urlaub.de.
***** **Romantischer Winkel**, das Spa & Wellnessresort am Schmelzteich gehört zu den beliebtesten Luxushotels Deutschlands. Der „RoWi" entstand in den letzten 30 Jah

ren aus einem kleinen 30-Betten-Haus, dem 4 Anbauten, eine Villa und ein ganzjährig beheizter Außenpool angefügt wurden. Küche, Service und Wellness sind auf höchstem Niveau, trotz 140 Betten herrscht familiäres Ambiente. DZ (inkl. Getränke, Snacks, Bad, Sauna) ab 254 €, viele Pauschalen. Bismarckstr. 23, ☎ 05523-3040, ✆ 304122, www.romantischer-winkel.de.

****ˢ **Vital Hotel**, im historischen Schützenhaus am Kurpark. 2008 umfassend modernisiertes Best Western Permier-Hotel, 66 schmucke Zimmer, Wellnessbereich mit Sauna und Dampfbad. Restaurant La Vida und rustikale Bierstube im Hexenkeller. DZ 95–180 €. Am Kurpark 1–3, ☎ 05523-94380, ✆ 1024, www.vitalhotel.de.

**** **Ferienpark Landal Salztal Paradies**, am westlichen Stadtrand. Beliebte, kinderfreundliche Ferienanlage im Stil einer Neubausiedlung. 39 Ferienhäuser mit je zwei gut ausgestatteten modernen Landhauswohnungen (35–80 m², 2–6 Pers.) mit Balkon/Terrasse, weitere 18 Häuser sollen bis 2011 folgen. Zur Anlage gehört das gleichnamige Erlebnisbad. Fewo 4 Pers. 450–630 €/Woche, 300–370 €/Fr–Mo, je nach Saison. Bettwäsche/Handtücher kosten extra. Talstr. 28, ☎ 05523-950700.

Kurstadt Bad Sachsa

•*Camping* **** **Im Bornetal**, in ruhiger Waldrandlage, 15 Gehmin. vom Zentrum. 2001 eröffnete terrassenförmige Anlage, 100 Stellplätze, moderne Sanitäranlagen. 2 Pers., Auto, Zelt ca. 20 €. Im Borntal 1–8, ☎ 05523-944721, ✆ 944722, www.campingpark-borntal.de.

Eiscafé Venezia, nette Eisdiele an der Place de Castelnau. Di Ruhetag. Hindenburgstr. 1.

Aktivitäten

•*Baden/Sport* **Salztal-Paradies**, Freizeit- und Erlebnisbad mit Wildwasserkanal, Riesenrutsche, beheiztem Außenbecken, Saunalandschaft, Tennishalle, Bowlingbahnen und ganzjährig betriebener Eislaufhalle (Mai–Sept. nur Mi/So, sonst tägl.). Tageskarte 10,90 €, bis 16 J. 8,30 €. 1-Std.-Karte 3,60 €/2,70 €. Tägl. 10–22 Uhr. Talstr. 28, ☎ 05523-950902.

•*Kinder* **Märchengrund**: 1,5 km nordwestl. des Kurparks Richtung Ravensberg. Nostalgische Anlage im schattigen, feuchten Katzental. 1910 eröffnet, elektrisch betriebene Spielszenen. Eintritt inkl. Vorführung 2 €, bis 10 J. 1 €.

•*Mountainbike* Am Kurpark starten zwei mittelschwere Routen (13 & 19 km) über den Ravensberg. www.volksbank-arena-harz.de.

•*Wandern* 10 Terrainkurwege sind ab Kurpark (Hinweistafel) beschildert, Gehzeit 15 Min. bis 3 Std. Ein Tipp ist **TK-Weg 5** (3,7 km, 1½ Std.) durch das Kuckanstal mit seinen Felsklippen.

•*Wintersport* Der **Ravensberg** (659 m) ist mit 3 Liften, 7 durchaus steilen Abfahrten, Snowboardarena, Rodelbahn und 20 km Loipen das Wintersportmekka im Südharz. Tageskarte 16 €. Schiverleih in Bad Sachsa. www.sportzentrum-ravensberg.de.

Sehenswertes

Das Ortszentrum steigt von der *Marktstraße* über die Place de Castelnau und Hindenburgstraße bis zum *Kurpark* an, der nahtlos in die Wälder des Ravensbergs übergeht. Einen Blick wert ist die etwas erhöht gelegene **St. Nikolaikirche** (Kirchstr. 23), ein ab 1200 errichteter romanisch-gotischer Bau, der 1691 einen Fachwerkanbau und eine prachtvolle barocke Ausstattung erhielt. Das **Heimatmuseum** in der Hindenburgstr. 6 erzählt die Geschichte des Kur-, Grenz- und Wintersportorts (Di 15–17 Uhr, Eintritt frei). Das **NatUrzeitmuseum** im Gesundheitszent-

Südharz und westlicher Harzrand

rum am Kurpark erläutert in bunt-moderner Aufmachung die geologische Entwicklung des Südharz und des Ravensbergs, der vor 290 Millionen Jahren noch ein Vul-
kan war (Mo–Fr 9–12/14–17, Sa 9–12 Uhr, Eintritt 2,50 €). Am großen **Schmelzteich** im Kurpark, der im 16. Jh. aufgestaut wurde, kann man im Sommer Tretboot
fahren (tägl. 11–18 Uhr, 4-Sitzer 30 Min. 4 €) und im Winter Schlittschuh laufen.
Vom Schmelzteich aus führen markierte Wanderwege (4,9–6,4 km) auf den
Ravensberg (s. u.).

Harzfalkenhof: In dem bekannten Greifvogelpark (1,5 km nordwestl. des Kurparks
an der Straße auf den Ravensberg) werden seit über 40 Jahren rund 20
Greifvogelarten (Eulen, Adler, Falken, Geier) gehalten, gezüchtet oder gesund gepflegt. Bei gutem Wetter gibt es um 11 und 15 Uhr Flugvorführungen.
April–Okt. tägl. 10–17 Uhr. Eintritt ab 14 J. 5 €, sonst 3 €. Am Katzenstein, ✆ 05523-3291.

Ravensberg (659 m): Bad Sachsas bewaldeter Hausberg, auf dem ein 64 m hoher
Sendeturm (1970 als Horchposten des Bundesnachrichtendiensts errichtet) weithin
sichtbar aufragt, rühmt sich damit, der einzige mit dem Auto befahrbare Harzgipfel
zu sein. Oben wartet der *Berghof Ravensberg*, ein rustikales Ausflugslokal und
Bikertreff (Do–Di ab 10 Uhr, ✆ 05523-953895) und bei gutem Wetter eine Fernsicht vom Brocken bis zum Kyffhäuser.

Umgebung

Burgruine Sachsenstein: 2 km südöstlich Richtung Walkenried leuchtet die weiße,
30 m hohe Felskante des Sachsensteins, eines Gipskarstmassivs, aus der Land-
schaft. Auf ihrem nördlichsten Sporn, der 1869 durch den Bau der Südharzbahn
vom Rest abgetrennt wurde, befinden sich die in Fischgrättechnik gebauten
Mauerreste der Sachsenburg. Kaiser Heinrich IV. ließ sie ab 1070 zum Schutz des
Harz erbauen, musste sie aber später schleifen lassen. Auf dem Ruinengelände ist
das seltene Karstphänomen der *Zwergenlöcher* zu sehen, bis zu 50 cm hohe, hohle
Aufwölbungen der obersten Gipsschicht, die – wie könnte es anders sein – von
Zwergen bewohnt sind.
Anfahrt/Wandern Weg ab der Blumenbergsiedlung ausgeschildert.

Grenzland-Museum Tettenborn: Im Ortsteil Tettenborn, 8 km südlich von Bad
Sachsa, befand sich bis 1989 die innerdeutsche Grenze. 1992 wurde hier eines der
ersten Grenzmuseen eingerichtet, das mit originalen Stücken (Minen, Uniformen,
Grenz- und Straßenschilder ...) die Entstehung der Zonengrenze und der
Sperranlagen sowie Fluchtversuche dokumentiert. Der nachgestellte Grenzalarm
sorgt für Gänsehaut.
So 10–12, Mi 13–16, Mai–Okt. auch Fr 13–16 Uhr. Eintritt 2,50 €, 10–16 J. 1,50 €. ✆ 05523-
999773, www.gm-badsachsa.de.

Bad Lauterberg im Harz   ca. 11.400 Einwohner • 296 m

**Die alte Bergbaustadt am Ausgang des Odertals ist heute ein beliebter
Kneipp-Kurort mit schönem Kurpark, lebhafter Altstadt samt Shopping-
Meile und guten Unterkünften.**

Bad Lauterberg ist der wichtigste Fremdenverkehrsort im Südharz. Pluspunkte
sind die landschaftlich schöne Lage, rund 4000 Gästebetten sowie Sanatorien,
Kurkliniken und Thermen, die mit Wellnessangeboten rechtzeitig auf den Rückgang der klassischen Kuraufenthalte reagiert haben. Zudem ist Lauterberg *die*
Einkaufsstadt der Region, Standort der Kunststoffindustrie und zweier Likörfabri-

ken; die eine im Ortsteil Bartolfelde destilliert den berühmten *Schierker Feuerstein* (→ S. 119), die andere in der Altstadt das *Harzer Grubenlicht.*

Bad Lauterberg erstreckt sich 3 km entlang der B 27 im engen, kurvenreichen, zum Harz hin ansteigenden *Odertal.* An seinem Nordostende reicht die Stadt bis an den malerischen *Oderstausee,* im Westen geht sie nahtlos in den Nachbarort *Scharzfeld* über. Das Zentrum befindet sich um den *Postplatz,* den die B 27 durchschneidet. Westlich davon breitet sich zu Füßen des *Hausbergs* (422 m) die alte Fachwerkstadt mit der „Bummelmeile" aus, östlich liegt das Kurviertel mit dem Besucher-Bergwerk, über dem der 575 m hohe *Scholben* ansteigt. Hinter diesem verbirgt sich der *Wiesenbeker Teich,* ein beliebter Badesee mit Campingplatz.

Die Keimzelle Lauterbergs lag am Hausberg, auf dem sich ab dem 12. Jh.

Bad Lauterbergs Kurhaus, darüber der Hausberg

die Stammburg der *Grafen von Lutterberg* befand, die um 1400 an die Grafschaft Hohnstein fiel und 1415 zerstört wurde. Unter den Hohnsteinern, die den Kupferabbau förderten, entwickelte sich das Dorf zur freien Bergstadt. Mitte des 19. Jh. wurde mit einer Kaltwasserheilanstalt ein zweites wirtschaftliches Standbein geschaffen. Eine kluge Entscheidung, denn der letzte Bergbaubetrieb, der in der Grube Wolkenhügel im Luttertal Schwerspat abbaute, wurde 2007 geschlossen.

Praktische Informationen

• *Information* **Haus des Gastes**, am Kurpark. Unterkunftsvermittlung, Orts-, Wander- und Loipenpläne, DB-Fahrkarten. Mineralbrunnen-Ausschank. Mo–Fr 9–12/14–17, Sa 9.30–12, So 10–12 Uhr, Juli/Aug. Sa/So auch nachmittags. Ritscherstr. 4, 37431 Bad Lauterberg, ✆ 05524-92040, www.badlauterberg-harz.de.

• *Verbindungen* **Bahn**: Die Stichbahn von der Südharzstrecke ins Zentrum (ein Rest der einstigen Odertalbahn nach St. Andreasberg) wurde 2004 stillgelegt. Stattdessen gibt es den Haltepunkt *Bad Lauterberg/Barbis,* der 4,5 km (!) westlich der Stadtmitte liegt – ohne vernünftigen Busanschluss dorthin. Tägl. 12-mal nach Herzberg, Northeim bzw. Nordhausen.

Bus: Tägl. 11- bis 16-mal nach Scharzfeld,

Herzberg bzw. St. Andreasberg (Linie 450), 2- bis 11-mal (außer So) nach Bad Sachsa (471). www.vsninfo.de.

Bus 450 führt von 1. Mai–1. Nov. jeweils Sa/So (in den Ferien tägl.) einen Fahrradanhänger mit. Der Radtransport ist kostenlos.

• *Einkaufen* Schicke Boutiquen, Herren- und Damenmode, Wohnaccessoires, Schmuck – die Auswahl in der **Hauptstraße** ist groß. Sa bis 18 Uhr geöffnet.

Markt, Fr 8–12 Uhr an der St. Andreaskirche.

• *Radverleih* **Zweirad Busche**, hochwertige MTBs 15 €/Tag. Mo–Fr 9–18, Sa 9– 12 Uhr. Hauptstr. 18, ✆ 05524-3627.

Übernachten/Essen

Bad Lauterberg besitzt sieben Kliniken und Kurheime mit Therapieabteilungen. Infos unter www.badlauterberg-harz.de.

•*Hotels* ***** **Revita Park-/Sporthotel**, der 10-geschossige Betonklotz ist optisch ein Schandfleck. Drinnen aber genießt man die tolle Aussicht und rustikal-alpinen Flair. Die 245 Zimmer sind elegant oder im Landhausstil eingerichtet. Großer, fensterloser Pool im Kellergeschoss, Saunas, riesiger Fitnessclub, Ruheterrasse und Sportangebote. Mehrere Restaurants und Bars von der Kachelofenstube bis zum eleganten Saal. Freundlicher Service, doch eher ein 4-Sterne-Haus. DZ 170–224 €, Packages buchbar. Sebastian-Kneipp-Prom. 56, ℡ 05524-831, 📠 80412, www.revita-hotel.de.

*** **Hotel am Kurpark**, hübsches, bikerfreundliches Haus in zentraler, sonniger Lage. Seit der Renovierung 2009 sind die 15 Zimmer modern und hell, nur die Bäder sind noch alt. Sauna im Haus. Restaurant, Wintergarten und Terrasse sind im trendigen Lounge-Stil gehalten, Spezialität ist Gegrilltes vom heißen Stein. DZ 78–82 €. Sebastian-Kneipp-Prom. 4, ℡ 05524-92450, 📠 924550, www.harzhotel.net.

•*Ferienwohnungen* *** **Schnibbe**, in der Ortsmitte neben dem gleichnamigen Café. 14 gut ausgestattete Wohnungen im Landhausstil mit 1, 2 oder 3 Räumen, teils mit Terrasse bzw. Balkon. Buchbar ab 2 Nächten. Fewo 2 Pers. 44–69 €/Tag je nach Größe und Saison, weitere Pers. 7 €. Brötchenservice/Frühstück ab 3,50 €. Hauptstr. 137/Brauhardtgasse, ℡ 05524-92100, 📠 921049, www.cafe-schnibbe.de.

**** **Fitz**, 3 komplett ausgestattete Fewo (65–75 m²) in einem Landhaus mit Garten 2 km außerhalb in idyllischer Waldrandlage zwischen Oderstausee und Vitamar-Bad. Fewo 2 Pers. ab 42 €/Tag. Dietrichstal 6a, ℡ 05524-4255, www.fewo-fitz.de.

•*Camping* ***** **Wiesenbeker Teich**, schöne, terrassenförmige Anlage am Ufer des von Wald umsäumten Bergsees. 120 eher schmale Stellplätze, saubere Sanitär-

bereiche. Kein Laden, dafür das Restaurant „Dombrowsky's Baude" (Di Ruhetag). Im Sommer Sandstrand, im Winter Eislaufbetrieb. 2 Pers., Auto, Zelt inkl. Eintritt Badeteich 26 €. Wiesenbek 77, ℡ 05524-2510, 📠 932089, www.camping wiesenbek.de.

•*Restaurants/Cafés* **Alt Lauterberg**, Traditionsrestaurant in einem verwinkelten Fachwerkhaus in der Altstadt. Mediterrane und Harzer Küche, bekannt für Wildgerichte (z. B. Wildschweinbraten mit Apfelrotkohl und Kartoffelklößen 12 €). Gute Weinauswahl. Tägl. ab 10.30 Uhr. Hauptstr. 116, ℡ 05524-3733.

Berggaststätte (am) Hausberg, rustikaler Ausflugsgasthof im Skihüttenstil. Die deftige Hausmannskost hält nicht ganz mit dem Traumblick auf die Stadt mit. Nur zu Fuß oder mit der Burgseilbahn erreichbar. Tägl. ab 10.30 Uhr. Hausberg 4, ℡ 05524-2180.

Café-Konditorei Schnibbe, Tortenparadies in der Einkaufsmeile, Baumkuchen, gefüllte Trüffel, Teegebäck sowie Kaffee aus eigener Rösterei, kleines/großes Frühstück und Mittagsteller (12–14 Uhr). Tägl. 8.30–18 Uhr. Hauptstr. 137.

Café-Confiserie Mangold, traditionsreiche Konditorei in der Altstadt (seit 1894). Spezialität ist der „Lauterberger Lehm", eine Knusperpraline mit Nüssen; Mai–Okt. gibt es selbst gemachtes Eis. Ganztägig Frühstück. Raucherlounge im 1. Stock. Tägl. 8–18 Uhr. Hauptstr. 142.

Waldcafé Altes Forsthaus Hohensee, im *Luttertal* nördlich der Stadt. Anfahrt bis zum Wanderparkplatz (Wegweiser), dann noch 250 m zu Fuß. Bildhübsches Forsthaus mit Imkerei (Honigverkauf) und *Bienenmuseum*. In der rustikalen Gaststube oder im sonnigen Garten erfreut man sich an hausgemachten Kuchen, Wildgerichten oder schlichter Harzer Küche. Sommer tägl. 10–20, Winter 11–17 Uhr. Kupferhütte 1, ℡ 05524-852880, www.imkerei-quellmalz.de.

Aktivitäten/Feste

•*Angeln* Ganzjährig im Oderstausee (Aal, Barsch, Hecht, Karpfen); im Oderfluss und im Wiesenbeker Teich nur 16. 3.–15. 10.
•*Baden/Wassersport* **Vitamar**, Freizeit-

und Erlebnisbad am Ortsausgang Richtung Harz mit großem Wellenbecken, Rutschen, beheiztem Außenbecken, Saunalandschaft, Saunagarten, Massage. Tageskarte 12,10 €, bis 18 J. 9,60 €. 1-Std.-Karte 5,10 €/4,40 €. Mo–Fr 9–22, Sa/So bis 21 Uhr. Masttal 1, ✆ 05524-850665, www.vitamar.de.

Kirchberg-Therme, südlich der Ortsmitte. Kleine, asiatisch inspirierte Anlage mit Süßwasser- und Solebecken (29–34 °C), 7 Saunas und Fitness-Studio. Mo–Sa 10–22.30, So ab 9 Uhr. Tageskarte 14 €, bis 14 J. 11,50 €. 1-Std.-Karte 3,80 €/3,30 €. Kirchberg 7, ✆ 05524-859140, www.kirchbergtherme.de.

Wiesenbeker Teich → Sehenswertes

Oderstausee, 3 km nördlich an der B 27. Se-

geln und Surfen ist erlaubt, Schwimmen wegen der steilen Ufer nicht zu empfehlen.

•*Mountainbike* Am Haus des Gastes starten 4 leichte bis schwere Routen (10–51 km), darunter die **BL 2** „Lauter-Berge-Tour" (39 km, ↕ 1167 m) und **BL 4** „Südharzrunde" (51 km, ↕ 1305 m). www.volksbank-arena-harz.de.

•*Veranstaltungen* **Bad Lauterberger Musiktage**, 10 Tage Ende Juli. Auskunft in der Touristinfo und unter www.kulturkreis-bad-lauterberg.de.

Sehenswertes

Kurviertel: Der Mitte des 19. Jh. angelegte gepflegte Kurpark mit schönem alten Baumbestand beginnt am Kurhaus von 1910 (mit Café-Restaurant, Kräutergarten und Barfußweg) und zieht sich rund 1 km am Oderufer entlang, vorbei an

Konzertpavillon, Köhlerhütte, Sport-/ Spielplätzen und Wassertretanlagen, auf die bunte Holzschilder hinweisen. Im *Haus des Gastes* neben dem Kurhaus logiert die Touristinfo und ein kleines **Spielzeugmuseum** (Do/Sa/So 10.30–12, Di–So 14.30–17 Uhr, Eintritt 2,20 €, Kind 0,50 €.).

Museumsbergwerk Scholmzeche/Aufrichtigkeit: Am Oderufer im Kurpark beginnt die unterhaltsame Führung durch den *Eisenstein-Suchstollen*, in dem im 19. Jh. nach Eisenerz gesucht wurde, und den durch einen Querstollen damit verbundenen *Aufrichtigkeiter Tiefe Stollen*, der ab 1710 mit Hammer und Eisen in den Berg getrieben und zu Demonstrationszwecken wieder freigelegt wurde. In den Stollen sind Bergmannswerkzeug und Bergbaumodelle zu sehen.
April–Okt. Di und Fr/Sa ab 15 Uhr, sonst nur Fr/Sa. Eintritt 3 €, Kind 2 €.

Altstadt: Anziehungspunkte sind die als Bummelmeile bekannte westliche *Hauptstraße* und die barocke **Andreaskirche** von 1571. Ihre imposante Ausstattung mit doppelter Empore und prächtiger Holzdecke geht auf einen Umbau 1736 zurück (Mo–Fr 9–13, Sa 10–16, So 11.30–17 Uhr). In St. Andreas finden regelmäßig Konzerte statt (www.kirchenmusik-pdbl.de). Das **Heimatmuseum** in einem schönen Fachwerkhaus in der Ritscherstr. 13, unweit der Burgbergseilbahn, dokumentiert in knapp einem Dutzend Räumen die über 800-jährige Stadt- und Wirtschaftsgeschichte (Fr–So 10–12, Sa auch 15–17 Uhr. Eintritt 1,20 €).

Hausberg (422 m), Burgseilbahn: Von der Altstadt (Schulstraße) aus überwindet eine nostalgische Doppelsesselbahn im gemächlichen Tempo den steilen Hang zum einstigen Burgberg mit dem Ausflugsgasthaus (→ Essen) samt Turm und Aussichtsterrasse. Auf einer Schotterstraße kann der Berg von hinten (ab Weinbergstraße) zu Fuß erklommen werden (ca. 1 km).
Burgseilbahn Tägl. 10–19 Uhr. Einfache Fahrt 2,50 €, Berg- und Talfahrt 4 €.

Königshütte: einst berühmt für Eisenguss

Königshütte und Südharzer Eisenhüttenmuseum: 1 km südwestlich der Stadt-mitte liegt in der Hüttenstraße am Oderufer das frei zugängliche Areal der 1733 ge-gründeten Eisengießerei *Königshütte*. Sie war weithin bekannt für die Kunstgieße-rei, den Ofenbau und die Drahthütte, von der das Material für die Clausthaler Drahtseile kam. *Goethe* war 1777 und 1784 hier zu Besuch. Die zu zwei Dritteln er-haltene Anlage ist ein einzigartiges Denkmal früher Industriearchitektur. Ur-sprünglich gruppierten sich um den Hüttenhof mit dem für die Pariser Weltaus-stellung 1889 gefertigten Hüttenbrunnen 14 Gebäude, darunter das *Faktoreihaus* von 1733 im Oberharzer Stil, eine neugotische Hochofenhütte mit Gießhalle (1904 abgebrochen), das *Formhaus* (1825) und das neoklassizistische *Eisenmagazin* mit Säulenportikus. Seit 1983 bewahrt ein Förderverein das Ensemble vor dem Verfall und bietet Führungen an, die auch in einige Gebäude und in das kleine Museum im ehemaligen Probierhaus bringen.
Führungen Jeden 2. und 4. Di 15 Uhr, Treffpunkt Hüttenbrunnen, Dauer 2 Std. Spende will-kommen. www.koenigshuette.com.

Kummelberg (536 m) mit Bismarckturm: Den zweiten Aussichtsberg der Stadt, der am steinernen, 15 m hohen Bismarckturm von 1904 leicht auszumachen ist, er-reicht man nur zu Fuß. Von der Plattform am Turm hat man einen prächtigen Rundblick zu Brocken und Knollen (Eintritt 0,60 €, geöffnet wie Waldgaststätte).
•*Wandern* Ab Weinberg steiler Anstieg (2 km, 90 Min., grün). Bequemer, aber länger entlang der Straße ab Kummelstraße.
•*Essen* Waldgaststätte Bismarckturm, deftige regionale Kost, Steaks und selbst gebackene Kuchen zu günstigen Preisen, durchgehend warme Küche. Tägl. 9–20 Uhr. 📞 05524-80661.

Wiesenbeker Teich: 1,5 km südöstlich des Zentrums liegt der von Bergleuten im 18. Jh. gestaute Waldsee, heute ein beliebtes Freizeitareal mit Schwimminsel, Sand-strand, Campingplatz, Angelplätzen und Bootsverleih. Ein 1,5 km langer Weg führt rund um den im Sommer bis zu 23° C warmen Teich (30 Min.) und passiert auch das frühere, verfallende Kneipphotel.

• *Parken* Großparkplatz (1,50 €/Tag).
• *Essen* **Dombrowsky's Baude**, Blockhaus-restaurant mit verfeinerter Hausmannskost am Südufer. Tägl. außer Di 10–22 Uhr. ✆ 05524-2510.

• *Bootsverleih* Elektro-, Tret- und Ruder-boote, 30 Min. 5–7 €. Bei schönem Wetter tägl. 10–18 Uhr.

Oderstausee: Die 3 km nordöstlich an der B 27 Richtung Braunlage gelegene Tal-sperre wurde 1931–34 erbaut. Der Damm ist 53 m hoch und 310 m lang, der von Wald umsäumte, malerisch verästelte See bis zu 5 km lang. Die Talsperre reguliert den Wasserstand der Oder, die im Brockengebiet entspringt und im Oderteich (→ S. 79) erstmals gestaut wird. Angeln (z. B. Hechte), Surfen und Segeln sind er-laubt. Das 5 km lange Südwestufer kann man auf einer Forststraße entlang wan-dern. Südlich davon erhebt sich der 720 m hohe **Stöberhai**, erkennbar am Anten-nenmast. Bis 2005 ragte hier ein 75 m hoher Betonturm aus dem bewaldeten Gipfelplateau, ein NATO-Horchposten, mit dem der DDR-Funk abgehört wurde.

Wandern Vom Lauterberger Kurpark über Mast- und Dietrichstal zum Okerstausee (1½ Std.).

Westlich von Bad Lauterberg

Burgruine Scharzfels: 6 km westlich von Lauterberg befinden sich auf einer 150 m hohen Dolomitklippe oberhalb der hier vierspurig ausgebauten B 27 die Reste der Burg Scharzfels. Das im 11. Jh. erbaute Gemäuer war Stammsitz der *Grafen von Scharzfeld*. Von einer Südterrasse mit kleiner Schlossberggaststätte (Di Ruhetag) führt eine neuzeitliche Treppenanlage hinauf zu den frei zugänglichen Überresten der 1761 von französischen Besatzern gesprengten Oberburg. Bemerkenswert sind die in den Fels geschlagenen Räume und der Ausblick ins Odertal und zum Scharzfelder Dolomitwerk.

Wandern/Verbindung Ab dem östl. Ortsrand von Scharzfeld (Parkplatz, Wegweiser) 20-minütiger Anstieg. **Bus 450**: Tägl. 11- bis 16-mal nach Bad Lauterberg.

Einhornhöhle: Die Karsthöhle nördlich von Scharzfeld ist die größte Schauhöhle im niedersächsischen Harz. Insgesamt 270 m sind für Besucher erschlossen. Ihren

Vor der Einhornhöhle   *Burgruine Scharzfels*

Südharz und westlicher Harzrand

Steinkirche – Höhle mit sakraler Vergangenheit

Namen erhielt sie 1583, als man glaubte, das Skelett eines Einhorns gefunden zu haben. Zermahlene Einhornknochen waren damals ein begehrtes Heilmittel, was der Höhle Berühmtheit bescherte und sogar Leibniz und Goethe herbeieilen ließ. Seit dem 19. Jh. weiß man, dass es Gebeine von Höhlenbären waren. 1985 belegten Werkzeugfunde, dass die Höhle schon in der Altsteinzeit vor 100.000 Jahren besiedelt war.

Man betritt die Höhle durch einen künstlichen Stollen, der in den *Weißen Saal* mündet. Ab hier geht es durch den Hauptgang, in dem sich flachere Gänge und größere Hohlräume abwechseln, wie die für ihre Akustik gelobte *Schiller-* und *Leibniz-Halle*. Tropfsteine gibt es kaum mehr, sie wurden als Hörner des Einhorns verkauft. Die 45-minütige Führung endet in der von vielen Fotos vertrauten *Blauen Grotte*, über der die Höhlendecke eingestürzt ist. Dieses Loch wird als Ausgang genutzt, denn sonst gibt es keine natürlichen Zugänge mehr.

April–Ende Okt. tägl. außer Mo 10–17 Uhr, Führungen stündl. bis 16 Uhr. Eintritt 6 €, bis 6 J. 1 €, 6–16 J. 4 €. ☎ 05521-997559, www.einhornhoehle.de

•*Information/Essen* **Haus Einhorn**, Waldgaststätte beim Höhleneingang mit Geo Park-Infostelle und kleinem **Höhlenmuseum**. Warmer und kalter Imbiss (Räucher-forelle, selbst gemachter Kuchen, Ziegenkäse). Biergarten. Geöffnet wie Höhle.

•*Anfahrt/Parken* Ab der Scharzfelder Ortsmitte beschilderte Zufahrtsstraße bis zum Großparkplatz 300 m vor der Höhle.

•*Wandern* Die Einhornhöhle liegt am Karstwanderweg (S. 30) und am Harzer Baudensteig (S. 30).

Steinkirche am Steinberg: Noch eine Höhle hat Scharzfeld zu bieten, die „Kirche" genannt wird – und beides ist: eine 28 m tiefe, bis zu 8 m hohe Karsthöhle, die in der Altsteinzeit von Rentierjägern als Rastplatz genutzt wurde, wie Feuersteingeräte und Knochennadeln belegen. Um 1000 wurde sie zu einer frühchristlichen Kirche erweitert und als solche bis ins 16. Jh. genutzt. Am Höhleneingang ist rechts eine Kanzel zu erkennen, direkt darunter die Reste eines Steinsargs. Die Höhle befindet sich auf dem *Steinberg* direkt oberhalb von Scharzfeld an der Schnellstraße B 27/B 243, die wenig unterhalb an den Hang gebaut wurde.

Unter dem Straßenviadukt (Zufahrt von der Ortsmitte) beginnt der kurze, steile Wiesenweg hinauf zur Steinkirche.

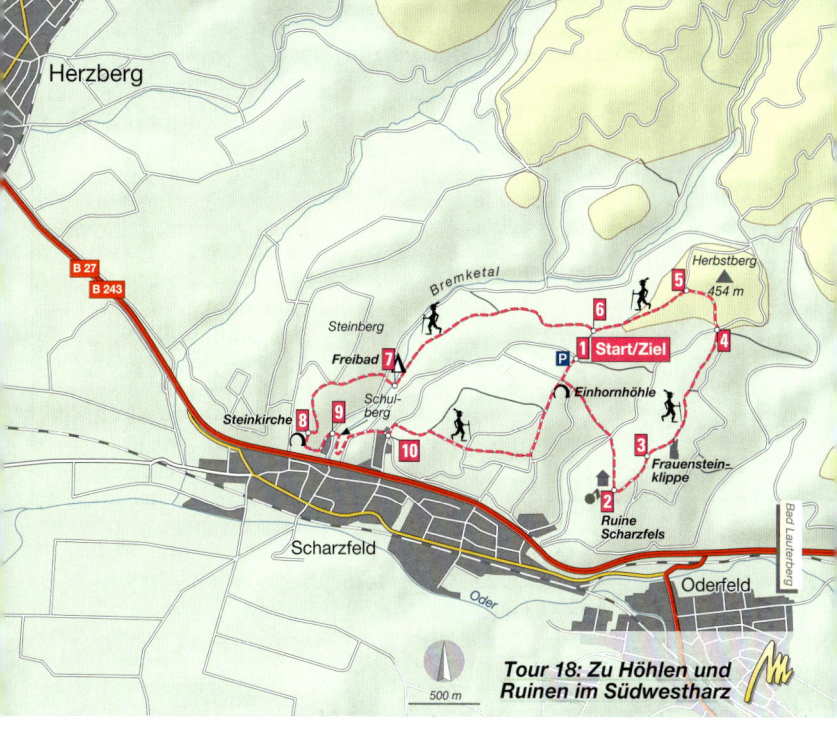

Tour 18: Zu Höhlen und
Ruinen im Südwestharz

500 m

Tour 18: Zu Höhlen und Ruinen im Südwestharz

Länge: 12 km, Gehzeit 3 Std. Mittelschwer.
Der Weg: Abwechslungsreiche Wald- und
Panoramawanderung von der Einhornhöhle
über die Burgruine Scharzfels zur in schöner Karstlandschaft gelegenen Höhle
„Steinkirche".

Beschreibung: Vom Parkplatz der Einhornhöhle (**1**, 362 m) wandern wir zum
Höhleneingang (zur Höhle s. o.), dort
links Richtung Burgruine, die wir nach
30 Min. erreichen (**2**, zur Ruine Scharzfels
s. o.). Zurück auf der Forststraße, folgen
wir den Wegweisern Richtung Großer
Knollen/Göttinger Hütte. Bald geht es
auf einem Waldweg weiter, der Abstecher
zur **Frauensteinklippe** lohnt kaum (**3**).
Nach einer Forststraßenkreuzung (**4**)
geht es kurz steil bergauf (Wegweiser
Göttinger Hütte) bis zur nächsten
Kreuzung (**5**), wo wir dem Wegweiser
Einhornhöhle und 10 Min. später (**6**)
dem Wegweiser Steinkirche folgen. Bald
senkt sich der Pfad ins **Bremketal** hinab

und erreicht 15 Min. später das im
Talgrund gelegene Freibad (**7**, 266 m).

An der anderen Talseite folgen wir dem
Willi-Hartung-Weg im Wald hinauf
zum aussichtsreichen Wiesenrücken
des **Steinbergs** mit seinen Karstklippen
und der **Steinkirche** (**8**, s. o.). Von dieser wandern wir bergab und orientieren
uns nun an den Karstwanderwegweisern Richtung Einhornhöhle. Oberhalb
der vierspurigen Straße geht es weiter
östlich, dann zur Asphaltstraße hinunter (**9**), kurz auf dieser südlich, nach
Querung der Bremke hinauf auf den
Schulberg und links um seine Karstklippen herum. Danach steigen wir wieder hinab zur Asphaltstraße, die wir
queren (**10**). Auf der anderen Seite
beginnt der rund einstündige Rückweg
sanft bergauf am teils aussichtsreichen
Waldrand zurück zur Einhornhöhle.

Schloss Herzberg am Harz

Weithin sichtbar thront das Schloss auf einem bewaldeten Bergrücken oberhalb der 10.500-Einwohner-Stadt Herzberg. 1510 wurde es im Renaissancestil errichtet, nachdem der mittelalterliche Vorgängerbau abgebrannt war. Besitzer von 1157 bis 1866 waren die Welfen, weshalb es Welfenschloss genannt wird. Heute beherbergt es ein Amtsgericht (seit 1870), ein modernes Schlossmuseum und ein Restaurant.

Schönster Teil ist der von einer großen Linde beschattete *Innenhof*, den man durch ein Torhaus betritt. An drei Seiten umgeben ihn Fachwerkgeschosse, der vierte Flügel ist aus Stein. An der Ostecke ragt der hübsche Schloss- oder Uhrturm auf, dessen Zwiebelhaube auf drei mit geschnitzten Figuren verzierten Fachwerkgeschossen sitzt.

Herzberger Schloss

Das **Schlossmuseum** informiert über die Schlossgeschichte und zeigt ein Faksimile des Evangeliars von *Heinrich dem Löwen*, jenes Welfen, der die Burg 1157 im Tausch erhielt. Zudem wird an die bedeutende Herzberger Gewehrmanufaktur erinnert, die 1738–1876 in Betrieb war. Mit einem bespielbaren Orgelmodell wird der berühmte Orgelbauer *Johann Engelhardt* gewürdigt, der seine Werkstatt ab 1829 in Herzberg hatte. Exponate zu Forstwirtschaft und Bergbau ergänzen die Schau. Die archäologische Abteilung ist zurzeit geschlossen. April–Ende Okt. tägl. außer Mo 10–13/14–17, Nov.–Ende März erst ab 11 Uhr. Eintritt 2 €, 10–16 J. 1,50 €. ☎ 05521-852111, www.museum-schloss-herzberg.de.

Die Stadt, durch eine vierspurige Straße vom Schlossberg getrennt, muss man nicht besuchen. Eine traurige Einkaufszeile und ein Hauptplatz mit einem Dutzend leerstehender Läden, einziger Lichtblick ist der *Juessee*, ein Karstsee mitten in der Stadt, in dem gebadet werden darf. 2006 verpasste sich Herzberg das Label *Esperanto-Stadt*, seit Jahren finden hier Treffen zu der Kunstsprache statt.

● *Verbindungen* **Bahn**: Tägl. 12-mal nach Northeim bzw. Bad Sachsa, Nordhausen (Südharzstrecke), 12-mal nach Seesen (Westharzstrecke, eigene Haltestelle „Schloss"). **Bus 450**: Tägl. 11- bis 16-mal nach Scharzfeld, Bad Lauterberg bzw. St. Andreasberg. www.vsninfo.de.

● *Essen* **wm royal Café-Restaurant im Schloss**, Feinschmeckerkost zu gehobenen Preisen, Kaffee und Kuchen aus eigener Konditorei. Mi–Sa 11–23, So 11–17 Uhr. Schloss 2, ☎ 05521-986986. www.welfenschloss.de.

Lonau und Sieber

Herzberg liegt am Ausgang zweier idyllischer Täler, die in nordöstlicher Richtung 10 bis 20 km in den Harz hineinreichen. Ihre Hauptorte sind nach den beiden Flüssen Lonau und Sieber benannt.

Lonautal: Das 8 km lange, von Buchenwäldern gesäumte Tal ist eine Sackgasse, der Weiler Lonau (350 Einw.) inmitten von Bergwiesen am Talende liegt als einziger Ferienort direkt im *Nationalpark Harz* (Rangerstation). Von hier aus wurde viele Jahre vergeblich versucht, das seit 1920 im Harz verschwundene Auerhuhn auszuwildern. Fuchs, Wildschwein und der wieder angesiedelte Luchs – ebenfalls ein Nationalparkprojekt – machten ihm den Garaus. Was blieb, ist ein *Auerhuhn-Schaugehege*, in dem man Auerhähne, Birk- und Haselhühner beobachten kann (15 Gehmin. südwestlich der Ortsmitte). Gesponsert wurde die Anlage von der Hasseröder Brauerei – die mit dem Auerhahn im Logo. Beliebtes Wanderziel ist die Hanskühnenburg auf dem nördlichen Höhenzug *Auf dem Acker* (→ Wandern).

Siebertal: Noch reizvoller ist das enge, bewaldete Siebertal südöstlich von Lonau. 8 km hinter Herzberg trifft man auf das lang gezogene Straßendorf Sieber (600 Einw.), früher eine Bergbausiedlung. In den 1980ern sollte es in den Fluten der Siebertalsperre untergehen, was die Sieberaner erfolgreich abwehrten. Heute ist es ein Platz für Naturliebhaber mit einem Freizeitpark (Spielplatz, Freibad …), Wanderwegen auf den „Acker" und den Großen Knollen (→ Wandern), einem Flusslehrpfad, sowie der auffälligen, schieferverkleideten *St. Benedictuskirche*, ein Holzbau von 1887 im damals modernen nordischen Stil; ihre Engelhardt-Orgel wird gern für Konzerte genutzt.

Die Straße L 521 durchs Siebertal führt weiter flussaufwärts und steigt dann kurvenreich an, bis sie 11 km hinter Sieber die Oberharzer Bergstadt **St. Andreasberg** (→ S. 74) erreicht.

• *Information* **Haus des Gastes** mit Nationalparkinfostelle, in Sieber am Flussufer schräg gegenüber der Kirche. Prospekte und Gastgeberverzeichnis liegen aus, keine Beratung. April–Okt. 9–18, sonst bis 16 Uhr. 37412 Sieber, An der Sieber 63. www.sieber-harz.de.

• *Verbindungen* Bus 451: Herzberg-Lonau-Sieber Mo–Fr 12-mal tägl., Sa 2-mal, So nie. www.vsninfo.de.

• *Übernachten/Essen* ***** Zur Quelle**, in Lonau. Das alte Fachwerkhaus des traditionsreichen Familienbetriebs brannte 1998 ab, schon 1999 eröffnete ein schicker Neubau mit 17 Zimmern, Gaststube mit Kachelofen und rustikal-modernem Restaurant mit bekannt guter Küche (mittags und abends, Mi Ruhetag). DZ 66–75 €. 37412 Herzberg/Lonau, Marientaal 2, ☎ 05521-5429, ⌨ 987011, www.quelle-lonau.de.

*** Haus Iris, mitten in Sieber. Freundliches, sauberes Hotel-Garni mit 14 Zimmern und 2 Appartements, teils mit Balkon. Sauna, Lie-

Der Große Knollen ist ein beliebtes Wanderziel im Siebertal

gewiese, Leihräder. DZ 59–74 € je nach Saison, Fewo 2 Pers. 45–65 €. An der Sieber 102b, ☎ 05585-355, ✆ 1512, www.harzweb.de/haus-iris.

•*Camping* **Lonau**, kleine, einfache Anlage an Flussufer und Waldschwimmbad. 2 Pers., Auto, Zelt ca. 15 €. Mariental 72, ☎ 05524-4135, www.campingplatz-lonau.de.

•*Baden* **Waldschwimmbad**, Lonau, kleines solarbeheiztes Becken im Mariental. Mai–Ende Sept. tägl. 10–19 Uhr.

Solar-Freibad, Sieber, im Tiefenbeek westl. der Kirche. Mai–Ende Sept. tägl. 10–19 Uhr.

•*Mountainbike* Hanskühnenburg und Großer Knollen sind beliebte, mittelschwere Ziele.

•*Wandern* **Lonau–Hanskühnenburg**: vom Parkplatz beim Grillplatz im Mariental durch das Hackenstieltal hinauf zum Dresselplatz; dann unterhalb des Kamms auf der Ackerstraße (grün markiert) zur Hanskühnenburg (6 km, 2 Std.). Siehe auch S. 74.

Panoramaweg rund um Sieber: 8 km geht es gut beschildert mit tollen Ausblicken um den Ort, Einstieg beim Wanderparkplatz im Tiefenbeek.

Sieber–Hanskühnenburg, westl. vom Hotel zum Pass beginnt der Anstieg (Weg 14 D, dann 13 B) am Hang des Knöterskopfs entlang (2 Std.).

Tour 19:
Zum Großen Knollen (687 m)

Länge: 8,5 km, Gehzeit 2½ Std. Leicht.
Der Weg: Kurze, viel begangene Tour von Sieber auf den schönsten Aussichtsgipfel im Südwestharz.

Beschreibung: Wir starten am Parkplatz hinter dem Freibad in Sieber (**1**, 319 m). Wir folgen stets dem Wegweiser „Großer Knollen", zunächst 20 Min. auf einer Forststraße (**2**), dann queren wir rechts auf einer schmalen Holzbrücke den Bach und steigen 30 Min. auf einem Serpentinenpfad steil im Wald bergauf. Auf einem Sattel münden wir wieder in die Forststraße (**3**) und wandern geradeaus weiter. Nach 15 Min. passieren wir einen Rastplatz mit Köhlerhütte (**4**, 567 m). 15 Min. später zweigt links (**5**) der mäßig steile Anstieg auf den Gipfel des **Großen Knollen** ab, den wir nach 20 Min. erreichen (**6**). Der 20 m hohe steinerne Aussichtsturm von 1904 (Eintritt 1 €) bietet eine gute Fernsicht von Herzberg bis St. Andreasberg. Die *Gaststätte Knollenbaude* ist Di–So 9–17 Uhr geöffnet (www.grosser knollen.de). Der Rückweg erfolgt über den Aufstiegsweg.

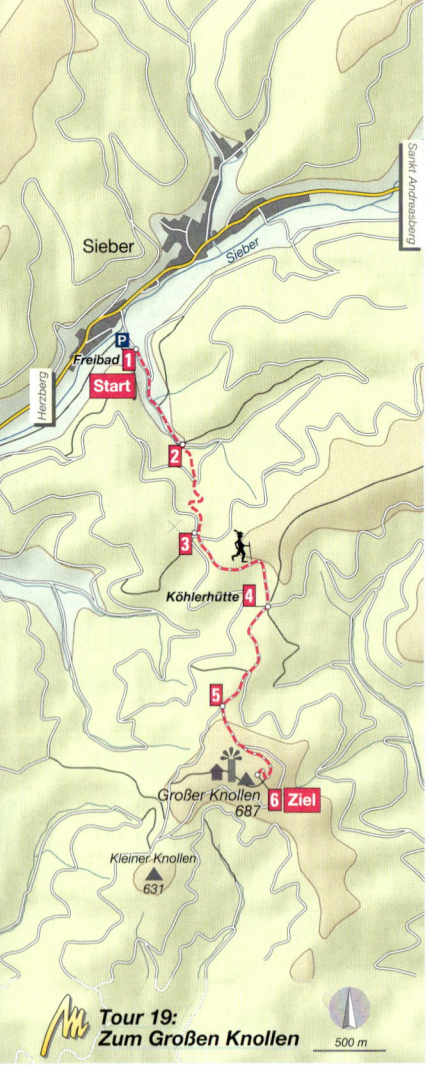

Tour 19:
Zum Großen Knollen

500 m

Kornmarkt – belebte Mitte von Osterode

Osterode am Harz ca. 24.000 Einwohner • 220 m

Prächtige Fachwerkhäuser locken in die verkehrsberuhigte Altstadt, die noch von Stadtmauerresten umgeben ist. Am Stadtrand beginnt der Hexen-Stieg, der beliebte Fernwanderweg nach Thale.

Die Kreisstadt am südwestlichen Harzrand, an der Kreuzung der B 243 (Hildesheim–Nordhausen) mit der B 241 (Northeim–Vienenburg) ist Verwaltungs- und wirtschaftliches Zentrum der Region. Sie liegt landschaftlich schön mit dem Karstgebirge im Süden, dem sonnigen Lerbachtal und dem engen Gebirgstal der Söse im Osten, die 5 km von der Stadt entfernt den Sösestausee bildet.

Wie der Name andeutet, entstand Osterode zur Zeit der großen Rodungen um 1000 n. Chr. Dank der Alten Harzstraße, der nun die B 241 folgt, war die Siedlung bald ein florierender Markt mit eigener Brauerei und Münzwerkstatt. Bodenschätze und Holz aus dem Harz waren die wichtigsten Handelsgüter. Zu ihrem Schutz wurde im 12. Jh. eine Burg und im 13. Jh. eine Stadtmauer errichtet. 1241 trat Osterode der Hanse bei, 1298–1596 war die Stadt sogar Residenz einer Nebenlinie der Braunschweiger Herzöge. Im 18. Jh. sorgten Handwerker für weiteren Wohlstand: Schuh- und Tuchmacher, Eisengießer und Böttcher produzierten für die Hannoversche Armee und die Oberharzer Bergwerke, seit Ende des 19. Jh. in industrieller Fertigung. Den Zweiten Weltkrieg überstand Osterode ziemlich unbeschadet, was die Stadtväter nicht hinderte, in den 1950/60ern mit gesichtslosen Gebäuden und autogerechten Verkehrswegen das Ortsbild zu trüben. Am besten steuert man sofort die Fußgängerzone um den zentralen *Kornmarkt* an – hier herrscht noch Fachwerkidylle.

Südharz und westlicher Harzrand

Praktische Informationen

•*Information*   **Touristinformation**, kleines Büro im Kurpark in der klassizistischen Schachtrupp-Villa (1819 vom Farbenfabrikanten Johann Schachtrupp erbaut), nahe der B 243/Ausfahrt „Zentrum" bzw. der Bahnhaltestelle Osterode-Mitte. Stadtführungen, Unterkunftsvermittlung. Gratisflyer „Historischer Stadtführer". Mo–Fr 10–18, Sa 10–13 Uhr.   37520   Osterode, Dörgestr. 40, ✆ 05522-318333, www.osterode.de.

•*Führungen* Mai–Okt. Di 10.30 Uhr ab dem Alten Rathaus (Eseltreiber-Plastik). Dauer 1½–2 Std., 2,50 €.

•*Verbindungen*   **Bahn**: Mo–Fr je 16-mal, Sa/So je 7-mal nach Herzberg bzw. Seesen. Die Haltestelle Osterode-Mitte liegt näher an der Altstadt.

Bus: Mo–Fr je 12-mal, Sa/So 3-mal via Bad Grund nach Clausthal-Zellerfeld (Linie 460). tägl. 3- bis 10-mal via Buntenbock nach Clausthal-Zellerfeld (440). www.vsninfo.de.

> **Wanderbus 462**: Sa/So jeweils 3-mal via Altenau bis Torfhaus.

•*Parken* Gebührenpflicht innerhalb des Innenstadtrings. Gratisparkplatz bei der Touristinfo.

•*Einkaufen* **Wochenmarkt** auf dem Kornmarkt, Di & Sa 7–13 Uhr.

Buchhandlung-Antiquariat Tilman Riemenschneider (9), hier findet man Harz-

Übernachten/Essen

•*Hotels*   **★★★★ Sauerbrey (11)**, 5 km außerhalb im schön gelegenen Ortsteil Lerbach (nur für Motorisierte). Traditionsreicher Familienbetrieb seit 1850; verwinkelte Anlage mit 31 hellen Zimmern samt Balkon. Beliebt bei Bikern. Kleiner, moderner Pool, Sauna. Bierstube und preisgünstiges Restaurant. DZ 95–124 € je nach Ausstattung. Friedrich-Ebert-Str.   129,   ✆ 05522-50930, ✉ 509350, www.hotel-sauerbrey.de.

★★★ Börgener (10), gepflegte Hotel-Pension am Altstadtrand unweit der Söse. Ruhige Lage mit Garten. 10 moderne Zimmer. DZ 70–80 € Hannelmannprom.   10a, ✆ 05522-90909, ✉ 909913, www.hotel-boergener.de.

★★★ˢ Zum Röddenberg (1), biker- und wandererfreundliches Hotel nordwestl. der Altstadt. 16 Zimmer von schlicht-funktionell bis

Übernachten
1 Zum Röddenberg
3 Jugendgästehaus
4 Waldcamping Eulenberg
5 Landhaus Meyer
10 Börgener
11 Sauerbrey

Essen & Trinken
2 Restaurant & Café ES
5 Landhaus Meyer
7 Ratskeller

Literatur und Wanderpläne. Mo–Fr 9–18, Sa 9–13 Uhr. Martin-Luther-Platz 3.

schön-geräumig. Sauna und Solarium. Restaurant mit guter Küche. DZ 74–90 € je nach Ausstattung. Steiler Ackerweg 6, ✆ 05522-90540, ✉ 905454, www.hotel-zum-roeddenberg.de.

★★★★ Landhaus Meyer (5), 12 km außerhalb in Riefensbeek im Sösetal, direkt an der B 498 (nur für Motorisierte). Mit dunklem Holz verschaltes Haus, dahinter die Söse und grüne Wiesenhänge. 10 etwas plüschige Zimmer. Das Blockhaus (45 m²) nebenan wird als Ferienhaus vermietet. DZ 74 €, FH 2 Pers. 65 €, 4 Pers. 90 €. Sösetalstr. 23, ✆ 05522-3837, ✉ 76060, www.hotel-landhaus-meyer.de.

•*Jugendherberge* **Jugendgästehaus Harz (3)**, am Innenstadtrand unweit vom Tunnel der B 241. Modernisierter 1950er-Bau mit 125 Betten in 6-Bett-Zimmern, 6 DZ und 4 EZ,

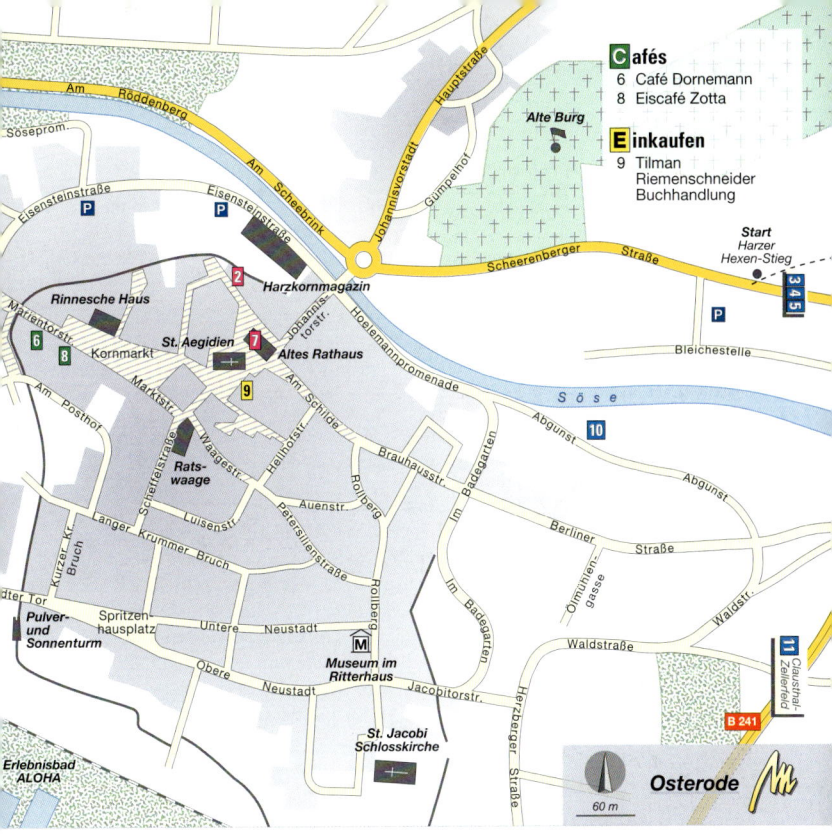

jeweils mit Etagendusche und -WC. Ziel von Schulklassen, Familien und Seminargruppen. Lagerfeuer- und Ballspielplätze. Im DZ 22–28 €/Pers. inkl. Frühstück. Scheerenberger Str. 34, ☎ 05522-5595, ℡ 6869, www.jugendgaestehaus.osterode.de.

•*Camping* **** **Waldcamping Eulenburg (4)**, 2 km außerhalb Richtung Sösestausee. Baumbestandenes Areal zwischen Straße und Söse-Ufer. 150 Stellflächen, 13 Wohnmobilstellplätze. Moderne Sanitäranlagen, Freibad, Imbiss, Biergarten, Bowlingbahn nebenan. 2 Pers., Auto, Zelt 22 €. Scheerenberger Str. 100, ☎ 05522-6611, ℡ 4654, www.eulenburg-camping.de.

•*Restaurants* **Restaurant & Café ES (2)**, das Lokal im schönen Fachwerkbau an der Stadtmauer trägt die Initialen der Chefin, die für die köstliche Regionalküche sorgt (Hauptgericht 10–18 €). Spezialitäten sind Gerichte mit Wildkräutern und vom Harzer Roten Höhenvieh. Gute Weine. Mo–Fr Mittagsteller 6,90 €. Tägl. ab 10 Uhr, warme Kü-

che mittags sowie ab 18 Uhr. Themenabende und Kochkurse. Aegidienstr. 8, ☎ 05522-502244, www.restaurant-es.de.

Ratskeller (7), unter der Freitreppe des Alten Rathauses. Man sitzt in schönen Gewölberäumen oder im Biergarten unter Kastanien. Deutsche und mediterrane Küche zu mittleren Preisen. Tägl. 11.30–15/16–24 Uhr. Martin-Luther-Platz 2, ☎ 05522-505670.

Landhaus Meyer (5) → Hotels. Die gute deutsch-mediterrane Küche (Hauptgericht 9–18 €) ist den Abstecher wert. Bei Schönwetter isst man im Garten am plätschernden Sösebach. Kein Ruhetag.

•*Cafés* **Eiscafé Zotta (8)**, beliebte Traditionseisdiele (seit 1966) im Zentrum. Schön zum Draußensitzen mit Blick zum Kirchturm. Tägl. 9.30–22 Uhr. Kornmarkt 25.

Café Dornemann (6), modernes Lokal des alteingesessenen Familienbetriebs (seit 1869). Gute Auswahl an hausgemachten Torten und Kuchen. Tägl. 7–18, So 13.30–18 Uhr. Marientorstr. 3.

*A*ktivitäten/*F*este

●*Baden* **Aloha**, Erlebnisbad zwischen B 243 und Altstadt mit Riesenrutsche, Wildwasserkanal, 7 Saunas und beheiztem 50 m-Freibecken im Sommer. Tageskarte ohne Sauna 6,20 €, 3–14 J. 3,70 €. 1-Std.-Karte 2,70 €/1,70 €. Mo 13–22, Di–Fr 9–22, Sa/So 9–20 Uhr. Schwimmbadstr. 1, ☎ 05522-906415, www.aqualand-osterode.de.

●*Feste* „**3 freundliche Tage**", Mitte Juni, großes Altstadtfest.
Swinging Osterode, 3-tägiges Jazzfestival Mitte/Ende Juni; die „Osteroder Jazzfriends" veranstalten ganzjährig Jazzevents. www.harzite.com.

●*Mountainbike* Vom Parkplatz Bleichestelle (Scheerenberger Str.) starten 3 leichte bis schwere Routen (23–47 km) Richtung Sösetal. www.volksbank-arena-harz.de.

●*Wandern* Östlich der Altstadt befindet sich der Einstieg zum **Harzer-Hexen-Stieg**. Ab dem „Hundschen Weg" geht es 97 km via Torfhaus und Bodetal durch den Harz bis Thale. Großer Gratisparkplatz *Bleichestelle* mit Startpavillon in der Scheerenberger Straße.
Am Parkplatz des Aloha-Erlebnisbads beginnt die Nordroute des **Karstwanderwegs** (→ S. 30)

Sehenswertes

Kornmarkt: Erster Anlauf- und Mittelpunkt der Altstadt ist der weitläufige, dreieckige, von Bäumen gesäumte *Kornmarkt*. Dank der Cafés und Läden rundum ist er meist mit Leben gefüllt, Di und Sa dient er als Marktplatz. Dominiert wird er vom mächtigen schiefen Turm der *Marktkirche St. Aegidien*, den bis 1936 der Turm- und Feuerwächter der Stadt bewohnte. Trotzdem zerstörten Brände ganze Häuserzeilen – die heutige Kornmarkt-Bebauung stammt aus dem 19. Jh., nur das vierstöckige *Rinnesche Haus* an der Nordseite ist aus der Renaissance. 1610 wurde es für einen Juristen erbaut, später war es ein Gasthaus, in dem *Heinrich Heine*

1824 auf seiner berühmten Harzreise (→ Kasten S. 16) Quartier bezog.

St. Aegidien wurde nach dem Stadtbrand 1545 neu aufgebaut. Im schlichten Inneren sind die Kassettendecke (16. Jh.), der frühbarocke Kanzelaltar und die Grabplatten der Braunschweig-Grubenhagener Herzöge einen Blick wert.

Über den *Martin-Luther-Platz* rechts an der Kirche vorbei erreicht man den Marktplatz mit dem Alten Rathaus.

Altes Rathaus: Das markante Gebäude aus dem 16. Jh. hat zwei Steingeschosse, die einst eine Kaufhalle bargen, und darüber einen dreigeschossigen, mit Goslarer Schiefer verkleideten Giebel. Interessant ist die Walrippe unter dem Erker, die die Stadt vor Söse-Hochwasser bewahren soll. Der bronzene Esel vor dem Rathaus und sein Treiber erinnern an die Getreidetransporte von Osterode (entlang des heutigen Hexen-Stiegs) hinauf in den Oberharz, wo ein Anbau nicht möglich war. Als Zwi-

Altes Rathaus

schenlager diente das Harzkornmagazin, das man durch die Johannistor-
straße erreicht.

Harzkornmagazin: In dem dreigeschossigen Barockspeicher von 1722 lagerten
einst bis zu 2000 Tonnen Getreide. Seit
1989 beherbergt er das Neue Rathaus.
Seine Schauseite mit dem Wappen des
englisch-hannoverschen Königshauses
weist nach Norden zum Söse-Ufer hin.

Auf einem Bergsporn nordwestlich der
Söse steht der vom Zahn der Zeit
mächtig angenagte, immer noch 35 m
hohe Bergfried der **Alten Burg** aus dem
12. Jh. (heute in einem Friedhof gelegen). Die von der Burg beschützte Siedlung lag in sicherem Abstand vor Söse-
Hochwasser auf dem **Rollberg**, eine ansteigende Gasse in der Altstadt, die man
vom Kornmarkt über die Straße *Am
Schilde* erreicht. Gesäumt wird sie von
historischem Fachwerk, etwa dem Bürgerhaus Nr. 26 mit geschnitzten Narren-

*Das Ritterhaus birgt
das Heimatmuseum*

köpfen (1592) und dem imposanten Ritterhaus (Nr. 32); der hohe, rot-weiß gestrichene Bau mit aufwendigem Schnitzwerk ist nach der Ritterfigur an der Hausecke
benannt. Er wurde bis 1660 erbaut und um 1785 im Rokokostil modernisiert.

Museum im Ritterhaus: Das Heimatmuseum stellt auf drei Etagen Stadt und Region vor. Das Erdgeschoss präsentiert das Frühmittelalter bis ins 19. Jh. mit einem
interessanten Stadtmodell von 1860. Im 1. Stock folgen Handwerk und Industrie.
Ein Raum widmet sich *Tilman Riemenschneider* (1460–1531) – der später in Würz-
burg berühmt gewordene Bildschnitzer verbrachte seine Kindheit in Osterode.
Man erhält Einblick in die Wohnkultur der Familie Schachtrupp, die 1812 in Osterode eine Bleiweißfabrik gründete. Die Geologiesammlung hat einen Mammutstoß-
zahn und einen Nashornschädel zu bieten. Der 3. Stock zeigt eine historische
Apotheke, religiöse Kunstwerke und eine Dokumentation zur Osteroder
Wollwaren- und Leinenindustrie (jeden 1. Sa um 14 Uhr kostenlose Führung).
Tägl. außer Mo 14–17, Di–Fr auch 10–13 Uhr. Eintritt 2 €, 7–18 J. 1 €, Familie 4,50 €. Rollberg
32, ✆ 05522-919793, www.museum.osterode.de.

St. Jacobi: Die Schlosskirche, die man über das obere Ende des Rollbergs erreicht,
ist nicht gleich als Kirche zu erkennen. Der klobige Turm war einst Teil der Stadtmauer, darum herum baute man im 13. Jh. ein vierflügeliges Kloster, das nach der
Reformation 1561 den Braunschweiger Herzögen als Schloss diente. Erhalten sind
nur die Kirche und der Südflügel (Amtsgericht). Im Kirchenschiff (18. Jh.) sind die
von einer Mosesfigur getragene Kanzel (1650) und die Seitenflügel des Altars
(1420) einen Blick wert.

Neustadt: Der Südteil der Altstadt westlich von St. Jacobi heißt Neustadt, stammt
aber aus dem 13. Jh. Reste der einst 1,7 km langen Stadtmauer mit dem *Pulverturm*
und dem *Sonnenturm* sind hier erhalten.

Südharz und westlicher Harzrand

Ratswaage: Vom Rollberg führt die Petersilienstraße in die *Waagestraße* mit dem ältesten Fachwerkhaus der Stadt (1550), in dem Waren gewogen wurden (heute Restaurant). Eigentlich ist es eine Rekonstruktion des 1969 durch ein Feuer zerstörten Baus; die Schreckmaske an der Giebelspitze, die Unheil abwenden sollte, half nichts.

Marienkirche: Die Marienvorstadt westlich der Altstadt war das Viertel der Kleinhandwerker; ihre von einer Mauer geschützte mittelalterliche Marienkirche ist einen Abstecher wert.

Umgebung

Vogelstation Osterode: Das liebevoll gepflegte Freigehege im Osteroder Stadtwald 2 km außerhalb an der B 498 Richtung Sösestausee (vom Parkplatz 600 m zu Fuß) präsentiert rund 50 heimische, teils vom Aussterben bedrohte Arten (Hühnervögel, Raben, Eulen, Auerwild …), die hier gezüchtet oder gesund gepflegt werden.
April–Okt. tägl. 10–18 Uhr. Eintritt 2 €, 6–14 J. 1 €. Scheerenberger Str. 104a, ☎ 0171-897805.

Sösetalsperre: An der B 498 Richtung Riefensbeek-Kamschlacken beginnt 5 km hinter Osterode ein dreistufiges Talsperrensystem (1928–31). Der Staudamm der Hauptsperre ist 480 m lang, der verästelte, von dichten Wäldern umstandene See bis zu 1 km² groß. Damit in Göttingen reines Trinkwasser aus den Hähnen fließt, sind Wassersport und Baden nur im Ausgleichsbecken erlaubt, geangelt werden darf überall. Vom Parkplatz an der Vorsperre kann man am Nordufer des Vorbeckens 2,5 km bis nach Riefensbeek spazieren.

Riefensbeek-Kamschlacken: Oberhalb des Sösestausees trifft man auf die ersten Häuser des lang gestreckten Harzdorfs (350 Einw.) mit dem ungewöhnlichen Namen. Man ist hier bereits inmitten von Bergwiesen. Ein schönes Wanderziel ist die Hanskühnenburg auf dem Acker (→ S. 74). Seit 1998 gibt es in Riefensbeek eine *Nationalpark-Informationsstelle* mit zwei Tonbildschauen und Prospekten (Untere Herrentalstr. 2a, tägl. 10–18 Uhr).

Bad Grund   ca. 2400 Einwohner • 295 m

„Bad Grund – urgesund" reimen die Werber und preisen den Heilstollen des Kurorts, den nördlichsten in Deutschland. Das Erlebniszentrum rund um die Iberger Tropfsteinhöhle präsentiert weitere Attraktionen unter Tage.

Bad Grund liegt zwischen Seesen und Clausthal-Zellerfeld eingebettet in enge Waldtäler. Die Harzhochstraße B 242 führt in einer Haarnadelkurve oberhalb um den Ort herum, direkt an der Straße findet sich das neue *HöhlenErlebnisZentrum*. Auch der oberhalb gelegene *Iberg*, das *Arboretum* und der sagenumwobene *Hübichenstein* sind von der B 242 einfach zu erreichen. Wer hinunter in den beschaulichen Ortskern will, kann von der Harzhochstraße an zwei Stellen abbiegen und trifft jedes Mal bei der Antoniuskirche auf den kleinen *Marktplatz*. Die Fachwerkhäuser erinnern noch ein wenig an die einstige Bergstadt, die älteste im Oberharz, die schon 1532 die Bergfreiheit erhielt. Bis 1992 wurden hier Blei und Zink gefördert, dann schloss die Grube „Hilfe Gottes". Ihr Fördergerüst über dem mittlerweile verfüllten 719 m tiefen Achenbachschacht und die einstigen Klärteiche sind im Ortsteil *Taubenborn* zu sehen. Auch in der *Wiemannsbucht* unterhalb der B 242 Richtung Clausthal ist ein Förderturm erhalten. Mitte des 19. Jh. kamen Kurbetrieb und Fremdenverkehr auf. Zahlreiche Tourismusbauten aus der Wirtschaftswunderzeit verschandeln das Ortsbild, z. B das heutige Gesundheitszentrum, das in den letzten 10 Jahren schon zweimal pleite war.

Die Antoniuskirche hat den Wandel vom Bergbau- zum Kurort miterlebt

*P*raktische *I*nformationen/*A*ktivitäten/*F*este/*K*ur

•*Information* **Touristinformation** im Gesundheitszentrum. Mo–Fr 8.30–20, Sa 10–15, So 10–13 Uhr. 37539 Bad Grund, Schurfbergstr. 2, ✆ 05327-700710, www.bad-grund.de, www.bad-grund-harz.de.

•*Verbindungen* **Bus 460**: Mo–Fr 12-mal tägl., Sa/So 3-mal nach Gittelde, Osterode, Clausthal-Zellerfeld. www.vsninfo.de.

•*Baden* **Sole-Hallenbad**, 32 °C warmes Becken im Gesundheitszentrum. 1-Std.-

---

Schneeballschlacht im Sommer

Seit rund 100 Jahren findet von Juni bis Aug. jeden So um 16 Uhr beim Iberger Albertturm (s. u.) eine Schneeballschlacht statt. Der Schnee wird im Winter in einer 7 m tiefen Grube in Fässern eingelagert, dann portionsweise hervorgeholt und von dem mit Frack und Zylinder bekleideten Bad Grundner Scharfrichter zu einem Schneemann verbaut, um ihn nach getaner Arbeit mit dem Schwert zu köpfen. Mit den weißen Resten wird dann herumgeballert.

Karte 2,70 €, bis 16 J. 2,50 €. Mo–Fr 9–21, Sa 10–16, So 10–14 Uhr. Schurfbergstr. 2.

•*Feste* **Walpurgisnacht**, 30. 4., eine der größten Feiern im Harz mit 10.000 Besuchern. Ab 13 Uhr Walpurgismarkt und Livemusik, ab 20.30 Uhr Fackelzug zum Hübichenstein, wo ein Walpurgisspiel mit Hexentanz aufgeführt wird. Um 24 Uhr Feuerwerk.

•*Kinder* **Märchental im Teufelstal**, von einem Bergmann in jahrzehntelanger Handarbeit gefertigte, elektrisch bewegte Märchenszenen. Mai–Okt tägl. außer Mo 10–17 Uhr. Eintritt 1 €. Unterhalb des Höhlenparkplatzes Richtung Ortsmitte.

•*Kur* **Höhlentherapie im Eisensteinstollen**, Patienten mit Atemwegserkrankungen verbringen in Decken gepackt täglich 2 Std. in dem 7 °C kalten, staubfreien Erzstollen im Iberg (Zufahrt mit Transferbus). 3-Tage-Test 17 €/Tag, eine Therapie dauert 2–3 Wochen, Kostenübernahme durch Krankenkassen möglich. ✆ 05327-700710, www.heilstollen-bad-grund.de.

•*Mountainbike* Ab dem Atrium (Clausthaler Str.) starten zwei mittelschwere Routen (je 32 km). www.volksbank-arena-harz.de.

•*Wandern* Am Hübichplatz in Ortsmitte befindet sich der Einstieg zum **Harzer Bau-**

densteig, der ca. 100 km quer über den Südwestharz bis Kloster Walkenried führt.
Horizontalweg (König-Hübich-Route): 12 km bzw. 4½ Std. geht es mit wenigen Steigungen auf Hanghöhe rund um den Ort, mit schönen Ausblicken; die Tour führt auch durch das Arboretum und am Heilstollen (→ Kur) vorbei. Einstieg z. B. am Parkplatz Hübichenstein/B 242.

*Ü*bernachten/*E*ssen

•*Hotels/Pensionen*   ***ˢ **Parkhotel Flora**, ansprechendes Haus gegenüber dem Gesundheitszentrum. 18 moderne, geräumige Appartements mit Küche und Südbalkon. Restaurant, Sauna, Solarium, schöner Hotelgarten mit Spielplatz. App. inkl. Eintritt ins Solehallenbad 85 €. Schurfbergstr. 1, ✆ 05327-83910, ✆ 839140, www. parkhotel-flora.de.
Forstwiese, preisgünstige, schlicht-rustikale Pension in ruhiger Hanglage. 10 funktionelle Zimmer, Sonnenterrasse, Frühstücksbuffet. DZ 50 €. Knesebecker Weg 15, ✆ 05327-1287, ✆ 1287, www.forstwiese.de.
•*Ferienwohnungen*   **** **Haus Polyga**, am Fuß des Ibergs; 2 komplett ausgestattete moderne Wohnungen mit Balkon (60/53m²). Ruhige Lage. Fewo 2 Pers. ab 5 Nächten 34 €/Tag, Kurzaufenthalt teurer. Hübichweg 39, ✆ 05327-1596, ✆ 829489, www.haus-polyga.de.
•*Camping* **Hübich-Alm**, einfache Anlage oberhalb des Orts mit Panoramablick ins Vorland. 100 Stellplätze, rund Zweidrittel für Dauercamper. 2 Pers., Auto, Zelt ca. 18 €.   Hübich-Alm, ✆ 05381-989092, ✆ 989812, www.camping-harz.de.
•*Essen* **Café Antique**, nostalgisch möbliertes Lokal im Oberharzer Hof mit hausgemachten Kuchen und Snacks. Tägl. außer Mo 12–18 Uhr. Markt 12.

Sehenswertes

Um den Marktplatz: Die schmucke *St. Antoniuskirche* mit schieferverkleidetem Turm stammt von 1640, ihr Inneres ist bescheiden. Den Marktbrunnen davor ziert seit 1902 Zwergenkönig Hübich (→ Kasten S. 256). Bemerkenswert ist der Holzwegweiser vor dem *Oberharzer Hof* (erstes Grundner Kurhaus), der Szenen aus der Ortsgeschichte und dem Brauchtum zeigt, etwa die Schneeballschlacht am Iberg (→ Kasten oben). Er weist den Weg zum „Kurbadehaus" in der Clausthaler Straße. Der schöne Bau aus den 1920ern dient als Veranstaltungszentrum *Atrium*.

Uhrenmuseum: Mit rund 1600 Uhren zählt das in einem unattraktiven Gebäude beheimatete Museum zu den größten Deutschlands. Eine bunte Vielfalt an Zeitmessern von der Gotik bis ins 20. Jh. ist zu sehen, von der 2 m hohen Kirchturmuhr über Mini-Armbanduhren bis zu Schwarzwalduhren, Tischuhren, Pendeluhren, Figurenuhren ... Und alle funktionieren! – falls nicht, werden sie in eigener Werkstatt repariert.
Tägl. außer Mo 10–18 Uhr. Eintritt 5 €, 6–14 J. 3,50 €. Elisabethstr. 14, ✆ 05327-1020, www.uhrenmuseum-badgrund.de.

Bergbaumuseum Knesebeckschacht: Der Schacht oberhalb des Uhrenmuseums gehört zum 1992 stillgelegten Bergwerk Grund – Grube *Hilfe Gottes*; bis dahin wurde hier in vier Schächten Erz abgebaut; einer davon war der 500 m tiefe, 1855 gegrabene (abgeteufte) Knesebeckschacht. Seit 1997 sind seine Über-Tage-Anlagen mit Fördermaschine von 1923 wieder zugänglich. Neben einer Stollenbegehung erwartet den Besucher im Freigelände u. a. eine der ältesten elektrischen Grubenlokomotiven (1912–1978 in Betrieb) und der 47 m hohe Hydrokompressorenturm von 1912, das Wahrzeichen des Museums.
April–Okt. Di–So Führungen um 11 und 14 Uhr, Nov.–März nur Do/So. Eintritt 5 €, 6–12 J. 2,50 €. Knesebeck 1, ✆ 05327-2858, www.knesebeckschacht.de.

HöhlenErlebnisZentrum Iberger Tropfsteinhöhle: Die im 16. Jh. von Bergleuten entdeckte und ab 1874 als Schauhöhle betriebene Tropfsteinhöhle im Ibergmassiv wurde 2008 zum „HöhlenErlebnisZentrum" erweitert: Ein neuer, 160 m langer Zugangsstollen ist als **Museum** *im* **Berg** eingerichtet, das die Entstehung des *Ibergs* als Korallenriff südlich des Äquators vor 385 Mio. Jahren und seine durch die Kontinentalverschiebung ausgelöste Wanderung in den Harz erläutert. Das Museum mündet in die Tropfsteinhöhle, die im Rahmen der Führung auf 150 m begangen wird und für ihren Fledermausbestand bekannt ist. Sie ist bei weitem nicht so spektakulär wie die → Rübeländer Höhlen, ihre wenigen Tropfsteine sind meist grün bemoost.

Dem Stollen vorgesetzt wurde ein moderner Kubus, in dem sich das **Museum** *am* **Berg** der „ältesten Familie der Welt" widmet: In der Lichtensteinhöhle bei Osterode wurden 1980 Knochen von 40 Menschen aus der späten Bronzezeit (1000 v. Chr.) entdeckt. Mittels DNA-Untersuchung wies die Universität Göttingen nach, dass es in der Region bis heute genetisch belegbare Nachfahren gibt. Mit Funden aus der Höhle werden im Museum die Lebensbedingungen zur Bronzezeit und die heute lebenden Familienmitglieder präsentiert. Durch einen originalgetreuen Nachbau eines Teils der Lichtensteinhöhle kann man hindurchkriechen.

Neues HöhlenErlebnisZentrum in Bad Grund

Juli/Aug./Okt. tägl. 11–17 Uhr, sonst Mo geschlossen. Letzte Führung 16 Uhr. Eintritt inkl. Führung 7 €, 6–16 J. 6 €, Familie 18 €. An der Tropfsteinhöhle 1 (B 242), ℘ 05327-829391, www.hoehlen-erlebnis-zentrum.de.

Iberger Albertturm und Kalksteinbruch Winterberg: Vom Höhlenparkplatz an der B 242 führt ein Wanderweg auf den bewaldeten Gipfelkamm des Ibergs (563 m). Unterwegs passiert man die alten Ein- und Ausgänge der Iberger Tropfsteinhöhle. Wegen der vielen Erdspalten nicht vom Pfad abweichen! Nach 30 Min. erreicht man die altbackene Waldgaststätte (Fr Ruhetag) und den *Albertturm*, den wohl hässlichsten Aussichtsturm im Harz. Es lohnt kaum, ihn zu besteigen, hoch gewachsene Bäume verstellen großteils die Sicht. Der Turm ist für die hier ausgetragene sommerliche Schneeballschlacht bekannt (→ Feste).

Weiter nördlich setzt sich der Iberg im *Winterberg* fort, der ebenfalls von einem großen Tropfsteinhöhlensystem durchzogen war. Durch den Kalktagebau ist vom Berg aber fast nichts mehr übrig. Der Blick von der Abbruchkante nördlich des Albertturms ist atemberaubend.

Hübichenstein: Der 50 m hohe Kalkfelsen 1 km westlich der Höhle an der B 242 ist der Rest eines Korallenriffs und geologisch Teil des Ibergs. Wer König Hübich nicht fürchtet (→ Kasten), kann den niedrigeren seiner beiden Gipfel von hinten über Felsstufen erklimmen. Die höhere Spitze schmückt seit 1897 ein Bronzeadler mit 3 m Flügelspannweite. Er ist das letzte Überbleibsel des Kaiser-Wilhelm-Denkmals, in das der Hübichenstein Ende des 19. Jh. umgewidmet worden war. Die Bühne am Fuß des Felsens ist Schauplatz eines großen Walpurgisspektakels (→ Feste).

Die Flucht des Zwergenkönigs

Der Hübichenstein war einst das Reich des Zwergenkönigs Hübich. König Hübich war ein hilfsbereiter Mann mit langem Bart, der den Armen oft güldene Tannenzapfen schenkte. Nur eines hatte er strengstens untersagt, sein Reich am Hübichenstein zu betreten. Wer es dennoch wagte, wurde bestraft. Als der Förstersohn eines Tages aus Übermut den Felsen hinauf kletterte, kam ein furchtbares Unwetter und seine Füße wuchsen am Felsen fest. Und als ein junger Bergmann unentwegt unter dem Hübichenstein nach Erz schürfte, stürzte plötzlich die Grube ein und begrub ihn. Auf sein Flehen ließ der König ihn wieder ans Tageslicht, doch da war der Übeltäter um Jahrzehnte gealtert. Im Dreißigjährigen Krieg aber beschossen Soldaten die Spitze des Hübichensteins. Da verschwand der Zwergenkönig und ward nie mehr gesehen.

Arboretum: 1975 wurden von der Landesforstverwaltung 110.000 Bäume und Sträucher aus Asien, Nordamerika und dem Mittelmeerraum angepflanzt, um ihr Gedeihen im Harzer Klima zu erforschen. Gartenarchitektur spielte keine Rolle, weshalb sich das Arboretum wie ein natürlicher Wald präsentiert. Auf drei Rundwegen (0,8 bis 4,7 km) mit vielen Infotafeln kann man ihn entdecken, besonders schön ist er im Frühjahr zur Rhododendronblüte oder zur Herbstfärbung im „Indian Summer".

Zwei Eingänge führen in das frei zugängliche Arboretum – einer beim Hübichenstein, der zweite beim Campingplatz. www.weltwald-harz.de.

Seesen   ca. 20.800 Einwohner • 205 m

„Tor und Fenster zum Harz" nennt sich die Fachwerkstadt am Harzrand wegen ihrer Lage nahe der A 7 und am Beginn der Harzhochstraße B 242. Überregional bekannt ist Seesen für Norddeutschlands größtes Historienfest.

Seesen wird 974 als „Sehusa" erstmals urkundlich erwähnt. Auch die Ende des 13. Jh. gebaute Burg erhielt diesen Namen; sie steht heute stark verändert als Amtsgericht in der Stadtmitte. Im umgebenden Park findet alljährlich am 1. September-Wochenende das berühmte *Sehusa-Fest* statt. Die restliche Innenstadt wurde im 17. Jh. nach Großbränden im Schachbrettmuster neu angelegt – mit überbreiten Straßen, die ein Übergreifen der Flammen verhindern sollten. Mit ihren stattlichen barocken Fachwerkhäusern prägen sie heute das Bild. Ende des 19. Jh. hielt die Industrie Einzug in Seesen. Die Blechwarenfabrik *Zürchner* und die Konserven der Firma *Sieburg & Pförtner* (heute zum Ketchup-Konzern Heinz gehörend) machten die Stadt zur „Wiege der deutschen Konservenindustrie".

•*Information* **Touristinformation** im Rathaus. Unterkunftsvermittlung, Führungen. Mo–Do 8–16, Fr 8–13, Sa 10–12 Uhr. 38723 Seesen, Marktstr. 2 ✆ 05381-75243, www. seesen.de; www.fenster-zum-harz.de. •*Verbindungen* **Bahn**: Mo–Fr 16-mal tägl., Sa/So 7-mal nach Gittelde (Busanschluss nach Bad Grund), Osterode, Herzberg bzw.

Braunschweig. Tägl. 8- bis 16-mal nach Goslar und Bad Harzburg.

•*Übernachten/Essen* ****** Ringhotel Goldener Löwe**, 1523 eine Poststation, heute ein freundliches Altstadthotel mit 40 älteren Zimmern, die sich auf zwei Gebäude verteilen. Beliebt bei Besuchern der Messe Hannover. Gefrühstückt wird im Brückentrakt zwischen den beiden Gebäuden. Das Restaurant Anna (Mo Ruhetag, Sa nur abends, So nur mittags) serviert mediterrane und verfeinerte Regionalküche zu etwas gehobenen Preisen, in der rustikalen Brasserie (tägl. ab 17 Uhr) mittlere Preise. DZ 105–120 €, Fr–So nur 95 €. Jacobsonstr. 20, ℡ 05381-9330, ✉ 933444, www.loewe-seesen.de.

•*Feste* **Sehusa-Fest**, 1. Sa/So im Sept., größtes Historienspektakel Norddeutschlands. Hunderte mittelalterlich gekleidete Seesener stellen die Stadtgeschichte nach und bieten am historischen Markt (Sa ab 13 Uhr) ihre Ware feil. Dazu gibt es Schlachtszenen, Feuerspektakel, einen Festzug (So 14 Uhr), eine Reiterquadrille vor dem Schloss (So 15 Uhr) u. v. m. Eintritt 3 €/Tag. www.sehusafest.de.

•*Mountainbike* Ab Granestraße starten 5 (mittel-)schwere Routen (20–53 km), darunter die **S 3** „Bergfreiheit" (53 km, ↕ 1670 m) und die **S 5** „1000 m-Tour" (36 km, ↕ 1097 m), die zum Innerstestausee führen. www.volksbank-arena-harz.de.

Sehenswertes

Der alte Ortskern ist schnell durchstreift. Am besten startet man in der Marktstraße beim **Rathaus** (Touristinfo), wo man auf einen bronzenen Spaziergänger mit Zigarre trifft. Die überlebensgroße Figur verkörpert *Wilhelm Busch* (1832–1908), den Dichter, Zeichner und passionierten Raucher, der 1898 bis zu seinem Tod im Seesener Ortsteil Mechtshausen (5 km nordwestlich) lebte und auf dem dortigen Friedhof bestattet ist. Am Pastor-Nöldeke-Weg 7 in Mechtshausen erinnert das **Wilhelm-Busch-Haus** mit zwei original erhaltenen Zimmern an ihn (März–Ende Okt. tägl. 14–16 Uhr, Nov. bis Feb. nur Sa/So, www.wilhelm-busch-haus.de).

Wenige Meter weiter mündet die Marktstraße in den grünen *Wilhelmsplatz* mit der **Burg Sehusa** (Amtsgericht). Das Hauptgebäude mit Renaissance-Treppenturm wurde 1592 vollendet, die Flügel stammen aus dem 19. Jh. Der altrosa Bau schräg gegenüber ist der im selben Jahr errichtete **Ratskeller**, der bis ins 17. Jh. als Brauhaus, später als Rathaus diente. 1886 wurde in seinen Räumen der *Harzklub* gegründet. Über die Straße hinweg erreicht man rechter Hand die schmucklose barocke **St. Andreas-Kirche**, die *Herzog Rudolf August von Braunschweig* 1702 als Hofkirche des benachbarten Jagdschlosses (heute Museum, s. u.) erbauen ließ. Im Inneren ist vor allem die Gestaltung des Altars bemerkenswert; er ist von einem Baldachin auf acht korinthischen Säulen überdacht, auf dem sich die Kanzel erhebt.

Städtisches Museum: Der schmucke barocke Fachwerkbau (1707) im Park neben St. Andreas war einst Jagdschloss der Braunschweiger Herzöge. Nach dem Umbau 2010 widmet sich das Museum besonders drei Themen: der Entwicklung der Konservenindustrie von der handgefertigten Dose bis zur industriellen Fertigung, der Geschichte der Seesener Synagoge sowie dem musikalischen Möbeltischler *Heinrich Engelhard Steinweg* (1797–1871), der sich als Instrumentenbauer versuchte und 1836 in seiner Seesener Werkstatt einen ersten Klavierflügel zimmerte. 1851 wanderte er mit vier Söhnen nach New York aus, wo er sich Henry E. Steinway nannte und 1854 die Klavierfabrik *Steinway & Sons* gründete. Dank wegweisender Patente und geschickten Marketings entwickelte sich *Steinway & Sons* zu einer der bedeutendsten Klavierfabriken weltweit.
Wilhelmsplatz 4, ℡ 05381-48891, www.museum-seesen.de.

Verlagsprogramm

● Abruzzen ● Ägypten ● Algarve ● Allgäu ● Allgäuer Alpen *MM-Wandern* ● Altmühltal & Fränk. Seenland ● Amsterdam *MM-City* ● Andalusien ● Andalusien *MM-Wandern* ● Apulien ● Athen & Attika ● Australien – der Osten ● Azoren ● Baltische Länder ● Barcelona *MM-City* ● Bayerischer Wald ● Berlin *MM-City* ● Berlin & Umgebung ● Bodensee ● Bretagne ● Brüssel *MM-City* ● Budapest *MM-City* ● Bulgarien – Schwarzmeerküste ● Chalkidiki ● Chianti – Florenz, Siena ● Cilento ● Cornwall & Devon ● Dublin *MM-City* ● Costa Brava ● Costa de la Luz ● Côte d'Azur ● Cuba ● Dolomiten – Südtirol Ost ● Dominikanische Republik ● Dresden *MM-City* ● Ecuador ● Elba ● Elsass ● Elsass *MM-Wandern* ● England ● Fehmarn ● Franken ● Fränkische Schweiz ● Friaul-Julisch Venetien ● Gardasee ● Genferseeregion ● Golf von Neapel ● Gomera ● Gomera *MM-Wandern* ● Gran Canaria ● Gran Canaria *MM-Touring* ● Graubünden ● Griechenland ● Griechische Inseln ● Hamburg *MM-City* ● Harz ● Haute-Provence ● Havanna *MM-City* ● Ibiza ● Irland ● Island ● Istanbul *MM-City* ● Istrien ● Italien ● Italienische Adriaküste ● Kalabrien & Basilikata ● Kanada – der Osten ● Kanada – der Westen ● Karpathos ● Katalonien ● Kefalonia & Ithaka ● Köln *MM-City* ● Kopenhagen *MM-City* ● Korfu ● Korsika ● Korsika Fernwanderwege *MM-Wandern* ● Kos ● Krakau *MM-City* ● Kreta ● Kreta *MM-Wandern* ● Kroatische Inseln & Küste ● Kykladen ● Lago Maggiore ● La Palma ● La Palma *MM-Wandern* ● Languedoc-Roussillon ● Lanzarote ● Lesbos ● Ligurien – Italienische Riviera, Genua, Cinque Terre ● Ligurien & Cinque Terre *MM-Wandern* ● Liparische Inseln ● Lissabon & Umgebung ● Lissabon *MM-City* ● London *MM-City* ● Madeira ● Madeira *MM-Wandern* ● Madrid *MM-City* ● Madrid & Umgebung ● Mainfranken ● Mallorca ● Mallorca *MM-Wandern* ● Malta, Gozo, Comino ● Marken ● Mecklenburgische Seenplatte ● Mecklenburg-Vorpommern ● Menorca ● Mittel- und Süddalmatien ● Mittelitalien ● Montenegro ● München *MM-City* ● Münchner Ausflugsberge *MM-Wandern* ● Naxos ● Neuseeland ● New York *MM-City* ● Niederlande ● Nord- u. Mittelgriechenland ● Nordkroatien – Kvarner Bucht ● Nordportugal ● Nordspanien ● Normandie ● Norwegen ● Nürnberg, Fürth, Erlangen ● Oberbayerische Seen ● Oberitalien ● Oberitalienische Seen ● Ostfriesland & Ostfriesische Inseln ● Ostseeküste – Mecklenburg-Vorpommern ● Ostseeküste – von Lübeck bis Kiel ● Östliche Allgäuer Alpen *MM-Wandern* ● Paris *MM-City* ● Peloponnes ● Pfalz ● Piemont & Aostatal ● Piemont *MM-Wandern* ● Polnische Ostseeküste ● Portugal ● Prag *MM-City* ● Provence & Côte d'Azur ● Provence *MM-Wandern* ● Rhodos ● Rom & Latium ● Rom *MM-City* ● Rügen, Stralsund, Hiddensee ● Salzburg & Salzkammergut ● Samos ● Santorini ● Sardinien ● Sardinien *MM-Wandern* ● Schleswig-Holstein – Nordseeküste ● Schottland ● Schwäbische Alb ● Shanghai *MM-City* ● Sinai & Rotes Meer ● Sizilien ● Sizilien *MM-Wandern* ● Skiathos, Skopelos, Alonnisos, Skyros – Nördl. Sporaden ● Slowakei ● Slowenien ● Spanien ● St. Petersburg *MM-City* ● Südböhmen ● Südengland ● Südfrankreich ● Südmarokko ● Südnorwegen ● Südschwarzwald ● Südschweden ● Südtirol ● Südtoscana ● Südwestfrankreich ● Sylt ● Teneriffa ● Teneriffa *MM-Wandern* ● Tessin ● Thassos, Samothraki ● Toscana ● Toscana *MM-Wandern* ● Tschechien ● Tunesien ● Türkei ● Türkei – Lykische Küste ● Türkei – Mittelmeerküste ● Türkei – Südägäis ● Türkische Riviera – Kappadokien ● Umbrien ● Usedom ● Venedig *MM-City* ● Venetien ● Wachau, Wald- u. Weinviertel ● Westböhmen & Bäderdreieck ● Warschau *MM-City* ● Westallgäu und Kleinwalsertal *MM-Wandern* ● Westungarn, Budapest, Pécs, Plattensee ● Wien *MM-City* ● Zakynthos ● Zentrale Allgäuer Alpen *MM-Wandern* ● Zypern

www.michael-mueller-verlag.de

Michael Müller Verlag GmbH, Gerberei 19, 91054 Erlangen
Tel. 0 91 31 / 81 28 08-0; Fax 0 91 31 / 20 75 41;
info@michael-mueller-verlag.de

Register

DB BAHN

Reisen mit Waldblick – **natürlich in den Harz**

**Diesmal mit der Bahn in den Harz.
Der Umwelt zuliebe.**

Schnüren Sie die Wanderschuhe! Atmen Sie tief durch!
Und machen Sie sich auf was gefasst! Unsere Nahverkehrszüge bringen Harz-Entdecker vom nächsten Bahnhof
ohne Umweg in die Natur – natürlich günstig. Nachrech-
nen erwünscht – unter www.bahn.de/umweltmobilcheck
Die Bahn macht mobil.

DB Eco Program
www.dbecoprogram.com

Regio Nor